JN437673

독일어 문법과 텍스트 이해

Frankfurter Allgemeine
ZEITUNG FÜR DEUTSCHLAND

ZEIT ONLINE

WELT ONLINE

SPIEGEL

WDR 2

독일어 문법과 텍스트 이해

김백기 지음

HU:INE

이 책은 2012학년도 한국외국어대학교 교내학술연구비 지원에 의하여 이루어진 것임

머리말

언어가 텍스트로 실현된다는 것은 굳이 복잡한 학술 이론적 주장을 하지 않더라도 우리가 일상의 경험을 통해 알 수 있는 분명한 사실이다. 우리는 언제나 텍스트로 말을 하고, 텍스트로 이해하기 때문이다. 따라서 외국어 학습은 반드시 텍스트를 기반으로 이루어져야 하며, 그 핵심 요소인 문법 학습 역시 필연적으로 텍스트에 근거해야 한다. 개개의 낱말이나 낱개의 문장이 아닌 텍스트 안에서 작용하는 문법 규칙을 학습해야 하는 것이다. 바로 이러한 생각에서 『독일어: 문법과 텍스트 이해』를 쓰게 되었다.

이 책은 근본적으로는 문법 학습서이다. 하지만 별도로 배우는 고립된 문법이 아니라 텍스트 이해, 즉 독해를 근거로 하는 문법을 추구한다. 텍스트 안에서 문법 규칙을 이해하고, 동시에 문법 규칙에 근거한 텍스트 이해를 목적으로 하고 있다. 이러한 점에서 일종의 독해 학습서의 성격도 부정할 수 없을 것이다.

무엇보다 이 책은 독일어의 기초 문법 사항을 한 번 접하긴 하였지만 아직은 이를 제대로 소화하지 못하고 있는 초보 학습자에게 유용하다. 비교적 쉬운 텍스트 안에서 적용되는 기본적 문법 사항들을 구체적으로 상세하게 설명하고 있기 때문이다. 이를 통해 학습자는 부족하고 허약한 자신의 문법 지식을 보충하고 단련할 수 있을 것이다.

이 책의 구성 및 내용적 특성을 요약하면 다음과 같다 :

- 독일의 인터넷 언론 매체들을 통해 발표된 다양한 분야의 개별 보도 기사 총 20개를 선정하여 학습 자료로 다루었다.
(“Frankfurter Allgemeine”, “Spiegel Online”, “stern.de”, “Süddeutsche.de”, “taz.de”, “WDR Radio für Kinder”, “Welt-Online”, “Zeit Online”)

- 각 텍스트 자료는 문장 단위로 구분하여 우리 말 해석을 제공하였다.
(문법 학습 효과를 위해 우리말 어감 상 다소 어색함이 있더라도 가능한 한 독일어의 표현 기능적 조건을 살려 직역함.)

■ 텍스트를 구성하고 있는 개별 문장들에 대하여 구체적으로 상세하게 문법 및 어휘 설명을 제공하였다. 해당 문장의 전체 구문 형식을 도식화하여 설명하고, 관련 문법 사항들을 개별적으로 설명함으로써 문법 구조에 대한 거시적 · 미시적 이해를 도모하였고, 이어서 각 문장에 포함된 모든 낱말들에 대하여 의미 설명은 물론이고 이 밖에도 고유의 형태적 특성, 연관 어휘, 해당 영어 표현 등을 함께 기술함으로써 다차원적이며 충실한 어휘 정보를 제시하였다.

실용적인 목적으로 독일어 문법을 배우고자 한다면 이 『독일어: 문법과 텍스트 이해』가 틀림없이 도움을 줄 수 있으리라고 확신한다. 실제의 독일어 텍스트 안에서 체계적으로 움직이고 있는 문법 사항들을 구체적으로 이해할 수 있는 요긴한 기회를 갖게 될 것이기 때문이다. 하나하나의 낱말들이 정확한 형태를 취함과 동시에 서로 올바르게 조합하여 개별 문장을 구성하고, 이들이 적절하게 상호 연계하여 텍스트를 실현시켜 나아가는 일련의 과정에서 생생하게 작용하는 다양한 문법적 조건들을 확인해 볼 수 있을 것이다. 이를테면, 단순히 직관적으로 "두루뭉술" 접하던 텍스트를 이제는 분석적으로 "뚜렷하게" 파악할 수 있는 안목을 지니게 될 것이다.

2016년 8월

저자

차 례

1

독일어: 문법과 텍스트 이해

[1]Engländer sind abergläubisch. [2]In den Buchhandlungen stehen meterweise Regale mit Ratgebern, wie man reibungslos durch den Alltag kommt. [3]So muss man, nachdem man ein gekochtes Ei gegessen hat, die Schale unten aufbrechen, damit der Teufel hinausschlüpfen kann. [4]Der fliegt über das Haus, wenn man ein Brot an beiden Enden anschneidet, so glauben Hausfrauen in Yorkshire. [5]Sie sind auch davon überzeugt, dass ein Brotteig nicht aufgeht, wenn eine Leiche in der Nähe ist. [...]

taz.de

[1]영국인들은 미신을 잘 믿는다. [2]서점들 안에는 어떻게 하면 무난하게 일상생활을 헤쳐 나갈 수 있는지에 관한 지침서들을 담고 있는 책장들이 몇 미터에 달할 정도로 많이 있다. [3]그래서 삶은 달걀을 먹고 난 후에는 달걀 껍데기 아래쪽으로 구멍을 내어야 하는데, 악마가 빠져나갈 수 있도록 하기 위해서이다. [4]빵을 양쪽 끝부분에서 잘라내면 악마가 집을 지나쳐 날아간다고 요크셔의 가정주부들은 믿고 있다. [5]이들은 또한 만약 가까운 곳에 시체가 있을 경우 빵 반죽이 부풀지 않는다고도 확신한다. [...]

1

Engländer	sind	abergläubisch
주어 (복수 1격)	동사 (현재 시제)	동사 sind의 형용사 보어

Engländer sind ... :

동사 sein('...이다')의 *현재* 시제임 : 주어인 Engländer는 복수의 sie('그들')에 해당하므로 sind임.

〈주의〉 주어 "Engländer"는 특정 '영국인'이 아니므로 부정관사 ein-이 와야 하지만 복수이므로 생략됨.

► der Engländer (die -) 영국인, 영국 남자 (영. Englishman)

〈참고〉

England (국가 명 ; 관사 없음) 영국 (영. England)

Englisch (언어 명 ; 관사 없음) 영어 (영. English)

englisch [형용사] 영국의, 영어의 (영. English)

► sind ⇒ 동사 sein의 *현재* 시제 (주어가 wir 혹은 sie('그들'), Sie('당신, 당신들')일 때)

sein [자동사] (완료형 「sein ... gewesen」) (형용사 혹은 명사 보어와 함께) ...이다 (영. be)

* 현재 시제 *불규칙* 변화 :

ich bin ; du bist ; er (sie, es) ist

wir sind ; ihr seid ; sie, Sie sind

* 3 기본형 : sein - war - gewesen

► abergläubisch [형용사] 미신의, 미신을 믿는 (영. superstitious)

→ der Aberglaube (복수 없음!) 미신 (영. superstition)

↳ der Glaube (복수 없음!) 믿음 (영. belief)

↳ glauben [타/자동사]

「j-d glaubt, dass ...」 *누구는* ...라고 생각하다 (영. think that ...)

「an etw.[4] glauben」 *무엇의* 존재를 믿다 (영. believe in ...)

* 3 기본형 : glaub*en* - glaub*te* - *ge*glaub*t*

2

In den Buchhandlungen (복수 3격) stehen (동사 (현재 시제)) meterweise Regale (주어 (복수 1격)) mit Ratgebern (복수 3격) ,

wie man reibungslos durch den Alltag kommt (의문사 *wie*-부문장 (앞에 나온 "Ratgebern"을 상세하게 설명함!)) .

1. In d*en* Buchhandlung*en* stehen ... :

   여기서 3·4격 전치사 In은 동사 stehen과 함께 '... 안*에* 서 있다'로 해석되어 '방향'이 아닌 '위치'를 나타내므로 *3격* 지배임.

   *복수*명사 Buchhandlung*en*이 전치사 in의 *3격* 목적어이므로 *복수 3격* 정관사 d*en*이 앞에 옴.

   ※ *복수 3격* 어미는 *-en*임 : d*en* , mein*en* , dein*en* , sein*en* , ihr*en* , kein*en* , dies*en* ...

2. ... stehen ... Regale ... :

   동사 stehen의 *현재* 시제임 : 주어 "Regale"는 복수의 sie('그것들')에 해당하므로 동사 형태는 steh*en*임.

3. mit Ratgeber*n* :

   - *복수*명사 Ratgeber가 *3격* 전치사 mit와 결합하므로 *복수 3격*임.
   - *복수 3격* 명사의 형태는 항상 *-n*이어야 함.
     따라서 *복수 3격*인 Ratgeber는 추가로 어미 *-n*이 붙어 Ratgeber*n*임.

4. ... mit Ratgebern , wie man reibungslos durch den Alltag kommt

   '어떻게 사람들이 일상을 헤쳐 나가는지에 관한 충고' :

   의문사 뒤에 오는 문장이 *후치*되면, 이는 부문장으로서 *명사*의 역할을 함 :

   z.B. Ich weiß , was ich jetzt mache. '나는 지금 내가 무엇을 하고 있는지를 안다.'
   이 예문에서 밑줄 친 "was ... mache"는 의문사 *was*-부문장임.
   여기서는 동사 weiß의 4격 목적어, 즉 명사의 역할을 함.

... ,	wie	man	reibunglos	durch den Alltag	kommt .
	의문사	주어		남성 4격	동사 (현재) 후치됨!

5. ... , wie man ... kommt :

   의문사 *wie*-부문장으로서, 동사 kommen의 *현재* 시제임 : 주어인 man은 3인칭 단수 er 취급하므로 동사 형태는 komm*t*임.
   (의문사 *wie*-부문장 안이므로 동사 kommt는 *후치*되어 문장 맨 뒤에 옴.)

► die Buchhandlung (die Buchhandlung*en*) 서점, 책방 (영. bookstore)
→ die Handlung (옛 문체) 상점, 가게 ≈ das Geschäft, der Laden (영. shop, store)

► stehen [자동사] 서 있다 (영. stand) ※함께 오는 3·4격 전치사는 *3격* 지배!
* 3 기본형 : stehen - stand - gestanden
〈참고〉 stellen [타동사] ...을 세워 놓다 (영. stand, set) ※함께 오는 3·4격 전치사는 *4격* 지배!
* 3 기본형 : stell*en* - stell*te* - *ge*stell*t*

► meterweise [부사어] 미터 방식으로, 많은 양으로 (영. by the metre)
※부사 어미 -weise '... 방식으로' (영. by way of ...) :
die Ausnahme '예외' → ausnahms*weise* '예외적으로'

► das Regal (die Regal*e*) 책장, 책꽂이, 서가 (영. shelves)

► der Ratgeber (die -) [1] 지침서, 정보서 (영. guide) ; [2] 충고자 (영. adviser)
→ der Rat (복수 없음!) 충고, 조언 (영. advice)
↳ raten [자동사] 충고하다, 조언하다 (영. advise)
「j-m zu etw.[3] raten」 누구에게 무엇을 충고하다
「j-m raten , ... zu 동사 원형」 누구에게 ...할 것을 충고하다
* 3 기본형 : raten - riet - geraten
* 현재 시제 *불규칙* 변화 : du r<u>ä</u>t*st* ; er (sie, es) r<u>ä</u>t

→ der Geber (die -) 주는 사람 (영. giver)

※ 「동사 어간 *-er*」는 '행위자'를 나타냄. 이 경우 항상 *남성*이며, 복수형은 *단수형과 동일*함 :

fahren 운전하다 → *der* Fahr*er* (die Fahrer) 운전자

lesen 읽다 → *der* Les*er* (die Leser) 독자

↳ geben [타동사] : 「j-m etw.[4] geben」 *누구*에게 *무엇*을 주다 (영. give)

* 3 기본형 : geben - gab - gegeben

* 현재 시제 *불규칙* 변화 : du gib*st* ; er (sie, es) gib*t*

► wie [의문부사] 어떻게? (영. how)

► man [부정대명사] 사람들은 (영. people)

※'특정인'이 아니라 막연히 '사람들'을 뜻함. 따라서 우리말로 '사람들' 혹은 '우리는'으로 해석되며, 때로는 굳이 해석하지 않아도 되는 경우도 있음. (항상 *주어*로서만 사용되며, *단수 3인칭* er 취급함!)

► reibungslos [형용사] 마찰 없는, (부사적) 마찰 없이 (영. smooth)

※형용사 어미 -los '... 없는' (영. -less) :

die Arbeit 직업 → arbeits*los* 직업 없는, 실업자인 (영. jobless)

→ die Reibung (die Reibung*en*) 마찰력 (영. rubbing)

↳ reiben [타동사] ...을 문지르다 (영. rub, grate)

* 3 기본형 : reiben - rieb - gerieben

► durch [*4격* 전치사] ~을 통해, ~을 가로질러 (영. through)

► der Alltag (보통 *단수*!) 일상, 일상생활 (영. ordinary weekday)

→ alltäglich [형용사] 일상의, 보통의 ≈ gewöhnlich 보통의, 평범한 (영. ordinary)

► kommen [자동사] (완료형 「sein ... pp」) 오다 (영. come)

* 3 기본형 : kommen - kam - gekommen

3

So muss man (, nachdem ... gegessen hat ,) die Schale unten
화법조동사 (현재 시제) / 주어 / 종속접속사 *nachdem*-부문장 / *auf*brechen의 4격 목적어 (여성 4격)

*auf*brechen , (damit ... hinausschlüpfen kann).
동사 원형 / 종속접속사 *damit*-부문장

1\. ... muss man ... *auf*brechen :

화법조동사 müssen의 *현재* 시제「müssen ... 동사 원형」임 :

- 주어인 man은 3인칭 단수 er 취급하므로 müssen의 형태는 muss임.
- 화법조동사 muss와 결합하는 *동사 원형* *auf*brechen이 맨 뒤에 옴.

... , nachdem man ein gekochtes Ei gegessen hat , ...
종속접속사 / 주어 / gegessen의 4격 목적어 (중성 4격) / 현재완료「haben ... pp」 후치됨!

2\. ... , *nachdem* man ... gegessen hat :

종속접속사 *nachdem*-부문장으로서, 동사 essen의 *현재완료* 시제「haben ... pp」임 :

- 주어가 man이므로 현재완료 조동사 haben의 형태는 hat임.
- 동사 essen의 pp형은 gegessen임.

따라서「hat ... gegessen」이지만 부문장 안이므로 *후치*됨 : ... gegessen hat

3\. ein gekocht*es* Ei :

*중성*명사 Ei가 동사 gegessen의 *4격* 목적어이므로 *중성 4격* 부정관사 ein이 앞에 옴.

형용사(= 과거분사) gekocht는 앞에 중성의 ein이 오므로 어미 *-es*가 붙어 gekocht*es*임.

※ *중성*의 ein + 형용사 *-es* ; *남성*의 ein + 형용사 *-er*

… ,	damit	der Teufel	hinausschlüpfen kann .
	종속접속사	주어 (남성 1격)	화법조동사「kann … 동사 원형」 후치됨!

4. … , *damit* der Teufel … *hinaus*schlüpfen kann :

종속접속사 *damit*-부문장으로서, 화법조동사 können의 *현재* 시제「können … 동사 원형」임 :

- 주어인 "der Teufel"은 남성의 er에 해당하므로 können의 형태는 kann임.
- 화법조동사 kann과 결합하는 *동사 원형* *hinaus*schlüpfen이 맨 뒤에 옴.

따라서 원래는「kann … *hinaus*schlüpfen」이지만, 부문장 안이므로 *후치*됨 :

… *hinaus*schlüpfen kann

► so [부사] (앞에서 언급된 내용을 가리키며) 그렇게, 그래서 (영. so)

► muss ⇒ 화법조동사 müssen의 *현재* 시제 (주어가 ich 혹은 er, sie, es일 때)

「müssen … 동사 원형」[화법조동사] …해야 한다 (영. must)

* 현재 시제 *불규칙* 변화 :

ich muss ; du muss*t* ; er (sie, es) muss

wir müss*en* ; ihr müss*t* ; sie (Sie) müss*en*

* 3 기본형 : müssen - musste - gemusst (müssen)

※동사 원형 *있을* 경우 완료형 :「haben … *동사 원형* müssen」

동사 원형 *없을* 경우 완료형 :「haben … gemusst」

► man [부정대명사] 사람들은 (영. people)

※항상 *주어*로서만 사용되며, *단수 3인칭* er 취급함!

► nachdem [종속접속사] …하고 난 후에 (영. after)

► gekocht [형용사/과거분사] 끓여진, 삶아진 (영. boiled)

→ kochen [타동사] [1] …을 끓이다 (영. boil) ; [2] …을 요리하다 (영. cook)

* 3 기본형 : koch*en* - koch*te* - *ge*koch*t*

► das Ei (die Ei*er*) 알, 계란 (영. egg)

► gegessen ⇒ 동사 essen의 *과거분사* (= pp형)
essen [타동사] ...을 먹다 (영. eat)
* 3 기본형 : essen - aß - gegessen
* 현재 시제 *불규칙* 변화 : du i*sst* ; er (sie, es) i*sst*

► die Schale (die Schale*n*) 껍질 (영. shell, skin)
→ schälen [타동사] ...을 껍질 벗기다 (영. peel)

► unten [부사] 아래에, 아래에서 (영. down, below) ↔ oben 위에, 위에서 (영. up, above)

► *auf*brechen (brechen ... *auf*) [분리/타동사] ...을 부수어 열다, 구멍 내다 (영. break open)
* 3 기본형 : *auf*brechen - *auf*brach (brach ... *auf*) - *aufge*brochen
* 현재 시제 *불규칙* 변화 : du bri*chst* ... *auf* ; er (sie, es) bri*cht* ... *auf*
↳ brechen [타동사] ...을 깨뜨리다, 부수다 (영. break)
* 3 기본형 : brechen - brach - gebrochen
* 현재 시제 *불규칙* 변화 : du bri*chst* ; er (sie, es) bri*cht*
→ auf, *auf-* [부사/분리전철] 열린, 열려서

► damit [종속접속사] ...하기 위해서 (영. so that ...)

► der Teufel (die -) 악마, 악령 (영. devil) ≈ der Satan, der Dämon

► *hinaus*schlüpfen (schlüpfen... *hinaus*) [분리동사/자동사] (완료형 「sein ... pp」)
미끄러지듯 빠져나가다 (영. slip out)
* 3 기본형 :
*hinaus*schlüpf*en* - *hinaus*schlüpf*te* (schlüpf*te* ... *hinaus*) - *hinausge*schlüpf*t*
↳ schlüpfen [자동사] (완료형 「sein ... pp」) 미끄러지듯 잽싸게 이동하다 (영. slip)
* 3 기본형 : schlüpf*en* - schlüpf*te* - *ge*schlüpf*t*
→ hinaus, *hinaus-* [부사/분리전철] (저리) 밖으로
〈참고〉 heraus, *heraus-* [부사/분리전철] (이리) 밖으로

► kann ⇒ 화법조동사 können의 *현재* 시제 (주어가 ich 혹은 er, sie, es일 때)

「können ... 동사 원형」 [화법조동사] ...할 수 있다 (영. can)

* 현재 시제 *불규칙* 변화 :

ich kann ; du kann*st* ; er (sie, es) kann

wir könn*en* ; ihr könn*t* ; sie, Sie könn*en*

* 3 기본형 : können - konnte - gekonnt (können)

※동사 원형 *있을* 경우 완료형 : 「haben ... *동사 원형* können」

동사 원형 *없을* 경우 완료형 : 「haben ... gekonnt」

Der	fliegt	über das Haus	(, wenn ... anschneidet ,) ...
주어 (남성 1격)	동사 (현재 시제)	중성 4격	종속접속사 *wenn*-부문장

1. Der fliegt ... :

(1) 주어인 "Der"는 지시대명사 *남성 1격*임 :

앞 문장 3의 *남성*명사 "der Teufel"을 가리키며, *주어*이므로 *남성 1격*의 der임.

(2) 동사 fliegen의 *현재* 시제임 :

주어가 3인칭 단수 지시대명사 Der이므로 동사 형태는 flieg*t*임.

2. ... fliegt über das Haus :

3·4격 전치사 über는 여기서 '장소 이동' 동사 fliegen과 함께 '... 위로 날아가다'로 해석되어 '방향'을 나타내므로 *4격* 지배임.

따라서 *중성*명사 Haus가 전치사 über의 *4격* 목적어이므로 *중성 4격* 정관사 das가 앞에 옴.

... , wenn man ein Brot an beiden Enden *an*schneidet , ...
종속접속사 / 주어 / 동사 *an*schneidet의 4격 목적어 (중성 4격) / 복수 3격 / 동사 (현재 시제) 후치됨!

3\. ... , wenn man ... *an*schneidet , ... :

종속접속사 *wenn*-부문장으로서, 분리동사 *an*schneiden의 *현재* 시제임 :
주어인 man은 3인칭 단수 er 취급하므로 동사 형태는 *an*schneide*t*임.
(※*an*schneiden은 어간 끝이 -*d*이므로 발음상 -e- 첨가!)
부문장 안이므로 동사 *an*schneidet는 *후치*되어 맨 뒤에 옴.

4\. ... an beid*en* End*en* *an*schneidet , ... :

3·4격 전치사 an은 동사 *an*schneiden과 함께 '...에서 잘라내다'로 해석되어
'방향'이 아닌 '위치'을 나타내므로 *3격* 지배임.
즉, *복수*명사 Ende*n*이 전치사 an의 *3격* 목적어이므로 *복수 3격*임. 따라서 :

- 형용사 beid-는 *복수 3격* 정관사 d*en*처럼 어미변화 하여 beid*en*임.
  ※형용사 앞에 관사, 소유대명사, 지시대명사 등이 없을 경우,
  형용사 자체가 정관사 d- 어미변화 함.
- *복수 3격* 명사의 형태는 항상 -*n*이어야 함.
  여기서 *복수 3격* Ende*n*은 복수형 자체가 -*n*이므로 추가의 어미 -*n*을 붙일 필요 없음.

... , so glauben Hausfrauen in Yorkshire.
동사 (현재 시제) / 주어 (복수 1격) / 3격

5\. ... , so glauben Hausfrauen ... :

동사 glauben의 *현재* 시제임 : 주어인 "Hausfrau*en*"은 복수의 sie('그들')에 해당하므로 glaub*en*임.

► der, die, das ... [지시대명사] (앞에 나온 대상을 지시하여) 그 ... , 그것

► fliegen [자동사] (완료형 「sein ... pp」) 날아가다, (비행기 타고) 가다 (영. fly)

* 3 기본형 : fliegen - flog - geflogen

► über [3·4격 전치사] (영. over, above)

[1] (3격 지배 : '위치') ~위에, ~위에서 ; [2] (4격 지배 : '방향') ~위로, ~을 지나서

► das Haus (die Häus*er*) 집 (영. house)

► wenn [종속접속사] ...일 경우, 만약 ...라면 (영. when, if)

► das Brot (die Brot*e*) (식사용) 빵, 식빵 (영. bread)

► beid(e) [형용사] 양쪽의 (영. both)

► das Ende (die Ende*n* ; 보통 *단수*!) 끝 (영. end, close)

→ enden [자동사] 끝나다 (영. end)

* 3 기본형 : end*en* - end*ete* - *ge*end*et* ※어간 끝이 -*d*이므로 발음상 -e- 첨가!

► *an*schneiden (schneiden ... *an*) [분리/타동사] (빵 따위) ...을 한 조각 잘라내다

* 3 기본형 : *an*schneiden - *an*schnitt (schnitt ... *an*) - *an*geschnitten

↳ schneiden [타동사] ...을 자르다 (영. cut)

* 3 기본형 : schneiden - schnitt - geschnitten

► glauben [타동사] ...라고 생각하다 (영. believe, think)

* 3 기본형 : glaub*en* - glaub*te* - *ge*glaub*t*

→ der Glaube (die Glaube*n* ; 보통 *단수*!) 믿음 (영. belief)

► die Hausfrau (die Hausfrau*en*) 주부 (영. housewife)

→ die Frau (die Frau*en*) 부인, 성인여자 (영. wife, woman)

5

Sie (주어) sind (동사 (현재 시제)) auch davon (뒤의 *dass*-부문장을 가리킴.) überzeugt (sind의 형용사 보어) (, dass ... nicht aufgeht ,) (종속접속사 *dass*-부문장)

(wenn ... in der Nähe ist). (종속접속사 *wenn*-부문장 (앞의 *dass*-부문장 내용에 대한 '조건'임.))

1. Sie sind ... :

동사 sein의 *현재* 시제임 : 주어가 복수의 sie('그들')이므로 동사 형태는 sind임.
(여기서 sie는 앞 문장 4의 "Hausfrauen"을 받음.)

2. ... sind ... davon überzeugt , dass ... :

「von etw.[3] überzeugt sein」 '*무엇*에 대하여 확신하다'
davon = 「von + das('그것')」 : 여기서 davon은 뒤에 오는 *dass*-부문장을 받음.

... , dass (종속접속사) ein Brotteig (주어 (남성 1격)) nicht *auf*geht (동사 (현재) 후치됨!) , wenn (종속접속사) eine Leiche (주어 (여성 1격))

in der Nähe (여성 3격) ist (동사 (현재) 후치됨!) .

3. ... , dass ein Brotteig ... *auf*geht , ... :

종속접속사 *dass*-부문장으로서, 분리동사 *auf*gehen의 *현재* 시제임 :
주어인 "ein Brotteig"는 남성의 er에 해당하므로 동사 형태는 *auf*geh*t*임.
부문장 안이므로 동사 *auf*geht는 *후치*되어 맨 뒤에 옴.

4\. ... , wenn eine Leiche ... ist :

종속접속사 *wenn*-부문장으로서, 동사 sein의 *현재* 시제임 :
주어인 “eine Leiche”는 여성의 sie에 해당하므로 동사 형태는 ist임.
부문장 안이므로 동사 ist는 *후치*되어 맨 뒤에 옴.

5\. ... in d*er* Nähe ist :

3·4격 전치사 in은 동사 ist와 함께 ‘...에 있다’로 해석되어 ‘위치’을 나타내므로 *3격* 지배임.
따라서 *여성*명사 Nähe가 전치사 in의 *3격* 목적어이므로 *여성 3격* 정관사 d*er*가 앞에 옴.

► sind ⇒ 동사 sein의 *현재* 시제 (주어가 wir 혹은 sie(‘그들’), Sie(‘당신, 당신들’)일 때)

sein [자동사] (완료형「sein ... gewesen」) (형용사 혹은 명사 보어와 함께) ...이다 (영. be)

* 현재 시제 *불규칙* 변화 :

ich bin ; du bist ; er (sie, es) ist

wir sind ; ihr seid ; sie, Sie sind

* 3 기본형 : sein - war - gewesen

► überzeugt [형용사/과거분사] ※타동사 überzeugen의 과거분사!

「j-d ist von etw.[3] überzeugt」 *누구*는 *무엇*에 대하여 확신하다 (영. be convinced of ...)

→ überzeugen [타동사] (영. convince)

「j-n von etw.3 überzeugen」 *누구*로 하여금 *무엇*에 대해 확신시키다

* 3 기본형 : *überzeugen* - *überzeugte* - *überzeugt*
형태가 *über*-이므로 pp형에서 -ge- 생략!

〈참고〉 überzeugend [형용사/현재분사] 신뢰를 주는, 믿을만한 (영. convincing)

► der Brotteig 빵 반죽

→ der Teig (die Teige) 반죽 (영. dough)

► *auf*gehen (gehen ... *auf*) [분리/자동사] (완료형「sein ... pp」) (빵 등이) 부풀어 오르다 (영. rise)

* 3 기본형 : *auf*gehen - *auf*ging (ging ... *auf*) - *auf*gegangen

↳ gehen [자동사] (완료형「sein ... pp」) 가다 (영. go)

* 3 기본형 : gehen - ging - gegangen

► die Leiche (die Leiche*n*) 시체 (영. corpse, dead body)

► die Nähe (복수 없음!) 가까움, 근처 (영. nearness)

「in der Nähe」 가까운 곳에, 근처에

→ nah(e) [형용사] 가까운 (영. near)

► ist ⇒ 동사 sein의 *현재* 시제 (주어가 er, sie, es일 때!)

2

독일어: 문법과 텍스트 이해

[1]Zehntausende Spanier und Touristen aus aller Welt haben das ostspanische Buñol bei Valencia wieder einmal in ein Meer aus Tomatensoße verwandelt. [2]Bei der alljährlichen Tomatenschlacht bewarfen sich mehr als 40.000 Menschen auf der zentralen Plaza Mayor gegenseitig mit den roten Früchten.
[3]Viele Teilnehmer hatten sich die Hemden ausgezogen und die Augen zum Schutz vor dem brennenden Saft hinter Schwimmbrillen versteckt. [4]Rund um den überfüllten Platz saßen Zuschauer auf ihren Balkonen. [5]Einige beteiligten sich von oben an der „Tomatina". [...]

Spiegel Online

[1]스페인 사람들과 전 세계로부터 온 관광객들 수만 명이 발렌시아(Valencia) 근처에 있는 스페인 동부 도시 부뇰(Buñol)을 다시 한 번 토마토소스의 바다로 바꾸었다. [2]매년 열리는 토마토 싸움에서 4만 명 이상의 사람들이 도시 중심부에 위치한 마요르 광장(Plaza Mayor)에서 서로를 향해 이 붉은색 과일들을 던졌다.
[3]많은 참가자들이 셔츠를 벗었으며, 작열하는 토마토 과즙으로부터 보호하기 위해 눈을 물안경 뒤로 감추었다. [4]가득 찬 행사장 주위에 빙 둘러서 구경꾼들이 발코니에 앉아 있었다. [5]몇몇 사람들은 위쪽으로부터 "토마토 축제(Tomatina)" 행사에 참여하였다. [...]

1

Zehntausende Spanier und Touristen	aus aller Welt	haben
주어 (복수 1격)	여성 3격	현재완료 (조동사)

das ostspanische Buñol	bei Valencia wieder einmal	in ein Meer
verwandelt의 4격 목적어 (중성 4격)		중성 4격

aus Tomatensoße	verwandelt.
여성 3격	현재완료 (pp형)

1. ... und Touristen aus all*er* Welt ... '전 세계로부터 온 관광객들' :

   *여성*명사 Welt가 *3격* 전치사 aus와 결합하므로 *여성 3격*임.
   따라서 all-은 *여성 3격* 정관사 d*er*처럼 어미변화 하여 all*er*임.
   ※all-은 *정관사 d-* 어미변화 함.

2. Zehntausende Spanier und Touristen ... haben ... verwandelt :

   동사 verwandeln의 *현재완료* 시제 「haben ... pp」 임 :
   - 주어가 복수의 sie('그들')에 해당하므로 조동사 haben의 형태는 hab*en*임.
   - 동사 verwandeln의 pp형은 verwandel*t*임.

3. das ostspanisch*e* Buñol bei Valencia
   '발렌시아 근처에 있는 동부 스페인의 부뇰' :

   도시 명 Buñol은 *중성*이며 동사 verwandelt의 *4격* 목적어이므로 *중성 4격* 정관사 das가 앞에 옴.
   형용사 ostspanisch는 앞에 *중성 4격*의 d*as*가 있으므로 어미 *-e*가 붙어 ostspanisch*e*임.
   ※중성의 d*as* , dies*es* , jed*es* , all*es* ... + 형용사 *-e*

4. ... das ostspanische Buñol ... in ein Meer ... verwandelt :

「etw.[4] in etw.[4] verwandeln」 '*무엇을 무엇으로* 변화시키다'
*중성*명사 Meer가 3·4격 전치사 in의 *4격* 목적어이므로 *중성 4격* 부정관사 ein이 앞에 옴.

5. ... Meer aus Tomatensoße ... :

3격 전치사 aus (재료, 구성요소) '~으로 이루어진'

► 「zehntausend*e* + *복수*명사」 수만 명의 ... , 수많은 ...
→ zehntausend [수사] 1만
〈참고〉「hundert*e* ...」 수백의 ... , 수많은 ... / 「tausend*e* ...」 수천의 ... , 수많은 ...

► der Spanier (die -) 스페인 사람, 스페인 남자 (영. Spanish)

► der Tourist (die Tourist*en*) [tu-] 관광객 (영. tourist)
※단수에서 주어 1격을 제외한 단수 2, 3, 4격이 모두 복수형과 동일하게 Tourist*en*인 *약변화* 명사!

► all- [부정수사] 모든 ... (영. all)
※all-은 *정관사 d-* 어미변화 함.

► die Welt (die Welt*en* ; 주로 *단수*!) 세계 (영. world)

► ostspanisch [형용사] 동스페인의, 스페인 동부의 (영. East Spanish)
→ ost- (합성어를 구성하여) 동 ... , 동부 ... (영. east ...)
〈참고〉 west- 서부 ... / süd- 남부 ... / nord- 북부 ...
→ spanisch [형용사] 스페인의, 스페인어의, 스페인 사람의 (영. Spanish)

► bei [*3격* 전치사] ~옆에 (영. near, by)

► wieder [부사] 다시, 재차 (영. again)

► einmal [부사] 한번 (영. once)

► das Meer (die Meere) 바다, 대양 (영. sea, ocean)
〈참고〉 die See (die Seen) 바다 / das Ozean (die Ozeane) 대양

► aus [3격 전치사] ~으로부터 (영. from, out of ...)

► die Tomatensoße 토마토 소스
→ die Tomate (die Tomaten) 토마토 (영. tomato)
→ die Soße (die Soßen) 소스 (영. sauce)

► verwandeln [타동사] ...을 변화시키다 (영. change, convert) ≈ verändern
「etw.[4] in etw.[4] verwandeln」 *무엇을 무엇으로* 변화시키다
* 3 기본형 : *verwandeln* - *verwandelte* - *verwandelt*
형태가 *ver-*이므로 pp형은 -ge- 없음!

2

> Bei der alljährlichen Tomatenschlacht (여성 3격) bewarfen (동사 (과거 시제)) sich mehr als 40.000 Menschen (주어 (복수 1격))
> auf der zentralen *Plaza Mayer* (여성 3격) gegenseitig mit den roten Früchten (복수 3격).

1. Bei der alljährlichen Tomatenschlacht '매년 열리는 토마토 싸움에서' :

*여성*명사 Tomatenschlacht가 *3격* 전치사 bei와 결합하므로 *여성 3격* 정관사 der가 앞에 옴. 형용사 alljährlich는 앞에 *여성 3격* 정관사 der가 있으므로 어미 *-en*이 붙어 alljährlichen임.
※(성, 수에 상관없이) *3격*의 관사, 소유대명사, 지시대명사 ... + 형용사 *-en*

2. ... bewarfen ... mehr als 40.000 Menschen ... :

동사 bewerfen의 *과거* 시제임 : 주어인 “mehr als 40.000 Menschen”는 복수의 sie(‘그들’)에 해당하므로 과거형 bewarf에 어미 *-en*이 붙어 bewarf*en*임.

3. ... bewarfen sich ... mit ... :

「주어복수 + bewerfen sich⁴ mit etw.³」 ‘*서로서로*에게 *무엇*을 던지다’
주어가 복수의 sie(‘그들’)에 해당하므로 *4격* 재귀대명사는 sich임.
※재귀대명사 형태는 문장의 *주어*에 의해 결정됨 :
주어가 3인칭 단수 *er*, *sie*, *es*, 3인칭 복수 *sie*(‘그들’), 격식칭 *Sie*(‘당신, 당신들’)일 경우 3격 및 4격 재귀대명사 모두 동일하게 *sich*임.

4. mit d*en* rot*en* Früchte*n* :

*복수*명사 Frücht*e*가 *3격* 전치사 mit와 결합하므로 *복수 3격*임. 따라서 :
- *복수 3격* 정관사 d*en*이 앞에 옴.
  ※*복수 3격* 어미는 *-en*임 : d*en* , mein*en* , dein*en* , kein*en* , dies*en* , all*en* ...
- 형용사 rot는 앞에 *복수 3격* d*en*이 있으므로 rot*en*임.
  ※어미 *-en*이 있는 d*en* , ein*en* , mein*en* , kein*en* , dies*en* ... + 형용사 *-en*
- *복수 3격* 명사는 항상 *-n*이어야 함.
  따라서 *복수 3격*인 Frücht*e*는 추가로 어미 *-n*이 붙어 Frücht*en*임.

5. ... bewarfen ... auf d*er* zentral*en* *Plaza Mayer* :

3·4격 전치사 auf는 동사 bewarfen과 결합하여 ‘...에서 던졌다’로 해석됨.
따라서 ‘방향’이 아니라 ‘위치’를 나타내므로 *3격* 지배임.
- 외래어 Plaza는 *여성*이며, 전치사 auf의 *3격* 목적어이므로 *여성 3격*의 정관사 d*er*가 앞에 옴.
  ※*여성 3격* 어미는 *-er*임 : d*er* , ein*er* , mein*er* , ihr*er* , kein*er* , dies*er* , jed*er* ...
- 형용사 zentral은 앞에 *여성 3격* 정관사 d*er*가 있으므로 어미 *-en*이 붙어 zentral*en*임.
  ※(성, 수에 상관없이) *3격*의 관사, 소유대명사, 지시대명사 ... + 형용사 *-en*

► bei [*3격* 전치사] ~일 때, ~일 경우 (영. When ...)

► alljährlich [형용사] (명사 앞 수식어로서) 매년의, (부사적) 매년, 해마다 (영. annual, annually)

► die Tomatenschlacht 토마토 싸움

→ die Schlacht (die Schlachten) 전투, 싸움 (영. battle)

► bewarfen ⇒ 동사 bewerfen의 *과거* 시제 (주어가 wir, sie('그들'), Sie('당신, 당신들')일 때)

bewerfen [타동사] (영. throw)

「j-n mit etw.[3] bewerfen」 *누구*에게 *무엇*을 던지다 ≈ 「etw.[4] auf j-n werfen」

* 3 기본형 : *bewerfen* - *bewarf* - *beworfen*

형태가 *be*-이므로 pp형은 -ge- 없음!

↳ werfen [타동사] ...을 던지다 (영. throw)

* 3 기본형 : werfen - warf - geworfen

* 현재 시제 *불규칙*변화 : du wirf*st* ; er (sie, es) wirf*t*

► 「mehr als + 숫자」 ... 이상 = 「über + 숫자」 (영. more than ... ; over ...)

► der Mensch (die Menschen) 인간, 사람 (영. man)

※단수의 경우, 주어를 제외한 단수 2, 3, 4격이 모두 복수형과 동일하게 Menschen인 약변화 명사!

► zentral [형용사] 중앙의, 중심의, 중심가의 (영. central)

→ das Zentrum (die Zentren) 중앙, 중심, 중심가 (영. centre, downtown)

► gegenseitig [형용사] 서로의, (부사적) 서로에게 (영. mutual, reciprocal)

► rot [형용사] 붉은, 빨간색의 (영. red)

► die Frucht (die Früchte) 과일 (영. fruit)

〈참고〉 das Obst (항상 *단수*!) 과일

3

Viele Teilnehmer	hatten	sich	die Hemden	*aus*gezogen	und
주어 (복수 1격)	과거완료 (조동사)		*aus*gezogen의 4격 목적어 (복수 4격)	과거완료 pp형$_1$	

die Augen	zum Schutz	vor dem brennenden Saft
versteckt의 4격 목적어 (복수 4격)	남성 3격	남성 3격

hinter Schwimmbrillen	versteckt.
복수 3격	과거완료 pp형$_2$

1. Viele Teilnehmer hatten ... *aus*gezogen und ... versteckt :

동사 *aus*ziehen 및 verstecken의 *과거완료* 시제「hatte ... pp」:

- 주어인 "Viele Teilnehmer"는 복수의 sie('그들')에 해당하므로 hatte는 어미 *-n*이 붙어 hatte*n*임.
- 분리동사 *aus*ziehen의 pp형은 *aus*gezogen이며, 동사 verstecken의 pp형은 versteckt임.

2. ... sich di*e* Hemd*en* *aus*gezogen ... :

3격 재귀동사「sich[3] etw.[4] *aus*ziehen」'*무엇*을 벗다' :

- 주어가 복수의 sie('그들')에 해당하므로 3격 재귀대명사는 sich임.
- *복수*명사 Hemd*en*이 동사 *aus*gezogen의 *4격* 목적어이므로 *복수 4격* 정관사 di*e*가 앞에 옴.

3. ... zum Schutz vor d*em* brennend*en* Saft ...

'작열하는 과즙으로부터의 보호를 위해'

「zum Schutz vor etw.[3]」'*무엇*으로부터 보호하기 위해'

*남성*명사 Saft가 전치사 vor의 *3격* 목적어이므로 *남성 3격* 정관사 d*em*이 앞에 옴.

※*남성 3격* 어미는 *-em*임 : d*em* , ein*em* , mein*em* , sein*em* , ihr*em* , kein*em* , dies*em* , jed*em* ...

형용사 brennend-는 앞에 *남성 3격* 정관사 d*em*이 있으므로 어미 *-en*이 붙어 brennend*en*임.

※(성, 수에 상관없이) *3격*의 관사, 소유대명사, 지시대명사 ... + 형용사 *-en*

4. ... hinter Schwimmbrille*n* versteckt :

3·4격 전치사 hinter는 동사 versteckt와 함께 '~뒤에 숨기다'로 해석되어 '방향'이 아니라 '위치'이므로 *3격* 지배임.
즉, *복수*명사 Schwimmbrille*n*이 전치사 hinter의 *3격* 목적어이므로 *복수 3격*임.

► der Teilnehmer (die -) 참가자 (영. participant)

→ *teil*nehmen (nehmen ... *teil*) [분리동사/자동사] 참가하다

「an etw.[3] *teil*nehmen」 *무엇*에 참가하다 (영. take part in ... ; participate in ...)

* 3 기본형 : *teil*nehmen - *teil*nahm - *teil*genommen

* 현재 시제 *불규칙* 변화 : du nimm*st* ... *teil* ; er (sie, es) nimm*t* ... *teil*

↳ nehmen [타동사] ...을 취하다 (영. take)

* 3 기본형 : nehmen - nahm - genommen

* 현재 시제 *불규칙* 변화 : du nimm*st* ; er (sie, es) nimm*t*

→ die Teilnahme (die Teilnahme*n*) 참가, 참여 (영. participation)

「die Teilnahme an etw.[3]」 *무엇*에의 참가, 참여

► das Hemd (die Hemd*en*) 셔츠 (영. shirt)

► *aus*gezogen ⇒ 동사 *aus*ziehen의 *과거분사* (= pp형)

*aus*ziehen (ziehen ... *aus*) [분리/3격 재귀동사] ...을 벗다 (영. take off)

「sich[3] etw.[4] *aus*ziehen」 *무엇*을 벗다

* 3 기본형 : *aus*ziehen - *aus*zog (zog ... *aus*) - *aus*gezogen

↳ ziehen [타동사] ...을 끌다 (영. pull, drag)

* 3 기본형 : ziehen - zog - gezogen

► das Auge (die Auge*n*) 눈 (영. eye)

► der Schutz (die Schutz*e* ; 주로 *단수*!) 보호 (영. protection)

「zum Schutz vor etw.[3]」 *무엇*으로부터의 보호를 위해

→ schützen [타동사] ...을 보호하다 (영. protect)

「j-n vor etw.[3] schützen」 *누구*를 *무엇*으로부터 보호하다

* 3 기본형 : schütz*en* - schütz*te* - *ge*schütz*t*

► brennend [형용사/현재분사] 불타는 (영. burning) ※동사 brennen의 *현재분사*!

→ brennen [자동사] 불타다, 불타오르다 (영. burn)

* 3 기본형 : brennen - brannte - gebrannt

► der Saft (die Säfte) 즙, 과즙 (영. juice)

► hinter [*3·4격* 전치사] (영. behind)

[1] (*3격* 지배 : '위치') ~뒤에, 뒤에서 ; [2] (*4격* 지배 : '방향') ~뒤로

► die Schwimmbrille (수영할 때 사용되는) 물안경 (영. swimming goggles)

→ Schwimm- (합성명사를 구성하여) 수영과 관련된 ...

↳ schwimmen [자동사]

[1] 수영하다 (영. swim)

[2] (완료형 「sein ... pp」) 수영해서 가다 (영. swim)

* 3 기본형 : schwimmen - schwamm - geschwommen

→ die Brille (die Brille*n*) 안경 (영. glasses, spectacles, goggles)

► verstecken [타동사] ...을 숨기다, 감추다 (영. hide)

* 3 기본형 : *ver*steck*en* - *ver*steck*te* - *ver*steck*t*

형태가 *ver*-이므로 pp형은 -ge- 없음!

↳ stecken

[1] [타동사] ...을 꽂아 넣다 (영. put, stick) ※함께 오는 3·4격 전치사는 *4격* 지배!

[2] [자동사] 꽂혀 있다 (영. be in ...) ※함께 오는 3·4격 전치사는 *3격* 지배!

* 3 기본형 : steck*en* - steck*te* - *ge*steck*t*

4

Rund	um den überfüllten Platz	saßen	Zuschauer	auf ihren Balkonen.
	남성 4격	동사 (과거 시제)	주어 (복수 1격)	복수 3격

1. Rund um d*en* überfüllt*en* Platz ... '꽉 찬 행사장 주위에 빙 둘러서' :

*남성*명사 Platz가 *4격* 전치사 um과 결합하므로 *남성 4격* 정관사 d*en*이 앞에 옴.
형용사 überfüllt는 앞에 *남성 4격* d*en*이 있으므로 어미 *-en*이 붙어 überfüllt*en*임.
※어미 *-en*이 있는 d*en*, ein*en*, mein*en*, ihr*en*, kein*en*, dies*en* ... + 형용사 *-en*

2. ... saßen Zuschauer ... :

동사 sitzen의 *과거* 시제임 : 주어가 "Zuschauer", 즉 복수의 sie('그들')에 해당하므로 과거형 saß에 어미 *-en*이 붙어 saß*en*임.

3. ... saßen ... auf ihr*en* Balkon*en* :

3·4격 전치사 auf는 동사 saßen과 함께 '~ 위에 앉아 있었다'로 해석됨으로써 '방향'이 아니라 '위치'이므로 *3격* 지배임.
즉, *복수*명사 Balkone가 전치사 auf의 *3격* 목적어이므로 *복수 3격*임. 따라서 :

- 소유대명사 ihr-('그들의')는 *복수 3격* 어미 *-en*이 붙어 ihr*en*임.
  ※*복수 3격* 어미는 *-en*임 : d*en*, mein*en*, sein*en*, kein*en*, dies*en*, jed*en* ...
- *복수 3격* 명사 형태는 *-n*임.
  따라서 *복수 3격*의 Balkone는 어미 *-n*이 추가로 붙어 Balkone*n*임.

〈참고〉

소유대명사 : 원칙적으로 *부정관사 ein-* 어미변화 하지만, *복수*일 경우는 *정관사 d-* 어미변화 함.
ich ⇒ mein- '나의 ...' / du ⇒ dein- '너의 ...' / er, es ⇒ sein- '그의, 그것의 ...'
sie '그녀' ⇒ ihr- '그녀의 ...' / wir ⇒ unser- '우리의 ...' / ihr ⇒ eur- '너희의 ...'
sie '그들' ⇒ ihr- '그들의 ...' / Sie '당신, 당신들' ⇒ Ihr- '당신의, 당신들의 ...'

► 「rund um etw.⁴」 = 「rings um etw.⁴」 *무엇* 주위에 빙 둘러 (영. around ...)

→ rund [부사] 원형으로, 빙 둘러 (영. round, circular)

→ um [*4격* 전치사] ~주위에, ~을 빙 둘러 (영. round, around)

► überfüllt [형용사] 꽉 찬, 만원인 (영. crowded, overcrowded)

► der Platz (die Plätze) 장소 (영. place)

► saßen ⇒ 동사 sitzen의 *과거* 시제 (주어가 wir, sie('그들'), Sie('당신, 당신들')일 때)

sitzen [자동사] 앉아 있다 (영. sit) ※함께 오는 3·4격 전치사는 *3격* 지배!

* 3 기본형 : sitzen - saß - gesessen

〈참고〉 setzen [타동사] ...을 앉히다 (영. set) ※함께 오는 3·4격 전치사는 *4격* 지배!

「sich⁴ setzen」 앉다

* 3 기본형 : setz*en* - setz*te* - *ge*setz*t*

► der Zuschauer (die -) 관중, 청중 (영. spectator, audience)

► auf [*3·4격* 전치사] (영. on)

¹ (*3격* 지배 : '위치') ~위에, 위에서 ; ² (*4격* 지배 : '방향') ~위로

► der Balkon (die Balkone) 발코니 (영. balcony)

5

Einige	beteiligten	sich	von oben	an der „Tomatina“.
주어 (복수 1격)	동사 (과거 시제)			여성 3격

1. Einige beteiligten ... :

동사 beteiligen의 *과거* 시제임 : 주어인 einige는 복수의 sie(‘그들’)에 해당하므로 과거형 beteiligte에 어미 *-n*이 붙어 beteiligte*n*임.

2. ... beteiligten sich ... an der „Tomatina“ :

4격 재귀동사 「sich[4] an etw.[3] beteiligen」 ‘*무엇*에 참가하다’ :
주어가 복수의 sie(‘그들’)에 해당하므로 4격 재귀대명사는 sich임.
※재귀대명사 형태는 문장의 *주어*에 의해 결정됨 :
주어가 3인칭 단수 *er*, *sie*, *es*, 3인칭 복수 *sie*(‘그들’), 격식칭 *Sie*(‘당신, 당신들’)일 경우 3격 및 4격 재귀대명사 모두 동일하게 *sich*임.

► einige [부정대명사] (홀로 사용되어) 몇몇 (영. a few ; several)
〈참고〉 「einig*e* + *복수*명사」 몇몇의 ... ≈ 「mehrere ...」, 「ein paar ...」

► beteiligen [4격 재귀동사] : 「sich[4] an etw.[3] beteiligen」 *무엇*에 참가하다 (영. take part in ...) ≈ 「an etw.[3] *teil*nehmen」
* 3 기본형 : *beteiligen* - *beteiligte* - *beteiligt*
형태가 *be*-이므로 pp형은 -ge- 없음!

► oben [부사] 위에, 위에서 (영. up) ↔ unten 아래에, 아래에서
「von oben」 위로부터

3

독일어: 문법과 텍스트 이해

[1]Das hat es seit Jahrzehnten nicht gegeben: ein Sturmmonster, das praktisch die gesamte Ostküste der USA heimsuchen könnte und Amerikas größte Metropole New York direkt bedroht. [2]Und Hurrikan „Irene“, so befürchten US-Meteorologen, wird genau das tun.

[3]Zwar befand sich das Auge des Sturms am Freitag noch weitab von der US-Küste über dem Atlantik. [4]Doch alle Computersimulationen prognostizieren, dass der Hurrikan vermutlich als Wirbelsturm der Kategorie zwei am Samstagnachmittag North Carolina erreichen und dann parallel zur Atlantikküste Richtung Norden ziehen wird. [5]Am Sonntagnachmittag dürfte er New York erreichen. [...]

Süddeutsche.de

[1]이러한 것은 몇 십 년 전 이래로 존재하지 않았다. 실제로 미국의 동부 해안 전체를 엄습할 수 있을지도 모르며, 아메리카에서 가장 큰 국제도시인 뉴욕을 직접 위협하고 있는 한 괴물폭풍을 말한다. [2]그런데 허리케인 “아이린”이 정확히 그러한 것을 행하게 될 것으로 미국의 기상학자들은 두려워하고 있다.

[3]물론 폭풍의 눈이 금요일에 아직은 미국 해안으로부터 멀리 떨어져 대서양 위에 있기는 하다. [4]그렇지만 모든 컴퓨터 시뮬레이션들이 예측하기로는, 이 허리케인이 아마도 범주 2의 소용돌이 폭풍으로서 토요일 오후 노스캐롤라이나에 도달할 것이며, 이어서 대서양 연안을 따라 평행으로 북쪽을 향해 이동하게 될 것이다. [5]일요일 오후에 이것이 뉴욕에 도달할 지도 모른다. [...]

1

Das	hat	es	seit Jahrzehnten	nicht	gegeben	:
4격 목적어 (중성 4격)	현재완료 (조동사)	주어 (=비인칭 주어)	복수 3격		현재완료 (pp형)	

ein Sturmmonster	,	das ... heimsuchen könnte und ... bedroht .
문장 맨 앞의 "Das"와 동격 (중성 4격)		관계대명사 *das*-부문장 (앞에 나온 선행사 "ein Sturmmonster"를 수식·설명함)

1. Das hat es ... gegeben ... :

「Es gibt etw.[4]」 '*무엇*이 있다'

(1) 동사 geben의 *현재완료* 시제 「haben ... pp」 임 :

- 비인칭 주어 es가 주어이므로 완료 조동사 haben의 형태는 hat임.
- 동사 geben의 pp형은 gegeben임.

따라서 「hat ... gegeben」 임.

(2) 맨 앞의 지시대명사 Das는 동사 gegeben의 *4격* 목적어임.

(뒤에 오는 "ein Sturmmonster"를 가리킴!)

2. seit Jahrzehnt*en* :

*복수*명사 Jahrzehnt*e*가 *3격* 전치사 seit와 결합하므로 *복수 3격*임.

복수 3격 명사의 형태는 항상 *-n*이어야 함.

따라서 복수 3격인 Jahrzehnte는 추가로 어미 *-n*이 붙어 Jahrzehnte*n*임.

... : *ein Sturmmonster*	,	das	praktisch	die gesamte Ostküste	der USA
선행사 (중성 4격)		관계대명사 (주어) (중성 1격)		*heim*suchen의 4격 목적어	복수 2격

*heim*suchen könnte	und	Amerikas größte Metropole New York	direkt	bedroht.
화법조동사 können (접속법 II) 후치됨!		bedroht의 4격 목적어		동사 (현재) 후치됨!

3. ... ein Sturmmonster , das ... heimsuchen könnte und ... bedroht :

(1) “ein Sturmmonster”는 문장 맨 앞의 지시대명사 Das와 동격으로서 *4격*임.

(2) 관계대명사 das는 *중성 1격*임 :

앞에 나온 *중성*명사 “ein Sturmmonster”를 받으며, 관계대명사 부문장 안의 *주어*이므로 *중성 1격*임.

(3) 관계대명사 부문장의 경우, 화법조동사 können의 *접속법 II* 형식 및 동사 bedrohen의 *현재* 시제임 :

- 화법조동사 können의 *접속법 II* 형식은 「könnte ... heimsuchen」 임.
  관계대명사 das가 주어이므로 könnte는 어미 없이 그대로 könnte_임.
  즉, 원래는 「könnte ... heimsuchen」 이지만 부문장 안이므로 *후치*됨 :
  ... heimsuchen könnte
- 관계대명사 das가 주어이므로 동사 bedrohen의 현재 시제 형태는 bedroh*t*임.
  부문장 안이므로 동사가 *후치*되어 문장 맨 뒤에 옴.

4. ... die gesamt*e* Ostküste ... heimsuchen ... :

*여성*명사 Ostküste가 동사 heimsuchen의 *4격* 목적어이므로 *여성 4격* 정관사 die가 앞에 옴.
형용사 gesamt-는 앞에 *여성 4격* di*e*가 있으므로 어미 *-e*가 붙어 gesamt*e*임.
※(격에 상관없이) *여성* 어미 *-e*가 붙은 di*e* , ein*e* , mein*e* , dies*e* ... + 형용사 *-e*

5. ... und Amerika*s* größt*e* Metropole New York ... bedroht :

(1) 「고유명사 + *-s*」 ‘...의’ : Amerika*s* ... ‘아메리카의 ...’

(2) *여성*명사 Metropole가 동사 bedroht의 *4격* 목적어이므로 *여성 4격*임.
따라서 형용사 größt-는 *여성 4격* 정관사 di*e*처럼 어미변화 하여 größt*e*임.
※형용사 앞에 관사, 소유대명사, 지시대명사 등이 없을 경우,
형용사 자체가 정관사 d- 어미변화 함!

(3) New York는 바로 앞의 Metropole와 *동격*임.

► seit [*3격* 전치사] ~이래, ~이후에 (영. since)

► das Jahrzehnt (die Jahrzehnt*e*) 10년의 기간 (영. decade, ten years)

► gegeben ⇒ 동사 geben의 *과거분사* (= pp형)

geben [타동사] ...을 주다 (영. give)

「Es gibt etw.[4]」 무엇이 있다, 존재하다 (영. There is/are ...)

* 3 기본형 : geben - gab - gegeben

* 현재 시제 *불규칙* 변화 : du gib*st* ; er (sie, es) gib*t*

► das Sturmmonster 폭풍 괴물

→ der Sturm (die Stürm*e*) 폭풍, 태풍 (영. storm)

→ das Monster (die -) 괴물 (영. monster)

► praktisch [형용사] 실질적인, 실제의, (부사적) 실제로 (영. practical, practically)

≈ tatsächlich

► gesamt- [형용사] (명사 앞 수식어로만 사용됨!) 전체의 (영. whole, entire)

► die Ostküste 동부 해안

→ Ost-, ost- (합성어를 구성하여) 동쪽 ..., 동부 ... (영. east ...)

〈참고〉 Ost, Osten (복수 없음 ; 관사 없이 사용됨!) 동쪽

→ die Küste (die Küste*n*) 해안, 해변 (영. coast, shore)

► die USA = die Vereinigten Staaten von Amerika (*복수*!) 미국 ('아메리카의 연합된 국가들', 즉 '미합중국') (영. the United States of America)

→ vereinigt [형용사/과거분사] 하나 된, 연합된 (영. united) ※타동사 vereinigen의 *과거분사*!

↳ vereinigen [타동사] ...을 하나로 만들다, 통일하다 (영. unite)

* 3 기본형 : *vereinigen* - *vereinigte* - *vereinigt*

형태가 *ver*-이므로 pp형은 -ge- 없음!

→ der Staat (die Staate*n*) 국가 (영. state)

► *heim*suchen (suchen ... *heim*) [분리/타동사] (재난, 질병 등이) ...을 엄습하다, 피해 주다 (영. hit, strike)

* 3 기본형 : *heim*such*en* - *heim*such*te* (such*te* ... *heim*) - *heimge*such*t*

↳ suchen [타동사] ...을 구하다, 찾다 (영. look for ... ; seek)

* 3 기본형 : such*en* - such*te* - *ge*such*t*

► könnte ⇒ 화법조동사 können의 *접속법 II* (주어가 ich 혹은 er, sie, es일 때)
「könnte ... 동사 원형」 ...할 수 있을지도 모른다

* *접속법 II* 어미변화 :

ich könnte ; du könnte*st* ; er (sie, es) könnte

wir könnte*n* ; ihr könnte*t* ; sie (Sie) könnte*n*

〈참고〉 können의 3 기본형 : können - konnte - gekonnt (können)

※동사 원형 *있을* 경우 완료형 : 「haben ... *동사 원형* können」

동사 원형 *없을* 경우 완료형 : 「haben ... gekonnt」

► größt- [형용사] 가장 큰 (영. biggest, tallest) ※형용사 groß('큰')의 *최상급* 형태!

→ groß [형용사] 큰 (영. tall)

* 3 비교형 : groß - größ*er* - größ*t*

► die Metropole (die Metropole*n*) (문어체) 국제 도시, 수도 (영. metropolis)

► direkt [형용사] 직접적인, (부사적) 직접적으로 (영. direct)

► bedrohen [타동사] : 「j-n bedrohen」 *누구*를 위협하다 (영. threaten)

* 3 기본형 : *be*droh*en* - *be*droh*te* - *be*droh*t*
형태가 *be*-이므로 pp형은 -ge- 없음!

↳ drohen [자동사] : 「j-m mit etw.[3] drohen」 *누구*에게 *무엇*으로 위협하다 (영. threaten)

* 3 기본형 : droh*en* - droh*te* - *ge*droh*t*

2

Und Hurrikan „Irene“	(, so befürchten ... ,)	wird	genau	das
주어 (남성 1격)	추가의 부연 설명	미래 시제 (조동사)		동사 tun의 4격 목적어

tun .
미래 시제 (동사 원형)

1. Hurrikan „Irene“ ... wird ... das tun :

(1) 동사 tun의 *미래* 시제「werden ... 동사 원형」임 :

- 주어가 Hurrikan „Irene“, 즉 남성의 er에 해당하므로 미래 조동사 werden의 형태는 wird임.
- 동사 원형 tun이 맨 뒤에 옴.

따라서「wird ... tun」임.

(2) das는 동사 tun의 *4격 목적어*임.

(여기서 das는 지시대명사로서 앞 문장 1의 관계대명사 *das*-부문장의 내용을 가리킴.)

... , so	befürchten	US-Meteorologen	, ...
	동사 (현재 시제)	주어 (복수 1격)	

2. ... , so befürchten US-Meteorologen , ... :

(1) 본래 말하려는 문장의 중간에 삽입되어 추가의 정보를 보충하고 있음.

부사어 so('그렇게, 그와 같이')는 본래의 문장 "Und Hurrikan ‚Irene‘ wird genau das tun"의 전체 내용을 가리킴.

(2) 동사 befürchten의 *현재* 시제임 :

주어인 "US-Meteorolog*en*"은 복수의 sie('그들')에 해당하므로 동사 형태는 befürcht*en*임.

► der Hurrikan (die Hurrikan*e*) 허리케인, 회오리바람 (영. hurricane)

► befürchten [타동사] (좋지 않은 일 등) ...을 염려하다 (영. fear ; be afraid of ...)

* 3 기본형 : *befürchten* - *befürchtete* - *befürchtet* ※어간 끝이 -*t*이므로 발음상 -e- 첨가!
형태가 *be*-이므로 pp형은 -ge- 없음!

↳ fürchten [4격 재귀동사] : 「sich[4] vor etw.[3] fürchten」 *무엇을* 두려워하다 (영. fear)

* 3 기본형 : fürcht*en* - fürcht*ete* - *ge*fürcht*et* ※어간 끝이 -*t*이므로 발음상 -e- 첨가!

→ die Furcht (항상 *단수*!) : 「Furcht vor etw.[3]」 *무엇에* 대한 두려움 (영. fear)

► der Meteorologe (die Meteorologe*n*) 기상학자, 기상 전문가 (영. meteorologist)

※단수에서 주어 1격을 제외한 단수 2, 3, 4격이 모두 복수형처럼 Meteorologe*n*인 *약변화* 명사!

► wird ⇒ *미래* 시제 조동사 (주어가 er, sie, es일 때)

「werden ... 동사 원형」 (미래 시제) ...일 것이다

* 동사 변화 *불규칙* : du wirst ; er (sie, es) wird

► genau [형용사] 정확한, (부사적) 정확히 (영. exact, exactly)

► tun [타동사] ...을 하다, 행하다 (영. do)

* 3 기본형 : tun - tat - getan

3

[3]Zwar befand sich das Auge des Sturms am Freitag
동사 (과거 시제) / 주어 (중성 1격) / 남성 2격

noch weitab von der US-Küste über dem Atlantik. [4]Doch ...
여성 3격 / 남성 3격

1. [3]Zwar ... [4]Doch ... :

   뒤 문장 4와 함께 「zwar ... doch ...」 형식을 구성함.
   「zwar ... doch ...」 ≈ 「zwar ... aber ...」 '비록 ...이긴 하지만 ...이다'

2 ... befand sich ... das Auge ... :

- 4격 재귀동사 「sich[4] befinden」 의 *과거* 시제임 :
  주어가 "das Auge", 즉 es에 해당하므로 과거형 befand는 어미 없이 그대로 befand_임!
- 주어가 중성의 es에 해당하므로 4격 재귀대명사는 sich임.

3. ... Auge de*s* Sturm*s* ... :

   *남성*명사 Sturm이 바로 앞의 명사 Auge를 수식하는 *2격* 형이므로 *남성 2격* 정관사 de*s* 가 앞에 옴.
   명사 Sturm은 *남성*이므로 2격 어미 *-s*가 붙어 Sturm*s*임.
   ※ *남성, 중성*명사는 2격 어미 *-s* 혹은 *-es*가 붙음. (*여성, 복수*명사는 2격 어미 없음!)

4. ... befand sich ... über de*m* Atlantik :

   3·4격 전치사 über는 동사 「sich[4] befinden」 과 함께 '... 위에 있다', 즉 '위치'를 뜻하므로 *3격* 지배임.
   따라서 *남성*명사 Atlantik이 전치사 über의 *3격* 목적어이므로 *남성 3격* 정관사 de*m*이 앞에 옴.
   ※ *남성, 중성* 3격 어미는 *-em*임 : de*m* , ein*em* , mein*em* , kein*em* , dies*em* ...

► 「zwar ... doch ...」 ≈ 「zwar ... aber ...」 비록 ...이긴 하지만 ...이다

► befand ⇒ 동사 befinden의 *과거* 시제 (주어가 ich 혹은 er, sie, es일 때)

befinden [4격 재귀동사] : 「sich[4] befinden」 (문어체) 있다, 소재하다 (영. be located)

* 3 기본형 : *be*finden - *be*fand - *be*funden

형태가 *be*-이므로 pp형에서 -ge- 없음!

↳ finden [타동사] ...을 발견하다 (영. find)

* 3 기본형 : finden - fand - gefunden

► das Auge (die Auge*n*) 눈 (영. eye)

► der Sturm (die Stürm*e*) 폭풍, 태풍 (영. storm)

► der Freitag (die Freitag*e*) 금요일 (영. Friday)

「am + 요일」 ...요일에

► noch [부사] 아직 (영. still)

► weitab [부사] : 「weitab von etw.[3]」 *무엇*으로부터 (비교적) 멀리 떨어져 (영. far away from ...)

► von [*3격* 전치사] ~으로부터 (영. from)

► die Küste (die Küste*n*) 해안, 해변 (영. coast, shore)

► über [*3·4격* 전치사] (영. over, above)

[1] (*3격* 지배 : '위치') ~위에, ~위에서 ; [2] (*4격* 지배 : '방향') ~위로, ~을 지나서

► der Atlantik (복수 없음!) 대서양 (영. the Atlantic)

〈참고〉 der Pazifik 태평양 (영. the Pacific)

4

Doch alle Computersimulationen prognostizieren ,
주어 (복수 1격) / 동사 (현재 시제)

dass ... erreichen und ... ziehen wird .
종속접속사 *dass*-부문장 (앞의 동사 prognostizieren의 4격 목적어)

1. [3]Zwar ... [4]Doch ... :

   앞 문장 3과 함께「zwar ... doch ...」형식을 구성함.

   「zwar ... doch ...」 ≈ 「zwar ... aber ...」 '비록 ...이긴 하지만 ...이다'

2. ... alle Computersimulationen prognostizieren , dass ... :

   (1) 동사 prognostizieren의 *현재* 시제임 :

   주어 "alle Computersimulation*en*"는 복수의 sie에 해당하므로 동사 형태는 prognostizier*en*임.

   (2) *dass*-부문장 전체는 동사 prognostizieren의 *4격 목적어*임.

..., dass der Hurrikan vermutlich als Wirbelsturm der Kategorie zwei
종속접속사 / 주어 (남성 1격) / 남성 1격 / 여성 2격

am Samstagnachmittag North Carolina erreichen und dann
erreichen의 4격 목적어 / 동사 (미래 시제) 후치됨!

parallel zur Atlantikküste Richtung Norden ziehen wird .
여성 3격 / 동사 (미래 시제) 후치됨!

3. ... , dass der Hurrikan ... erreichen und dann ... ziehen wird :

dass-부문장은 동사 erreichen 및 ziehen의 *미래* 시제 「werden ... 동사 원형」 임 :
주어 "der Hurrikan"은 남성의 er에 해당하므로 미래 조동사 werden의 형태는 wird임.
따라서 erreichen의 미래 시제 형식은 「wird ... erreichen」 이며,
ziehen의 미래 시제 형식은 「wird ... ziehen」 임.
이들 두 형식이 부문장 안에서 각각 후치되며 연결됨.
즉 ... erreichen (wird) und dann ... ziehen wird
(여기서 앞의 wird는 뒤에 다시 나오므로 반복을 피해 *생략*됨!)

4. ... Wirbelsturm d*er* Kategorie zwei ... :

*여성*명사 Kategorie가 바로 앞 명사 Wirbelsturm을 수식하는 *2격*이므로 *여성 2격* 정관사 d*er*가 앞에 옴.
(*여성* 명사는 2격 어미 -s, -es 없음!)

► 「all*e* + *복수*명사」 모든 ...들 (영. all ...)

► die Computersimulation 컴퓨터 시뮬레이션
→ die Simulation (die Simulation*en*) 시뮬레이션 (영. simulation)
→ simulieren [타동사] ...을 시뮬레이션 하다 (영. simulate)

► prognostizieren [타동사] ...을 예측하다 ≈ *vorher*sagen (영. forecast)
* 3 기본형 : prognostizier*en* - prognostizier*te* - prognostizier*t*
형태가 *-ieren*이므로 pp형은 -ge- 없음!
→ die Prognose (die Prognose*n*) 예측 (영. forecast, prediction)

► vermutlich [형용사] 있을 수 있는 (영. probable), (부사적) 아마도 (영. probably)
→ vermuten [타동사] ...을 추측하다 (영. assume)

► als [접속사] (자격, 신분) ...로서 (영. as)

► der Wirbelsturm 회오리 바람 (영. whirlwind)
→ der Wirbel (die -) (물, 바람 등의) 소용돌이 (영. whirl, swirl)

► die Kategorie (die Kategorien) 범주, 부류 (영. category)

► der Samstagnachmittag 토요일 오후
→ der Samstag (die Samstage) 토요일 (영. Saturday)
→ der Nachmittag (die Nachmittage) 오후 (영. afternoon)

► erreichen [타동사] ...에 도달하다 (영. reach ; arrive at)
* 3 기본형 : *erreichen* - *erreichte* - *erreicht*
형태가 *er*-이므로 pp형은 -ge- 없음!

► parallel [형용사] 평행한, (부사적) 평행하게 (영. parallel)
「parallel zu etw.[3]」 *무엇*에 평행하게

► 「die Richtung Norden」 북쪽 방향으로
→ Die Richtung (die Richtungen) 방향 (영. direction)
→ der Norden (복수 없음!) 북쪽 (영. north)

► ziehen [1] [자동사] 움직이다, 가다 (영. move) ; [2] [타동사] ...을 끌다 (영. pull, drag)
* 3 기본형 : ziehen - zog - gezogen

► wird ⇒ *미래* 시제 조동사 (주어가 er, sie, es일 때)
「werden ... 동사 원형」 (미래 시제) ...일 것이다
* 동사 변화 *불규칙* : du wirst ; er (sie, es) wird

5

Am Sonntagnachmittag	dürfte	er	New York	erreichen .
	화법조동사 (접속법 II)	주어	동사 erreichen의 4격 목적어	동사 원형

... dürfte er ... erreichen :

화법조동사 dürfen의 *접속법 II* 형식 「dürfte ... erreichen」 '...일지 모른다' (잠재적 추측) : 주어가 er이므로 접속법 II 어미변화 방식에 따라 dürfte는 어미 없이 그대로 dürfte_임. (여기서 주어 er는 앞 문장 4의 남성명사 "der Hurrikan"을 받음.)

► der Sonntag (die Sonntage) 일요일 (영. Sunday)

► dürfte ⇒ 화법조동사 dürfen의 *접속법 II* (주어가 ich 혹은 er, sie, es일 때)

「dürfte ... 동사 원형」 ...할지 모른다

* *접속법 II* 어미변화 :

ich dürfte ; du dürfte*st* ; er (sie, es) dürfte

wir dürfte*n* ; ihr dürfte*t* ; sie (Sie) dürfte*n*

〈참고〉 dürfen의 3 기본형 : dürfen - durfte - gedurft (dürfen)

※동사 원형 *있을* 경우 완료형 : 「haben ... *동사 원형* dürfen 」

동사 원형 *없을* 경우 완료형 : 「haben ... gedurft 」

4

독일어: 문법과 텍스트 이해

[...] [1]Ein 30-jähriger Brite, der auf den Seychellen seine Flitterwochen verbrachte, ist Mitte August 2011 von einem Hai angegriffen und so schwer verletzt worden, dass er kurze Zeit später starb. [2]Das Unglück ereignete sich vor dem Strand *Anse Lazio.* [3]Die Ehefrau des Opfers war am Strand, als Fischer ihren Mann auf ein Boot zogen und an die Küste brachten. [4]„Er hatte ein Bein und einen Arm verloren und schwere Verletzungen im Bauchbereich erlitten“, berichtete ein Augenzeuge. [5]In derselben Gegend war nur zwei Wochen zuvor ein 36-jähriger Franzose Opfer einer Hai-Attacke geworden. [...]

Welt-Online

[...] [1]세이셸 군도에서 신혼여행을 보내고 있던 한 30세 영국인이 2011년 8월 중순 상어에 의해 공격을 당해, 매우 심하게 부상을 입어 얼마 지나지 않아 사망했다. [2]이 사고는 앙세 라지오(Anse Lazio) 해변 앞에서 발생했다. [3]희생자의 부인은 해변에 있었는데, 그 때 어부들이 자신의 남편을 배 위로 건져 내어 해안가로 데려왔다. [4]“그는 다리와 팔을 잃었으며, 복부 부위에 심한 부상을 당했어요.”라고 한 목격자가 보고했다. [5]동일한 지역에서 불과 2주 전에 36세의 한 프랑스 남자가 상어 공격의 희생자가 되었었다. [...]

1

Ein 30-jähriger Brite (, der ... verbrachte ,) ist Mitte August 2011
주어 (남성 1격) — 관계대명사 *der*-부문장 (앞에 나온 선행사 "Brite"를 수식·설명함.) — 현재완료 수동

von einem Hai angegriffen und so schwer verletzt worden , dass ... starb .
수동태의 행위자 (남성 3격) — 현재완료 수동 — 현재완료 수동 — 종속접속사 *dass*-부문장

1. Ein 30-jährig*er* Brite :

   *남성*명사 Brite가 *주어*로서 1격이므로 *남성 1격* 부정관사 ein이 앞에 옴.
   형용사 30-jährig-는 앞에 *남성 1격*의 ein이 있으므로 어미 *-er*가 붙어 30-jährig*er*임.
   ※ *남성* ein + 형용사 *-er* ; *중성* ein + 형용사 *-es*

2. Ein 30-jähriger Brite , ... , ist ... angegriffen und ... verletzt worden , ... :

   동사 *an*greifen 및 verletzen의 현재완료 수동「sein ... pp worden」임 :
   - 주어가 "Ein ... Brite", 즉 er에 해당하므로 조동사 sein의 형태는 ist임.
   - 동사 *an*greifen의 pp형은 *an*gegriffen, 동사 verletzen의 pp형은 verletzt임.

   따라서 동사 *an*greifen의 현재완료 수동은「ist ... *an*gegriffen worden」이며,
   동사 verletzen의 현재완료 수동은「ist ... verletzt worden」임.
   이들 두 형식이 연결됨. 즉 : ... ist ... *an*gegriffen (worden) und ... verletzt worden
   (여기서 앞의 worden은 뒤에 다시 나오므로 반복을 피해 생략됨!)

... *Brite* , der auf den Seychellen seine Flitterwochen
선행사 (남성 1격) — 관계대명사 (남성 1격) — 복수 3격 — verbrachte의 4격 목적어 (복수 4격)

verbrachte , ...
동사 (과거) 후치됨!

3. ... Brite , der ... verbrachte , ... :

(1) 주어인 der는 관계대명사 남성 1격임 :

앞에 나온 *남성*명사 "Brite"를 받으며, 관계대명사 부문장 안의 *주어*이므로 *남성 1격*임.

(2) 관계대명사 부문장은 동사 verbringen의 *과거* 시제임 :

관계대명사 der가 주어이므로 과거형 verbrachte는 어미 없이 그대로 verbrachte_ 임.
(부문장 안이므로 동사 verbrachte는 *후치*되어 맨 뒤에 옴.)

4. ... auf d*en* Seychellen ... verbrachte , ... :

(1) '섬'은 보통 전치사 auf와 결합함.

(2) 3·4격 전치사 auf는 여기서 동사 verbrachte와 함께 '...에서 보냈다'로 해석되어 '방향'이 아니라 '위치'이므로 *3격* 지배임.

*복수*명사 Seychellen이 전치사 auf의 *3격*목적어이므로 *복수 3격* 정관사 den이 앞에 옴.

5. ... sein*e* Flitterwoche*n* verbrachte , ... :

*복수*명사 Flitterwoche*n*이 동사 verbrachte의 *4격* 목적어이므로 *복수 4격*임.
따라서 소유대명사 sein-('그의')은 *복수 4격* 정관사 di*e*처럼 어미변화 하여 sein*e*임.
※소유대명사 sein- , mein- , dein- ... 및 부정어 kein-은 원칙적으로 *부정관사 ein-* 어미변화 하지만 *복수*일 경우는 *정관사 d-* 어미변화 함.

〈참고〉

소유대명사 : 원칙적으로 *부정관사 ein-* 어미변화 하지만, *복수*일 경우는 *정관사 d-* 어미변화 함.
ich ⇒ mein- '나의 ...' / du ⇒ dein- '너의 ...' / er, es ⇒ sein- '그의, 그것의 ...'
sie '그녀' ⇒ ihr- '그녀의 ...' / wir ⇒ unser- '우리의 ...' / ihr ⇒ eur- '너희의 ...'
sie '그들' ⇒ ihr- '그들의 ...' / Sie '당신, 당신들' ⇒ Ihr- '당신의, 당신들의 ...'

6. ... so schwer ... , dass ... :

「so + 형용사(부사) , dass ...」 '매우 ...해서 (그 결과) ...하다'

... und so schwer ... , dass (종속접속사) er (주어) kurze Zeit später starb (동사 (과거) 후치됨!) .

7. ... , dass er ... starb :

동사 sterben의 *과거* 시제임 : 주어가 er이므로 과거형 starb는 어미 없이 그대로 starb_임.
(*dass*-부문장 안이므로 동사 starb는 *후치*되어 맨 뒤에 옴.)

8. kurz*e* Zeit später '짧은 시간 후에', 즉 '얼마 지나지 않아' :

「시간 표현 + später」 '... 후에'
여기서 "kurze Zeit"는 *4격*의 *시간 부사어*임 :
*여성*명사 Zeit가 *4격* 시간 부사어이므로 *여성 4격*임.
따라서 형용사 kurz는 *여성 4격* 정관사 di*e*처럼 어미변화 하여 kurz*e*임.
※형용사 앞에 관사, 소유대명사, 지시대명사 등이 없을 경우, *형용사 자체가 정관사 d-* 어미변화 함.

► ...-jährig [형용사] (명사 앞 수식어로서) 연령이 ...인 (영. ...-year-old)
→ das Jahr (die Jahr*e*) 해, 년 (영. year)

► der Brite (die Brite*n*) 브리타니아인, 영국인 (영. Britisch man)

► Seychellen [ze'ʃɛlən] (지역 명 ; 항상 *복수*!) 세이셸 군도 (아프리카 동부, 인도양에 위치!)
→ die Insel (die Insel*n*) 섬 (영. island)

► die Flitterwoche*n* (항상 *복수*!) 신혼여행 (영. honeymoon)
→ die Woche (die Woche*n*) 주, 주일 (영. week)

► verbrachte ⇒ 동사 verbringen의 *과거* 시제 (주어가 ich 혹은 er, sie, es일 때)
verbringen [타동사] (시간, 기간 등) ...을 보내다 (영. spend)
* 3 기본형 : *ver*bringen - *ver*brachte - *ver*bracht
형태가 *ver*-이므로 pp형은 -ge- 없음!
↳ bringen [타동사] ...을 가져오다 (영. bring)
* 3 기본형 : bringen - brachte - gebracht

► ist ⇒ *완료형* 조동사 sein (주어가 ich 혹은 er, sie, es일 때)

sein [조동사] 완료형 「sein ... pp」 에 사용됨.

* 현재 시제 *불규칙* 변화 :

ich bin ; du bist ; er (sie, es) ist

wir sind ; ihr seid ; sie (Sie) sind

* 3 기본형 : sein - war - gewesen

► von [*3격* 전치사] (수동문의 '행위자'를 나타내어) ~에 의해 (영. by)

► der Hai (die Haie) 상어 (영. shark)

► *an*gegriffen ⇒ 동사 *an*greifen의 *과거분사* (= pp형)

*an*greifen (greifen ... *an*) [분리/타동사] ...을 공격하다 (영. attack)

* 3 기본형 : *an*greifen - *an*griff (griff ... *an*) - *an*gegriffen

↳ greifen [타동사] ...을 잡다, 붙잡다 (영. grasp, grab)

* 3 기본형 : greifen - griff - gegriffen

► so [부사] (앞에서 언급된 내용을 가리키며) 그렇게, 그래서 (영. so)

「so + 형용사(부사) , dass ...」 '...일 정도로 그렇게 ...하다', 즉 '매우 ...해서 그 결과 ...하다'

(영. 「so + 형용사(부사) + that ...」)

► verletzen [타동사] ...을 다치게 하다, ...을 해치다 (영. hurt, injure)

* 3 기본형 : *ver*letz*en* - *ver*letz*te* - *ver*letz*t*

형태가 *ver*-이므로 pp형에서 -ge- 없음!

→ verletzt [형용사/과거분사] 부상당한, 다친 (영. hurt, injured)

► worden ⇒ *수동태* 조동사 werden의 *과거분사* (= pp형)

「werden ... pp」 (수동태) ...되다 (영. 「be + pp ...」)

* 3 기본형 : werden - wurde - worden

〈주의〉 일반 동사 werden('...되다')의 pp형은 geworden임!

► kurz [형용사] 짧은 (영. short) ↔ lang 긴

► die Zeit (die Zeit*en* ; 보통 단수 사용!) 시간, 시대 (영. time)

► später [부사] 후에, 나중에 (영. later) ※형용사 spät('늦은')의 비교급 형태가 부사어로 굳어짐.

► sterben [자동사] (완료형 「sein ... pp」) 죽다 (영. die)

* 3 기본형 : sterben - starb - gestorben

* 현재 시제 *불규칙* 변화 : du stirb*st* ; er (sie, es) stirb*t*

2

Das Unglück	ereignete	sich	vor dem Strand *Anse Lazio*.
주어 (중성 1격)	동사 (과거 시제)		남성 3격

1. Das Unglück ereignete sich ... :

4격 재귀동사 「sich⁴ ereignen」 의 *과거* 시제임 :

- 주어 "Das Unglück"는 중성의 es에 해당하므로 과거형 ereignete는 어미 없이 그대로 ereignete_임.
- 주어가 es에 해당하므로 4격 재귀대명사는 sich임.

2. ... ereignete sich vor de*m* Strand *Anse Lazio* :

3·4격 전치사 vor는 동사 「sich⁴ ereignen」 과 함께 '... 앞에서 발생했다'로 해석되어 '방향'이 아니라 '위치'이므로 *3격* 지배임.

즉, *남성*명사 Strand가 전치사 vor의 *3격* 목적어이므로 *남성 3격* 정관사 de*m*이 앞에 옴.

※ *남성, 중성 3격* 어미는 *-em*임 : d*em* , ein*em* , mein*em* , sein*em* , kein*em* , dies*em* , jed*em* ...

► das Unglück (die Unglücke) 불행, 사고 (영. misfortune, accident) ↔ das Glück 행운

► ereignen [4격 재귀동사] : 「sich[4] ereignen」 일어나다, 발생하다 (영. happen, occur)

* 3 기본형 : *ereignen* - ereign*ete* - ereign*et* ※어간 끝이 -gn이므로 발음상 -e- 첨가!
형태가 *er*-이므로 pp형은 -ge- 없음!

→ das Ereignis (die Ereignisse) 일, 사건 (영. event, accident)

► vor [*3·4격* 전치사] (영. in front of)

[1] (*3격* 지배 : '위치') ~앞에, ~앞에서 ; [2] (*4격* 지배 : '방향') ~앞으로

► der Strand (die Strände) 해안, 해변 (영. beach, shore)

Die Ehefrau	des Opfers	war	am Strand	, als ... zogen und ... brachten.
주어 (여성 1격)	중성 2격	동사 (과거 시제)	남성 3격	종속접속사 *als*-부문장

1. ... Ehefrau d*es* Opfer*s* ... :

*중성*명사 Opfer가 앞의 명사를 수식하는 *2격* 형이므로 *중성 2격* 정관사 d*es*가 앞에 옴.
중성명사 Opfer는 2격 명사 어미 *-s*가 붙어 Opfer*s*임.
※*남성, 중성*명사 2격은 어미 *-s* 혹은 *-es*가 붙음. (*여성, 복수*명사는 2격 어미 없음!)

2. Die Ehefrau ... war ... :

동사 sein('있다, 존재하다')의 *과거* 시제임 :
주어 "Die Ehefrau"는 여성의 sie에 해당하므로 과거형 war는 어미 없이 그대로 war_임.

3. ... war am Strand ... :

3·4격 전치사 an이 동사 war와 함께 '...에 있다'로 해석되어 '방향'이 아니라 '위치'이므로 *3격* 지배임.
즉, *남성*명사 Strand가 전치사 an의 *3격* 목적어이므로 *남성 3격* 정관사 dem이 와야 하지만, 전치사 an과 결합하여 am으로 축약됨. (am = an dem)

... , als	Fischer	ihren Mann	auf ein Boot	zogen	und
종속접속사	주어 (복수 1격)	zogen의 4격 목적어 (남성 4격)	중성 4격	동사 (과거) 후치됨!	

an die Küste	brachten .
여성 4격 후치됨!	동사 (과거)

4. ... , als Fischer ... zogen und ... brachten :

(1) 주어인 Fischer는 *복수*형임. 특정 대상이 아니므로 정관사가 아니라 부정관사 ein-이 와야 하지만, 복수이므로 관사가 완전히 생략됨.

(2) *als*-부문장 안의 경우, 동사 ziehen 및 bringen의 *과거* 시제임 :
주어인 "Fischer"는 복수의 sie에 해당하므로
동사 ziehen의 과거형 zog은 어미 *-en*이 붙어 zog*en*이며,
동사 bringen의 과거형 brachte는 어미 *-n*이 붙어 brachte*n*임.
als-부문장 안이므로 두 동사는 각각 *후치*되어 문장 뒤에 옴 :
... zogen und ... brachten

5. ... ihr*en* Mann ... zogen und ... :

*남성*명사 Mann이 동사 zogen의 *4격* 목적어이므로 *남성 4격*임.
따라서 소유대명사 ihr-('그녀의')는 *남성 4격* 부정관사 ein*en*처럼 어미변화 하여 ihr*en*임.

6. ... auf ein Boot zogen und ... :

3·4격 전치사 auf는 동사 zogen과 연계하여 '...위로 끌고갔다'로 해석되어
'위치'가 아니라 '방향'이므로 *4격* 지배임.
즉, *중성*명사 Boot가 전치사 auf의 *4격* 목적어이므로 *중성 4격* 부정관사 ein이 앞에 옴.

7. ... und an die Küste brachten :

3·4격 전치사 an은 동사 brachten과 연계하여 '...가로 데려왔다'로 해석되어 '위치'가 아니라 '방향'이므로 *4격* 지배임.
즉, *여성*명사 Küste가 전치사 an의 *4격* 목적어이므로 *여성 4격* 정관사 die가 앞에 옴.

► die Ehefrau (die Ehefrau*en*) 기혼 여성, 부인 (영. married woman ; wife)
→ die Ehe (die Ehe*n*) 결혼, 결혼 생활 (영. marriage)

► das Opfer (die -) 희생, 희생물 (영. sacrifice, victim)

► war ⇒ 동사 sein의 *과거* 시제 (주어가 ich 혹은 er, sie, es일 때)
sein [자동사] (완료형 「sein ... gewesen」) 있다, 존재하다 (영. be)
* *과거* 시제 :
ich war ; du war*st* ; er (sie, es) war
wir war*en* ; ihr war*t* ; sie (Sie) war*en*
* 3 기본형 : sein - war - gewesen

► am = an dem
an [*3·4격* 전치사] (영. at, on)
[1] (*3격* 지배 : '위치') ~에, ~옆에 ; [2] (*4격* 지배 : '방향') ~으로, ~옆으로

► der Fischer (die -) 어부 (영. fisher)
→ fischen [타/자동사] (...을) 낚다, 물고기 잡다 (영. bring)

► das Boot (die Boot*e*) (비교적 작은) 배, 보트 (영. boat)
〈참고〉 das Schiff (die Schiff*e*) 배, 선박 (영. ship)

► zogen ⇒ 동사 ziehen의 *과거* 시제 (주어가 wir, sie('그들, 그것들'), Sie('당신, 당신들')일 때)

ziehen [타동사] ...을 끌다, 끌고 가다 (영. pull, drag)

* *과거* 시제 :

ich zog ; du zog*st* ; er (sie, es) zog

wir zog*en* ; ihr zog*t* ; sie (Sie) zog*en*

* 3 기본형 : ziehen - zog - gezogen

► die Küste (die Küste*n*) 해안, 해변 (영. coast, shore)

► brachten ⇒ 동사 bringen의 *과거* 시제 (주어가 wir, sie('그들, 그것들'), Sie('당신, 당신들')일 때)

bringen [타동사] ...을 가져오다, 데려오다 (영. bring)

* *과거* 시제 :

ich brachte ; du brachte*st* ; er (sie, es) brachte

wir brachte*n* ; ihr brachte*t* ; sie (Sie) brachte*n*

* 3 기본형 : bringen - brachte - gebracht

„ Er	hatte	ein Bein und einen Arm	verloren	und
주어	과거완료 (조동사)	verloren의 4격 목적어 (중성 4격 / 남성 4격)	과거완료 (pp형1)	

schwere Verletzungen	im Bauchbereich	erlitten " ,	...
erlitten의 4격 목적어 (복수 4격)	남성 3격	과거완료 (pp형2)	

1. Er hatte ... verloren und ... erlitten :

동사 verlieren 및 erleiden의 *과거완료* 시제 「hatte ... pp」 임 :

- 주어가 Er이므로 조동사 hatte는 어미 없이 그대로 hatte_임.
- verlieren의 pp형은 verloren이며, erleiden의 pp형은 erlitten임.

2. ... und schwer*e* Verletzung*en* erlitten :

*복수*명사 Verletzung*en*이 동사 erlitten의 *4격* 목적어이므로 *복수 4격*임.
따라서 형용사 schwer는 *복수 4격* 정관사 di*e*처럼 어미변화 하여 schwer*e*임.
※형용사 앞에 관사, 소유대명사, 지시대명사 등이 없을 경우, *형용사 자체가 정관사 d-* 어미변화 함.

3. ... schwere Verletzungen im Bauchbereich erlitten :

3·4격 전치사 in이 동사 erlitten과 연계하여 '...에 심한 부상을 당하다'로 해석되어 '방향'이 아니라 '위치'이므로 *3격* 지배임.
즉, *남성*명사 Bauchbereich가 전치사 in의 *3격* 목적어로서 *남성 3격* 정관사 d*em*이 와야 하지만 전치사 in과 결합하여 im으로 축약됨. (im = in dem)

„Er hatte ... verloren und ... erlitten"	,	berichtete	ein Augenzeuge.
뒤에 오는 동사 berichtete의 목적어 ("목격자"가 실제로 "보고했던" 내용임.)		동사 (과거 시제)	주어 (남성 1격)

4. „ ... ", berichtete ein Augenzeuge :

동사 berichten의 *과거* 시제임 :
주어 "ein Augenzeuge"는 남성의 er에 해당하므로 과거형 berichte*te*는 어미 없이 그대로 berichte*te*_임.
(인용된 내용이 먼저 앞에 나오므로 뒤는 어순이 도치됨 :
„ ... ", berichtete ein Augenzeuge

► hatte ⇒ *과거완료* 조동사 (주어가 ich 혹은 er, sie, es일 때)
「hatte ... pp」 (과거완료) ...하였다 (영. 「had pp ...」)
* 어미변화 :
ich hatte ; du hatte*st* ; er (sie, es) hatte
wir hatte*n* ; ihr hatte*t* ; sie (Sie) hatte*n*
〈참고〉 haben의 3 기본형 : haben - hatte - gehabt

► das Bein (die Beine) 다리 (영. leg)

〈참고〉 der Fuß (die Füße) 발 (영. foot)

► der Arm (die Arme) 팔 (영. arm)

〈참고〉 die Hand (die Hände) 손 (영. hand)

► verloren ⇒ 동사 verlieren의 *과거분사* (= pp형)

verlieren [타동사] ...을 잃다, 분실하다 (영. lose)

* 3 기본형 : verlieren - verlor - verloren

► schwer [형용사] 무거운, 어려운, 심한 (영. heavy, hard, serious)

► die Verletzung (die Verletzungen) 부상 (영. injury)

→ verletzt [형용사/과거분사] 다친, 부상당한 ※타동사 verletzen의 과거분사! (영. hurt, injured)

► im = in dem

in [*3·4격* 전치사] (영. in)

1 (*3격* 지배 : '위치') ~에, ~안에 ; 2 (*4격* 지배 : '방향') ~으로, ~안으로

► der Bauchbereich 복부, 배 부분

→ der Bauch (die Bäuche) 배 (영. stomach)

→ der Bereich (die Bereiche) 영역, 분야 (영. area, sphere)

► erlitten ⇒ 동사 erleiden의 *과거분사* (= pp형)

erleiden [타동사] (괴로움, 아픔 등을) 겪다, 당하다 (영. suffer)

* 3 기본형 : *er*leiden - *er*litt - *er*litten

형태가 *er*-이므로 pp형은 -ge- 없음!

↳ leiden [자동사]

「unter etw.[3] leiden」 (문제점, 걱정 등으로 인해) 고통을 겪다, 고생하다

「an etw.[3] leiden」 (질병으로 인해) 고통을 겪다, 고생하다

* 3 기본형 : leiden - litt - gelitten

► berichten [타동사] : ...을 보고하다 (영. report, tell)

* 3 기본형 : *berichten* - *berichtete* - *berichtet* ※어간 끝이 -*t*이므로 발음상 -e- 첨가!
형태가 *be*-이므로 pp형은 -ge- 없음!

→ der Bericht (die Berichte) 보고, 보고서 (영. report)

► der Augenzeuge (die Augenzeuge*n*) (눈으로 직접 목격한) 증인, 목격자 (영. eyewitness)

※단수의 경우, 주어 1격을 제외한 단수 2, 3, 4격이 모두 복수형처럼 Augenzeuge*n*인 *약변화* 명사!

→ das Auge (die Auge*n*) 눈 (영. eye)

→ der Zeuge (die Zeuge*n*) 증인, 목격자 (영. witness)

In derselben Gegend	war	nur	zwei	Wochen	zuvor
여성 3격	과거완료 (조동사)				

ein 36-jähriger Franzose	Opfer	einer Hai-Attacke	geworden.
주어 (남성 1격)	geworden의 주격 보어 (중성 1격)	여성 2격	과거완료 (pp형)

1. In d*er*selb*en* Gegend ... :

3·4격 전치사 In이 여기서는 내용상 '...에서'로 해석되어 '방향'이 아니라 '위치'이므로 *3격* 지배임.

즉, *여성*명사 Gegend가 전치사 In의 *3격* 목적어이므로 *여성 3격*임.

따라서 지시대명사 derselb-의 형태는 d*er*selb*en*임 :

여성 3격 정관사 d*er*- + 형용사 어미변화 한 -selb*en*

2. ... war ... ein 36-jähriger Franzose ... geworden :

동사 werden('...되다')의 *과거완료* 시제 「war ... pp」 임 :

- 주어 "ein 36-jähriger Franzose"는 er에 해당하므로 조동사 war는 어미 없이 그대로 war_임.
- 동사 werden의 pp형은 geworden임.
  (*수동* 조동사 werden의 pp형 worden과 혼동하지 말 것!)

3. zwei Wochen zuvor :

「시간 표현 + zuvor」 ... 전에

여기서 "zwei Wochen"은 *4격*의 *시간 부사어*임.

4. ... Opfer ein*er* Hai-Attacke :

*여성*명사 Hai-Attacke가 앞의 명사를 수식하는 *2격*이므로 *여성 2격* 부정관사 ein*er*가 앞에 옴.

(Hai-Attacke는 *여성*명사이므로 2격 명사 어미 -s, -es 없음!)

► *der*selb*e* , *die*selb*e* , *das*selb*e* , *die*selb*en* ... [지시대명사] 동일한 ... (영. the same ...)

※*der*-는 *정관사* 변화, selb-는 *형용사* 어미변화 함!

► die Gegend (die Gegend*en*) 지역, 구역 (영. area)

► war ⇒ *과거완료* 조동사 (주어가 ich 혹은 er, sie, es일 때)

「war ... pp」 (과거완료) ... 하였다

* 어미변화 :

ich war ; du war*st* ; er (sie, es) war

wir war*en* ; ihr war*t* ; sie (Sie) war*en*

〈참고〉 sein의 3 기본형 : sein - war - gewesen

► die Woche (die Woche*n*) 주, 주일 (영. week)

► zuvor [부사] (시간적) 전에, 이전에 ≈ vorher (영. before, previously)
「시간 표현 + zuvor」 ... 전에

► der Franzose (die Franzose*n*) 프랑스인, 프랑스 남자 (영. Frenchman)
※단수에서 주어 1격을 제외한 단수 2, 3, 4격이 모두 복수형과 동일하게 Franzose*n*인 *약변화* 명사!

► das Opfer (die -) 희생, 희생물 (영. sacrifice, victim)

► die Attacke (die Attacke*n*) 공격 ≈ der Angriff (영. attack)
→ attackieren [타동사] ...을 공격하다 ≈ *an*greifen (영. attack, charge)

► geworden ⇒ 동사 werden의 *과거분사* (= pp형)
werden [자동사] (완료형 「sein ... geworden」) (형용사 및 명사 보어와 함께) ... 되다 (영. become)
* 3 기본형 : werden - wurde - geworden
〈주의〉 수동태 조동사 werden의 pp형은 worden임!

5

독일어: 문법과 텍스트 이해

[1]Neven Subotic schlug die Hände über dem Kopf zusammen. [2]Er hatte gerade einen schönen Kopfballtreffer erzielt und war gerade dabei, in die Arme seiner Kollegen zu laufen - [3]da entdeckte er, dass Schiedsrichter Wolfgang Stark seine Aktion nicht gesehen hatte. [4]Der war nämlich gerade damit beschäftigt, Dortmunds Assistenztrainer Zeljko Buvac auf die Tribüne zu rufen.
[5]Subotic' Treffer war der einzige in der Partie zwischen den Vereinen Bayer Leverkusen und Borussia Dortmund - [6]und weil dem die Anerkennung verweigert wurde, endete das spannende und hochklassige Spiel am Ende torlos. [...]

Süddeutsche.de

[1]네벤 수보티치는 매우 놀라서 두 손을 머리 위로 치켜들었다. [2]그는 방금 멋진 헤딩골을 성취했으며, 자신의 동료들 품 안으로 막 달려가려던 참이었다. [3]그 순간 그는 심판인 볼프강 슈타르크가 자신이 행한 것을 보지 못했음을 알아챘다. [4]이 심판은 그 때 막 도르트문트 팀의 보조 트레이너인 젤코 부바쯔를 관중석으로 불러내는 데에 몰두하고 있던 중이었기 때문이다.
[5]수보티치의 골은 바이어 레버쿠젠과 보루시아 도르트문트 두 클럽 사이에 벌어진 경기의 유일한 것이었다. [6]그리고 그 골에 대해 승인이 거부되었기 때문에 긴장되고 높은 수준이었던 그 경기는 득점 없이 끝났다. [...]

1

Neven Subotic	schlug	die Hände	über dem Kopf	*zusammen* .
주어	동사 (과거 시제)	4격 목적어 (복수 4격)	남성 3격	분리전철

1. Neven Subotic schlug ... *zusammen* :

분리동사 *zusammen*schlagen의 *과거* 시제임 :

- 주어 "Neven Subotic"는 남성의 er에 해당하므로 과거형 schlug은 어미 없이 그대로 schlug_임.
- 분리전철 *zusammen*-은 분리되어 문장 맨 뒤에 위치함.

2. ... schlug die Hände über d*em* Kopf *zusammen* :

「die Hände über dem Kopf zusammenschlagen」 (기쁨, 놀라움 등으로) '두 손을 번쩍 치켜들다' :
밑줄 친 부분에서 3·4격 전치사 über는 동사 schlug ... *zusammen*과 연계하여 '...위에서'로 해석됨.
즉, '방향'이 아니라 '위치'를 나타내므로 *3격* 지배임.
따라서 *남성*명사 Kopf가 전치사 über의 *3격* 목적어이므로 *남성 3격* 정관사 d*em*이 앞에 옴.

► schlug ... *zusammen* ⇒ 분리동사 *zusammen*schlagen의 *과거* 시제 (주어가 ich 혹은 er, sie, es 일 때)

*zusammen*schlagen (schlag ... *zusammen*) [분리/타동사] ...을 서로 부딪히게 하다

「die Hände über dem Kopf zusammenschlagen」 (기쁨, 놀라움 등) 두 손을 머리 위로 치켜들다 (영. throw one's hands up)

* 3 기본형 :

*zusammen*schlagen - *zusammen*schlug (schlug ... *zusammen*) - *zusammen*geschlagen

* 현재 시제 *불규칙* 변화 : du schl*ä*g*st* ... *zusammen* ; er (sie, es) schl*ä*g*t* ... *zusammen*

↳ schlagen [타동사] ...을 때리다, 치다 (영. hit, beat)

* 3 기본형 : schlagen - schlug - geschlagen

* 현재 시제 *불규칙* 변화 : du schlä*gst* ; er (sie, es) schlä*gt*

→ zusammen, *zusammen-* [부사/분리전철] 함께 (영. together)

► die Hand (die Hände) 손 (영. hand)

► der Kopf (die Köpfe) 머리 (영. head)

Er	hatte	gerade	einen schönen Kopfballtreffer	erzielt	und
주어	과거완료 (조동사)		erzielt의 4격 목적어 (남성 4격)	과거완료 (pp형)	

war	gerade dabei ,	in die Arme	seiner Kollegen	zu *laufen*	- ...
동사 (과거 시제)		복수 4격	복수 2격	*zu*-부정사	

1. Er hatte ... erzielt und war ... :

동사 erzielen의 *과거완료* 시제, 그리고 동사 sein의 *과거* 시제임 :

(1) 동사 erzielen의 *과거완료* 형식 「hatte ... pp」 :

- 주어가 Er이므로 조동사 hatte는 어미 없이 그대로 hatte_임.
- 동사 erzielen의 pp형은 erziel*t*임.

(2) 동사 sein의 *과거* 시제 : 주어가 Er이므로 과거형 war는 어미 없이 그대로 war_임.

2. ... ein*en* schön*en* Kopfballtreffer erzielt und ... :

*남성*명사 Kopfballtreffer가 동사 erzielt의 *4격* 목적어이므로 *남성 4격* 부정관사 ein*en*이 앞에 옴.

형용사 schön은 앞에 *남성 4격* ein*en*이 있으므로 어미 *-en*이 붙어 schön*en*임.

※어미 *-en*을 지니는 ein*en* , d*en* , mein*en* , kein*en* , dies*en* , jed*en* ... + 형용사 *-en*

3. ... und war gerade dabei , ... zu ... :

「j-d ist gerade dabei , ... zu 동사 원형」 '누구는 막 ...하고 있는 중이다'

4. ... , in di*e* Arm*e* ... zu *laufen* :

동사 laufen의 *zu*-부정사임 :
3·4격 전치사 in은 여기서 동사 laufen과 함께 '...안으로 달려가다'로 해석되어
'위치'가 아니라 '방향'을 나타내므로 *4격* 지배임.
따라서 *복수*명사 Arm*e*가 전치사 in의 *4격* 목적어이므로 *복수 4격* 정관사 di*e*가 앞에 옴.

5. ... Arme sein*er* Kollege*n* ... :

*복수*명사 Kollege*n*이 바로 앞 명사 Arme를 수식하는 *2격* 형이므로 *복수 2격*임.
따라서 소유대명사 sein-('그의')은 *복수 2격* 정관사 d*er*처럼 어미변화 하여 sein*er*임.
※소유대명사 sein- , mein- , dein- ... 및 부정어 kein-은 원칙적으로 *부정관사 ein-* 어미 변화 하지만 *복수*일 경우는 *정관사 d-* 어미변화 함.

► hatte ⇒ *과거완료* 조동사 (주어가 ich 혹은 er, sie, es일 때)

「hatte ... pp」 (과거완료) ...하였다 (영. 「had pp ...」)

* 어미변화 :

ich hatte ; du hatte*st* ; er (sie, es) hatte
wir hatte*n* ; ihr hatte*t* ; sie (Sie) hatte*n*

〈참고〉 haben의 3 기본형 : haben - hatte - gehabt

► gerade [부사] 막, 방금 (영. just)

► der Kopfballtreffer (축구 용어) 헤딩 골

→ der Kopfball (축구 용어) 헤딩 (영. header)

→ der Treffer (die -) (축구 등의) 골, 골인 (영. goal)

↳ treffen [타동사] (던지거나 쏘아서) ...을 맞히다 (영. hit)

* 3 기본형 : treffen - traf - getroffen

* 현재 시제 *불규칙* 변화 : du triff*st* ; er (sie, es) triff*t*

► erzielen [타동사] ...에 도달하다 (영. achieve, attain)

* 3 기본형 : *erzielen* - *erzielte* - *erzielt*
형태가 *er*-이므로 pp형은 -ge- 없음!

↳ zielen [자동사] : 「auf etw.[4] zielen」 *무엇을* 목표로 하다, 겨냥하다 (영. aim at ...)

* 3 기본형 : ziel*en* - ziel*te* - *ge*ziel*t*

→ das Ziel (die Ziel*e*) 목표 (영. target, aim)

► war ⇒ 동사 sein의 *과거* 시제 (주어가 ich 혹은 er, sie, es일 때)

sein [자동사] (완료형 「sein ... gewesen」) 있다, 존재하다 (영. be)

* *과거* 시제 :

ich war ; du war*st* ; er (sie, es) war

wir war*en* ; ihr war*t* ; sie (Sie) war*en*

* 3 기본형 : sein - war - gewesen

► dabei [부사]

「j-d ist gerade dabei, ... zu 동사 원형」 *누구는* 막 ...하고 있는 중이다

► der Arm (die Arm*e*) 팔 (영. arm)

► der Kollege (die Kolleg*en*) 동료 (영. colleague)

※단수에서 주어 1격을 제외한 단수 2, 3, 4격이 모두 복수형과 동일하게 Kollege*n*인 *약변화* 명사!

► laufen [자동사] (완료형 「sein ... pp」) 달려가다 (영. run, rush)

* 3 기본형 : laufen - lief - gelaufen

* 현재 시제 *불규칙*변화 : du läuf*st* ; er (sie, es) läuf*t*

3

... - da entdeckte er , dass ... gesehen hatte .
동사 (과거 시제) / 주어 / 종속접속사 *dass*-부문장 (앞에 나온 동사 entdeckte의 4격 목적어)

1. ... - da entdeckte er , dass ... :

동사 entdecken의 *과거* 시제임 : 주어가 er이므로 과거형 entdeck*te*는 어미 없이 그대로 entdeck*te*_임.

(*dass*-부문장 전체는 동사 entdeckte의 *4격 목적어*임.)

... , dass Schiedsrichter Wolfgang Stark seine Aktion nicht
주어 / gesehen의 4격 목적어

gesehen hatte.
동사 (과거완료)
후치됨!

2. ... , dass Schiedsrichter Wolfgang Stark ... gesehen hatte :

동사 sehen의 *과거완료* 시제 「hatte ... pp」 임 :

- 주어인 "Schiedsrichter Wolfgang Stark"는 er에 해당하므로 hatte는 어미 없이 그대로 hatte_임.
- 동사 sehen의 pp형은 gesehen임.

결국 과거완료 형태는 「hatte ... gesehen」 인데, *dass*-부문장 안이므로 *후치*됨 :

... gesehen hatte

3. ... sein*e* Aktion ... gesehen hatte :

*여성*명사 Aktion이 동사 gesehen의 *4격* 목적어이므로 *여성 4격*임.

따라서 소유대명사 sein-('그의')은 *여성 4격* 부정관사 ein*e*처럼 어미변화 하여 sein*e*임.

〈참고〉

소유대명사 : 원칙적으로 *부정관사* *ein-* 어미변화 하지만, 복수일 경우는 *정관사* *d-* 어미변화 함.

ich ⇒ mein- '나의 ...' / du ⇒ dein- '너의 ...' / er, es ⇒ sein- '그의, 그것의 ...'

sie '그녀' ⇒ ihr- '그녀의 ...' / wir ⇒ unser- '우리의 ...' / ihr ⇒ eur- '너희의 ...'

sie '그들' ⇒ ihr- '그들의 ...' / Sie '당신, 당신들' ⇒ Ihr- '당신의, 당신들의 ...'

► entdecken [타동사] ...을 발견하다 (영. discover, find out)

「j-d entdeckt, dass ...」 누구는 ...라는 사실을 발견하다, 깨닫다

* 3 기본형 : *ent*deck*en* - *ent*deck*te* - *ent*deck*t*

형태가 *ent*-이므로 pp형은 -ge- 없음!

► der Schiedsrichter (die -) (스포츠) 심판 (영. referee, umpire)

→ der Richter (die -) 판사, 재판관 (영. judge)

► die Aktion (die Aktion*en*) 행동, 행위 (영. action)

► gesehen ⇒ 동사 sehen의 *과거분사* (= pp형)

sehen [타동사] ...을 보다 (영. see)

* 3 기본형 : sehen - sah - gesehen

* 현재 시제 *불규칙* 변화 : du sieh*st* ; er (sie, es) sieh*t*

► hatte ⇒ *과거완료* 조동사 (주어가 ich 혹은 er, sie, es일 때)

「hatte ... pp」 (과거완료) ...하였다 (영. 「had pp ...」)

* 어미변화 :

ich hatte ; du hatte*st* ; er (sie, es) hatte

wir hatte*n* ; ihr hatte*t* ; sie (Sie) hatte*n*

〈참고〉 haben의 3 기본형 : haben - hatte - gehabt

4

Der	war	nämlich gerade	damit	beschäftigt ,
주어 (남성 1격)	동사 (과거 시제)		뒤의 *zu*-부정사를 가리킴	war의 형용사 보어

... zu *rufen* .
zu-부정사 구문

1. Der war ... :

(1) 주어인 "Der"는 지시대명사 *남성 1격*임 :
앞 문장 3에 나온 *남성*명사 "Schiedrichter ..."를 받으며, 동사 war의 *주어*이므로 *남성 1격*임.

(2) 동사 sein의 *과거* 시제임 : 주어가 지시대명사 Der이므로 과거형 war는 어미 없이 그대로 war_임.

2. ... war ... damit beschäftigt , ... zu *rufen* :

「j-d ist mit etw.[3] beschäftigt」 '*누구*는 막 *무엇*하고 있는 중이다, *무엇*으로 바쁘다'
damit = mit + 지시대명사 das('그것')
여기서 damit은 뒤에 오는 zu-부정사 "... zu rufen"을 가리킴.

3. ... - [3]da entdeckte er ... [4]Der war nämlich ...

밑줄 친 부사어 nämlich('왜냐하면 ... 때문이다')는 앞 문장 3의 내용에 대한 '이유'를 말하고 있음.

... , Dortmunds Assistenztrainer Zeljko Buvac	auf die Tribüne	zu *rufen*.
*rufen*의 4격 목적어 (남성 4격)	여성 4격	*zu*-부정사

4. ... , Dortmund*s* Assistenztrainer Zeljko Buvac ... zu *rufen* :

「고유명사 + *-s*」 '...의' : Dortmund*s* ... '도르트문트의 ...'
밑줄 친 "Dortmunds ... Buvac"는 뒤에 오는 동사 rufen의 *4격 목적어*임.

5. ... , ... auf di*e* Tribüne zu *rufen* :

3·4격 전치사 auf는 여기서 동사 rufen과 연계하여 '...위로 부르다'로 해석됨.
즉, '위치'가 아니라 '방향'을 나타내므로 *4격* 지배임.
따라서 *여성*명사 Tribüne가 전치사 auf의 *4격* 목적어이므로 *여성 4격* 정관사 di*e*가 앞에 옴.

► war ⇒ 동사 sein의 *과거* 시제 (주어가 ich 혹은 er, sie, es일 때)
sein [자동사] (완료형 「sein ... gewesen」) (명사 혹은 형용사 보어와 함께) ...이다 (영. be)
* 3 기본형 : sein - war - gewesen
* *과거* 시제 :
ich war ; du war*st* ; er (sie, es) war
wir war*en* ; ihr war*t* ; sie (Sie) war*en*

► nämlich [부사]
1 (앞 문장 내용에 대한 이유, 근거를 말하여) 왜냐하면
2 (앞에 나온 내용을 상세히 설명하여) 말하자면, 즉 (영. namely ; that ist to say)

► beschäftigt [형용사/과거분사] 바쁜 (영. busy) ※동사 beschäftigen의 과거분사!
「j-d ist mit etw.[3] beschäftigt」 누구는 막 무엇하고 있는 중이다, 무엇으로 바쁘다
→ beschäftigen [4격 재귀동사] : 「sich[4] mit etw.[3] beschäftigen」 ...에 몰두하다
(영. occupy oneself with ...)
* 3 기본형 : *be*schäftig*en* - *be*schäftig*te* - *be*schäftig*t*
형태가 *be*-이므로 pp형은 -ge- 없음!

► der Assistenztrainer 보조 트레이너
→ Assistenz- (합성어를 구성하여) 보조 ...
→ der Trainer (die -) 트레이너, 코치 (영. trainer)

► die Tribüne (die Tribünen) (스포츠 경기장의) 관중석 (영. stand)

► rufen [타동사] ...을 부르다 (영. call)
* 3 기본형 : rufen - rief - gerufen

Subotic' Treffer	war	der einzige	in der Partie	zwischen den
주어 (남성 1격)	동사 (과거 시제)	war의 주격 보어 (남성 1격)	여성 3격	

Vereinen	Bayer Leverkusen und Borussia Dortmund	- ...
복수 3격	바로 앞의 "den Vereinen"과 동격으로서 이를 구체적으로 열거함.	

1. Subotic' Treffer war der einzige ... :

(1) 고유명사가 -s, -ß, -z 등의 치음으로 끝날 경우, 2격 형은 생략부호(')만을 붙힘. (즉, -s 아님!)

(2) 동사 sein의 *과거* 시제임 : 주어가 남성의 er에 해당하므로 과거형 war는 어미 없이 war_임.

(3) 밑줄 친 부분의 경우, 명사 Treffer가 반복을 피해 생략됨. 즉 : der einzige (Treffer)
생략된 *남성*명사 Treffer가 동사 war의 *주격* 보어이므로 *남성 1격* 정관사 der가 앞에 옴.
형용사 einzig-는 앞에 *남성 1격* der가 있으므로 어미 -*e*가 붙어 einzig*e*임.
※ *남성* d*er* , dies*er* , jed*er* , all*er* ... + 형용사 -*e*

2. ... einzige (Treffer) in der Partie ... :

3·4격 전치사 in이 바로 앞의 생략된 명사 Treffer를 수식하여 '...에서의 득점'으로 해석되므로 *3격* 지배임.
따라서 *여성*명사 Partie가 전치사 in의 *3격* 목적어이므로 *여성 3격* 정관사 der가 앞에 옴.

3. ... Partie zwischen d*en* Verein*en* Bayer Leverkusen und Borussia Dortmund ... :

3·4격 전치사 zwischen이 바로 앞 명사 Partie를 수식하여 '...사이에서의 경기'로 해석되므로 *3격* 지배임.

즉, *복수*명사 Vereine가 전치사 zwischen의 *3격* 목적어이므로 *복수 3격*임. 따라서 :

- *복수 3격* 정관사 d*en*이 앞에 옴.
- *복수 3격* 명사의 형태는 항상 *-n*이어야 함.
  따라서 *복수 3격*인 Verein*e*에 추가로 어미 *-n*이 붙어 Verein*en*임.
- "Bayer Leverkusen und Borussia Dortmund"는 앞에 나온 "... den Vereinen"과 동격으로서 이를 구체적으로 열거함. ("축구 클럽"의 명칭들로서 고유명사이므로 관사 없음.)

► der Treffer (die -) (축구 등의) 골, 골인 (영. goal)

► war ⇒ 동사 sein의 *과거* 시제 (주어가 ich 혹은 er, sie, es일 때)

sein [자동사] (완료형 「sein ... gewesen」) (형용사 혹은 명사 보어와 함께) ...이다 (영. be)

* *과거* 시제 :

ich war ; du war*st* ; er (sie, es) war

wir war*en* ; ihr war*t* ; sie (Sie) war*en*

* 3 기본형 : sein - war - gewesen

► einzig [형용사] 유일한, 하나의 (영. only)

► die Partie (die Partie*n*) 경기 (영. game)

► zwischen [*3·4격* 전치사] (영. between, among)

[1] (*3격* 지배 : '위치') ~사이에, ~사이에서 ; [2] (*4격* 지배 : '방향') ~사이로

► der Verein (die Verein*e*) 단체, 클럽, 동아리 (영. society, association, club) ≈ der Klub

6

... - und	weil	dem	die Anerkennung	verweigert wurde , ...
	종속접속사	verweigert의 3격 목적어 (남성 3격)	주어 (여성 1격)	수동태 (과거 시제) 후치됨!

1. ... *weil* ... die Anerkennung verweigert wurde , ... :

   weil-부문장으로서, 타동사 verweigern의 수동태 과거 시제 「wurde ... pp」 임 :
   - 주어 "die Anerkennung"은 여성의 sie에 해당하므로 조동사 wurde는 어미 없이 그대로 wurde_임.
   - 타동사 verweigern의 pp형은 verweiger*t*임.

   따라서 원래 형태는 「wurde ... verweigert」 이지만, 부문장 안이므로 *후치*됨 :
   ... verweigert wurde , ...

2. ... dem ... verweigert wurde , ... :

   밑줄 친 dem은 *지시대명사* 남성 3격임 :
   앞 문장 5에 나온 *남성*명사 "der einzige (Treffer)"를 받으며, 동사 verweigert의 *3격* 목적어이므로 *남성 3격*임.
   (어순 : dem은 지시대명사이므로 주어인 일반명사 "die Anerkennung"보다 앞에 위치함!)

... - und	weil ... verweigert wurde ,	endete	das spannende und
	종속접속사 *weil*-부문장	동사 (과거 시제)	주어 (중성 1격)

hochklassige Spiel am Ende torlos.

3. ... das spannend*e* und hochklassig*e* Spiel ... :

*중성*명사 Spiel이 *주어*이므로 *중성 1격* 정관사 das가 앞에 옴.
형용사 spannend 및 hochklassig는 앞에 *중성 1격* das가 오므로 어미 -*e*가 붙음.
즉 : d*as* spannend*e* und hochklassig*e* ...
※(격에 상관없이) *중성*의 d*as* , dies*es* , jed*es* , all*es* ... + 형용사 -*e*

4. ... , endete das spannende und hochklassige Spiel ... :

동사 enden의 *과거* 시제임 :
주어가 "das ... Spiel"는 중성의 es에 해당하므로 과거형 ende*te*는 어미 없이 ende*te*_임.
(*weil*-부문장이 앞에 오므로 주문장으로서 어순은 *도치*됨.)

► weil [종속접속사] 왜냐하면 ...이기 때문에 (영. because)

► die Anerkennung (die Anerkennung*en* ; 주로 *단수*!) 인정, 허용 (영. acknowledgement)

► verweigern [타동사] : 「j-m etw.[4] verweigern」 *누구*에게 *무엇*을 거절하다 (영. refuse)
↔ 「j-m etw.[4] erlauben」 *누구*에게 *무엇*을 허락하다
* 3 기본형 : *ver*weiger*n* - *ver*weiger*te* - *ver*weiger*t*
형태가 *ver*-이므로 pp형은 -ge- 없음!

► wurde ⇒ *수동태* 조동사 werden의 *과거* 시제 (주어가 ich 혹은 er, sie, es일 때)
「werden ... pp」 (수동태) ...되다 (영. 「be + pp ...」)
* *과거* 시제 어미변화 :

ich wurde ; du wurde*st* ; er (sie, es) wurde
wir wurde*n* ; ihr wurde*t* ; sie (Sie) wurde*n*

〈참고〉 werden의 3 기본형 : werden - wurde - worden
〈주의〉 일반 동사 werden('...되다')의 pp형은 geworden임.

► enden [자동사] 끝나다 (영. end)
* 3 기본형 : end*en* - end*ete* - *ge*end*et* ※어간 끝이 -*d*이므로 발음상 -e- 첨가!
→ beenden [타동사] ...을 끝내다 (영. end)
* 3 기본형 : *be*end*en* - *be*end*ete* - *be*end*et* ※어간 끝이 -*d*이므로 발음상 -e- 첨가!
형태가 *be*-이므로 pp형은 -ge- 없음!

► spannend [형용사/현재분사] (사물이) 흥미진진한 (영. exiting) ※동사 spannen의 현재분사!

〈참고〉 gespannt [형용사/과거분사] (사람이) 긴장한, (흥미를 갖고) 기대하고 있는 (영. eager)

→ spannen [타동사] ...을 팽팽하게 하다, 긴장시키다 (영. stretch, tighten)

* 3 기본형 : spann*en* - spann*te* - *ge*spann*t*

► hochklassig [형용사] 높은 수준의 매우 우수한 (영. high-class) ≈ erstklassig

→ hoch, hoh- [형용사] 높은 (영. high) ※어미변화가 이루어질 경우는 hoh-임.

→ -klassig (형용사 합성어의 구성요소) ... 등급의 (영. -class)

► das Ende (die Ende*n* ; 주로 *단수*!) 끝, 종료 (영. end, close)

「am Ende」 마지막에, 결국 (영. in the end ; after all)

► torlos [형용사] 득점 없는, (부사적) 득점 없이 (영. goalless)

→ das Tor (die Tor*e*) (스포츠 경기의) 골 (영. goal)

→ -los (형용사화 어미로서) ... 없는 (영. -less)

6

독일어: 문법과 텍스트 이해

[1]Eine besonders „grüne“ Bio-Salatmischung hat eine 29 Jahre alte Französin im Supermarkt gekauft. [2]Zwischen den Blättern entdeckte die junge Frau einen kleinen Frosch. [3]„Wir haben die Tüte aufgemacht, den Inhalt in die Salatschüssel getan und angefangen zu essen, als wir unten in der Schüssel einen noch halb lebendigen Frosch entdeckten“, schilderte die Verkäuferin aus dem Großraum Paris den Fund beim Essen mit ihren Mitbewohnern. [4]Das Tierchen sei immerhin mindestens sechs Zentimeter groß gewesen. [5]Sie rief den Giftnotruf an, da sie Angst vor einer Magenverstimmung hatte. [6]Die Verkäuferin will sich nun bei dem Unternehmen beschweren, das die Bio-Salate anbietet. [7]Was aus dem Frosch wurde, ist nicht bekannt.

Frankfurter Allgemeine

[1]특별하게 “푸른” 유기농 샐러드 믹스를 29세의 한 프랑스 여자가 슈퍼마켓에서 구입했다. [2]샐러드 잎 사이에서 이 젊은 여성은 작은 개구리를 발견했다. [3]“우리가 봉지를 열고, 내용물을 샐러드 그릇에 넣어 먹기 시작했을 때, 그릇 안쪽 아래에서 아직 반쯤 살아있는 개구리를 발견했지요.”라고 파리 인근 지역 출신의 여 점원인 그녀가 이웃 주민들과 함께 식사하면서 그 발견물에 관해 이야기했다. [4]어쨌든 그 작은 동물은 크기가 적어도 6 cm 이었다고 했다. [5]그녀는 독극물 신고센터에 전화했는데, 소화 장애에 대한 두려움을 가졌기 때문이었다. [6]이 여 점원은 이제 그 유기농 샐러드를 공급한 회사에 항의하려고 한다. [7]그 개구리가 어떻게 되었는지는 알려지지 않고 있다.

1

Eine besonders „grüne“ Bio-Salatmischung — 동사 gekauft의 4격 목적어 (여성 4격)
hat — 현재완료 (조동사)
eine 29 Jahre alte Französin — 주어 (여성 1격)
im Supermarkt — 남성 3격
gekauft. — 현재완료 (동사 pp형)

1. Eine besonders „grüne“ Bio-Salatmischung ... :

   *여성*명사 Bio-Salatamischung이 동사 gekauft의 *4격* 목적어이므로 *여성 4격* 부정관사 Eine가 앞에 옴.
   형용사 grün은 앞에 *여성 4격*의 Eine가 있으므로 어미 -*e*가 붙어 grün*e*임.
   ※(격에 상관없이) *여성*의 ein*e* , di*e* , mein*e* , kein*e* , dies*e* , jed*e* ... + 형용사 -*e*
   (부사어 besonders는 뒤에 오는 형용사 grün을 수식함.)

2. ein*e* 29 Jahre alt*e* Französin :

   *여성*명사 Französin이 *주어*이므로 *여성 1격* 부정관사 ein*e*가 앞에 옴.
   형용사 alt는 앞에 *여성 4격*의 ein*e*가 있으므로 어미 -*e*가 붙어 alt*e*임.
   (“29 Jahre”는 뒤에 오는 형용사 alt를 한정함 : ‘29년만큼 늙은’, 즉 ‘29살 나이의’)

3. ... hat eine 29 Jahre alte Französin ... gekauft :

   동사 kaufen의 *현재완료* 시제 「haben ... pp」 임.
   - 주어인 “eine ... Französin”은 여성의 sie에 해당하므로 현재완료 조동사 haben의 형태는 hat임.
   - 동사 kaufen의 pp형은 *ge*kauf*t*임.

4. ... im Supermarkt gekauft :

   3·4격 전치사 in이 동사 gekauft와 연계하여 ‘...에서 사다’로 해석되어
   ‘방향’이 아니라 ‘위치’이므로 *3격* 지배임.
   즉, *남성*명사 Supermarkt가 전치사 in의 *3격* 목적어이므로 *남성 3격* 정관사 dem이 와야 하지만 전치사 in과 결합하여 im으로 축약됨. (im = in dem)

► besonders [부사] 특별히 (영. particularly)

→ besonder- [형용사] (명사 앞의 수식어로만 사용됨) 특별한 (영. special, particular)

► grün [형용사] 녹색의, 초록색의 (영. green)

► die Bio-Salatmischung 친환경 샐러드 혼합물

→ Bio- (구어체 ; 합성어를 구성하여) 자연친화적 ... , 생태적 ... (영. organic)

→ der Salat (die Salat*e*) 샐러드 (영. salad)

→ die Mischung (die Mischung*en*) 혼합물, 섞은 것 (영. mixture)

↳ mischen [타동사] ...을 섞다, 혼합하다 (영. mix)

► das Jahr (die Jahr*e*) 해, 년 (영. year)

► alt [형용사] 늙은, 낡은 (영. old)

「j-d ist ... Jahr(e) alt」 누구는 나이가 ...이다

► die Französin (die Französin*nen*) 프랑스 여자 (영. Frenchwoman)

※('신분, 직업'을 뜻하는 경우) 「남성명사 + *-in*」 : *여성*명사이며, 복수형은 *-nen*임.

→ der Franzose (die Franzose*n*) 프랑스인, 프랑스 남자 (영. Frenchman)

※단수일 경우, 주어 1격을 제외한 단수 2, 3, 4격이 모두 복수형처럼 Franzose*n*인 *약변화* 명사!

→ Frankreich (국가 명 ; 관사 없음!) 프랑스 (영. France)

→ französisch [형용사] 프랑스의, 프랑스인의, 프랑스어의 (영. French)

► der Supermarkt (die Supermärkt*e*) 슈퍼마켓 (영. supermarket)

→ der Markt (die Märkt*e*) 시장 (영. market)

► kaufen [타동사] ...을 사다, 구입하다 (영. buy, purchase)

* 3 기본형 : kauf*en* - kauf*te* - *ge*kauf*t*

↔ verkaufen [타동사] ...을 팔다, 판매하다 (영. sell)

* 3 기본형 : *ver*kauf*en* - *ver*kauf*te* - *ver*kauf*t*

형태가 *ver-*이므로 pp형은 -ge- 없음!

2

Zwischen den Blättern	entdeckte	die junge Frau	einen kleinen Frosch.
복수 3격	동사 (과거 시제)	주어 (여성 1격)	동사 entdeckte의 4격 목적어 (남성 4격)

1. Zwischen d*en* Blätter*n* entdeckte ... :

3·4격 전치사 zwischen이 동사 entdeckte와 연계하여 '... 사이에서 발견하다'로 해석되어 '방향'이 아니라 '위치'를 나타내므로 *3격* 지배임 :

- *복수*명사 Blätt*er*가 전치사 Zwischen의 *3격* 목적어이므로 *복수 3격* 정관사 d*en*이 앞에 옴.
- *복수 3격* 명사의 형태는 항상 -*n*이어야 함.
  따라서 *복수 3격*인 Blätt*er*는 추가로 어미 -*n*이 붙어 Blätt*ern*임.

2. di*e* jung*e* Frau :

*여성*명사 Frau가 *주어*이므로 *여성 1격* 정관사 di*e*가 앞에 옴.
형용사 jung은 앞에 *여성 1격*의 di*e*가 있으므로 어미 -*e*가 붙어 jung*e*임.
※(격에 상관없이) *여성*의 di*e* , ein*e* , mein*e* , kein*e* , dies*e* , jed*e* ... + 형용사 -*e*

3. ... entdeckte die junge Frau ... :

동사 entdecken의 *과거* 시제임 : 주어인 "die junge Frau"는 여성의 sie에 해당하므로 과거형 entdeck*te*는 어미 없이 그대로 entdeck*te*_임.

4 ... entdeckte ein*en* klein*en* Frosch :

*남성*명사 Frosch가 동사 entdeckte의 *4격* 목적어이므로 *남성 4격* 부정관사 ein*en*이 앞에 옴.
형용사 klein은 앞에 *남성 4격* 부정관사 ein*en*이 있으므로 어미 -*en*이 붙어 klein*en*임.
※(성, 수에 상관없이) 어미 -*en*이 붙는 ein*en* , d*en* , mein*en* , dies*en* ... + 형용사 -*en*

► zwischen [3·4격 전치사] (영. between, among)
[1] (3격 지배 : '위치') ~사이에서 ; [2] (4격 지배 : '방향') ~사이로

► das Blatt (die Blätter) [1](넓은 형태의) 잎, 나뭇잎 (영. leaf) ; [2]종잇장 (영. sheet)

► entdecken [타동사] ...을 발견하다 (영. discover)
* 3 기본형 : entdecken - entdeckte - entdeckt
형태가 *ent*-이므로 pp형은 -ge- 없음!
↳ decken [타동사] ...을 덮다 (영. cover)
* 3 기본형 : decken - deckte - gedeckt

► jung [형용사] 젊은 (영. young)

► die Frau (die Frauen) 성인 여자, 부인 (영. woman, wife)

► klein [형용사] 작은 (영. small, little)

► der Frosch (die Frösche) 개구리 (영. frog)

3

„Wir	haben	die Tüte	*auf*gemacht	,	den Inhalt
주어	현재완료 (조동사)	동사 *auf*gemacht의 4격 목적어 (여성 4격)	현재완료 (pp형$_1$)		동사 getan의 4격 목적어 (남성 4격)

in die Salatschüssel	getan	und	angefangen	zu *essen*	,
여성 4격	현재완료 (pp형$_2$)		현재완료 (pp형$_3$)	*zu*-부정사 동사 angefangen의 목적어	

als ... entdeckten " , ...
종속접속사 *als*-부문장

1. Wir haben ... aufgemacht , ... getan und angefangen ... :

세 개의 동사 *auf*machen, tun, *an*fangen의 현재완료 시제 「haben ... pp」 임 :

- 주어가 Wir이므로 현재완료 조동사 haben의 형태는 원형 그대로 hab*en*임.
- 세 개의 동사 pp형은 각각 *aufge*mach*t* , getan , *an*gefangen임.

2. ... den Inhalt in di*e* Salatschüssel getan und ... :

「etw.[4] in etw.[4] tun」 '*무엇을 무엇* 안에 넣다' :

3·4격 전치사 in은 *4격* 지배임.

따라서 *여성*명사 Salatschüssel이 전치사 in의 *4격* 목적어이므로 *여성 4격* 정관사 di*e*가 앞에 옴.

3. ... und angefangen zu *essen* , ... :

zu-부정사인 "zu essen"은 바로 앞의 동사 angefangen의 4격 목적어임.

(*zu*-부정사 구문이 「zu + 동사 원형」 으로만 구성될 경우, 즉 zu 앞에 올 요소가 없을 경우 *콤마 없음*!)

„ ... , als wir unten in der Schüssel einen noch halb lebendigen Frosch entdeckten" , ...

- als: 종속접속사
- wir: 주어
- in der Schüssel: 여성 3격
- einen noch halb lebendigen Frosch: 동사 entdeckten의 4격 목적어 (남성 4격)
- entdeckten: 동사 (과거) 후치됨!

4. ... , *als* wir ... entdeckten , ... :

als-부문장으로서, 동사 entdecken의 *과거* 시제임 :

주어가 wir이므로 과거형 entdeck*te*는 어미 *-n*이 붙어 entdeck*ten*임.

(부문장 안이므로 동사 entdeckten이 *후치*되어 부문장 맨 뒤에 옴.)

5. ... unten in d*er* Schüssel ... entdeckten :

3·4격 전치사 in은 동사 entdeckten과 연계하여 '...안에서 발견하다'로 해석되어

'방향'이 아니라 '위치'를 나타내므로 *3격* 지배임.

따라서 *여성*명사 Schüssel이 전치사 in의 *3격* 목적어이므로 *여성 3격* 정관사 d*er*가 앞에 옴.

6. ... ein*en* noch halb lebendig*en* Frosch entdeckten :

- *남성*명사 Frosch가 동사 entdeckten의 *4격* 목적어이므로 *남성 4격* 부정관사 ein*en*이 앞에 옴.
  형용사 lebendig는 앞에 *남성 4격* ein*en*이 있으므로 어미 *-en*이 붙어 lebendig*en*임.
  ※(성, 수에 상관없이) 어미 *-en*이 붙는 ein*en* , d*en* , mein*en* , kein*en* , dies*en* ... + 형용사 *-en*
- 부사어 noch('아직')는 뒤에 오는 halb를 수식하며,
  형용사 halb는 부사적 용법 ('절반만큼')으로서 뒤에 오는 형용사 lebendig-를 수식함.
  즉, noch halb lebendig '아직 반쯤 살아있는'

„ ... " ,	schilderte	die Verkäuferin	aus dem Großraum Paris	den Fund
	동사 (과거 시제)	주어 (여성 1격)	남성 3격	동사 schilderte의 4격 목적어 (남성 4격)
beim Essen	mit ihren Mitbewohnern.			
중성 3격	복수 3격			

7. ... , schilderte die Verkäuferin ... :

동사 schildern의 *과거* 시제임 :
주어 "die Verkäuferin"은 여성의 sie에 해당하므로 과거형 schilder*te*는 어미 없이 그대로 schilder*te*_임.

8. ... die Verkäuferin aus d*em* Großraum Paris ... :

밑줄 친 "aus dem Großraum Paris"는 바로 앞 명사 "die Verkäuferin"을 수식함.
즉 : die Verkäuferin aus dem Großraum Paris '파리 지역 출신의 여점원'
*남성*명사 Großraum이 *3격* 전치사 aus와 결합하므로 *남성 3격* 정관사 d*em*이 앞에 옴.

9. ... den Fund beim Essen ... '식사 중의 발견물' :

밑줄 친 "beim Essen"은 바로 앞 명사 "den Fund"를 수식함.
즉 : den Fund beim Essen '식사 중의 발견물'
*중성*명사 Essen이 *3격* 전치사 bei와 함께 오므로 *중성 3격* 정관사 d*em*이 와야 하지만 전치사 bei와 결합하여 beim으로 축약됨. (beim = bei dem)

10. ... Essen <u>mit ihr*en* Mitbewohner*n*</u> :

*복수*명사 Mitbewohner가 *3격* 전치사 mit와 결합하므로 *복수 3격*임. 따라서 :

- 소유대명사 ihr-('그녀의')는 *복수 3격* 어미 *-en*이 붙어 ihr*en*임.
  ※ *복수 3격* 어미는 *-en*임 : ihr*en* , d*en* , mein*en* , dein*en* , sein*en* , kein*en* , dies*en* ...
- *복수 3격* 명사의 형태는 항상 *-n*이어야 함.
  따라서 *복수 3격*인 Mitbewohner는 추가로 어미 *-n*이 붙어 Mitbewohner*n*임.

여기서도 밑줄 친 "mit ihren Mitbewohnern"은 바로 앞 명사 "Essen"을 수식함.
즉 : ... Essen <u>mit ihren Mitbewohnern</u> '그녀의 이웃 주민들과 함께 <u>행한</u> 식사'

► die Tüte (die Tüte*n*) (쇼핑에서 사용되는) 포장용 봉지 (영. bag)

► *auf*machen (machen ... *auf*) [분리/타동사] ...을 열다 ≈ öffnen (영. open)
↔ *zu*machen ...을 닫다 ≈ schließen (영. close)
* 3 기본형 : *auf*mach*en* - *auf*mach*te* (mach*te* ... *auf*) - *auf*ge*mach*t*
↳ machen [타동사] ...을 행하다 (영. open)
* 3 기본형 : mach*en* - mach*te* - *ge*mach*t*

► der Inhalt (die Inhalt*e*) 내용, 내용물 (영. contents)

► die Salatschüssel 샐러드 용기
→ der Salat (die Salat*e*) 샐러드 (영. salad)
→ die Schüssel (die Schüssel*n*) (깊이가 있는) 대접, 그릇 (영. bowl)

► getan ⇒ 동사 tun의 *과거분사* (= pp형)
tun [타동사] ...을 하다, 행하다 (영. do)
「etw.[4] in etw.[4] tun」 (구어체) *무엇*을 *무엇* 안에 넣다, 두다
* 3 기본형 : tun - tat - getan

► *an*gefangen ⇒ 동사 *an*fangen의 *과거분사* (= pp형)
*an*fangen (fangen ... *an*) [분리/타동사] ...을 시작하다 ≈ beginnen (영. begin)
* 3 기본형 : *an*fangen - *an*fing (fing ... *an*) - *an*gefangen

* 현재 시제 *불규칙* 변화 : du fängst ... an ; er (sie, es) fängt ... an

↳ fangen [타동사] ...을 잡다, 붙잡다 (영. catch)

* 3 기본형 : fangen - fing - gefangen

* 현재 시제 *불규칙* 변화 : du fängst ; er (sie, es) fängt

〈참고〉 beginnen [타/자동사] (...을) 시작하다 (영. begin)

* 3 기본형 : beginnen - begann - begonnen

► essen [타동사] ...을 먹다 (영. eat)

* 3 기본형 : essen - aß - gegessen

* 현재 시제 *불규칙* 변화 : du isst ; er (sie, es) isst

► unten [부사] 아래에, 아래쪽에 (영. below, down)

► halb [형용사] 절반의, (부사적) 반으로 (영. half)

→ die Hälfte (die Hälften) 반, 절반 (영. half)

► lebendig [형용사] 살아있는, 생생한 (영. living, lively)

► entdecken [타동사] ...을 발견하다 (영. discover)

* 3 기본형 : *ent*deck*en* - *ent*deck*te* - *ent*deck*t*

형태가 *ent*-이므로 pp형은 -ge- 없음!

↳ decken [타동사] ...을 덮다 (영. cover)

* 3 기본형 : deck*en* - deck*te* - *ge*deck*t*

► schildern [타동사] ...을 설명하다, 해설하다 (영. describe)

* 3 기본형 : schilder*n* - schilder*te* - *ge*schilder*t*

► die Verkäuferin (die Verkäuferin*nen*) 여자 판매원 (영. shop assistant, saleslady)

→ der Verkäufer (die -) 판매원, 남자 판매원 (영. shop assistant, salesclerk)

→ verkaufen [타동사] ...을 팔다, 판매하다 (영. buy)

► 「der Großraum + 지명」 ... 지역, ... 권역 (영. area)
→ der Raum (die Räume) 공간, 방 (영. space, room)

► der Fund (die Funde) 발견물 (영. find)

► der Mitbewohner (die -) 함께 사는 사람, 이웃 주민 (영. fellow occupant)
→ Mit- (합성어 구성요소) 함께 ...하는 사람 : der Mitbürger (동일한 국적의) 동포
→ der Bewohner (die -) 주민, 거주민 (영. occupant)

Das Tierchen	sei	immerhin	mindestens	sechs	Zentimeter	groß
주어 (중성 1격)	접속법 I 완료형 (조동사)					동사 gewesen의 형용사 보어

gewesen .
접속법 I 완료형 (pp형)

1. Das Tierchen sei ... gewesen :

동사 sein('...이다')의 *접속법 I 완료형* 「sei ... gewesen」 임. (간접화법) :
주어인 "Das Tierchen"은 es에 해당하므로 접속법 I 어미변화 방식에 따라 sei는 어미 없이 그대로 sei_임.
(앞 문장 3에서는 여점원이 언급한 내용을 직접화법으로 전달하였으며, 이어지는 내용을 여기서는 *간접화법*으로 전달하므로 *접속법 I* 형식이 사용됨.)

〈참고〉
동사 sein의 접속법 I 완료형 「sei ... gewesen」 :
sein의 *완료형* 「sein ... gewesen」 의 조동사 sein이 *접속법 I* 형태 sei로 전환됨 : sei ... gewesen

2. ... sechs Zentimeter groß ... :

형용사 groß('큰')는 동사 gewesen, 즉 sein의 형용사 보어로서 '키, 크기'를 나타냄.
(밑줄 친 "sechs Zentimeter"는 크기를 구체적으로 한정함.
즉 :「길이 표현 + groß」'... 만큼 큰')

► das Tier*chen* (축소명사 ; die -) 작은 동물

※형태가 *-chen*인 축소명사는 *중성*이며, 복수형은 *단수형과 동일*함.

→ das Tier (die Tiere) 동물 (영. animal)

► sei ⇒ *완료형* 조동사 sein의 *접속법 I* (주어가 ich 혹은 er, sie, es일 때)

「sein ... pp」(완료형) ... 하였다

* *접속법 I* 어미변화 :

ich sei ; du sei*st* 혹은 sei*est* ; er (sie, es) sei

wir sei*en* ; ihr sei*et* ; sie, Sie sei*en*

► immerhin [부사/어조사] (앞에 나온 부정적 내용을 제한하며) 물론 그렇기는 하지만 (영. still)

► mindestens [부사어] 적어도 ≈ wenigstens, zumindest (영. at least)

↔ höchstens 기껏해야 (영. at most)

► der (das) Zentimeter (die -) (길이 단위) 센티미터 (영. centimetre)

→ der (das) Meter (die -) (길이 단위) 미터 (영. metre)

► groß [형용사] 큰 (영. big, tall) ↔ klein 작은

* 3 비교형 : groß - grö*ßer* - grö*ßt*

► gewesen ⇒ 동사 sein의 *과거분사* (= pp형)

sein [자동사] (완료형「sein ... gewesen」) (형용사 혹은 명사 보어와 함께) ...이다 (영. be)

* 3 기본형 : sein - war - gewesen

5

Sie	rief	den Giftnotruf	*an* ,	da ... hatte .
주어	동사 (과거 시제)	동사 rief ... *an*의 4격 목적어 (남성 4격)	분리전철	종속접속사 *da*-부문장 (앞의 주문장에 대한 '이유·근거'를 기술함.)

1. Sie rief ... *an* , ... :

분리동사 *an*rufen의 과거 시제임 :

- 주어가 여성의 sie이므로 과거형 rief는 어미 없이 그대로 rief_임.
- 분리전철 *an*-은 *분리*되어 뒤에 옴.

2. ... rief d*en* Giftnotruf *an* , ... :

분리동사 rief ... *an*, 즉 *an*rufen은 *4격 요구 동사*임!

따라서 밑줄 친 "den Giftnotruf"는 4격 목적어임 :

*남성*명사 Giftnotruf가 동사의 *4격* 목적어이므로 *남성 4격* 정관사 d*en*이 앞에 옴.

... ,	da	sie	Angst	vor einer Magenverstimmung	hatte .
	종속접속사	주어	동사 hatte의 4격 목적어	여성 3격	동사 (과거) 후치됨!

3. ... , *da* sie ... hatte :

da-부문장으로서, 동사 haben의 *과거* 시제임 :

주어가 여성의 sie('그녀')이므로 과거형 hatte는 어미 없이 그대로 hatte_임.

(부문장 안이므로 동사 hatte는 *후치*되어 맨 뒤에 옴!)

4. ... Angst vor ein*er* Magenverstimmung hatte :

「Angst vor etw.[3] haben」 '*무엇*에 대한 걱정을 갖다', 즉 '*무엇*을 걱정하다' :

*여성*명사 Magenverstimmung이 전치사 vor의 *3격* 목적어이므로 *여성 3격* 부정관사 ein*er*가 앞에 옴.

► rief ... *an* ⇒ 분리동사 *an*rufen의 *과거* 시제 (주어가 ich 혹은 er, sie, es일 때)

*an*rufen (rufen ... *an*) [분리/타동사] ...에게 전화하다 (영. call, ring up)

※동사 *an*rufen은 *4격* 요구 동사임 : 의미가 '...*에게* 전화하다' 이지만 *4격* 목적어를 지님.

* 3 기본형 : *an*rufen - *an*rief (rief ... *an*) - *an*gerufen

↳ rufen [타동사] ...을 부르다 (영. call)

* 3 기본형 : rufen - rief - gerufen

► der Giftnotruf 독극물 응급 신고

→ das Gift (die Gifte) 독, 독물 (영. poison, toxin)

→ der Notruf (die Notrufe) 응급 신고 (전화) (영. emergency call)

► da [종속접속사] 왜냐 하면 ...이기 때문에 ≈ weil (영. because)

► die Angst (die Ängste) 두려움 (영. fear, anxiety)

「Angst vor etw.[3]」 *무엇*에 대한 두려움

► die Magenverstimmung (가벼운) 소화불량 ≈ die Magenbeschwerde (영. indigestion)

→ der Magen (die Mägen) (신체 기관) 위, 위장 (영. stomach)

→ die Verstimmung 좋지 않은 상태 ※동사 verstimmen의 명사형!

↳ verstimmen [타동사] ...을 언짢게 하다 ≈ ärgern (영. annoy)

► hatte ⇒ 동사 haben의 *과거* 시제 (주어가 ich 혹은 er, sie, es일 때)

haben [타동사] ...을 가지고 있다 (영. have)

* *과거* 시제 어미변화 :

ich hatte ; du hatte*st* ; er (sie, es) hatte

wir hatte*n* ; ihr hatte*t* ; sie (Sie) hatte*n*

* 3 기본형 : haben - hatte - gehabt

6

Die Verkäuferin (주어 (여성 1격)) will (화법조동사 (현재 시제)) sich nun bei dem Unternehmen (중성 3격) beschweren (동사 원형),

das ... anbietet.
관계대명사 *das*-부문장
(앞에 나온 선행사 "Unternehmen"을 설명·수식함.)

1. Die Verkäuferin will ... beschweren, ... :

화법조동사 wollen의 *현재* 시제「wollen ... 동사 원형」임 :

- 주어인 "Die Verkäuferin"이 여성의 sie에 해당하므로 wollen의 형태는 will임.
- 화법조동사 will과 결합하는 *동사 원형* beschweren이 문장 맨 뒤에 옴.

2. ... sich ... bei d*em* Unternehmen beschweren, ...

「sich[4] bei j-m beschweren」'*누구*에게 불평하다' :

- 주어가 여성의 sie('그녀')에 해당하므로 4격 재귀대명사는 sich임.
- *중성*명사 Unternehmen이 *3격* 전치사 bei와 결합하므로 *중성 3격* 정관사 d*em*이 앞에 옴.

※ *남성*, *중성* 3격 어미는 -*em*임 : d*em*, ein*em*, mein*em*, kein*em*, dies*em*, jed*em* ...

... bei *dem Unternehmen* (관계대명사 선행사 (중성 3격)) ..., das (관계대명사 (중성 1격)) die Bio-Salate (동사 *an*bietet의 4격 목적어 (복수 4격)) *an*bietet (동사 (현재) 후치됨!).

3. ... bei dem *Unternehmen* ..., das ... *an*bietet :

- das는 관계대명사 *중성 1격*임 :
  앞에 나온 *중성*명사 Unternehmen을 선행사로 받으며, 뒤에 오는 부문장에서 동사 *an*bietet의 *주어*임.

- 분리동사 *an*bieten의 *현재* 시제임 :
  주어가 관계대명사 das이므로 동사 형태는 *an*biet*et*임. (어간 끝이 -*t*이므로 발음상 -e- 첨가.)
  (부문장 안이므로 동사 *an*bietet는 *후치*되어 맨 뒤에 옴.)

► will ⇒ 화법조동사 wollen의 *현재* 시제 (주어가 ich 혹은 er, sie, es일 때)
「wollen ... 동사 원형」 [화법조동사] ...하겠다 (영. wll)
* 현재 시제 *불규칙* 변화 :
ich will ; du will*st* ; er (sie, es) will
wir woll*en* ; ihr woll*t* ; sie (Sie) woll*en*
* 3 기본형 : wollen - wollte - gewollt (wollen)
※동사 원형 *있을* 경우 완료형 : 「haben ... *동사 원형* wollen 」
동사 원형 *없을* 경우 완료형 : 「haben ... gewollt 」

► nun [부사] 이제, 지금은 (영. now)

► das Unternehmen (die -) 회사, 기업 ≈ die Firma, der Betrieb (영. firm, company)

► beschweren [4격 재귀동사] (영. complain)
「sich⁴ bei j-m über etw.⁴ beschweren」 *누구*에게 *무엇*에 대하여 불평하다
≈ 「sich⁴ bei j-m über etw.⁴ beklagen」
* 3 기본형 : *beschwer*en - *beschwer*te - *beschwer*t
형태가 *be*-이므로 pp형은 -ge- 없음!
→ die Beschwerde (die Beschwerde*n*) 불평, 불만 (영. complaint)

► *an*bieten (bieten ... *an*) [분리/타동사] ...을 제공하다, 공급하다 (영. offer)
* 3 기본형 : *an*bieten - *an*bot (bot ... *an*) - *an*geboten
↳ bieten [타동사] ...을 주다, 제공하다 (영. offer)
* 3 기본형 : bieten - bot - geboten

7

Was	aus dem Frosch	wurde , ...
관계대명사 (주어)	남성 3격	동사 (과거) 후치됨!

1. Was ... wurde , ... :

   '사물'을 뜻하는 관계대명사 *was*-부문장으로서, 동사 werden의 *과거* 시제임 :
   주어인 관계대명사 Was는 es에 해당하므로 과거형 wurde는 어미 없이 그대로 wurde_임.
   (관계대명사 부문장 안이므로 동사 wurde는 *후치*되어 맨 뒤에 옴.)

2. ... aus d*em* Frosch wurde , ... :

   「aus etw.[3] werden」 '*무엇으로부터* 발생하다'
   *남성*명사 Frosch가 *3격* 전치사 aus와 결합하므로 *남성 3격* 정관사 d*em*이 앞에 옴.

Was ... wurde	,	ist	nicht	bekannt .
주어 (관계대명사 *was*-부문장)		동사 (현재 시제)		동사 ist의 형용사 보어

3. Was aus dem Frosch wurde , ist ...

   동사 sein('...이다')의 *현재* 시제임 :
   관계대명사 부문장 전체 "Was aus dem Frosch wurde"가 주어이므로 동사 형태는 ist임.
   ※주어를 표시하는 동격 "das"가 올 수 있음 :
   Was aus dem Frosch wurde , (das) ist ...

► aus [*3격* 전치사] ~으로부터 (영. from, out of ...)

► wurde ⇒ 동사 werden의 *과거* 시제 (주어가 ich 혹은 er, sie, es일 때)

werden [자동사] (완료형「sein ... geworden」) (형용사 혹은 명사 보어와 함께) ... 되다 (영. become)

「aus etw.[3] werden」 *무엇*으로부터 발생하다 ≈「sich[4] aus etw.[3] entwickeln」

* *과거* 시제 :

ich wurde ; du wurde*st* ; er (sie, es) wurde

wir wurde*n* ; ihr wurde*t* ; sie (Sie) wurde*n*

* 3 기본형 : werden - wurde - geworden

〈주의〉 수동태 조동사 werden의 pp형은 worden임.

► bekannt [형용사] 알려진, 유명한 (영. known, well-known)

≈ berühmt [형용사] 유명한, 저명한 (영. famous)

7

독일어: 문법과 텍스트 이해

[...] [1]Dass die Studienwahl oft schwer fällt, hat aber auch mit persönlichen und gesellschaftlichen Erwartungen zu tun. [2]Das Studium soll schließlich nicht nur Spaß machen, sondern die Zukunft sichern. [3]Die einen denken dabei an gutes Geld und an eine künftige Karriere, den anderen ist es wichtiger, später im Beruf spannende Aufgaben und nette Kollegen zu haben. [4]Aber in jedem Fall soll die Entscheidung die spätere Zufriedenheit ermöglichen. [5]Nicht selten kommen dabei große Worte wie „Glück" ins Spiel: [6]„Du kannst studieren, was du willst. [7]Hauptsache, du wirst glücklich damit", sagen viele Eltern. [8]Eigentlich wollen sie damit Druck von ihrem Sohn oder ihrer Tochter nehmen. [9]Aber ein solcher Satz kann auch Druck erzeugen. [10]Jeder ist seines Glückes Schmied, das bedeutet ja umgekehrt auch: [11]Wenn du unglücklich wirst, bist du selbst schuld daran!

Zeit Online

[...] [1]전공 선택이 어려운 경우들이 빈번하게 나타나는 것은 개인적 사회적 기대와도 관련이 있다. [2]왜냐 하면 전공 공부가 재미를 줄 뿐만 아니라 또한 미래를 보장하기도 바라기 때문이다. [3]이와 관련하여 어떤 이들은 훌륭한 돈벌이 및 미래의 경력을 생각하는 반면, 다른 어떤 이들에게는 나중에 직업 활동에서 흥미진진한 과제 및 괜찮은 동료들을 갖게 되는 것이 더 중요하다. [4]하지만 그 어떤 경우든 이러한 결정이 추후의 만족을 이룰 수 있도록 해야 한다. [5]이와 관련하여 "행운"과 같은 중요한 말이 작용하는 경우가 드물지 않다. [6]"너는 네가 원하는 것을 전공할 수 있어. [7]중요한 점은 네가 그럼으로써 행복하게 되는 것이야."라고 많은 부모님들이 말한다. [8]이들은 원래 이로써 자신의 아들이나 딸에게 부담을 덜어주려고 하는 것이다. [9]하지만 그러한 말은 또한 부담을 발생시킬 수도 있다. [10]누구나 자신의 운명은 자신의 책임이라는 것은 역으로 또한 다음과 같은 뜻이기도 하지 않은가. [11]네가 불행해지면, 너 자신이 그것에 대하여 책임이 있다!

1

Dass	die Studienwahl	oft schwer	fällt	, ...
종속접속사	주어 (여성 1격)		동사 (현재 시제) 후치됨!	

1. Dass die Studienwahl ... schwer fällt , ... :

   「etw. fällt j-m schwer」 '*무엇은 누구*에게 어렵다'

   동사 fallen의 *현재* 시제임 :

   주어 "die Studienwahl"은 여성의 sie에 해당하므로 동사 형태는 불규칙 변화하여 fäll*t*임.

   (*dass*-부문장 안이므로 동사 fällt는 *후치*되어 맨 뒤에 옴.)

Dass ... schwer fällt	,	hat	aber auch	mit persönlichen und gesellschaftlichen
주어 (종속접속사 *dass*-부문장)		동사 (현재 시제)		복수 3격

Erwartungen	zu *tun*	.
	zu-부정사	

2. Dass ... schwer fällt , hat ... :

   동사 haben의 *현재* 시제임 :

   주어인 *dass*-부문장 전체는 중성의 es로 볼 수 있음. 따라서 haben의 형태는 hat임.

3. ... hat ... mit persönlich*en* und gesellschaftlich*en* Erwartung*en* zu tun :

   「mit etw.[3] zu tun haben」 '*무엇*과 관련이 있다'

   밑줄 친 부분은 *복수*명사 Erwartung*en*이 *3격* 전치사 mit와 결합하므로 *복수 3격*임.

   따라서 형용사 persönlich 및 gesellschaftlich는 *복수 3격* 정관사 d*en*처럼 어미 *-en*이 붙음.

   즉 : mit persönlich*en* und gesellschaftlich*en* ...

   ※형용사 앞에 관사, 소유대명사, 지시대명사 등이 없을 경우 *형용사 자체가 정관사 d-* 어미변화 함!

► die Studienwahl 전공의 선택

→ das Studium (die Studien) 대학 공부, 학업, 전공 (영. degree)

→ die Wahl [1] (항상 *단수*!) 선택 (영. choice) ; [2] (die Wahlen ; 주로 *복수*!) 선거 (영. election)

↳ wählen [타동사] ...을 선택하다 (영. choose)

* 3 기본형 : wähl*en* - wähl*te* - *ge*wähl*t*

► oft [부사] 자주, 빈번히 (영. often) ≈ häufig ↔ selten 드물게, 좀체로 ... 않다

► schwer [형용사] 무거운, 어려운 (영. heavy, hard)

► fällt ⇒ 동사 fallen의 *현재* 시제 (주어가 er, sie, es일 때)

fallen [자동사] (완료형 「sein ... pp」) 떨어지다, 내려가다 (영. fall)

「etw. fällt j-m schwer」 *무엇은 누구*에게 어렵다 ↔ 「etw. fällt j-m leicht」

* 현재 시제 *불규칙* 변화 : du fäll*st* ; er (sie, es) fäll*t*

* 3 기본형 : fallen - fiel - gefallen

► persönlich [형용사] 개인적인, 사적인 (영. personal)

→ die Person (die Personen) 개인 (영. person)

► gesellschaftlich [형용사] 사회적인 (영. social)

→ die Gesellschaft (die Gesellschaften) 사회, 공동체, 회사 (영. society, company)

※형태가 -schaft인 명사는 *여성*이며, 복수형은 -en임.

► die Erwartung (die Erwartungen ; 주로 *복수*!) 기대, 희망

→ erwarten [타동사] ...을 기대하다 (영. expect ; hope for ...)

* 3 기본형 : *er*wart*en* - *er*wart*ete* - *er*wart*et* ※어간 끝이 -*t*이므로 발음상 -e- 첨가!
형태가 *er*-이므로 pp형은 -ge- 없음!

↳ warten [자동사] : 「auf etw.[4] warten」 *무엇을* 기다리다 (영. wait for ...)

* 3 기본형 : wart*en* - wart*ete* - *ge*wart*et* ※어간 끝이 -*t*이므로 발음상 -e- 첨가!

► tun [타동사] ...을 행하다, 하다 (영. do)

「etw. hat mit etw.[3] zu tun」 *무엇은 무엇*과 관련이 있다 (영. have something to do)

* 3 기본형 : tun - tat - getan

2

Das Studium	soll	schließlich	nicht	nur	Spaß	machen ,
주어 (중성 1격)	화법조동사 (현재 시제)				동사 machen의 4격 목적어	동사 원형$_1$

sondern	die Zukunft	sichern .
	동사 sichern의 4격 목적어 (여성 4격)	동사 원형$_2$

1. Das Studium soll ... nicht nur ... machen , sondern ... sichern :

「nicht nur ... , sondern (auch) ...」 '...뿐만 아니라 ... 역시'

화법조동사 sollen의 *현재* 시제 「sollen ... 동사 원형」 임 :

- 주어인 "Das Studium"은 중성의 es에 해당하므로 sollen의 형태는 soll임.
- 화법조동사 soll과 결합하는 두 개의 *동사 원형* machen 및 sichern이 각각 문장 맨 뒤에 옴.

2. Das Studium soll schließlich ... :

부사어 schließlich('왜냐하면 ... 때문이다')를 포함하는 문장은 앞 문장에 대한 이유·근거를 설명함.

따라서 이 문장은 앞 문장 1의 내용에 대한 이유·근거를 나타냄.

3. ... Spaß machen , ... :

「etw. macht Spaß」 '*무엇은* 재미를 만들다', 즉 '*무엇은* 재미있다'

► das Studium (die Studi*en*) 대학 공부, 학업, 전공 (영. degree)

► soll ⇒ 화법조동사 sollen의 *현재* 시제 (주어가 ich 혹은 er, sie, es일 때)

「sollen ... 동사 원형」 [화법조동사] ...해야 한다 (영. should)

* 현재 시제 *불규칙* 변화 :

ich soll ; du soll*st* ; er (sie, es) soll

wir soll*en* ; ihr soll*t* ; sie, Sie soll*en*

* 3 기본형 : sollen - sollte - gesollt (sollen)

※동사 원형 *있을* 경우 완료형 : 「haben ... *동사 원형* sollen」

동사 원형 *없을* 경우 완료형 : 「haben ... gesollt」

► schließlich [부사어] (앞에서 언급된 내용에 대한 이유, 근거를 나타내어) 왜냐하면

► 「nicht nur ... , sondern (auch) ...」 ...뿐만 아니라 ...도 역시 (영. not only ... but also ...)

► der Spaß (die Späß*e*)

1 재미, 흥미 ≈ das Vergnügen (영. fun) ; 2 농담 ≈ der Scherz (영. joke)

「etw. macht j-m Spaß」 *무엇은 누구*에게 재미있다 (영. enjoy)

► machen [타동사] ...을 만들다, 행하다 (영. make)

* 3 기본형 : mach*en* - mach*te* - *ge*mach*t*

► die Zukunft (복수 없음!) 미래 (영. future)

〈참고〉 die Vergangenheit 과거 ; die Gegenwart 현재

► sichern [타동사]

1 ...을 보장하다 ≈ gewährleisten, garantieren (영. guarantee, ensure)

2 ...을 안전하게 하다, 보호하다 ≈ sicher machen (영. safeguard, protect)

* 3 기본형 : sicher*n* - sicher*te* - *ge*sicher*t*

3

Die einen denken dabei an gutes Geld und an eine künftige Karriere , den anderen ...

- Die einen: 주어 (복수 1격)
- denken: 동사 (현재 시제)
- an gutes Geld: 중성 4격
- an eine künftige Karriere: 여성 4격

1. Di*e* ein*en* ... , den anderen ... :

「Die einen ... , die anderen ...」 '일부는 ... , 다른 이들은 ...'
밑줄 친 "Die einen"은 사실상 "Die einen (Leute)"임.
즉, '사람들'을 뜻하는 *복수*로서 *주어*이므로 *복수 1격* 정관사 di*e*가 앞에 옴.
여기서 ein-은 형용사임. 앞에 *복수 1격*의 정관사 di*e*가 있으므로 어미 *-en*이 붙어 ein*en*임.
※(격에 상관없이) *복수*의 관사, 소유대명사, 지시대명사 + 형용사 *-en*

2. Die einen denken dabei ... :

(1) 동사 denken의 *현재* 시제임 :
주어 "Die einen"은 복수의 sie('그들')에 해당하므로 동사 형태는 denk*en*임.
(2) 부사어 dabei('그 점에 있어서')는 여기서 앞 문장 2의 내용을 가리킴.

3. ... denken ... an gut*es* Geld ① und an ein*e* künftig*e* Karriere ② , ... :

「an etw.[4] denken」 '*무엇을* 생각하다'
① *중성*명사 Geld가 전치사 an의 *4격* 목적어이므로 *중성 4격*임.
형용사 gut은 *중성 4격* 정관사 d*as*처럼 어미변화 하여 gut*es*임.
※형용사 앞에 관사, 소유대명사, 지시대명사 등이 없을 경우,
형용사 자체가 정관사 d- 어미변화 함!
② *여성*명사 Karriere가 전치사 an의 *4격* 목적어이므로 *여성 4격* 부정관사 ein*e*가 앞에 옴.
형용사 künftig는 앞에 *여성 4격*의 ein*e*가 있으므로 어미 *-e*가 붙어 künftig*e*임.
※(격에 상관없이) *여성*의 ein*e* , di*e* , mein*e* , kein*e* , dies*e* , jed*e* ... + 형용사 *-e*

... , den anderen	ist	es	wichtiger ,	... zu *haben* .
복수 3격	동사 (현재 시제)	주어 ↓ (뒤에 오는 *zu*-부정사 구문을 가리킴.)	동사 ist의 형용사 보어	*zu*-부정사 구문

4. ... , d*en* ander*en* ... '다른 사람들에게는' :

밑줄 친 "den anderen"은 사실상 "den anderen (Leuten)"로서 *복수 3격*임. ('다른 사람들에게는')
- '사람들'을 뜻하는 *복수*로서 동사 ist의 *3격* 목적어이므로 *복수 3격* 정관사 d*en*이 앞에 옴.

- 형용사 ander-는 앞에 *복수 3격*의 정관사 d*en*이 있으므로 어미 *-en*이 붙어 ander*en*임.
  ※(성, 수에 상관없이) 어미 *-en*이 붙는 d*en* , ein*en* , mein*en* ... + 형용사 *-en*

5. ... ist es ... , ... zu *haben* :

(1) 동사 sein('...이다')의 *현재* 시제임 : 주어가 비인칭 대명사 es이므로 동사 형태는 ist임.
(2) 여기서 비인칭 주어 es는 뒤에 오는 *zu*-부정사, 즉 "... zu haben" 전체를 가리킴.

... , später	im Beruf	spannende Aufgaben und nette Kollegen	zu *haben* .
	남성 3격	동사 *haben*의 4격 목적어 (복수 4격)	*zu*-부정사

6. ... spannend*e* Aufgabe*n* und nett*e* Kollege*n* zu *haben* :
   ① ②

① *복수*명사 Aufgabe*n*이 동사 *haben*의 *4격* 목적어이므로 *복수 4격*임.
   따라서 형용사 spannend는 *복수 4격* 정관사 di*e*처럼 어미변화 하여 spannend*e*임.
   ※형용사 앞에 관사, 소유대명사, 지시대명사 등이 없을 경우,
   형용사 자체가 정관사 d- 어미변화 함.
② *복수*명사 Kollege*n*이 동사 *haben*의 *4격* 목적어이므로 *복수 4격*임.
   따라서 형용사 nett는 *복수 4격* 정관사 di*e*처럼 어미변화 하여 nett*e*임.

► 「Die einen ... , die anderen ...」 일부는 ... , 다른 이들은 ...
  (영. the one ... the other ...)

► denken [자동사] : 「an etw.[4] denken」 *무엇*을 생각하다 (영. think of ...)
  * 3 기본형 : denken - dachte - gedacht

► dabei [부사] (앞에서 언급된 것을 가리키며) 그것과 관련하여 (영. on the occasion)

► das Geld (die Geld*er* ; 보통 *단수*!) 돈 (영. money)

► künftig [형용사] 미래의 (영. future)

〈참고〉 vergangen 과거의 ; gegenwärtig 현재의

► die Karriere [-ri'e:rə] (die Karriere*n*) 경력, 이력 (영. career)

► ander- [형용사] (명사 앞의 수식어로서) 다른 (영. other)

〈참고〉 anders (동사 sein, werden 등의 형용사 보어, 혹은 부사어로서) 다른, 달리

► wichtig [형용사] 중요한 (영. important)

► später [형용사] 나중의, (부사적) 나중에, 후에 (영. later)

※형용사 spät('늦은')의 비교급 später('더 늦은')가 부사어로 굳어짐!

► der Beruf (die Beruf*e*) 직업 (영. job, occupation)

► spannend [형용사/현재분사] 흥미진진한 (영. exciting)

※ 「동사 원형 + -d」 ⇒ 현재분사 ('능동' 의미의 형용사!) :

동사 원형 spannen('긴장시키다') + -d ⇒ 현재분사 spannend '긴장시키는', 즉 '흥미진진한'

〈참고〉 gespannt [형용사/과거분사] (사람이) 긴장하고 있는

→ spannen [타동사] ...을 긴장시키다, 팽팽하게 하다 (영. stretch, tighten)

* 3 기본형 : spann*en* - spann*te* - *ge*spann*t*

► die Aufgabe (die Aufgabe*n*) 임무, 과제 (영. task)

► nett [형용사] (긍정적 자질이나 성격) 좋은, 친절한, 예쁜 (영. nice)

► der Kollege (die Kollege*n*) 동료 (영. colleague)

※단수의 경우, 1격 주어를 제외한 단수 2, 3, 4격이 모두 복수형과 동일하게 Kollege*n*인 *약변화* 명사!

► haben [타동사] ...을 가지고 있다 (영. have)

* 3 기본형 : haben - hatte - gehabt

4

Aber	in jedem Fall	soll	die Entscheidung	die spätere Zufriedenheit
	남성 3격	화법조동사	주어 (여성 1격)	동사 ermöglichen의 4격 목적어 (여성 4격)

ermöglichen.
동사 원형

1. ... soll die Entscheidung ... ermöglichen :

화법조동사 sollen의 *현재* 시제 「sollen ... 동사 원형」 임 :

- 주어인 “die Entscheidung”은 여성의 sie에 해당하므로 sollen의 현재 시제 형태는 soll임.
- 화법조동사 soll과 결합하는 *동사 원형* ermöglichen이 문장 맨 뒤에 옴.

2. ... die spätere Zufriedenheit ermöglichen :

*여성*명사 Zufriedenheit가 동사 ermöglichen의 *4격* 목적어이므로 *여성 4격* 정관사 di*e*가 앞에 옴.

형용사 später는 앞에 *여성 4격*의 di*e*가 있으므로 어미 *-e*가 붙어 später*e*임.

※(격에 상관없이) *여성*의 di*e* , ein*e* , mein*e* , kein*e* , dies*e* , jed*e* ... + 형용사 *-e*

► in jedem Fall 어쨌든 ≈ auf jeden Fall (영. anyway)

→ 「jed- + *단수*명사」 모든 ... , 매 ... (영. every, each)

※부정대명사 jed-는 *정관사 d-* 어미변화 함!

→ der Fall (die Fälle) 경우 (영. case)

► soll ⇒ 화법조동사 sollen의 *현재* 시제 (주어가 ich 혹은 er, sie, es일 때)

「sollen ... 동사 원형」 [화법조동사] ...해야 한다 (영. should)

* 현재 시제 *불규칙* 변화 :

ich soll ; du soll*st* ; er (sie, es) soll

wir soll*en* ; ihr soll*t* ; sie, Sie soll*en*

* 3 기본형 : sollen - sollte - gesollt (sollen)

※동사 원형 *있을* 경우 완료형 : 「haben ... *동사 원형* sollen」

동사 원형 *없을* 경우 완료형 : 「haben ... gesollt」

► die Entscheidung (die Entscheidungen) 결정, 결심 (영. decision)

「eine Entscheidung treffen」 결정하다

→ entscheiden

1 [타동사] ...을 결정하다 (영. decide)

2 [자동사] 「über etw.[4] entscheiden」 *무엇*에 관하여 결정하다 (영. decide, determine)

3 [4격 재귀동사] 「sich[4] für etw.[4] entscheiden」 *무엇*을 선택 결정하다 (영. decide on)

「sich entscheiden, ... zu 동사 원형」 ...하기로 결정하다 (영. 「decide to ...」)

* 3 기본형 : *ent*scheiden - *ent*schied - *ent*schieden
형태가 *ent*-이므로 pp형은 -ge- 없음!

↳ scheiden [타동사] ...을 구별하다, 떼어놓다 (영. separate)

* 3 기본형 : scheiden - schied - geschieden

↳ geschieden [과거분사/형용사] 이혼한 (영. divorced, dissolved)

► die Zufriedenheit (주로 *단수*) 만족 (영. contentment, satisfaction)

→ zufrieden [형용사] 만족한 (영. satisfied)

「j-d ist mit etw.[3] zufrieden」 *누구*는 *무엇*에 만족하다

► ermöglichen [타동사] ...을 가능하게 하다 (영. make possible, enable)

* 3 기본형 : *er*möglich*en* - *er*möglich*te* - *er*möglich*t*
형태가 *er*-이므로 pp형은 -ge- 없음!

→ möglich [형용사] 가능한 (영. possible)

5

Nicht selten kommen (동사 (현재 시제)) dabei große Worte (주어 (복수 1격)) wie „Glück" ins Spiel (중성 4격) : ...

1. große Worte :

*복수*명사 Worte가 *주어*이므로 *복수 1격*임.
따라서 형용사 groß는 *복수 1격* 정관사 die처럼 어미변화 하여 große임.
※형용사 앞에 관사, 소유대명사, 지시대명사 등이 없을 경우, *형용사 자체가 정관사 d-* 어미변화 함!

2. ... kommen dabei große Worte ... :

동사 kommen의 *현재* 시제임 :
주어인 "große Worte"가 복수의 sie('그것들')에 해당하므로 동사 형태는 komm*en*임.
(여기서 부사어 dabei('그 점에 있어서')는 앞 문장 4의 내용을 가리킴.)

3. ... kommen ... ins Spiel ... :

「etw. kommt ins Spiel」 '*무엇*이 작용하다' :
3·4격 전치사 in이 '장소 이동' 자동사 kommen과 함께 '...안으로 오다'로 해석되어 '위치'가 아니라 '방향'이므로 *4격* 지배임.
즉, *중성*명사 Spiel이 전치사 in의 *4격* 목적어이므로 *중성 4격*임.
따라서 *중성 4격* 정관사 das가 와야 하지만 전치사 in과 결합하여 ins로 축약됨.
(ins = in das)

► selten [형용사] 드문, (부사적) 드물게 (영. rare, rarely)
「nicht selten ...」 드물지 않게 ...하다

► kommen [자동사] (완료형 「sein ... pp」) 오다 (영. come)
* 3 기본형 : kommen - kam - gekommen

► dabei [부사] (앞에서 언급된 것을 가리키며) 그것과 관련하여 (영. on the occasion)

► das Wort (die Wört*er* 혹은 die Worte) 낱말 (영. word)
※복수형 : die Wört*er* 개별 낱말들 (영. words) ; die Worte 진술, 말 (영. saying)

► das Glück (die Glücke) 행운, 운 (영. luck) ↔ das Unglück 불행, 사고 (영. misfortune)
→ glücklich [형용사] 행운의, 운 좋은 (영. lucky)

► das Spiel (die Spiele) 놀이 (영. play)

「etw. kommt ins Spiel」 *무엇*이 효력을 발휘하다, 작용하다 (영. come into play)

Du	kannst	studieren	,	was ... willst .
주어	화법조동사 (현재 시제)	동사 원형		관계대명사 *was*-부문장 (동사 studieren의 4격 목적어.)

1. Du kannst studieren , ... :

화법조동사 können의 *현재* 시제 「können ... 동사 원형」 임 :

- 주어가 Du이므로 können의 현재 시제 형태는 kann*st*임.
- 화법조동사 kannst와 결합하는 동사 원형 studieren이 문장 맨 뒤에 옴.

... ,	was	du	willst .
	관계대명사	주어	동사 (현재 시제)

2. ... , was du willst , ... :

'사물'을 나타내는 관계대명사 *was*-부문장임 ('...인 것') :

- 관계대명사 was는 *4격* 형임. 즉, 뒤에 오는 동사 willst의 *4격 목적어*임.
- 타동사 wollen의 *현재* 시제임 : 주어가 du이므로 wollen의 현재 시제 형태는 will*st*임.

► kannst ⇒ 화법조동사 können의 *현재* 시제 (주어가 du일 때)

「können ... 동사 원형」 [화법조동사] ...할 수 있다 (영. can)

* 현재 시제 *불규칙* 변화 :

ich kann ; du kann*st* ; er (sie, es) kann

wir könn*en* ; ihr könn*t* ; sie, Sie könn*en*

* 3 기본형 : können - konnte - gekonnt (können)

※동사 원형 *있을* 경우 완료형 : 「haben ... *동사 원형* können」

동사 원형 *없을* 경우 완료형 : 「haben ... gekonnt」

► studieren [타동사] ...을 전공하다 (영. study)

* 3 기본형 : studier*en* - studier*te* - studier*t*
형태가 -*ieren*이므로 pp형은 -ge- 없음!

► willst ⇒ 타동사 wollen의 *현재* 시제 (주어가 du일 때)

wollen [타동사] ...을 원하다 (영. want)

* 현재 시제 *불규칙* 변화 :

ich will ; du will*st* ; er (sie, es) will

wir woll*en* ; ihr woll*t* ; sie, Sie woll*en*

* 3 기본형 : wollen - wollte - gewollt

Hauptsache ,	du	wirst	glücklich	damit ,	...
	주어	동사 (현재 시제)	동사 wirst의 형용사 보어		

1. Hauptsache , du wirst ... :

「Hauptsache, ... 」 (구어체) '중요한 것은 ...이다'

(1) 동사 werden의 *현재* 시제임 : 주어가 du이므로 werden의 형태는 wirst임.

(2) damit = 전치사 mit + 지시대명사 das ('그것')

여기서 damit('그것을 가지고')는 앞에 언급된 부분 "Du kannst studieren, was du willst"의 내용을 가리킴.

... , sagen	viele Eltern .
동사 (현재 시제)	주어 (복수 1격)

2. ... , sagen viele Eltern :

   동사 sagen의 *현재* 시제임 :

   주어 viele Eltern은 복수의 sie('그들')에 해당하므로 동사 형태는 sag*en*임.

   (앞에 나온 직접 인용된(„") 부분은 동사 sagen의 목적어에 해당함. 따라서 뒤의 어순은 *도치*됨!)

► die Hauptsache 가장 중요한 것 (영. main thing) ↔ die Nebensache 부수적인 것

→ Haupt- (합성어 구성 요소) 주요한 ... (영. main, chief)

→ die Sache (die Sache*n*) 사물, 물건, 것 (영. thing)

► wirst ⇒ 동사 werden의 *현재* 시제 (주어가 du일 때)

werden [자동사] (완료형 「sein ... geworden」) (명사 혹은 형용사 보어와 함께) ... 되다 (영. become)

* 현재 시제 *불규칙* 변화 : du wirst ; er (sie, es) wird

* 3 기본형 : werden - wurde - geworden

〈주의〉 수동태 조동사 werden의 pp형은 worden임.

► damit [부사] (앞에서 언급된 것을 가리키며) 그것을 가지고, 그것에 의해

► glücklich [형용사] 행복한, 행운의 (영. happy, fortunate)

► sagen [타/자동사] (...을) 말하다 (영. say)

* 3 기본형 : sag*en* - sag*te* - *ge*sag*t*

► 「viel*e* + *복수*명사」 많은 ... (영. many ...)

► die Eltern (항상 *복수*) 부모님 (영. parents)

8

Eigentlich wollen sie damit Druck von ihrem Sohn oder ihrer Tochter nehmen.

- wollen: 화법조동사 (현재 시제)
- sie: 주어
- Druck: 동사 nehmen의 4격 목적어 (남성 4격)
- von ihrem Sohn: 남성 3격
- ihrer Tochter: 여성 3격
- nehmen: 동사 원형

1. ... wollen sie ... nehmen :

   (1) 주어인 복수의 sie('그들')는 앞 문장 6 뒤 부분의 "viele Eltern"을 가리킴.

   (2) 화법조동사 wollen의 *현재* 시제 「wollen ... 동사 원형」 임 :
   주어가 복수의 sie('그들')이므로 wollen의 형태는 woll*en*임.
   화법조동사 wollen과 결합하는 *동사 원형* nehmen이 문장 맨 뒤에 옴.

2. ... damit Druck von ihr*em* Sohn oder ihr*er* Tochter nehmen :

   「etw.[4] von j-m nehmen」 '*무엇*을 *누구*로부터 가져가다', 즉 '*누구*를 *무엇*으로부터 벗어나게 하다'

   (1) 밑줄 친 부분은 *남성*명사 Sohn 및 *여성*명사 Tochter가 *3격* 전치사 von과 결합함 :
   - 명사 Sohn의 경우, 소유대명사 ihr-('그들의')에 *남성 3격* 어미 *-em*이 붙어 ihr*em*임.
   - 명사 Tochter의 경우, ihr-에 *여성 3격* 어미 *-er*가 붙어 ihr*er*임.

     ※ *남성*, *중성* 3격 어미 *-em* ; *여성* 3격 어미 *-er* ; *복수* 3격 어미는 *-en*

   (2) damit = mit + das ('그것')
   여기서 damit('그것을 가지고')은 앞 문장 6의 전체 내용을 가리킴.

► eigentlich [부사/어조사] 원래, 사실은 (영. actually, really)

► 「wollen ... 동사 원형」 [화법조동사] ...하려고 하다 (영. will)

* 현재 시제 *불규칙* 변화 :

ich will ; du will*st* ; er (sie, es) will

wir woll*en* ; ihr woll*t* ; sie, Sie woll*en*

* 3 기본형 : wollen - wollte - gewollt (wollen)

※동사 원형 *있을* 경우 완료형 : 「haben ... *동사 원형* wollen」

동사 원형 *없을* 경우 완료형 : 「haben ... gewollt」

► der Druck (die Drücke) 압력, 압박 (영. pressure)

→ drücken [타동사] ...을 힘으로 밀다, 압박하다 (영. press)

→ drucken [타/자동사] (...을) 인쇄하다 (영. print)

► der Sohn (die Söhne) 아들 (영. son)

► die Tochter (die Töchter) 딸 (영. daughter)

► nehmen [타동사]

「etw.[4] von j-m nehmen」 *무엇*을 *누구*로부터 가져가다, *누구*를 *무엇*에서 벗어나게 하다 (영. take away)

* 3 기본형 : nehmen - nahm - genommen

* 현재 시제 *불규칙* 변화 : du nimm*st* ; er (sie, es) nimm*t*

Aber	ein solcher Satz	kann	auch	Druck	erzeugen .
	주어 (남성 1격)	화법조동사 (현재 시제)		동사 erzeugen의 4격 목적어 (남성 4격)	동사 원형

1. ein solch*er* Satz :

*남성*명사 Satz가 *주어*이므로 *남성 1격* 부정관사 ein이 앞에 옴.
solch-('그러한')는 여기서 형용사 어미변화 함. 따라서 앞에 *남성 1격* ein이 있으므로 solch*er*임.

※ *남성*의 ein + 형용사 *-er* / *중성*의 ein + 형용사 *-es*

※ 「ein solch- + 명사」 *형용사* 어미변화 / 「solch- + 명사」 *정관사 d-* 어미변화

2. ... ein solcher Satz kann ... erzeugen :

화법조동사 können의 *현재* 시제 「können ... 동사 원형」 임 :

- 주어 "ein solcher Satz"는 남성의 er에 해당하므로 können의 형태는 kann임.
- 화법조동사 kann과 결합하는 *동사 원형* erzeugen이 문장 맨 뒤에 옴.

► solch- [지시대명사] 그러한 ... (영. such)

※ 「solch- + 명사」 : solch-는 *정관사 d-* 어미변화!

「ein solch- + 명사」 : solch-는 *형용사* 어미변화!

► der Satz (die Sätze) 문장 (영. sentence)

► kann ⇒ 화법조동사 können의 *현재* 시제 (주어가 ich 혹은 er, sie, es일 때)

「können ... 동사 원형」 [화법조동사] ...할 수 있다 (영. can)

* 현재 시제 *불규칙* 변화 :

ich kann ; du kann*st* ; er (sie, es) kann

wir könn*en* ; ihr könn*t* ; sie, Sie könn*en*

* 3 기본형 : können - konnte - gekonnt (können)

※동사 원형 *있을* 경우 완료형 : 「haben ... *동사 원형* können」

동사 원형 *없을* 경우 완료형 : 「haben ... gekonnt」

► auch [부사] ...도, 역시 (영. as well, too, also)

► erzeugen [타동사] ...을 발생시키다, 생산하다 (영. produce)

* 3 기본형 : *erzeugen* - *erzeugte* - *erzeugt*

형태가 *er*-이므로 pp형은 -ge- 없음!

10

Jeder	ist	seines Glückes	Schmied	, ...
주어 (남성 1격)	동사 (현재 시제)	남성 2격	동사 ist의 주격 보어	

1. „Jeder ist seines Glückes Schmied“

   “누구나 자신의 운명은 자기 자신의 책임이다.” (영. “Life is what you make it.”)

2. Jeder ist ... :

   (1) 주어인 jed*er*('각자, 모든 이')는 *남성 1격* 정관사 d*er* 어미변화 했음.

   (2) 동사 sein의 *현재* 시제임 : 주어인 Jeder는 남성의 er에 해당하므로 동사 sein의 형태는 ist임.

3. Jeder ist seines Glückes Schmied :

   「seines Glückes Schmied」 = 「Schmied seines Glückes」

   *중성*명사 Glück이 명사 Schmied를 수식하는 *2격* 형이므로 *중성 2격*임.

   - 소유대명사 sein-은 *중성 2격* 부정관사 ein*es*처럼 어미변화 하여 sein*es*임.
     (여기서 소유대명사 sein-은 앞의 주어 jed*er*를 받음.)
   - *중성*명사 Glück은 2격 명사 어미 *-es*가 붙어 Glück*es*임.
     ※ *남성, 중성*명사 2격은 어미 *-s, -es*가 붙음. (*여성, 복수*명사는 2격 어미 없음!)

   〈참고〉

   소유대명사 : 원칙적으로 *부정관사 ein-* 어미변화 하지만, *복수*일 경우는 *정관사 d-* 어미변화 함.

   ich ⇒ mein- '나의 ...' / du ⇒ dein- '너의 ...' / er, es ⇒ sein- '그의, 그것의 ...'

   sie '그녀' ⇒ ihr- '그녀의 ...' / wir ⇒ unser- '우리의 ...' / ihr ⇒ eur- '너희의 ...'

   sie '그들' ⇒ ihr- '그들의 ...' / Sie '당신, 당신들' ⇒ Ihr- '당신의, 당신들의 ...'

... ,	das	bedeutet	ja umgekehrt auch : ...
	주어	동사 (현재 시제)	

4. ... , das bedeutet ... :

(1) 주어인 지시대명사 das는 앞에 나온 문장 "Jeder ist ... Schmided" 전체를 가리킴.

(2) 동사 bedeuten의 *현재* 시제임 :

주어가 지시대명사 das이므로 동사 형태는 bedeut*e*t임. (어간 끝이 -*t*이므로 발음상 -e- 첨가!)

(3) 타동사인 bedeutet의 4격 목적어는 콜론(:) 뒤에 오는 내용, 즉 문장 10 전체임.

► jeder [부정대명사] 모든 이, 각자 (영. everyone, everybody)

→ 「jed- + *단수*명사」 모든 ..., 매 ... (영. every, each)

※jed-는 *정관사 d-* 어미변화 함.

► der Schmied (die Schmiede) 금속 가공 전문가, 대장장이 (영. blacksmith)

→ schmieden [타동사] (철, 금속 등) ...을 가공하다 (영. forge)

► bedeuten [타동사] ...을 뜻하다, 의미하다 (영. mean)

* 3 기본형 : *bedeuten* - *bedeutete* - *bedeutet* ※어간 끝이 -*t*이므로 발음상 -e- 첨가!
형태가 *be*-이므로 pp형에서 -ge- 없음!

→ deuten [타동사] ...을 해석하다, 설명하다 ≈ interpretieren (영. interpret)

* 3 기본형 : deut*en* - deut*ete* - *ge*deut*et* ※어간 끝이 -*t*이므로 발음상 -e- 첨가!

→ die Bedeutung (die Bedeutung*en*) 의미 (영. meaning)

► ja [부사/어조사] (대화 상대자의 동의를 구하며) 잘 알다시피 ... 잖아

► umgekehrt [형용사/과거분사] 반대인, (부사적) 역으로, 거꾸로 (영. inverse, inversely)

→ *um*kehren (kehren ... *um*) [분리/타동사] ...을 거꾸로 하다, 역방향으로 하다 (영. turn over, reverse)

* 3 기본형 : *um*kehr*en* - *um*kehr*te* (kehr*te* ... *um*) - *umge*kehr*t*

► auch [부사] ...도, 역시, 또한 (영. as well, too, also) ≈ ebenfalls

11

Wenn	du	unglücklich	wirst	,	...
종속접속사	주어	동사 wirst의 형용사 보어	동사 (현재) 후치됨!		

1. Wenn du ... wirst , ... :

   종속접속사 *wenn*-부문장임.
   동사 werden의 *현재* 시제임 : 주어가 du이므로 werden의 형태는 wirst임.
   (부문장 안이므로 동사 wirst가 *후치*되어 맨 뒤에 위치함.)

Wenn ... wirst	,	bist	du	selbst	schuld	daran!
종속접속사 *wenn*-부문장		동사 (현재 시제)	주어		동사 bist의 형용사 보어	

2. ... , bist du selbst ... :

   (1) 「... selbst」 '... 자신이' : du selbst '너 자신이', '네 스스로'
   (2) 동사 sein의 *현재* 시제임 : 주어가 du이므로 sein의 형태는 bist임.

3. ... , bist ... schuld daran :

   「j-d ist an etw.[3] schuld」 '*누구*는 *무엇*에 대해 책임이 있다'
   daran = 전치사 an + 지시대명사 das('그것')
   여기서 daran은 앞에 나온 *wenn*-부문장 내용 전체, 즉 '네가 불행해지는 것'을 가리킴.

► unglücklich [형용사] 불행한 (영. unhappy, unfortunate)

► wirst ⇒ 동사 werden의 *현재* 시제 (주어가 du일 때)

werden [자동사] (완료형 「sein ... geworden」) (형용사 혹은 명사 보어와 함께) ... 되다 (영. become)

* 현재 시제 *불규칙* 변화 : du wirst ; er (sie, es) wird

* 3 기본형 : werden - wurde - geworden

〈주의〉 수동태 조동사 werden의 pp형은 worden임.

► bist ⇒ 동사 sein의 *현재* 시제 (주어가 du일 때)

sein [자동사] (완료형 「sein ... gewesen」) (형용사 혹은 명사 보어와 함께) ...이다 (영. be)

* 현재 시제 *불규칙* 변화 :

ich bin ; du bist ; er (sie, es) ist

wir sind ; ihr seid ; sie (Sie) sind

* 3 기본형 : sein - war - gewesen

► selbst [지시대명사] (인칭대명사와 함께) 「... selbst」 ... 자신, ... 본인 (영. 「... oneself」)

► schuld [형용사] : 「j-d ist an etw.[3] schuld」 *누구는 무엇*에 대해 책임이 있다

8

독일어: 문법과 텍스트 이해

[1]Wird aus den tagelangen Krawallen in London nun ein Flächenbrand? [2]Während die Lage am Dienstagabend in der britischen Hauptstadt vorerst ruhig blieb, breitet sich die Randale in andere Städte des Königreichs aus. [3]Gewalttäter steckten im englischen Manchester ein Modegeschäft in Brand und attackierten weitere Läden.
[4]Bislang war es in Manchester noch nicht zu größeren Ausschreitungen gekommen. [5]Am Dienstagabend jedoch rannten Hunderte teils maskierte Jugendliche durch die Stadt im Nordwesten Englands, warfen Schaufensterscheiben ein und plünderten Schuh- und Kleidungsgeschäfte sowie einen Elektromarkt. [6]Zudem setzten sie mehrere Gebäude in Brand und schleuderten Steine auf die Polizisten.
[7]Wie in den Tagen zuvor in London scheinen die Sicherheitskräfte nun auch in Manchester die Lage nicht in den Griff zu bekommen. [...]

Spiegel Online

[1]며칠 동안 지속된 런던의 난동들이 이제 전국적인 사태로 변할까? [2]화요일 저녁 영국 수도의 상황이 지금으로서는 조용한 상태로 머물고 있는 반면, 왕국의 다른 도시들로 난동이 퍼져나가고 있다. [3]폭력범들이 영국 맨체스터에서 의류 상점 하나를 불 질렀으며, 그 밖의 상점들을 공격했다.

[4]지금까지 맨체스터에서는 비교적 대규모의 난동들은 발생하지 않았었다. [5]그런데 화요일 저녁에는 일부 복면을 쓴 수백 명의 청소년들이 영국 북서부에 위치한 이 도시를 가로질러 달려갔으며, 쇼 윈도우 유리창을 부수었고, 신발 상점들과 의복 상점들 및 전기제품 시장을 약탈했다. [6]게다가 이들은 몇몇 건물에 불을 질렀고, 경찰관들에게 돌을 던졌다.

[7]이전 런던에서 며칠 동안 그랬던 것처럼 맨체스터에서도 이제는 사회 안전 공권력이 상황을 통제하지 못하고 있는 것으로 보인다. [...]

1

Wird	aus den tagelangen Krawallen	in London nun	ein Flächenbrand?
동사 (현재 시제)	복수 3격		주어 (남성 1격)

1. Wird ... ein Flächenbrand? :

동사 werden의 *현재* 시제임 : 주어인 “ein Flächenbrand”는 남성의 er에 해당하므로 동사 형태는 wird임.

2. Wird aus d*en* tagelang*en* Krawall*en* ... ein Flächenbrand? :

「etw. wird aus etw.[3]」 ‘*무엇*이 *무엇*으로부터 발생하다’
밑줄 친 부분의 경우 :

- *복수*명사 Krawall*e*가 *3격* 전치사 aus와 결합하므로 *복수 3격* 정관사 d*en*이 옴.
- 형용사 tagelang은 앞에 *복수 3격* 정관사 d*en*이 오므로 어미 *-en*이 붙어 tagelang*en*임.
  ※어미 *-en*이 있는 d*en* , ein*en* , mein*en* , kein*en* , dies*en* ... + 형용사 *-en*
- *복수 3격* 명사의 형태는 항상 *-n*이어야 함.
  따라서 *복수 3격*인 Krawall*e*는 추가로 어미 *-n*이 붙어 Krawall*en*임.

► wird ⇒ 동사 werden의 *현재* 시제 (주어가 er, sie, es일 때)

werden [자동사] (완료형 「sein ... geworden」) (형용사 혹은 명사 보어와 함께) ... 되다 (영. become)

「A wird aus etw.[3]」 A가 *무엇*으로부터 발생하다 ≈ 「A entwickelt sich[4] aus etw.[3]」

* 현재 시제 *불규칙* 변화 : du wirst ; er (sie, es) wird

* 3 기본형 : werden - wurde - geworden

〈주의〉 수동태 조동사 werden의 pp형은 worden임.

► tagelang [형용사] 며칠 지속되는 (영. lasting for days)

► der Krawall (die Krawalle ; 주로 복수!) 난동, 폭동 ≈ der Aufruhr (영. riots)

► nun [부사] 이제, 지금은 (영. now)

► der Flächenbrand 광범위한 화재 (영. extensive fire)

※여기서는 은유적 표현으로서 어떤 부정적 사건이 국지적으로 머물지 않고 전국적으로 확대된 경우를 뜻함.

→ die Fläche (die Flächen) 평지, 평면 (영. surface, plane)

→ der Brand (die Brände) 화재 (영. fire, blaze)

2

Während	die Lage	am Dienstagabend	in der britischen Hauptstadt
종속접속사	주어 (여성 1격)		여성 3격

voreerst	ruhig	blieb	, ...
	동사 blieb의 형용사 보어	동사 (과거) 후치됨!	

1. Während die Lage ... blieb , ... :

종속접속사 *während*-부문장으로서, 동사 bleiben의 *과거* 시제임 :
주어인 “die Lage”는 여성의 sie에 해당하므로 과거형 blieb은 어미 없이 blieb_임.
(부문장 안이므로 동사 blieb은 *후치*되어 문장 맨 뒤에 옴.)

2. ... ruhig blieb , ...

「bleiben + 형용사 보어」 ‘...인 상태로 지속되다’

3. ... in d*er* britisch*en* Hauptstadt ... blieb , ... :

3·4격 전치사 in은 여기서 동사 blieb과 함께 '...에서 지속되다'로 해석되어 '방향'이 아니라 '위치'이므로 *3격* 지배임.
즉, *여성*명사 Hauptstadt이 전치사 in의 *3격* 목적어이므로 *여성 3격* 정관사 d*er*가 앞에 옴.
형용사 britisch는 앞에 *여성 3격* 정관사 d*er*가 오므로 어미 *-en*이 붙어 britisch*en*임.
※(성, 수에 상관없이) *3격*의 관사, 소유대명사, 지시대명사 ... + 형용사 *-en*

Während ... blieb ,	breitet	sich	die Randale	in andere Städte
종속접속사 *während*-부문장	동사 (현재 시제)		주어 (여성 1격)	복수 4격
des Königreichs	*aus* .			
중성 2격	분리전철			

4. ... , breitet sich die Randale ... *aus* :

분리동사이며 4격 재귀동사인 *aus*breiten의 *현재* 시제임 :
- 주어 "die Randale"는 여성의 sie에 해당하므로 동사 형태는 breit*et*임.
  (어간 끝이 *-t*이므로 발음상 -e- 첨가!)
  분리전철 *aus*-가 분리되어 문장 맨 뒤에 위치!
- 주어가 3인칭 단수 여성의 sie이므로 4격 재귀대명사는 sich임.
  (어순 : sich는 재귀*대명사*이므로 명사 주어 "die Randale"보다 앞에 위치함.)

5. ... , breitet sich in ander*e* Städt*e* ... *aus* :

3·4격 전치사 in은 동사「sich[4] *aus*breiten」과 연계하여 '...로 확대되다'로 해석되어 '위치'가 아니라 '방향'이므로 *4격* 지배임.
즉, *복수*명사 Städt*e*가 전치사 in의 *4격* 목적어이므로 *복수 4격*임.
따라서 형용사 ander-는 *복수 4격* 정관사 di*e*처럼 어미변화 하여 ander*e*임.
※형용사 앞에 관사, 소유대명사, 지시대명사 등이 없을 경우, *형용사 자체가 정관사 d-* 어미변화 함.

6\. ... Städte des Königreichs ... :

중성명사 Königreich가 바로 앞 명사 Städte를 수식하는 2격이므로 중성 2격 정관사 des가 앞에 옴.

명사 Königreich는 중성이므로 2격 어미 -s가 붙음.

※ 남성, 중성명사 2격은 어미 -s, -es가 붙음. (여성, 복수명사는 2격 어미 없음!)

► während [종속접속사] ...인 동안에, ...인 반면에 (영. while)

► die Lage (die Lagen ; 주로 단수!)

[1] 상태, 상황 (영. situation, circumstances)

[2] 위치 (영. position)

► britisch [형용사] 브리튼의, 영국의 (영. British)

► die Hauptstadt (die Hauptstädte) 수도 (영. capital)

→ Haupt- (합성어를 구성하여) 주요한 (영. main, chief)

→ die Stadt (die Städte) 도시, 시내 (영. city, downtown)

► vorerst [부사어] 우선은, 지금으로서는 ≈ erst einmal, vorläufig (영. for the time being)

► ruhig [형용사] 조용한, 평온한 (영. quiet, peaceful)

→ die Ruhe (항상 단수!) 조용함, 평온 (영. silence, peace)

► blieb ⇒ 동사 bleiben의 과거 시제 (주어가 ich 혹은 er, sie, es일 때)

bleiben [자동사] (완료형 「sein ... pp」) 머무르다 (영. stay)

「bleiben + 형용사」 ...인 상태로 지속되다 (영. remain, keep)

* 3 기본형 : bleiben - blieb - geblieben

► breitet ... aus ⇒ 분리동사 *aus*breiten의 현재 시제 (주어가 er, sie, es일 때)

*aus*breiten (breiten ... *aus*) [분리/4격 재귀동사] (영. spread, extend)

「sich[4] *aus*breiten」 확대 전개되다, 확장되다

* 3 기본형 : *aus*breit*en* - *aus*breit*ete* (breit*ete* ... *aus*) - *ausge*breit*et*

※어간 끝이 -*t*이므로 발음상 -e-첨가!

→ breit [형용사] 폭이 넓은 (영. wide, broad)

► die Randale (복수 없음!) 난동, 야단법석 (영. rampage)

「Randale machen」 난동부리다 ≈ randalieren

► ander- [형용사] (명사 앞에 오는 수식어로서) 다른 ... (영. other)

〈주의〉 anders (동사 sein, werden 등의 형용사 보어, 혹은 부사어로서) 다른 (영. different)

► das Königreich 왕국 (영. kingdom)

→ der König (die Könige) 왕 (영. king) 〈참고〉 der Kaiser (die -) 황제

→ das Reich (die Reiche) 제국 (영. empire)

Gewalttäter steckten im englischen Manchester ein Modegeschäft in

- Gewalttäter: 주어 (복수 1격)
- steckten: 동사$_1$ (과거 시제)
- im englischen Manchester: 중성 3격
- ein Modegeschäft: 동사 steckten의 4격 목적어 (중성 4격)

Brand und attackierten weitere Läden.

- attackierten: 동사$_2$ (과거 시제)
- weitere Läden: 동사 attackierten의 4격 목적어 (복수 4격)

1. Gewalttäter steckten ... und attackierten ... :

(1) 주어인 Gewalttäter는 앞에 관사가 없으므로 *복수*형임.

(내용상 특정 대상이 아니므로 원래는 부정관사 ein-이 와야 하지만 복수이므로 생략됨.)

(2) 동사 stecken 및 attackieren의 *과거* 시제임 :

주어인 "Gewalttäter"가 복수의 sie('그들')에 해당하므로 과거형 steck*te* 및 attackier*te*에 추가로 어미 -*n*이 붙어 steck*ten* 및 attackier*ten*임.

2. ... steckten ... ein Modegeschäft in Brand ... :

「etw.[4] in Brand stecken」 '*무엇*을 불지르다, *무엇*에 방화하다'

3. ... steckten im englisch*en* Manchester ... in Brand ... :

3·4격 전치사 in이 동사 "stecken ... in Brand"와 결합하여 '...에서 방화하다'로 해석되어 '방향'이 아니라 '위치'이므로 *3격* 지배임.

즉, *중성*의 고유명사 Manchester가 전치사 in의 *3격* 목적어이므로 *중성 3격*임.

※국가, 도시 등의 고유명사는 원칙적으로 *중성*명사로서 앞에 형용사 수식어가 올 경우 *정관사*가 앞에 옴.

- 원래 *중성 3격* 정관사 d*em*이 와야 하지만, 전치사 in과 결합하여 im으로 축약됨. (im = in dem)
- 형용사 englisch는 앞에 *3격* 축약형 im이 오므로 어미 *-en*이 붙어 englisch*en*임.

  ※*3격* 축약형 im , am , beim , vom , zum , zur ... + 형용사 *-en*

4. ... attackierten weiter*e* Läden ... :

*복수*명사 Läden이 동사 attackierten의 *4격* 목적어이므로 *복수 4격*임.

따라서 형용사 weiter는 *복수 4격* 정관사 di*e*처럼 어미변화 하여 weiter*e*임.

※형용사 앞에 관사, 소유대명사, 지시대명사 등이 없을 경우, *형용사 자체가 정관사 d-* 어미변화 함.

► der Gewalttäter 폭력범죄자 (영. violent criminal)

→ die Gewalttat (die Gewalttat*en*) 폭력 범죄, 강력 범죄 (영. act of violence)

→ die Gewalt (항상 *단수*) (육체적) 힘, 강압 (영. force, power)

→ der Täter (die -) 범죄자 (영. culprit)

► stecken [타동사] ...을 꽂아 넣다 (영. stick, put)

* 3 기본형 : steck*en* - steck*te* - *ge*steck*t*

► das Modegeschäft (주로 여성을 위한 유행 의상 등을 판매하는) 유행품 상점 (영. fashion shop)

→ die Mode (die Mode*n*) (의상, 헤어스타일, 장신구 등의) 유행 (영. fashion)

→ das Geschäft (die Geschäft*e*) 가게, 상점 (영. shop, store)

► der Brand (die Brände) 불, 화재 (영. fire, blaze)
「etw.[4] in Brand stecken (혹은 setzen)」 *무엇*에 방화하다 ≈ *an*zünden (영. set fire to ...)

► attackieren [타동사] ...을 공격하다, 기습하다 ≈ *an*greifen (영. attack)
* 3 기본형 : attackier*en* - attackier*te* - attackier*t*
형태가 *-ieren*이므로 pp형은 -ge- 없음!

► weiter [형용사] 그 밖의, 추가의 (영. additional) ※형용사 weit의 비교급이 독립적 어휘로 굳어짐.
→ weit [형용사] [1] 먼 (영. far) ; [2] 넓은 (영. wide)

► der Laden (die Läden) 가게, 상점 ≈ das Geschäft (영. shop, store)

Bislang	war	es	in Manchester noch nicht
	과거완료 (조동사)	주어 (= 비인칭 주어)	

zu größeren Ausschreitungen	gekommen.
복수 3격	과거완료 (pp형)

1. ... war es ... gekommen :

동사 kommen의 *과거완료* 시제「war ... pp」임 :
※kommen은 '장소 이동' 자동사이므로 완료형은「sein ... pp」임!
- 주어가 비인칭 주어 es이므로 과거형 war는 어미 없이 그대로 war_임.
- 동사 kommen의 pp형은 gekommen임.

2. ... war es ... zu größer*en* Ausschreitung*en* gekommen :

「Es kommt zu etw.[3]」 (부정적인 결과로서) '*무엇*의 상태가 되다, *무엇*이 발생하다'

*복수*명사 Ausschreitung*en*이 *3격* 전치사 zu와 결합하므로 *복수 3격*임.

- (비교급) 형용사 größ*er*는 *복수 3격* 정관사 d*en*처럼 어미변화 하여 größ*eren*임.

※형용사 앞에 관사, 소유대명사, 지시대명사 등이 없을 경우,

형용사 자체가 정관사 d- 어미변화 함.

- *복수 3격* 명사의 형태는 항상 *-n*이어야 함.

여기서 *복수 3격*인 Ausschreitung*en*은 복수형 자체의 형태가 *-n*이므로 추가의 어미 필요 없음!

► bislang [부사] (문어체) 지금까지 ≈ bisher (영. up to now ; until now)

► war ⇒ *과거완료* 조동사 (주어가 ich 혹은 er, sie, es일 때)

「war ... pp」 (과거완료) ...하였다

* 어미변화 :

ich war ; du war*st* ; er (sie, es) war

wir war*en* ; ihr war*t* ; sie (Sie) war*en*

〈참고〉 sein의 3 기본형 : sein - war - gewesen

► groß [형용사] 큰 (영. tall, large)

* 3 비교형 : groß - größ*er* - größ*t*

► die Ausschreitung (die Ausschreitung*en* ; 주로 *복수*!) 난동, 무법 행위 (영. riots)

► gekommen ⇒ 동사 kommen의 *과거분사* (= pp형)

kommen [자동사] (완료형 「sein ... pp」) 오다 (영. come)

「Es kommt zu etw.[3]」 (부정적인 결과로서) *무엇*의 상태가 되다, *무엇*이 발생하다

* 3 기본형 : kommen - kam - gekommen

5

Am Dienstagabend jedoch rannten Hunderte teils maskierte Jugendliche
동사1 (과거 시제) / 주어 (복수 1격)

durch die Stadt im Nordwesten Englands, warfen Schaufensterscheiben
여성 4격 / 2격 / 동사2 (과거 시제) / 분리동사 warfen ... *ein*의 4격 목적어 (복수 4격)

ein und plünderten Schuh- und Kleidungsgeschäfte sowie einen Elektromarkt.
분리전철 / 동사3 (과거 시제) / 동사 plünderten의 4격 목적어

1. Hunderte teils maskiert*e* Jugendlich*e* :

"Hunderte ..."와 결합하므로 *복수*이며 *주어*이므로 *복수 1격*임. 따라서 :

- teils는 뒤에 오는 형용사 maskierte를 수식하는 부사어이므로 어미변화 없음.
- 형용사(= 과거분사) maskiert는 *복수 1격*의 정관사 di*e*처럼 어미변화 하여 maskiert*e*임.

  ※형용사 앞에 관사, 소유대명사, 지시대명사 등이 없을 경우,

  형용사 자체가 정관사 d- 어미변화 함.
- 형용사의 *명사화* 형태인 Jugendlich- 역시 동일하게 *형용사 어미변화* 하여 Jugendlich*e*임.

2. ... rannten Hunderte ... Jugendliche ... , warfen ... *ein* und plünderten ... :

3 개의 동사 rennen, *ein*werfen, plündern의 *과거* 시제임.

주어인 "Hunderte ... Jugendliche"는 복수의 sie('그들')에 해당함. 따라서 :

- 동사 rennen의 과거형 rannte는 추가로 어미 -*n*이 붙어 rannte*n*임.
- 분리동사 *ein*werfen의 과거형 "warf ... *ein*"의 경우는 추가로 어미 -*en*이 붙어 "warf*en* ... *ein*"임.
- 동사 plündern의 과거형 plünder*te*는 추가로 어미 -*n*이 붙어 plünder*ten*임.

3. ... durch die Stadt im Nordwesten Englands ... :

(1) "im Nordwesten"은 바로 앞 명사 Stadt를 수식함 :

... Stadt im Nordwesten '북서부의 도시 ...'

(2) 「고유명사 + *-s*」 (소유격) '...의' : England*s* ... '영국의 ...' ; Peter*s* ... '페터의 ...'

여기서 England*s*는 바로 앞의 Nordwesten을 수식함 :

im Nordwesten England*s* '영국의 북서부'

4. ... und plünderten Schuh- und Kleidungsgeschäft*e* sowie ein*en* Elektromarkt :

밑줄 친 부분은 동사 plünderten의 *4격 목적어*임 :

- "Schuh- und Kleidungsgeschäfte" = "Schuhgeschäfte und Kleidungsgeschäfte"

*복수*명사들인 Schuhgeschäft*e* 및 Kleidungsgeschäft*e*는 동사의 *4격* 목적어이므로 *복수 4격*임.

특정 대상들이 아니므로 원래는 부정관사 ein-이 앞에 와야 하겠지만, 복수이므로 *관사 생략*됨.

- *남성*명사 Elektromarkt 역시 동사의 *4격* 목적어이므로 *남성 4격* 부정관사 ein*en*이 앞에 옴.

► jedoch [부사] (앞에 언급된 내용과 반대되는 사실을 표현함) 그러나, 하지만

≈ aber, doch (영. however)

► rannten ⇒ 동사 rennen의 *과거* 시제 (주어가 wir, sie('그들, 그것들'), Sie('당신, 당신들')일 때)

rennen [자동사] (완료형 「sein ... pp」) 달려가다 ≈ laufen (영. run)

* 3 기본형 : rennen - rannte - gerannt

► 「hundert*e* + *복수*명사」 수백의 ..., 수많은 ...

► teils [부사] 부분적으로 ≈ zum Teil (영. partly)

→ der Teil (die Teile) 부분 (영. part)

► maskiert [형용사/과거분사] 가면 쓴

→ maskieren [타동사] ...을 가면 씌우다 (영. put on a mask)

* 3 기본형 : maskier*en* - maskier*te* - maskier*t*
형태가 *-ieren*이므로 pp형에서 -ge- 없음!

→ die Maske (die Maske*n*) 복면, 가면 (영. mask)

► Jugendlich- (*형용사* 어미변화) 청소년 ※형용사의 명사화!

→ jugendlich [형용사] 청소년의 (영. youthful)

↳ die Jugend (항상 *단수*!) 청소년 시기 (영. youth)

► durch [*4격* 전치사] ~을 통하여, ~을 가로질러 (영. through)

► die Stadt (die Städt*e*) 도시, 시내 (영. city, downtown)

► warfen ... *ein* ⇒ 분리동사 *ein*werfen의 *과거* 시제
(주어가 wir, sie('그들'), Sie('당신, 당신들')일 때)

*ein*werfen (werfen ... *ein*) [분리/타동사]

1 (물건 따위를 던져) ...을 부수다 (영. smash)

2 「etw.[4] in etw.[4] *ein*werfen」 *무엇*을 *무엇* 안으로 던지다 (영. throw in)

* 3 기본형 : *ein*werfen - *ein*warf (warf ... *ein*) - *ein*geworfen

* 현재 시제 *불규칙* 변화 : du wir*fst* ... *ein* ; er (sie, es) wir*ft* ... *ein*

↳ werfen [타동사] ...을 던지다 (영. throw)

* 3 기본형 : werfen - warf - geworfen

* 현재 시제 *불규칙* 변화 : du wir*fst* ; er (sie, es) wir*ft*

► die Schaufensterscheibe 쇼 윈도우 창유리

→ das Schaufenster (die -) (상점의 물품을 진열한) 큰 유리창 (영. shop window)

↳ schauen [자동사] 보다, 바라보다 (영. look)

→ die Fensterscheibe 창문의 얇은 유리 (영. windowpane)

→ das Fenster (die -) 창, 창문 (영. window)

→ die Scheibe (die Scheibe*n*)

1 얇고 넓은 판 (영. disc)

2 (빵, 소시지 등의) 얇은 조각 (영. slice)

► plündern [타/자동사] (...을) 약탈하다, 훔치다 (영. plunder)

* 3 기본형 : plünder*n* - plünder*te* - *ge*plünder*t*

► das Schuhgeschäft 신발 가게 (영. shoe shop)

→ der Schuh (die Schuhe) 신발 (영. shoe)

► das Kleidungsgeschäft 옷 가게

→ die Kleidung (주로 *단수*) 옷, 의복 (영. clothes)

► sowie [등위접속사] (여러 개 대상을 열거할 때) 그리고 또한 ≈ und auch (영. as well as ...)

► der Elektromarkt 전기 제품 시장

→ Elektro- (합성어를 구성하여) 전기 ... ≈ elektrisch (영. electric ...)

→ der Markt (die Märkte) 시장 (영. market)

6

Zudem	setzten	sie	mehrere Gebäude	in Brand	und
	동사$_1$ (과거 시제)	주어	동사 setzten의 4격 목적어 (복수 4격)		

schleuderten	Steine	auf die Polizisten .
동사$_2$ (과거 시제)	동사 schleuderten의 4격 목적어 (복수 4격)	복수 4격

1\. ... setzten sie ... und schleuderten ... :

(1) 주어인 복수의 sie('그들')는 앞 문장 5의 "Hunderte teils maskierte Jugendliche"를 가리킴.

(2) 동사 setzen 및 schleudern의 *과거* 시제임 :

주어가 복수의 sie('그들')이므로 과거형 setz*te* 및 schleuder*te*는 추가로 어미 *-n*이 붙어 각각 setz*ten* 및 schleuder*ten*임.

2. ... setzten ... mehrer*e* Gebäude in Brand und ... :

「etw.[4] in Brand setzen」 '*무엇*을 불지르다'

*복수*명사 Gebäude가 동사 setzten의 *4격* 목적어이므로 *복수 4격*임.

따라서 mehrer-는 *복수 4격* 정관사 di*e*처럼 어미변화하여 mehrer*e*임.

※부정수사 mehrer-는 *정관사 d-* 어미변화 하며, 항상 *복수*명사와 결합함.

3. ... und schleuderten ... auf di*e* Polizist*en* :

3·4격 전치사 auf는 동사 schleudern과 연계하여 '...에게로 던지다'로 해석됨.

즉, '위치'가 아니라 '방향'을 나타내므로 *4격* 지배임.

따라서 *복수*명사 Polizist*en*은 전치사 auf의 *4격* 목적어이므로 *복수 4격* 정관사 di*e*가 앞에 옴.

► zudem [부사] (문어체) 게다가 ≈ außerdem (영. besides, moreover)

► setzen [타동사] ...을 앉히다, 놓다 (영. sit, put)

「etw.[4] in Brand setzen (혹은 stecken)」 *무엇*에 방화하다 ≈ *an*zünden

* 3 기본형 : setz*en* - setz*te* - *ge*setz*t*

► 「mehrer*e* + *복수*명사」 (2개 이상) 몇몇의 ... ≈ einig*e* , etlich*e* (영. several)

► das Gebäude (die -) 건물 (영. building)

► der Brand (die Brände) 불, 화재 (영. fire, blaze)

► schleudern [타동사] ...을 내던지다, 내동댕이치다 (영. fling, hurl)

* 3 기본형 : schleuder*n* - schleuder*te* - *ge*schleuder*t*

► das Stein (die Stein*e*) 돌, 돌멩이, 암석 (영. stone)

► der Polizist (die Polizist*en*) 경찰관 (영. policeman)

※단수의 경우, 주어를 제외한 단수 2, 3, 4격이 모두 복수형과 동일하게 Polizist*en*인 *약변화* 명사!

→ die Polizei (die Polze*ien* ; 주로 *단수*) 경찰 (영. police)

7

Wie in den Tagen (복수 3격) zuvor in London scheinen (동사 (현재 시제)) die Sicherheitskräfte (주어 (복수 1격)) nun auch in Manchester die Lage (동사 *bekommen*의 4격 목적어 (여성 4격)) nicht in den Griff (남성 4격) zu *bekommen* (*zu*-부정사).

1. Wie in d*en* Tag*en* zuvor in London ...
   '런던에서 이전 며칠 동안 그랬던 것처럼' :

   3·4격 전치사 in은 여기서 *시간적* 의미 '...에'로 해석되어 *3격* 지배임.
   - *복수*명사 Tag*e*가 전치사 in의 *3격* 목적어이므로 *복수 3격* 정관사 d*en*이 앞에 옴.
   - *복수 3격* 명사의 형태는 항상 *-n*이어야 함.
     따라서 *복수 3격*인 Tag*e*역시 추가로 어미 *-n*이 붙어 Tag*en*임.

2. ... scheinen die Sicherheitskräfte ... zu *bekommen* :

   「scheinen ... zu 동사 원형」 '...인 것으로 보이다'
   동사 scheinen의 *현재* 시제임 :
   주어인 "die Sicherheitskräft*e*"는 복수의 sie에 해당하므로 현재 시제 형태는 schein*en*임.

3. ... die Lage ... in den Griff zu *bekommen* :

   「etw.[4] in den Griff bekommen」 '*무엇을* 통제하다'

► wie [접속사] (동등비교) ...처럼, ...같이 (영. as)

► der Tag (die Tage) 날, 일, 낮 (영. day)

► zuvor [부사] 이전에 ≈ vorher (영. before)

► scheinen [자동사]

[1] 「scheinen ... zu 동사 원형」 ...인 것으로 보이다 (영. seem, appear)

[2] 빛나다, 빛을 내다 (영. shine)

* 3 기본형 : scheinen - schien - geschienen

► die Sicherheitskräft*e* (보통 *복수*!) (경찰 등과 같이 사회 안전을 위해 일하는) 안전요원 (영. security forces)

→ die Sicherheit (die Sicherheit*en* ; 주로 *단수*!) 안전 (영. security, safety)

→ sicher [형용사] 안전한 (영. secure, safe)

→ die Kraft (die Kräfte)

[1] 힘 (영. strength, force, power)

[2] (일정 영역에서 일하는) 인원 (영. employee, personnel)

〈참고〉 die Hilfskraft 보조 인원

► nun [부사] 이제, 지금은 (영. now)

► auch [부사] ...도, 역시 (영. as well, too, also) ≈ ebenfalls

► der Griff (die Griffe) ※동사 greifen의 명사형!

[1] 붙잡음 (영. grasping) ; [2] (문, 그릇 등의) 손잡이 (영. handle)

〈참고〉 der Türgriff 문 손잡이, der Koffergriff 가방 손잡이

「etw.[4] in den Griff bekommen」 *무엇을* 통제하다 ≈ 「etw.[4] unter Kontrolle bringen」

→ greifen [타동사] ...을 붙잡다 (영. grasp, take)

* 3 기본형 : greifen - griff - gegriffen

► bekommen [타동사] ...을 받다, 얻다 (영. get, receive)

* 3 기본형 : *be*kommen - *be*kam - *be*kommen

형태가 *be*-이므로 pp형은 -ge- 없음!

↳ kommen [자동사] (완료형 「sein ... pp」) 오다 (영. come)

* 3 기본형 : kommen - kam - gekommen

9

독일어: 문법과 텍스트 이해

[1]Am vergangenen Wochenende musste man an mancher
Tankstelle 1,78 Euro für einen Liter Superbenzin zahlen. [2]Am
Dienstag melden günstige Tankstellen zehn Cent weniger, also
1,68 Euro. [3]Wie kommen solche Schwankungen im
Benzinpreis eigentlich zustande?
[4]Von 1,68 Euro geht der größte Teil, nämlich 93 Cent an den
Staat. [5]Diese Steuer wird erhoben, weil Autofahren viele
Kosten verursacht: [6]Straßen und Brücken müssen gebaut
werden, Verkehrspolizisten und Rettungsdienste müssen
bezahlt werden, Unfälle kosten viel Geld und durch den Lärm
der Autos werden viele Menschen krank. [7]1,68 Euro minus 93
Cent Steuern, da verbleiben 75 Cent für das Benzin.
[8]Darin stecken die Kosten für das Rohöl und seinen Transport.
[9]In riesigen Chemiefabriken, den Ölraffinerien, werden daraus
Kraftstoffe gemacht. [10]Das Benzin muss zur Tankstelle
gebracht werden, die auch etwas verdienen will, genauso wie
der Konzern, dem sie gehört.
[11]Wenn der Benzinpreis wie jetzt besonders hoch ist, hat das
mehrere Ursachen. [12]Natürlich ist der Ölpreis wichtig. [13]Rohöl
ist zum Beispiel derzeit deutlich teurer als vor zwei Monaten.
[14]Ölkonzerne müssen das Öl aus anderen Ländern wie zum
Beispiel Saudi-Arabien kaufen. [15]Auch der Wert des Dollars
wirkt sich aus, weil das Öl damit bezahlt wird.
[16]Viele kritisieren, dass die meisten Tankstellen nur wenigen
Konzernen gehören. [17]Sie glauben, dass sich die Konzerne
absprechen. [18]Jeder kennt die Preise der Konkurrenz und
kann sich sehr schnell daran anpassen. [19]So geht die
Preisspirale häufig nach oben und seltener nach unten.

WDR Radio für Kinder

[1]지난 주 몇몇 주유소에서는 고급 휘발유 1 리터를 구입하기 위해 1.78 유로를 지불해야만 했다. [2]화요일에는 가격이 저렴한 주유소들이 10 센트 낮게, 이를테면 1.68 유로를 공시하고 있다. [3]도대체 어떻게 이러한 석유 가격의 변동이 가능할까?

[4]1.68 유로 가운데 대부분, 이를테면 93 센트는 국가의 소유가 된다. [5]이러한 세금이 부과되는 이유는 차량을 운행하는 것이 많은 비용을 초래하기 때문이다. [6]도로 및 교량들이 건축되어야 하며, 교통경찰관들과 응급 구조원들의 급여가 지불되어야 하고, 사고가 나면 많은 돈이 들며, 자동차 소음을 통해 많은 사람들이 병을 앓게 된다. [7]1.68 유로에서 93 센트의 세금을 감하면, 이제 75 센트가 휘발유를 위해 남게 된다.

[8]그 안에는 원유와 그 운송을 위한 비용이 포함되어 있다. [9]거대한 화학공장들, 즉 정유공장들에서 그것으로부터 연료가 제조된다. [10]석유는 주유소로 보내어져야 하는데, 이 주유소 역시 약간의 돈을 벌려고 한다. 정확히 그것의 소유자인 대기업들이 그렇듯이.

[11]만약 석유 가격이 지금과 같이 유난히 높을 경우, 이는 몇 가지 원인들을 가지고 있다. [12]당연히 원유 가격이 중요하다. [13]예를 들어 원유는 현재 2 개월 전보다 현저히 더 비싸다. [14]석유 대기업들은 석유를 다른 국가들로부터, 예를 들면 사우디 아라비아 같은 국가들로부터 구입해야 한다. [15]달러의 가치 역시 영향을 미치는데, 왜냐 하면 석유는 이를 통해 지불되기 때문이다.

[16]많은 이들이 비판하는 점은, 대부분의 주유소들이 불과 몇몇 안 되는 대기업들의 소유라는 사실이다. [17]이들은 이 대기업들이 서로 담합하고 있다고 생각한다. [18]각 대기업이 경쟁사의 가격들을 알고 있어서, 매우 신속히 그에 대응할 수 있는 것이다. [19]이렇게 해서 가격 곡선이 올라가는 일은 빈번하며, 아래로 내려가는 일은 비교적 드물게 된다.

1

Am vergangenen Wochenende	musste	man	an mancher Tankstelle
중성 3격	화법조동사 (과거 시제)	주어	여성 3격
1,78 Euro	für einen Liter Superbenzin	zahlen .	
zahlen의 4격 목적어	남성 4격	동사 원형	

1. Am vergangen*en* Wochenende ... '지난 주말에' :

   형용사 vergangen은 앞에 am(= an dem)이 오므로 어미 *-en*이 붙어 vergang*en*임.
   ※*3격*의 관사, 소유대명사, 지시대명사 + 형용사 *-en*
   따라서 *3격*의 축소형 am , im , beim , vom , zum , zur + 형용사 *-en*

2. ... musste man ... zahlen :

   화법조동사 müssen의 *과거* 시제「musste ... 동사 원형」임 :
   - 주어가 man이므로 과거형 musste는 어미 없이 그대로 musste_임.
   - 화법조동사 musste와 결합하는 *동사 원형* zahlen이 문장 맨 뒤에 옴.

3. ... an manch*er* Tankstelle ... zahlen :

   3·4격 전치사 an은 동사 zahlen과 함께 '...*에서* 지불하다'로 해석됨.
   즉 '방향'이 아니라 '위치'를 뜻하므로 *3격* 지배임.
   따라서 *여성*명사 Tankstelle가 전치사 an의 *3격* 목적어로서 *여성 3격*이므로
   부정수사 manch-는 *여성 3격* 정관사 d*er*처럼 어미변화 하여 manch*er*임.

4. für ein*en* Liter Superbenzin :

   명사 Superbenzin은 "한 개, 두 개 ..." 개체로 셀 수 없는 물질명사이므로 수량 단위인 Liter를 사용함 :
   *남성*명사 Liter가 *4격* 전치사 für의 목적어이므로 *남성 4격* 부정관사 ein*en*이 앞에 옴.

► vergangen- [형용사] (명사 앞 *수식어*로서) 지난 ≈ letzt- (영. last)

► das Wochenende (die Wochenende*n*) 주말 (영. weekend)

「am Wochenende」 주말에

→ die Woche (die Woche*n*) 주, 주일 (영. week)

→ das Ende (die Ende*n*) 끝 (영. end)

► musste ⇒ 화법조동사 müssen의 *과거* 시제 (주어가 ich 혹은 er, sie, es일 때)

「müssen ... 동사 원형」 [화법조동사] ...해야 한다 (영. must)

* *과거* 시제 어미변화 :

ich musste ; du musste*st* ; er (sie, es) musste

wir musste*n* ; ihr musste*t* ; sie, Sie musste*n*

* 3 기본형 : müssen - musste - gemusst (müssen)

※동사 원형 *있을* 경우 완료형 : 「haben ... *동사 원형* müssen」

동사 원형 *없을* 경우 완료형 : 「haben ... gemusst」

► man [부정대명사] 사람들은 (영. people)

※항상 *주어*로서만 사용되며, *단수 3인칭* er 취급함!

► manch- [부정수사] 몇몇의 ... (영. some) ※manch-는 정관사 d-어미변화 함!

► die Tankstelle (die Tankstelle*n*) 주유소 (영. petrol station, gas station)

→ tanken [타/자동사] (...을) 주유하다 (영. fill up with)

→ die Stelle (die Stelle*n*) 장소, 지점 (영. place)

► der 혹은 das Liter (die -) 리터 (영. litre)

► Superbenzin 고급 석유 (영. four-star petrol, premium)

→ das Benzin (복수 없음!) 차량 연료, 석유 (영. petrol, gas)

► zahlen [타동사] ...을 지불하다 (영. pay)

「j-d zahlt ... für etw.[4]」 *누구는 무엇*을 구입하기 위해 ...을 지불하다

* 3 기본형 : zahl*en* - zahl*te* - *ge*zahl*t*

〈참고〉 zählen [타동사] ...을 세다, 헤아리다 (영. count)

* 3 기본형 : zähl*en* - zähl*te* - *ge*zähl*t*

2

Am Dienstag	melden	günstige Tankstellen	zehn Cent weniger,
남성 3격	동사 (현재 시제)	주어 (복수 1격)	

also 1,68 Euro .
melden의 4격 목적어

1. ... melden günstige Tankstellen ... :

   동사 melden의 *현재* 시제임 :

   주어인 "günstige Tankstellen"은 복수의 sie('그것들')에 해당하므로 동사 형태는 meld*en*임.

2. günstig*e* Tankstelle*n* :

   *복수*명사 Tankstelle*n*이 *주어*이므로 *복수 1격*임.

   형용사 günstig는 *복수 1격* 정관사 di*e*처럼 어미변화 하여 günstig*e*임.

   ※형용사 앞에 관사, 소유대명사, 지시대명사 등이 없을 경우, *형용사 자체가 정관사 d-* 어미변화 함.

► der Dienstag (die Dienstag*e*) 화요일 (영. Tuesday)

► melden [타동사] ...을 알리다 (영. report, announce)

* 3 기본형 : meld*en* - meld*ete* - *ge*meld*et* ※어간 끝이 -*d*이므로 발음상 -e- 첨가!

→ die Meldung (die Meldung*en*) 소식, 전달 (영. report, news)

► günstig [형용사] 유리한, 좋은 (영. favourable)

► der Cent (복수 없음!) (화폐 단위) 센트 (= 1/100 Euro) (영. cent)

► weniger ⇒ wenig의 *비교급* 형태!
wenig [부정수사] 적은, 적게 (영. few, little)
* 3 비교형 : wenig - wenig*er* (minder) - wenig*st* (mindest)

► also [부사] (논리적 귀결) 그러므로, 따라서 ≈ folglich (영. so, therefore)

► der Euro (복수 없음!) (화폐 단위) 유로 (= 100 Cent) (영. euro)

3

Wie	kommen	solche Schwankungen	im Benzinpreis	eigentlich	zustande?
	동사 (현재 시제)	주어 (복수 1격)	남성 3격		

1. solch*e* Schwankung*en* :

*복수*명사 Schwankung*en*이 *주어*이므로 *복수 1격*임.
따라서 지시대명사 solch-는 *복수 1격* 정관사 die처럼 어미변화 하여 solch*e*임.

2. ... kommen solche Schwankungen ... zustande? :

「etw. kommt zustande」 '*무엇*이 성취되다'
동사 kommen의 *현재* 시제임 :
주어인 "solche Schwankung*en*"은 복수의 sie('그것들')에 해당하므로 동사 형태는 komm*en*임.

3. ... Schwankungen im Benzinpreis ... ? :

3·4격 전치가 in은 바로 앞 명사 "Schwankungen"을 수식하여 '석유 가격에서의 흔들림'으로 해석되어 '방향'이 아닌 '위치'를 뜻하므로 *3격* 지배임.
즉 *남성*명사 Benzinpreis가 전치사 in의 *3격* 목적어이므로 *남성 3격*임.
따라서 *남성 3격* 정관사 d*em*이 와야 하지만 전치사 in과 함께 im으로 축약됨.
(im = in dem)

► wie [의문부사] 어떻게? (영. how)

► kommen [자동사] (완료형「sein ... pp」) 오다 (영. come)
 * 3 기본형 : kommen - kam - gekommen

► solch- [지시대명사] 그러한 ... (영. such)
※solch-는 *정관사 d-* 어미변화 함!

► die Schwankung (die Schwankung*en* ; 주로 *복수*) 변화, 변동 (영. variation)
→ schwanken [자동사] 변화하다, 변동하다 (영. vary, fluctuate)
 * 3 기본형 : schwank*en* - schwank*te* - *ge*schwank*t*

► Der Benzinpreis 석유 가격
→ der Preis (die Preis*e*) 가격 (영. price)

► eigentlich [부사/어조사] (의문문에 사용되어 새로운 주제를 이끌며) 그런데 도대체 ...

► zustande [부사] 다음 용법만 있음 :
「etw. kommt zustande」 *무엇*이 성취되다
「j-d bringt etw.[4] zustand」 *누구*는 *무엇*을 성취시키다

Von 1,68 Euro	geht	der größte Teil	, nämlich	93 Cent	an den Staat.
	동사 (현재 시제)	주어 (남성 1격)		앞의 주어와 동격	남성 4격

1. ... geht der größte Teil ... :

동사 gehen의 *현재* 시제임 : 주어인 “der größte Teil”은 er에 해당하므로 동사 형태는 geh*t*임.

2. d*er* größt*e* Teil :

*남성*명사 Teil이 *주어*이므로 *남성 1격* 정관사 d*er*가 앞에 옴.
(최상급) 형용사 größt-는 앞에 *남성* 정관사 d*er*가 오므로 어미 *-e*가 붙어 größt*e*임.
※ *남성*의 d*er* , dies*er* , jen*er* , jed*er* + 형용사 *-e*

3. ... geht ... an d*en* Staat :

3·4전치사 an은 여기서 동사 geht와 함께 ‘...로 가다’로 해석되어 ‘방향’을 뜻하므로 4격 지배임.
즉, *남성*명사 Staat가 전치사 an의 *4격* 목적어이므로 *남성 4격* 정관사 d*en*이 앞에 옴.

► gehen [자동사] (완료형「sein ... pp」) 가다 (영. go)
* 3 기본형 : gehen - ging - gegangen

► größt ⇒ groß의 *최상급* 형태!
groß [형용사] 큰 (영. big, tall) ↔ klein 작은
* 3 비교형 : groß - größ*er* - größ*t*

► der Teil (die Teil*e*) 부분 (영. part)
→ teilen [타동사] ...을 나누다, ...을 함께하다 (영. divide, share)
* 3 기본형 : teil*en* - teil*te* - *ge*teil*t*

► nämlich [부사] (앞에 나온 내용을 상세히 설명하여) 말하자면, 즉 (영. namely, that ist to say)

► der Staat (die Staat*en*) 국가 (영. state)

5

Diese Steuer	wird	erhoben	, weil ... verursacht	: ...
주어 (여성 1격)	수동태 조동사 (현재 시제)	수동태 pp형	종속접속사 *weil*-부문장	

1. Dies*e* Steuer :

   *여성*명사 Steuer가 *주어*이므로 *여성 1격*임.
   따라서 지시대명사 Dies-는 *여성 1격* 정관사 di*e*처럼 어미변화 하여 Dies*e*임.

2. Diese Steuer wird erhoben :

   타동사 erheben의 *수동태 현재* 시제「werden ... pp」임 :
   - 주어인 "Diese Steuer"는 여성의 sie에 해당하므로 수동 조동사 werden의 형태는 wird임.
   - 동사 erheben의 pp형은 erhoben임.

... , weil	Autofahren	viele Kosten	verursacht	: ...
종속접속사	주어 (중성 1격)	verursacht의 4격 목적어 (복수 4격)	동사 (현재 시제) 후치됨!	

3. ... , weil Autofahren ... verursacht :

   동사 verursachen의 *현재* 시제임 :
   주어가 Autofahren, 즉 중성의 es에 해당하므로 동사 형태는 verursach*t*임.
   (부문장 안이므로 동사 verursacht는 *후치*되어 문장 맨 뒤에 옴.)

► dies- [지시대명사] 이 ... (영. this) ≈ jen- 저 ... (영. that)

※dies- 및 jen-은 *정관사 d-* 어미변화 함.

► die Steuer (die Steuer*n*) 세금 (영. tax)

「eine Steuer erheben」 세금을 부과하다

* 3 기본형 : heben - hob - gehoben

► wird ⇒ *수동태* 조동사 werden의 *현재* 시제 (주어가 *er, sie, es*일 때)

「werden ... pp」 (수동태) ...되다 (영. 「be + pp ...」)

* 현재 시제 *불규칙* 변화 : du wirst ; er wird

* 3 기본형 : werden - wurde - worden

〈주의〉 일반 동사 werden('...되다')의 pp형은 geworden임.

► erheben [타동사] [1] ...을 징수하다 (영. impose) ; [2] ...을 위로 올리다 (영. raise)

「eine Steuer (eine Gebühr) erheben」 세금을 (요금을) 부과하다

* 3 기본형 : *er*heben - *er*hob - *er*hoben

형태가 *er*-이므로 pp형은 -ge- 없음!

↳ heben [타동사] ...을 들어 올리다 (영. lift, raise)

* 3 기본형 : heben - hob - gehoben

► weil [종속접속사] ('이유, 근거') 왜냐하면 ...이기 때문에 (영. because) ≈ da, denn

〈주의〉 denn은 등위접속사로서 뒤에 오는 문장의 어순은 *정치*법임 (후치 아님!) :

... , denn 주어 + 동사 ...

► das Autofahren 차량 운전 ※동사 fahren이 목적어 Auto와 함께 *명사화*!

→ das Auto (die Auto*s*) 자동차 (영. car)

→ fahren [타동사] (차량) ...을 타고 가다, ...을 운전하다 (영. drive)

* 3 기본형 : fahren - fuhr - gefahren

* 현재 시제 *불규칙* 변화 : du fähr*st* ; er (sie, es) fähr*t*

► 「viel*e* + *복수*명사」 많은 ... (영. many)

viele Kosten 많은 비용 / viele Leute 많은 사람들

〈주의〉 「viel + 셀 수 없는 명사」 많은 ...

viel Geld 많은 돈 / viel Zeit 많은 시간 / viel Spaß 많은 재미

► die Kosten (항상 *복수*) 비용 (영. cost)

► verursachen [타동사] ...을 야기하다, ...의 원인이다 (영. cause, bring about)

* 3 기본형 : *ver*ursach*en* - *ver*ursach*te* - *ver*ursach*t*
형태가 *ver*-이므로 pp형은 -ge- 없음!

→ die Ursache (die Ursache*n*) 원인 (영. cause)

Straßen und Brücken	müssen	gebaut werden	, ...
주어 (복수 1격)	화법조동사 (현재 시제)	동사 원형 (수동태)	

1. Straßen und Brücken müssen gebaut werden , ... :

동사 bauen의 *수동태*가 화법조동사 müssen의 *현재* 시제와 결합함 :

- 화법조동사 müssen의 *현재* 시제 :
  주어인 "Straße*n* und Brücke*n*"이 복수의 sie('그것들')에 해당하므로 müssen의 형태는 müss*en*임.
- 타동사 bauen의 수동태는 「werden ... gebaut」 임.

따라서 수동태 「werden ... gebaut」 가 화법조동사 müssen과 결합하므로
조동사 werden이 문장 맨 뒤에 원형으로 옴. 즉 : ... müssen ... gebaut werden

... ,	Verkehrspolizisten und Rettungsdienste	müssen	bezahlt werden	, ...
	주어 (복수 1격)	화법조동사 (현재 시제)	동사 원형 (수동태)	

2. Verkehrspolizisten und Rettungsdienste müssen bezahlt werden , ... :

동사 bezahlen의 *수동태*가 화법조동사 müssen의 *현재* 시제와 결합함 :

- 화법조동사 müssen의 *현재* 시제 :
  주어인 “Verkehrspolizist*en* und Rettungsdienst*e*”는 복수의 sie(‘그것들’)에 해당하므로 müssen의 형태는 müss*en*임.
- 타동사 bezahlen의 수동태는 「werden ... bezahlt」 임.

따라서 수동태 「werden ... bezahlt」 가 화법조동사 müssen과 결합하므로 조동사 werden이 문장 맨 뒤에 원형으로 옴. 즉 : ... müssen ... bezahlt werden

... ,	Unfälle	kosten	viel Geld	...
	주어 (복수 1격)	동사 (현재 시제)	4격 목적어 (중성 4격)	

3. ... , Unfälle kosten ... :

동사 kosten의 *현재* 시제임 : 주어인 Unfäll*e*는 복수의 sie(‘그것들’)에 해당하므로 동사 형태는 kost*en*임.

... und	durch den Lärm	der Autos	werden	viele Menschen
	남성 4격	복수 2격	동사 (현재 시제)	주어 (복수 1격)

krank .
werden의 형용사 보어

4. durch den Lärm d*er* Auto*s* ‘자동차들의 소음을 통해’ :

*복수*명사 Auto*s*가 바로 앞의 명사 Lärm을 수식하는 *2격*이므로 *복수 2격* 정관사 d*er*가 앞에 옴.

5. ... werden viele Menschen ... :

동사 werden의 *현재* 시제임 : 주어가 복수의 sie(‘그들’)에 해당하므로 동사 형태는 werd*en*임.

► die Straße (die Straß*en*) 길, 거리 (영. street)

► die Brücke (die Brück*en*) 다리, 교량 (영. bridge)

► 「müssen ... 동사 원형」 [화법조동사] ...해야 한다 (영. must)

* 현재 시제 *불규칙* 변화 :

ich muss ; du muss*t* ; er (sie, es) muss

wir müss*en* ; ihr müss*t* ; sie (Sie) müss*en*

* 3 기본형 : müssen - musste - gemusst (müssen)

※동사 원형 *있을* 경우 완료형 : 「haben ... *동사 원형* müssen」

동사 원형 *없을* 경우 완료형 : 「haben ... gemusst」

► bauen [타동사] ...을 짓다, 세우다 (영. build)

* 3 기본형 : bau*en* - bau*te* - *ge*bau*t*

► der Verkehrspolizist 교통경찰관 (영. traffic policeman)

→ der Verkehr (복수 없음!) 교통 (영. traffic)

→ der Polizist (die Polizist*en*) 경찰관 (영. policeman)

※단수에서, 주어를 제외한 단수 2, 3, 4격이 모두 복수형처럼 Polizist*en*인 약변화 명사!

〈참고〉 die Polizei (die Polizei*en* ; 보통 *단수*!) 경찰 (영. police)

► der Rettungsdienst 구조 업무 (영. rescue service)

→ die Rettung (die Rettung*en*) 구조, 구원 (영. rescue)

※형태가 *-ung*인 명사는 모두 *여성*이며, 복수형은 *-en*임!

↳ retten [타동사] ...을 구하다, 구조하다 (영. save)

* 3 기본형 : rett*en* - rett*ete* - *ge*rett*et* ※어간 끝이 *-t*이므로 발음상 -e- 첨가!

→ der Dienst (die Dienst*e*) 공공업무, 봉사 (영. service)

► bezahlen [타/자동사] (...을) 지불하다 (영. pay)

* 3 기본형 : *bezahlen* - *bezahlte* - *bezahlt*

형태가 *be*-이므로 pp형은 ge- 없음!

► der Unfall (die Unfälle) 사고 (영. accident)

► kosten [타동사] 비용이 ...이다 (영. cost)
「etw. kostet j-n etw.[4]」 *무엇은* *누구*에게 *무엇*만큼 비용이 들다
* 3 기본형 : kost*en* - kost*ete* - *ge*kost*et* ※어간 끝이 *-t*이므로 발음상 -e- 첨가!

► 「viel + 셀 수 없는 명사」 많은 ... (영. much)
viel Geld 많은 돈 / viel Zeit 많은 시간 / viel Spaß 많은 재미

► das Geld (die Geld*er* ; 보통 *단수*!) 돈 (영. money)

► durch [*4격* 전치사] ('수단, 원인') ~을 통해 (영. through)

► der Lärm (복수 없음!) 소음 (영. noise)

► das Auto (die Autos) 자동차, 차량 (영. car)
※형태가 -o인 명사는 모두 *중성*이며, 복수형은 -s임 : *das* Büro (die Büros) 사무실

► werden [자동사] (완료형 「sein ... geworden」) (형용사 및 명사 보어와 함께) ...되다 (영. become)
* 현재 시제 *불규칙* 변화 : du wirst ; er (sie, es) wird
* 3 기본형 : werden - wurde - geworden
〈주의〉 수동태 조동사 werden의 pp형은 worden임.

► 「viel*e* + *복수*명사」 많은 ... (영. many ...)

► der Mensch (die Mensch*en*) 사람, 인간 (영. human being, man, person)
※단수에서 주어 1격을 제외한 단수 2, 3, 4격 모두 복수형과 동일하게 Mensch*en*인 *약변화* 명사!

► krank [형용사] 아픈, 병든 (영. sick) ↔ gesund 건강한

7

1,68 Euro minus 93 Cent Steuern, da verbleiben (동사 (현재 시제)) 75 Cent (주어 (복수 1격)) für das Benzin. (중성 4격)

... verbleiben 75 Cent ... :

동사 verbleiben의 *현재* 시제임 : 주어가 복수의 sie('그것들')에 해당하므로 동사 형태는 verbleib*en*임.

► minus [접속사] 마이너스, ...을 뺀 (영. minus)

► die Steuer (die Steuer*n*) 세금 (영. tax)

► verbleiben [자동사] (완료형 「sein ... pp」)
「etw. verbleibt (j-m)」 *무엇*이 (*누구*에게) 나머지로서 남다 (영. remain)
* 3 기본형 : *ver*bleiben - *ver*blieb - *ver*blieben (형태가 *ver*-이므로 pp형은 -ge- 없음!)
↳ bleiben [자동사] (완료형 「sein ... pp」) 머무르다 (영. stay)
* 3 기본형 : bleiben - blieb - geblieben

► das Benzin (복수 없음!) 차량 연료, 석유 (영. petrol, gas)

8

Darin stecken die Kosten für das Rohöl und seinen Transport.
동사 (현재 시제) / 주어 (복수 1격) / 중성 4격 / 남성 4격

1. Darin ... '그것 안에' :

darin = 「in + das('그것')」 : 여기서 darin은 앞 문장 7의 "75 Cent"를 받음.

2. ... stecken die Kosten ... :

동사 stecken의 *현재* 시제임 : 주어가 복수의 sie('그것들')에 해당하므로 동사 형태는 steck*en*임.

3. ... die Kosten für das Rohöl und sein*en* Transport :

「die Kosten für ...」 '...을 위한 비용'

(1) *중성*명사 Rohöl이 *4격* 전치사 für의 목적어이므로 *중성 4격* 정관사 das가 앞에 옴.

(2) *남성*명사 Transport 역시 앞의 *4격* 전치사 für의 목적어이므로 *남성 4격*임.
따라서 소유대명사 sein-('그것의')은 *남성 4격* 부정관사 ein*en*처럼 어미변화 하여 sein*en*임.
(여기서 소유대명사 sein-은 바로 앞의 중성명사 Rohöl을 받음.)
※소유대명사 sein- , mein- , dein- , ihr- 및 kein- ...은 부정관사 *ein-* 어미변화 함!

〈참고〉

소유대명사 : 원칙적으로 *부정관사 ein-* 어미변화 하지만, *복수*일 경우는 *정관사 d-* 어미변화 함.

ich ⇒ mein- '나의 ...' / du ⇒ dein- '너의 ...' / er, es ⇒ sein- '그의, 그것의 ...'

sie '그녀' ⇒ ihr- '그녀의 ...' / wir ⇒ unser- '우리의 ...' / ihr ⇒ eur- '너희의 ...'

sie '그들' ⇒ ihr- '그들의 ...' / Sie '당신, 당신들' ⇒ Ihr- '당신의, 당신들의 ...'

► stecken

[1] [자동사] 꽂혀 있다 ※함께 오는 3·4격 전치사는 *3격* 지배!

[2] [타동사] ...을 꽂아 넣다 ※함께 오는 3·4격 전치사는 *4격* 지배!

* 3 기본형 : steck*en* - steck*te* - *ge*steck*t*

► die Kosten (항상 *복수*) 비용 (영. cost)
「die Kosten für etw.[4]」 *무엇*을 위한 비용

► das Rohöl 천연석유, 원유 (영. crude oil)
→ roh [형용사] 천연의, 가공되지 않은 (영. raw, crude)
→ das Öl (die Öle ; 주로 *단수*) 기름, 석유 (영. oil)

► der Transport (die Transporte) 운송 (영. transportation, conveyance)
→ transportieren [타동사] ...을 운송하다 ≈ befördern (영. transport, carry)

In riesigen Chemiefabriken	,	den Ölraffinerien	,	werden	daraus
복수 3격		앞의 "Chemiefabriken"과 동격 (복수 3격)		수동태 조동사 (현재 시제)	
Kraftstoffe	gemacht	.			
주어 (복수 1격)	수동태 (타동사 pp형)				

1. In riesig*en* Chemiefabrik*en* ... werden ... gemacht :

3·4격 전치사 in이 수동태「werden ... gemacht」와 함께 '...에서 만들어진다'로 해석되어 '위치'를 뜻하므로 *3격* 지배임.
즉, *복수*명사 Chemiefabrik*en*이 전치사 In의 *3격* 목적어이므로 *복수 3격*임.
따라서 형용사 riesig는 *복수 3격* 정관사 d*en*처럼 어미변화 하여 riesig*en*임.
※형용사 앞에 관사, 소유대명사, 지시대명사 등이 없을 경우, *형용사 자체가 정관사 d-* 어미변화 함.

2. ... Chemiefabriken , d*en* Ölraffinerie*n* , ... :

밑줄 친 "den Ölraffinerien"은 바로 앞에 나온 명사 "Chemiefabriken"과 *동격*임.
따라서 *복수*명사 Ölraffinerie*n*이 앞 명사와 동격으로서 *3격*이므로 *복수 3격*의 정관사 d*en*이 옴.
(*복수 3격* 명사의 형태는 항상 -*n*이어야 함. 여기서는 복수형 자체가 -*n*임 : Ölraffinerie*n*)

3. ... , werden ... Kraftstoffe gemacht :

동사 machen의 *수동태 현재* 시제 「werden ... pp」 임 :
- 주어가 복수의 sie('그것들')에 해당하므로 수동태 조동사 werden의 형태는 werd*en*임.
- 타동사 machen의 pp형은 gemacht임.

4. daraus '그것으로부터' :

daraus = 「aus + das('그것')」 : 여기서 daraus는 앞 문장 8의 "Rohöl"을 받음.

► riesig [형용사] 거대한 (영. gigantic, enormous, huge)
→ der Riese (die Riese*n*) 거인 (영. giant)
※단수에서 주어 1격을 제외한 단수 2, 3, 4격 모두 복수형과 동일하게 Riese*n*인 *약변화* 명사!

► die Chemiefabrik 화학 공장 (영. chemical factory)
→ die Chemie (복수 없음!) 화학 (영. chemistry)
→ die Fabrik (die Fabrik*en*) 공장 (영. factory)

► die Ölraffinerie 정유 공장 (영. oil refinery)
→ die Raffinerie (die Raffinerie*n*) (오일, 설탕 등의) 세정 가공 공장 (영. refinery)

► der Kraftstoff 연료 ≈ der Treibstoff (영. fuel)
→ die Kraft (die Kräft*e*) 힘 (영. power)
→ der Stoff (die Stoff*e*) 재료, 물질 (영. material)

► machen [타동사] ...을 만들다, 제조하다 (영. make)
* 3 기본형 : mach*en* - mach*te* - *ge*mach*t*

10

Das Benzin (주어, 중성 1격) muss (화법조동사, 현재 시제) zur Tankstelle (여성 3격) gebracht werden (동사 원형 (수동태))

(, die ... will ,) (관계대명사 *die*-부문장 (선행사 "Tankstelle"를 수식·설명함.)) genauso wie der Konzern (앞의 관계대명사 *die*-부문장에 덧붙이는 설명) (, dem ... gehört). (관계대명사 *dem*-부문장 (선행사 "Konzern"을 수식·설명함.))

1. Das Benzin muss ... gebracht werden , ... :

동사 bringen의 *수동태*가 화법조동사 müssen의 *현재* 시제와 결합함 :

- 화법조동사 müssen의 *현재* 시제 :
  주어인 "Das Benzin"은 중성의 es에 해당하므로 müssen의 형태는 muss임.
- 타동사 bringen의 수동태는「werden ... gebracht」임.

따라서 수동태「werden ... gebracht」가 화법조동사 muss와 결합하므로
조동사 werden이 문장 맨 뒤에 원형으로 옴. 즉 : ... muss ... gebracht werden

2. zur Tankstelle '주유소로' :

*여성*명사 Tankstelle가 *3격* 전치사 zu와 결합하므로 *여성 3격* 정관사 d*er*가 와야 하지만, 전치사 zu와 함께 zur로 축약됨. (zu = zu der)

... zur *Tankstelle* (선행사 (여성 3격)) ... , die (관계대명사 (여성 1격)) auch etwas (verdienen의 4격 목적어) verdienen (동사 원형) will (화법조동사 (현재) 후치됨!) ,

genauso wie der *Konzern* (선행사 (남성 1격)) , dem (관계대명사 (남성 3격)) sie (주어) gehört (동사 (현재) 후치됨!) .

3. ... zur Tankstelle , die ... verdienen will , ... :

(1) die는 관계대명사 *여성 1격*임 :

앞에 나온 *여성*명사 Tankstelle를 선행사로 받으며, 관계대명사 부문장 안에서 *주어*이므로 *여성 1격* 관계대명사 die가 옴.

(2) 관계대명사 부문장은 화법조동사 wollen의 *현재* 시제 「wollen ... 동사 원형」 임 :

- 주어가 3인칭 단수 관계대명사 die이므로 wollen의 형태는 will임.
- 화법조동사 will과 결합하는 동사 원형은 verdienen임.

따라서 원래는 「will ... verdienen」 이어야 하지만, 부문장 안이므로 will이 *후치*되어 맨 뒤에 옴. 즉 : ... verdienen will

4. ... , genauso wie der Konzern , ... :

「genauso wie ...」 '정확히 ...처럼 그렇게'

비교 형식임. 즉, 밑줄 친 der Konzern은 앞의 관계대명사 부문장의 주어 die와 비교되는 대상임.

비교되는 두 대상은 *격이 일치해야* 하므로 *1격*임 : ... d*er* Konzern

5. ... der Konzern , dem sie gehört , ... :

(1) dem은 관계대명사 *중성 3격*임 :

앞에 나온 *남성*명사 Konzern을 선행사로 받으며, 관계대명사 부문장 안에서 동사의 *3격* 목적어이므로 *남성 3격* 관계대명사 dem이 옴.

(2) 관계대명사 부문장은 동사 gehören의 *현재* 시제임 : 주어가 여성의 sie이므로 동사 형태는 gehör*t*임. (여기서 sie는 앞에 나온 여성명사 Tankstelle를 받음!)

► das Benzin (복수 없음!) 차량 연료, 석유 (영. petrol, gas)

► muss ⇒ 화법조동사 müssen의 *현재* 시제 (주어가 ich 혹은 er, sie, es일 때)

「müssen ... 동사 원형」 [화법조동사] ...해야 한다 (영. must)

* 현재 시제 *불규칙* 변화 :

ich muss ; du muss*t* ; er (sie, es) muss

wir müss*en* ; ihr müss*t* ; sie (Sie) müss*en*

* 3 기본형 : müssen - musste - gemusst (müssen)

※동사 원형 *있을* 경우 완료형 : 「haben ... *동사 원형* müssen」

동사 원형 *없을* 경우 완료형 : 「haben ... gemusst」

► zur = zu der

zu [*3격* 전치사] (방향) ~로 (영. to)

► die Tankstelle (die Tankstelle*n*) 주유소 (영. gas station)

► gebracht ⇒ 동사 bringen의 *과거분사* (= pp형)

bringen [타동사] ...을 가져오다, 데려오다 (영. bring)

* 3 기본형 : bringen - brachte - gebracht

► etwas [부정대명사] 뭔가 (영. something) ↔ nichts 아무 것도 ... 않다 (영. nothing)

► verdienen [타동사] (돈 등을) ...을 벌다 (영. earn)

* 3 기본형 : *ver*dien*en* - *ver*dien*te* - *ver*dien*t*

형태가 *ver*-이므로 pp형은 ge- 없음!

↳ dienen [자동사] : 「etw.[3] dienen」 *무엇*에 도움이 되다 (영. serve)

* 3 기본형 : dien*en* - dien*te* - *ge*dien*t*

↳ der Diener (die -) 하인, 시종 (영. servant)

► will ⇒ 화법조동사 wollen의 *현재* 시제 (주어가 ich 혹은 er, sie, es일 때)

「wollen ... 동사 원형」 [화법조동사] ... 하려고 하다 (영. will)

* 현재 시제 *불규칙* 변화 :

ich will ; du will*st* ; er (sie, es) will

wir woll*en* ; ihr woll*t* ; sie (Sie) woll*en*

* 3 기본형 : wollen - wollte - gewollt (wollen)

※동사 원형 *있을* 경우 완료형 : 「haben ... *동사 원형* wollen」

동사 원형 *없을* 경우 완료형 : 「haben ... gewollt」

► genauso ≈ ebenso [부사] 정확히 그렇게 (영. just as ...)

「genauso wie A」 정확히 A처럼 (≈ 「so wie ...」 의 강화된 형태!)

「genauso ... wie A」 정확히 A와 똑같이 ...한 (≈ 「so ... wie ...」 의 강화된 형태!)

► der Konzern (die Konzerne) (경제학 용어) 콘체른, 대기업 (영. group of companies)

► gehören [자동사] : 「etw. gehört j-m」 *무엇은 누구*의 소유이다 (영. belong to ...)

* 3 기본형 : *gehören - gehörte - gehört*

형태가 *ge-*이므로 pp형은 -ge- 없음!

↳ hören [타동사] ...을 듣다 (영. hear)

* 3 기본형 : hör*en* - hör*te* - *ge*hör*t*

Wenn	der Benzinpreis	wie jetzt	besonders	hoch	ist	,	...
종속접속사	주어 (남성 1격)			ist의 형용사 보어	동사 (현재) 후치됨!		

1. Wenn der Benzinpreis ... ist , ... :

종속접속사 *wenn*-부문장으로서, 동사 sein의 *현재* 시제임 :

주어가 er에 해당하므로 동사 형태는 ist임. (부문장 안이므로 동사 ist가 *후치*되어 문장 맨 뒤에 옴.)

Wenn ... hoch ist	,	hat	das	mehrere Ursachen	.
종속접속사 *wenn*-부문장		동사 (현재 시제)	주어	hat의 4격 목적어 (복수 4격)	

2. Wenn ... , hat das ... :

wenn-부문장이 먼저 앞에 오므로 뒤에 오는 주문장은 어순이 *도치*됨.
동사 haben의 *현재* 시제임 : 주어가 3인칭 단수 das이므로 동사 형태는 hat임.
(여기서 지시대명사 das는 앞에 나온 *wenn*-부문장 전체 내용을 받음.)
※지시대명사 das는 기본적으로 앞에 나온 *중성*명사를 받지만, 앞에서 언급된 *문장(들)*의 내용도 받음.

► wenn [종속접속사] 만약 ...일 경우 (영. when, if)

► wie [접속사] ...같이, ...처럼 (영. as)
「so + 형용사(부사) + wie ...」 (동등비교) ...와 똑같이 ...한

► jetzt [부사] 지금, 현재 (영. now)

► besonders [부사] 특별히, 매우 (영. separately)
→ besonder- [형용사] (명사 앞 수식어로서) 특별한 ... (영. special, particular)

► hoch [형용사] (동사 sein, werden의 *형용사 보어* 혹은 *부사어*로서) 높은 (영. high) ↔ niedrig 낮은
〈주의〉 hoh- (명사 앞 *수식어*로서) 높은 ...
* 3 비교형 : hoch (hoh-) - höher - höch*st*

► hat ⇒ 동사 haben의 *현재* 시제 (주어가 er, sie, es일 때)
haben [타동사] ...을 가지고 있다 (영. have)
* 현재 시제 *불규칙* 변화 : du hast ; er (sie, es) hat
* 3 기본형 : haben - hatte - gehabt

► 「mehrer*e* + *복수*명사」 몇몇의 ... (영. some ; a few)
〈주의〉 viel, viele의 비교급 mehr와 혼동하지 말 것!

► die Ursache (die Ursache*n*) 원인 (영. cause) ↔ die Folge (die Folge*n*) 결과
→ verursachen [타동사] ...을 일으키다, ...의 원인이 되다 (영. cause)

12

Natürlich ist der Ölpreis wichtig .

- ist: 동사 (현재 시제)
- der Ölpreis: 주어 (남성 1격)
- wichtig: ist의 형용사 보어

... ist der Ölpreis ... :

동사 sein의 *현재* 시제임 : 주어가 남성의 er에 해당하므로 동사 형태는 ist임.

► natürlich

[1] [부사] 당연히 ≈ selbstverständlich (영. naturally ; of course)

[2] [형용사] 자연의, 자연스러운 (영. natural)

► der Ölpreis (die Ölpreise) 기름 값 (영. oil price)

→ das Öl (die Öle ; 주로 *단수*) 기름, 석유 (영. oil)

→ der Preis (die Preise) 값, 가격 (영. price)

► wichtig [형용사] 중요한 (영. important)

13

Rohöl ist zum Beispiel derzeit deutlich teurer als vor zwei Monaten.

- Rohöl: 주어 (중성 1격)
- ist: 동사 (현재 시제)
- teurer: ist의 형용사 보어 (비교급)
- vor zwei Monaten: 복수 3격

1. Rohöl ist ... :

동사 sein의 *현재* 시제임 : 주어 "Rohöl"은 중성의 es에 해당하므로 동사 형태는 ist임.

2. ... teur*er* als ... :

「비교급 als ...」 '...보다 더 ...'

3. vor zwei Monat*en* :

3·4격 전치사 vor는 여기서 '... 전에', 즉 시간적 의미로서 *3격* 지배임. ('방향' 개념 아님!)
*복수*명사 Monat*e*가 전치사 vor의 *3격* 목적어이므로 *복수 3격*임.
복수 3격 명사의 형태는 항상 -*n*이어야 함. 따라서 *복수 3격* Monat*e* 역시 추가로 어미 -*n*이 붙어 Monat*en*임.

► das Rohöl 천연석유, 원유 (영. crude oil)
→ roh [형용사] 천연의, 가공되지 않은 (영. raw, crude)

► das Beispiel (die Beispiel*e*) (구체적) 예, 사례 (영. example)
「zum Beispiel」 예를 들면 ≈ beispielsweise

► derzeit [부사] 현재는 지금은 (영. at present)

► deutlich [형용사] 명확한, 분명한 (영. clear)

► teurer ⇒ teuer의 *비교급* 형태!
teuer [형용사] 비싼, 값비싼 (영. exensive) ↔ billig 값싼, 저렴한
* 3 비교형 : teuer - teur*er* - teuer*st* ※비교급 형태에 주의할 것! 즉, teue*rer* 아님!

► als [접속사] ...보다 (영. than)
「비교급 + als ...」 (비교급 비교) ...보다 더 ...이다

► vor [*3·4격* 전치사] (시간적 : *3격* 지배) 전에 (영. before)

► der Monat (die Monate) 달, 개월 (영. month)

〈참고〉 der Tag (die Tage) 날 / die Woche (die Wochen) 주일 / das Jahr (die Jahre) 년

14

Ölkonzerne	müssen	das Öl	aus anderen Ländern	wie
주어 (중성 1격)	화법조동사 (현재 시제)	kaufen의 4격 목적어 (중성 4격)	복수 3격	
zum Beispiel	Saudi-Arabien	kaufen .		
		동사 원형		

1. Ölkonzerne müssen ... kaufen :

화법조동사 müssen의 *현재* 시제「müssen ... 동사 원형」임 :

- 주어 "Ölkonzerne"는 복수의 sie('그것들')에 해당하므로 müssen의 형태는 müss*en*임.
- 화법조동사 müssen과 결합하는 *동사 원형* kaufen이 문장 맨 뒤에 옴.

2. aus ander*en* Länd*ern* :

*복수*명사 Länd*er*가 *3격* 전치사 aus와 결합하므로 *복수 3격*임.

- 형용사 ander-는 *복수 3격* 정관사 d*en*처럼 어미변화 하여 ander*en*임.
  ※형용사 앞에 관사, 소유대명사, 지시대명사 등이 없을 경우,
  형용사 자체가 정관사 d- 어미변화 함.
- *복수 3격* 명사의 형태는 항상 *-n*이어야 함.
  따라서 *복수 3격* Länd*er* 역시 추가로 어미 *-n*이 붙어 Länd*ern*임.

► der Ölkonzern 석유 대기업

→ das Öl (die Öle ; 주로 *단수*) 기름, 석유 (영. oil)

→ der Konzern (die Konzerne) 콘체른, 대기업 (영. group of companies)

► 「müssen ... 동사 원형」 [화법조동사] ... 해야 한다 (영. must)

* 현재 시제 *불규칙* 변화 :

ich muss ; du muss*t* ; er (sie, es) muss

wir müss*en* ; ihr müss*t* ; sie (Sie) müss*en*

* 3 기본형 : müssen - musste - gemusst (müssen)

※동사 원형 *있을* 경우 완료형 : 「haben ... *동사 원형* müssen」

동사 원형 *없을* 경우 완료형 : 「haben ... gemusst」

► ander- [형용사] (명사 앞 *수식어*로서) 다른 ... (영. other)

► das Land (die Länd*er*) 국가 (영. country)

► wie [접속사] ...같이, ...처럼 (영. as)

「wie zum Beispiel ...」 예를 들어 ...처럼

► kaufen [타동사] ...을 사다, 구입하다 (영. buy)

* 3 기본형 : kauf*en* - kauf*te* - *ge*kauf*t*

〈참고〉 verkaufen [타동사] ...을 팔다, 판매하다 (영. sell)

* 3 기본형 : *ver*kauf*en* - *ver*kauf*te* - *ver*kauf*t*

형태가 *ver*-이므로 pp형은 ge- 없음

15

Auch	der Wert	des Dollars	wirkt	sich	*aus*	,	weil ... bezahlt wird.
	주어 (남성 1격)	남성 2격	동사 (현재 시제)		분리전철		종속접속사 *weil*-부문장

1. ... Wert des Dollars ... :

*남성*명사 Dollar가 바로 앞에 있는 명사 Wert를 수식하는 *2격* 형이므로 *남성 2격* 정관사 d*es*가 앞에 옴.

명사 Dollar는 *남성*이므로 *2격 어미 -s*가 붙어 Dollar*s*임.

※ *남성*, *중성*명사 2격은 어미 *-s* 혹은 *-es*가 붙음 (*여성*, *복수*명사는 2격 어미 없음!)

2. ... der Wert ... wirkt sich *aus* , ... :

분리동사이며 동시에 4격 재귀동사인 *aus*wirken의 *현재* 시제임 :

- 주어인 "der Wert"는 남성의 er에 해당하므로 동사 형태는 wirk*t*이며, 분리전철 *aus-*는 분리되어 뒤에 옴.
- 주어가 er에 해당하므로 4격 재귀대명사는 *sich*임.
  ※ 재귀대명사 형태는 문장의 *주어*에 의해 결정됨 :
  주어가 3인칭 단수 *er*, *sie*, *es*, 3인칭 복수 *sie*('그들'), 격식칭 *Sie*('당신, 당신들') 일 경우 3격 및 4격 재귀대명사 모두 동일하게 *sich*임.

... ,	weil	das Öl	damit	bezahlt wird .
	종속접속사	주어 (중성 1격)		수동태 (현재 시제) 후치됨!

3. ... , weil das Öl ... bezahlt wird :

종속접속사 *weil*-부문장으로서 어순은 후치됨.

타동사 bezahlen의 *수동태 현재* 시제 「werden ... pp」 임 :

- 주어인 "das Öl"은 중성의 es에 해당하므로 수동 조동사 werden의 형태는 wird임.
- 타동사 bezahlen의 pp형은 *bezahlt*임.

따라서 원래는 「wird ... bezahlt」 이지만, 부문장 안이므로 wird가 후치되어 맨 뒤에 옴:
... bezahlt wird

4. ... damit ... '그것을 가지고' :

damit = 「mit + das('그것')」 : 여기서 damit는 앞에 나온 주문장 안의 "Dollar"를 받음.

► der Wert (die Wert*e*) 가치 (영. value)

► der Dollar (복수 *없음!*) (화폐 단위) 달러 (영. dollar)

► wirkt ... *aus* ⇒ 분리동사 *aus*wirken의 *현재* 시제 (주어가 er, sie, es일 때)
*aus*wirken (wirken ... *aus*) [분리/4격 재귀동사]
「sich[4] (auf etw.[4]) *aus*wirken」 (*무엇*에) 영향을 주다 (영. have an effect on ...)
* 3 기본형 : *aus*wirk*en* - *aus*wirk*te* (wirk*te* ... *aus*) - *ausge*wirk*t*
↳ wirken [자동사] : 「auf etw.[4] wirken」 *무엇*에 영향을 주다 (영. have an effect on ...)
* 3 기본형 : wirk*en* - wirk*te* - *ge*wirk*t*
→ die Auswirkung (die Auswirkung*en*) 영향 (영. effect)
「eine Auswirkung auf etw.[4]」 *무엇*에 대한 영향
〈참고〉 der Einfluss (die Einflüss*e*) 영향 (영. influence)
↳ beeinflussen [타동사] : 「etw.[4] beeinflussen」 *무엇*에 영향을 주다 (영. influence)
* 3 기본형 : *be*einfluss*en* - *be*einfluss*te* - *be*einfluss*t*
형태가 *be*-이므로 pp형은 ge- 없음

► mit [*3격* 전치사] ~을 가지고, ~와 함께 (영. with)

► bezahlen [타/자동사] (...을) 지불하다 (영. pay)
* 3 기본형 : *be*zahl*en* - *be*zahl*te* - *be*zahl*t*
형태가 *be*-이므로 pp형은 ge- 없음!

► wird ⇒ *수동태* 조동사 werden의 *현재* 시제 (주어가 er, sie, es일 때)
「werden ... pp」 (수동태) ... 되다 (영. 「be + pp ...」)
* 현재 시제 *불규칙* 변화 : du wirst ; er (sie, es) wird
* 3 기본형 : werden - wurde - worden
〈주의〉 일반 동사 werden의 pp형은 geworden임.

16

Viele	kritisieren	(, dass ... gehören).
주어 (복수 1격)	동사 (현재 시제)	종속접속사 *dass*-부문장 (동사 kritisieren의 4격 목적어)

1. Viele kritisieren , dass ... :

   동사 kritisieren의 *현재* 시제임 :
   주어인 Viele는 복수의 sie('그들')에 해당하므로 동사 형태는 kritisier*en*임.
   (뒤에 오는 *dass*-부문장 전체가 4격 목적어임.)

... ,	dass	die meisten Tankstellen	nur	wenigen *Konzernen*	gehören .
	종속접속사	주어 (복수 1격)		동사 gehören의 3격 목적어 (복수 3격)	동사 (현재) 후치됨!

2. di*e* meist*en* Tankstelle*n* :

   *복수*명사 Tankstelle*n*이 *주어*이므로 *복수 1격*임 정관사 di*e*가 앞에 옴.
   형용사 meist-는 *복수*의 정관사 di*e*가 앞에 오므로 어미 *-en*이 붙어 meist*en*임.
   ※(격에 상관없이) *복수*의 관사, 소유대명사, 지시대명사 + 형용사 *-en*

3. ... dass die meisten Tankstellen ... gehören , ... :

   동사 gehören의 *현재* 시제임 :
   주어인 "die meisten Tankstellen"은 복수의 sie('그것들')에 해당하므로 동사 형태는 gehör*en*임. (부문장 안이므로 동사 gehören은 *후치*되어 맨 뒤에 옴.)

4. ... wenig*en* Konzern*en* gehören ... :

*복수*명사 Konzern*e*가 동사 gehören의 *3격* 목적어이므로 *복수 3격*임.

- wenig-는 *복수 3격* 정관사 d*en*처럼 어미변화 하여 wenig*en*임.
  ※부정수사 wenig-('적은'), viel-('많은')이 명사 앞 수식어로 사용될 경우 *정관사 d-* 어미변화 함.
- *복수 3격* 명사의 형태는 항상 *-n*이어야 함.
  따라서 *복수 3격* Konzern*e* 역시 추가로 어미 *-n*이 붙어 Konzern*en*임.

► viel*e* (뒤에 명사 없이 홀로 ; *복수* 취급!) 많은 이들 (영. many people)

〈참고〉 viel*es* (*단수* 취급!) 많은 것

► kritisieren [타동사] ...을 비판하다 (영. criticize)

* 3 기본형 : kritisier*en* - kritisier*te* - kritisier*t*
형태가 *-ieren*이므로 pp형은 ge- 없음!

→ die Kritik (die Kritik*en*) 비판, 비평 (영. critics)

「Kritik an etw.³」 *무엇*에 대한 비판

► meist- ⇒ viel, viele의 *최상급* 형태!

viel, viel*e* [부정수사] 많은 ... (영. much, many)

* 3 비교형 : viel, viel*e* - mehr - meist

► der Konzern (die Konzern*e*) (경제학 용어) 콘체른, 대기업 (영. group of companies)

► gehören [자동사] : 「etw. gehört j-m」 *무엇*은 *누구*의 소유이다 (영. belong to ...)

* 3 기본형 : *gehör*en* - *gehör*te* - *gehör*t*
형태가 *ge-*이므로 pp형은 -ge- 없음!

↳ hören [타동사] ...을 듣다 (영. hear)

* 3 기본형 : hör*en* - hör*te* - *ge*hör*t*

17

Sie	glauben	,	dass ... *ab*sprechen .
주어	동사 (현재 시제)		종속접속사 *dass*-부문장 (앞에 나온 동사 glauben의 4격 목적어임.)

1. Sie glauben , dass ... :

   (1) 주어인 "Sie"는 앞 문장 16에 나온 "Viele"를 받는 복수 인칭대명사 sie('그들')임.

   (2) 동사 glauben의 *현재* 시제임 : 주어가 복수의 sie('그들')이므로 동사 형태는 glaub*en*임.
   (뒤에 오는 *dass*-부문장 전체가 4격 목적어임.)

... ,	dass	sich	die Konzerne	*ab*sprechen .
	종속접속사		주어 (복수 1격)	동사 (현재) 후치됨!

2. ... , dass sich die Konzerne *ab*sprechen :

   분리동사이며 4격 재귀동사인 *ab*sprechen의 *현재* 시제임 :

   (1) 주어인 "die Konzern*e*"는 복수의 sie에 해당하므로 동사 형태는 *ab*sprech*en*임.
   (부문장 안이므로 동사는 *후치*되어 맨 뒤에 옴.)

   (2) 주어가 복수의 sie에 해당하므로 4격 재귀대명사는 *sich*임.
   ※재귀대명사 형태는 문장의 *주어*에 의해 결정됨 :
   주어가 3인칭 단수 *er*, *sie*, *es*, 3인칭 복수 *sie*('그들'), 격식칭 *Sie*('당신, 당신들')
   일 경우 3격 및 4격 재귀대명사 모두 동일하게 *sich*임.

► glauben [타동사] ...라고 생각하다 (영. believe, think)

* 3 기본형 : glaub*en* - glaub*te* - *ge*glaub*t*

► *ab*sprechen (sprechen ... *ab*) [분리/4격 재귀동사]

「주어복수 + sprechen sich[4] *ab*」 누구들은 합의하다, 담합하다

「sich[4] mit j-m *ab*sprechen」 누구와 합의하다, 의견 일치하다

〈참고〉

「etw.[4] mit j-m *ab*sprechen」 무엇을 누구와 합의하다 ≈ 「etw.[4] mit j-m vereinbaren」

* 3 기본형 : *ab*sprechen - *ab*sprach (sprach ... *ab*) - *ab*gesprochen

* 현재 시제 *불규칙* 변화 : du sprichs*t* ... *ab* ; er (sie, es) sprich*t* ... *ab*

↳ sprechen [타/자동사] (...을) 말하다 (영. speak, talk)

* 3 기본형 : sprechen - sprach - gesprochen

* 현재 시제 *불규칙* 변화 : du sprichs*t* ; er (sie, es) sprich*t*

Jeder	kennt	die Preise	der Konkurrenz	und	kann	sich
주어 (남성 1격)	동사 (현재 시제)	kennt의 4격 목적어 (복수 4격)	여성 2격		화법조동사 (현재 시제)	

sehr schnell daran *an*passen.
(*an*passen: 동사 원형)

1. Jeder kennt ... :

동사 kennen의 *현재* 시제임 : 주어인 Jeder는 남성의 er에 해당하므로 동사 형태는 kenn*t*임.

2. ... Preise d*er* Konkurrenz ... :

*여성*명사 Konkurrenz가 바로 앞 명사 Preise를 수식하는 *2격* 형이므로 *여성 2격* 정관사 d*er*가 앞에 옴.

명사 Konkurrenz는 *여성*이므로 *2격 어미* -s , -es *없음*!

※ *남성*, *중성*명사 2격은 어미 *-s* 혹은 *-es*가 붙음 (*여성*, *복수*명사는 2격 어미 *없음*!)

3. ... und kann sich ... *an*passen :

화법조동사 können의 *현재* 시제「können ... 동사 원형」임 :

- 주어인 Jeder는 단수 취급하여 er에 해당하므로 können의 형태는 kann임.
  화법조동사 kann과 결합하는 동사 원형 *an*passen이 문장 맨 뒤에 옴.
- 주어가 er에 해당하므로 4격 재귀대명사는 *sich*임.
  ※재귀대명사 형태는 문장의 *주어*에 의해 결정됨 :
  주어가 3인칭 단수 *er*, *sie*, *es*, 3인칭 복수 *sie*('그들'), 격식칭 *Sie*('당신, 당신들') 일 경우 3격 및 4격 재귀대명사 모두 동일하게 *sich*임.

4. ... sich daran *an*passen '그것에 적응하다' :

「sich *an* etw.[4] *an*passen」 '무엇에 적응하다'

daran = 「an + das('그것')」 : 여기서 daran은 앞에 나온 "die Preise der Konkurrenz"를 받음.

► jeder [부정대명사] (뒤에 명사 없이 독립적 ; *단수* 취급!) 모든 사람, 각자 (영. everyone, everybody)
〈참고〉「jed- + *단수* 명사」 모든 ... , 각 ... (영. every ... , each ...)

► kennen [타동사] ...을 알다 (영. know, be aquainted with)
* 3 기본형 : kennen - kannte - gekannt

► der Preis (die Preis*e*) 값, 가격 (영. price)

► die Konkurrenz (die Konkurrenz*en* ; 보통 *단수*!) 경쟁 (영. competition)
→ der Konkurrent (die Konkurrent*en*) 경쟁자 (영. rival)
※단수에서 주어일 경우를 제외한 단수 2, 3, 4격이 복수형과 동일하게 Konkurrent*en*인 *약변화* 명사!

► kann ⇒ 화법조동사 können의 *현재* 시제 (주어가 ich 혹은 er, sie, es일 때)
「können ... 동사 원형」 [화법조동사] ...할 수 있다 (영. can)
* 현재 시제 *불규칙* 변화 :

ich kann ; du kann*st* ; er (sie, es) kann
wir könn*en* ; ihr könn*t* ; sie (Sie) könn*en*

* 3 기본형 : können - konnte - gekonnt (können)

※동사 원형 *있을* 경우 완료형 : 「haben ... *동사 원형* können」

동사 원형 *없을* 경우 완료형 : 「haben ... gekonnt」

► schnell [형용사] 빠른, (부사적) 빨리 (영. fast) ↔ langsam 느린, 느리게

► *an*passen (passen ... *an*) [분리/4격 재귀동사]

「sich[4] an etw.[4] *an*passen」 *무엇*에 적응하다 (영. conform to ...)

* 3 기본형 : *an*pass*en* - *an*pass*te* (pass*te* ... *an*) - *ange*pass*t*

↳ passen [자동사] 맞다, 어울리다 (영. fit)

「etw. passt zu etw.[3]」 *무엇*은 *무엇*에 어울리다, 조화되다

「etw. passt j-m」 (의복 등) *무엇*이 *누구*에게 잘 맞다

* 3 기본형 : pass*en* - pass*te* - *ge*pass*t*

19

So	geht 동사 (현재 시제)	die Preisspirale 주어 (여성 1격)	häufig nach oben und seltener nach unten.

1. So geht die Preisspirale ... :

동사 gehen의 *현재* 시제임 : 주어인 “die Preisspirale”는 여성의 sie에 해당하므로 동사 형태는 geh*t*임.

2. ... häufig ... und selten*er* ... ‘빈번히 ... , 그보다는 드물게 ...’

► gehen [자동사] (완료형 「sein ... pp」) 가다 (영. go)

* 3 기본형 : gehen - ging - gegangen

► die Preisspirale 가격 곡선

→ der Preis (die Preis*e*) 가격 (영. price)

→ die Spirale (die Spirale*n*) 나선형 (영. spiral)

► häufig [형용사] 빈번한, (부사적) 빈번히 (영. frequent)

► oben [부사] 위에, 위에서 (영. up)

「nach oben」 위로, 위를 향해 ; 「von oben」 위로부터

► selten [형용사] 드문, (부사적) 드물게 (영. rare)

* 3 비교형 : selten - selten*er* - selten*st*

► unten [부사] 아래에, 아래에서 (영. down)

「nach unten」 아래로, 아래를 향해 ; 「von unten」 아래로부터

10

독일어: 문법과 텍스트 이해

[1]Sein Foto-Handy hat einem britischen Koch nach dem Biss einer extrem giftigen Spinne das Leben gerettet: [2]Als Matthew Stevens bei Reinigungsarbeiten in der Küche seiner Kneipe in Westengland von einer riesigen Spinne gebissen wurde, machte er sicherheitshalber ein Foto von dem Tier, weil er meinte, die Geschichte würde ihm bestimmt keiner seiner Freunde glauben. [3]Kurz darauf „schwoll meine Hand an wie ein Luftballon“, wurde der 23-jährige am Mittwoch in britischen Zeitungen zitiert. [4]Schließlich erlitt Stevens einen Kreislaufzusammenbruch und wurde ohnmächtig. [5]Die alarmierten Ärzte schickten das Foto aus seiner Handy-Kamera an Spezialisten des Bristoler Zoos. [6]Dort wurde die Angreiferin als brasilianische Wanderspinne, eine der giftigsten Spinnen der Welt, identifiziert und die entsprechende medizinische Behandlung eingeleitet.

Welt-Online

[1]극도로 독성이 강한 거미에 물린 한 영국 요리사의 생명을 그의 카메라 휴대폰이 구했다. [2]매튜 스티븐스는 자신의 주점 부엌에서 세척 작업을 하던 중 거대한 거미에게 물렸을 때 만약에 대비하여 그 동물의 사진을 찍어 두었는데, 왜냐 하면 그의 생각에, 이 이야기를 자기 친구들 가운데 어느 누구도 믿지 않을 것이 틀림없을 것 같았기 때문이다. [3]그러자 곧 “저의 손은 풍선처럼 부풀어 올랐어요.”라고 연령이 23세인 그의 언급이 수요일 영국 신문들에서 인용되었다. [4]결국 스티븐스는 혈액순환 장애를 당하여 기절하였다. [5]응급 신고를 받은 의사들은 그의 카메라 휴대폰에 있는 사진을 브리스톨 동물원의 전문가들에게 보냈다. [6]그곳에서 그 공격자는 브라질의 이주 거미, 즉 세계에서 가장 독이 강한 거미들 중의 하나인 것으로 밝혀졌고, 그에 따른 의학적 치료가 이끌어졌다.

1

Sein Foto-Handy	hat	einem britischen Koch	nach dem Biss
주어 (중성 1격)	현재완료 (조동사)	동사 gerettet의 3격 목적어 (남성 3격)	남성 3격

einer extrem giftigen Spinne	das Leben	gerettet	: ...
여성 2격	동사 gerettet의 4격 목적어 (중성 4격)	현재완료 (pp형)	

1. Sein Foto-Handy :

*중성*명사 Foto-Handy가 *주어*이므로 *중성 1격*임.
따라서 소유대명사 sein-('그의')은 *중성 1격* 부정관사 ein_처럼 어미 없이 그대로 sein_임.
※소유대명사 sein- , mein- , dein- , ihr- ... 및 부정어 kein-은 부정관사 *ein-* 어미변화 함!
〈참고〉 여기서 sein-('그의')은 뒤의 콜론 (:) 뒤에 오는 문장 2의 "Metthew Stevens"를 가리킴.

2. Sein Foto-Handy hat ... gerettet ... :

동사 retten의 *현재완료* 시제「haben ... pp」임 :
- 주어인 "Sein Foto-Handy"는 중성의 es에 해당하므로 조동사 haben의 형태는 hat임.
- 동사 retten의 pp형은 *ge*rett*et*임. (규칙변화로서, 어간 끝이 *-t*이므로 발음상 -e- 첨가!)

3. ... ein*em* britisch*en* Koch ... gerettet ... :

*남성*명사 Koch가 동사 gerettet의 *3격* 목적어이므로 *남성 3격* 부정관사 ein*em*이 앞에 옴.
형용사 britisch는 앞에 *남성 3격* 부정관사 ein*em*이 오므로 어미 *-en*이 붙어 britisch*en*임.
※(성, 수에 상관없이) *3격*의 관사, 소유대명사, 지시대명사 ... + 형용사 *-en*

4. ... Biss ein*er* extrem giftig*en* Spinne ... '극도로 독성이 강한 거미의 공격 ...' :

*여성*명사 Spinne가 바로 앞 명사 Biss를 수식하는 *2격*이므로 *여성 2격* 부정관사 ein*er*가 앞에 옴.
형용사 giftig는 앞에 *여성 2격* 부정관사 ein*er*가 오므로 어미 *-en*이 붙어 giftig*en*임.
※(성, 수에 상관없이) 2격의 관사, 소유대명사, 지시대명사 ... + 형용사 *-en*
*여성, 복수*명사는 2격 어미 -s, -es 없음. (*남성, 중성*명사만 2격 어미 있음.)

► das Foto-Handy (die Foto-Handys) 카메라 휴대폰

→ das Foto (die Fotos) 사진 (영. photo)

→ das Handy (die Handys) 휴대폰 (영. mobile phone)

► britisch [형용사] 브리튼의, 영국의 (영. British)

► der Koch (die Köche) 요리사 (영. cook)

→ kochen [타/자동사] (...을) 요리하다 (영. cook)

* 3 기본형 : koch*en* - koch*te* - *ge*koch*t*

► nach [*3격* 전치사] (시간적) ~후에, ~뒤에 (영. after)

► der Biss (die Bisse) 깨물음 (영. bite)

→ beißen [타동사] ...을 깨물다 (영. bite)

* 3 기본형 : beißen - biss - gebissen

► extrem [형용사] 극도의, (부사적) 극도로, 매우 (영. extreme)

► giftig [형용사] 독성의, 독극물의 (영. poisonous)

→ das Gift (die Gifte) 독물, 독극물 (영. poison)

► die Spinne (die Spinnen) 거미 (영. spider)

► das Leben (주로 *단수*) 삶, 생명 (영. life)

→ leben [자동사] 살다 (영. live)

* 3 기본형 : leb*en* - leb*te* - *ge*leb*t*

► retten [타동사] ...을 구하다 (영. save)

「j-m das Leben retten」 *누구*의 생명을 구하다

* 3 기본형 : rett*en* - rett*ete* - *ge*rett*et* ※어간 끝이 *-t*이므로 발음상 -e- 첨가!

2

Als	Matthew Stevens	bei Reinigungsarbeiten	in der Küche	seiner Kneipe
종속접속사	주어	복수 3격	여성 3격	여성 2격

in Westengland	von einer riesigen Spinne	gebissen wurde	, ...
중성 3격	수동태의 '행위자' (여성 3격)	수동태 (과거 시제) 후치됨!	

1. Als Matthew Stevens ... gebissen wurde , ... :

종속접속사 *als*-부문장으로서,

타동사 beißen의 *수동태 과거* 시제 「wurde ... pp」 임 :

- 주어인 "Matthew Stevens"는 남성의 er에 해당하므로 조동사 wurde는 어미 없이 그대로 wurde_임.
- 타동사 beißen의 pp형은 gebissen임.

따라서 원래는 「wurde ... gebissen」 이지만 *als*-부문장 안이므로 *후치*됨 :

... gebissen wurde

2. ... von ein*er* riesig*en* Spinne gebissen wurde , ... :

「von + 3격」 '...에 의해' (수동태의 '행위자')

*여성*명사 Spinne가 *3격* 전치사 von과 결합하므로 *여성 3격* 부정관사 ein*er*가 앞에 옴.

형용사 riesig는 앞에 *여성 3격* 부정관사 ein*er*가 있으므로 어미 *-en*이 붙어 riesig*en*임.

※(성, 수에 상관없이) *3격*의 관사, 소유대명사, 지시대명사 ... + 형용사 *-en*

3. bei Reinigungsarbeit*en* '세척 작업들을 할 때' :

*복수*명사 Reinigungsarbeit*en*이 *3격* 전치사 bei와 결합하므로 *복수 3격*임.

특정 개념이 아니므로 부정관사 ein-이 와야 하지만 복수이므로 관사 생략!

4. ... Reinigungsarbeiten in d*er* Küche '부엌 *안에서의* 세척 작업들' :

3·4격 전치사 in은 바로 앞 명사 Reinigungsarbeiten을 수식하여 '...안에서의'로 해석됨.

즉, '방향'이 아니라 '위치'를 나타내므로 *3격* 지배임.

*여성*명사 Küche가 전치사 in의 *3격* 목적어이므로 *여성 3격* 정관사 d*er*가 앞에 옴.

5. ... Küche seiner Kneipe '그의 술집의 부엌' :

*여성*명사 Kneipe가 바로 앞 명사 Küche를 수식하는 *2격* 형이므로 *여성 2격*임.
따라서 소유대명사 sein-('그의')은 *여성 2격* 부정관사 ein*er*처럼 어미변화 하여 sein*er*임.
※소유대명사 sein- , mein- , dein- , ihr- ... 및 부정어 kein-은 부정관사 *ein-* 어미변화 함!

〈참고〉

소유대명사 : 원칙적으로 *부정관사 ein-* 어미변화 하지만, *복수*일 경우는 *정관사 d-* 어미변화 함.
ich ⇒ mein- '나의 ...' / du ⇒ dein- '너의 ...' / er, es ⇒ sein- '그의, 그것의 ...'
sie '그녀' ⇒ ihr- '그녀의 ...' / wir ⇒ unser- '우리의 ...' / ihr ⇒ eur- '너희의 ...'
sie '그들' ⇒ ihr- '그들의 ...' / Sie '당신, 당신들' ⇒ Ihr- '당신의, 당신들의 ...'

6. ... seiner Kneipe in Westengland '영국 서부 안의 그의 술집' :

3·4격 전치사 in은 여기서 바로 앞 명사 Kneipe를 수식하여 '...안의'로 해석됨.
즉, '방향'이 아니라 '위치'를 나타내므로 *3격* 지배임.
(Westengland는 고유명사이므로 관사 없음.)

Als ... gebissen wurde ,	machte	er	sicherheitshalber	ein Foto
종속접속사 *als*-부문장	동사 (과거 시제)	주어		동사 machte의 4격 목적어 (중성 4격)
von dem Tier ,	weil ... meinte , ...			
중성 3격	종속접속사 *weil*-부문장			

7, ... machte er ... :

동사 machen의 *과거* 시제임 : 주어가 er이므로 과거형 mach*te*는 어미 없이 그대로 mach*te*_임.
(인칭대명사 er는 앞의 *als*-부문장 안의 "Matthew Stevens"를 받음)

8. ... ein Foto von dem Tier ... :

「ein Foto von etw.[3]」 '*무엇*에 대한 사진'
*중성*명사 Tier가 *3격* 전치사 von과 결합하므로 *중성 3격* 정관사 d*em*이 앞에 옴.

... ,	weil	er	meinte	, die Geschichte würde ... glauben.
	종속접속사	주어	동사 (과거 시제)	앞의 동사 meinte의 4격 목적어

9. ... , weil er meinte , ... :

종속접속사 *weil*-부문장으로서, 동사 meinen의 *과거* 시제임 :
주어가 er이므로 과거형 meinte는 어미 없이 그대로 mein*te*_임.
(*weil*-부문장 안이므로 동사 meinte는 *후치*됨!)

... ,	die Geschichte	würde	ihm	bestimmt	keiner	seiner Freunde
	동사 glauben의 4격 목적어 (여성 4격)	접속법 II (조동사)	동사 glauben의 3격 목적어		주어 (남성 1격)	복수 2격

glauben.
동사 원형

10. ... keiner ① seiner Freunde ② ... '그의 친구들 중의 아무도 ... 않다' :

「kein- + 복수 2격」 '...들 중의 아무도 ... 않다' ; 「ein- + 복수 2격」 '...들 중의 하나'
① 부정대명사 kein-은 *주어*로서 1격이며, 뒤에 오는 남성명사 Freund와 동일하게 *남성*임.
따라서 *남성 1격* 정관사 d*er*처럼 어미변화 하여 kein*er*임.
※ 「kein- + 명사」 : kein-은 원칙적으로 *부정관사 ein-* 어미변화!
kein-이 뒤에 명사 없이 홀로 올 때 : kein-은 *정관사 d-* 어미변화!
② *복수 2격*이므로 소유대명사 sein-은 *복수 2격* 정관사 d*er* 어미변화 하여 sein*er*임.
명사 Freund의 복수형 Freund*e*가 옴.

11. ... würde ... keiner ... glauben :

미래 시제 형식 「werden ... 동사 원형」 의 *접속법 II* 형태 「würde ... 동사 원형」 임 :
- 주어가 kein*er*, 즉 남성의 er에 해당하므로 würde는 어미 없이 그대로 würde_임.
- 동사 원형 galuben이 맨 뒤에 옴.

〈참고〉

미래 시제 「werden ... 동사 원형」 (가능한 추측) '...일 것이다'

접속법 II 「würde ... 동사 원형」 (잠재적 추측) '...일지도 모른다'

► als [종속접속사] (과거의 한 시점을 뜻하여) ...하였을 때 (영. when)

► bei [*3격* 전치사] (시간적) ~일 때 (영. at, when)

► die Reinigungsarbeit 세척 작업

→ die Reinigung (die Reinigung*en* ; 보통 *단수*!) 닦음, 세척 (영. cleaning)

↳ reinigen [타동사] ...을 닦다, 세척하다 ≈ säubern (영. clean)

* 3 기본형 : reinig*en* - reinig*te* - *ge*reinig*t*

↳ rein [형용사] 깨끗한, 순수한 (영. cleaning)

→ die Arbeit (die Arbeit*en*) 일, 작업 (영. work)

► die Küche (die Küche*n*) 부엌 (영. kitchen)

► die Kneipe (die Kneipe*n*) (구어체) 술집 (영. pub)

→ das Lokal (die Lokal*e*) (술과 음식을 파는) 음식점 ≈ die Gaststätte, das Restaurant

► Westengland 영국 서부

→ West- , west- (합성어를 구성하여) 서쪽 ... , 서부 ... (영. west)

〈참고〉 Ost-, ost- 동쪽 ... / Süd-, süd- 남쪽 ... / Nord-, nord- 북쪽 ...

→ England (국가 명 ; 관사 없음!) 영국 (영. England)

► riesig [형용사] 거대한 (영. enormous, huge, gigantic) ↔ winzig 아주 작은

► gebissen ⇒ 동사 beißen의 *과거분사* (= pp형)

beißen [타동사] ...을 깨물다 (영. bite)

* 3 기본형 : beißen - biss - gebissen

► wurde ⇒ *수동태* 조동사 werden의 *과거* 시제 (주어가 ich 혹은 er, sie, es일 때)
「werden ... pp」 (수동태) ...되다 (영. 「be + pp ...」)
* *과거* 시제 어미변화 :
ich wurde ; du wurde*st* ; er (sie, es) wurde
wir wurde*n* ; ihr wurde*t* ; sie (Sie) wurde*n*
〈참고〉 werden의 3 기본형 : werden - wurde - worden
〈주의〉 일반 동사 werden('...되다')의 pp형은 geworden임.

► machen [타동사] ...을 행하다 (영. make)
* 3 기본형 : mach*en* - mach*te* - *ge*mach*t*

► sicherheitshalber [부사어] 만일에 대비하여 ≈ vorsichtshalber
(영. to be on the safe side)
→ die Sicherheit (die Sicherheit*en* ; 보통 *단수*) 안전 (영. safety)
↳ sicher [형용사] 안전한 (영. safe)
→ -halber (명사와 결합하여) ...을 위해, ... 때문에 (영. for the sake of ...)
〈참고〉 gesundheits<u>halber</u> 건강을 위해

► das Foto (die Fotos) 사진 (영. photo, photograph)
「ein Foto machen」 사진 찍다 ; 「ein Foto von etw.[3]」 *무엇*에 대한 사진
→ fotografieren [타동사] ...을 사진 찍다 (영. take a photo)
* 3 기본형 : fotografier*en* - fotografier*te* - <u>fotografier*t*</u>
형태가 *-ieren*이므로 pp형은 ge- 없음!

► von [*3격* 전치사] ('소유'의 의미로서) ~의 (영. of)

► das Tier (die Tiere) 동물 (영. animal)

► weil [종속접속사] 왜냐하면 ... 때문에 (영. because)

► meinen [타동사] [1] ...라고 생각하다 (영. think) ; [2] ...을 의도하다 (영. mean)
* 3 기본형 : mein*en* - mein*te* - *ge*mein*t*
→ die Meinung (die Meinung*en*) 의견 , 견해 (영. opinion)

► die Geschichte (die Geschichten) [1] 이야기 (영. story) ; [2] 역사 (영. history)

► würde ⇒ *미래* 시제 조동사 werden의 *접속법 II* (주어가 ich 혹은 er, sie, es일 때)
「würde ... 동사 원형」 ...할지도 모른다
* *접속법 II* 어미변화 :
ich würde ; du würde*st* ; er (sie, es) würde
wir würde*n* ; ihr würde*t* ; sie (Sie) würde*n*

► bestimmt [부사] 틀림없이, 확실히 (영. definitely, surely) ≈ gewiss, sicher

► kein- [부정대명사] (뒤에 명사 없이 홀로, *정관사 d-* 어미변화) 아무도 ...않다 (영. no one ; no ...)
「kein- + *복수 2격*」 ...들 중의 아무도 ... 않다 (영. none of ...)
「ein- + *복수 2격*」 ...들 중의 하나 (영. one of ...)

► der Freund (die Freunde) 친구, 남자 친구 (영. friend)

► glauben [타/자동사] (...을) 믿다 (영. believe)
「j-m etw.[4] glauben」 *누구*에게서 *무엇*을 믿다
「an etw.[4] glauben」 *무엇*의 존재(가치)를 믿다
* 3 기본형 : glaub*en* - glaub*te* - *ge*glaub*t*
→ der Glaube (복수 없음!) 믿음 (영. belief)

3

Kurz darauf „ schwoll meine Hand *an* wie ein Luftballon“, ...

schwoll	meine Hand	*an*	ein Luftballon
동사 (과거 시제)	주어 (여성 1격)	분리전철	남성 1격

1. ... schwoll meine Hand *an* ... :

분리동사 *an*schwellen의 *과거* 시제임 :

- 주어인 "meine Hand"는 여성의 sie에 해당하므로 과거형 schwoll은 어미 없이 schwoll_임.
- 분리전철 *an*-은 분리되어 문장 뒤에 옴.

2. ... wie ein Luftballon ... :

동등 비교의 접속사 wie('...처럼') 뒤에 오는 명사는 비교되는 대상과 *동일한 격*이어야 함.
즉, 여기서 "Luftballon"은 비교 대상인 주어 "meine Hand"와 동일한 *1격*임.
따라서 *남성*명사 Luftballon이 *1격*이므로 *남성 1격* 부정관사 ein이 앞에 옴.

... , wurde	der 23-jährige	am Mittwoch	in britischen Zeitungen	zitiert .
수동태 (과거) (조동사)	주어 (남성 1격)		복수 3격	수동태 (pp형)

3. d*er* 23-jährig*e* :

내용상 "Matthew Stevens"를 뜻하므로 *남성*이며 *주어*이므로 *남성 1격*임.
따라서 *남성 1격* 정관사 d*er*가 앞에 오며, 형용사 "23-jährig-"는 어미 -*e*가 붙어 23-jährig*e*임.
※ *남성*의 d*er* , dies*er* , jen*er* , jed*er* ... + 형용사 -*e*

4. ... , wurde der 23-jährige ... zitiert :

동사 zitieren의 *수동태 과거* 시제 「wurde ... pp」 임 :

- 주어가 "der 23-jährige", 즉 남성의 er이므로 조동사 wurde는 어미 없이 그대로 wurde_임.
- 동사 zitieren의 pp형은 zitier*t*임.

5. ... , wurde in britisch*en* Zeitung*en* ... zitiert :

3·4격 전치사 in은 동사 「wurde ... zitiert」 와 연계되어 '... 신문에서 인용되었다'로 해석되어 '위치'를 뜻하므로 *3격* 지배임.
*복수*명사 Zeitung*en*이 전치사 in의 *3격* 목적어이므로 *복수 3격*임.

따라서 형용사 britisch는 *복수 3격* 정관사 d*en*처럼 어미변화 하여 britisch*en*임.
※형용사 앞에 관사, 소유대명사, 지시대명사 등이 없을 경우, *형용사 자체가 정관사 d-* 어미변화 함!

► kurz darauf (앞에서 언급된 사건을 가리키며) 그 후 얼마 지나지 않아 (영. shortly afterwards)
→ kurz [형용사] 짧은, (부사적) 짧게 (영. short)

► schwoll ... *an* ⇒ 분리동사 *an*schwellen의 *과거* 시제 (주어가 ich 혹은 er, sie, es일 때)
*an*schwellen (schwellen ... *an*) [분리/자동사] (완료형 「sein ... pp」) 붓다, 부풀어 오르다 (영. swell up)
* 3 기본형 : *an*schwellen - *an*schwoll (schwoll ... *an*) - *an*geschwollen
* 현재 시제 *불규칙* 변화 : du schwill*st* ... *an* ; er (sie, es) schwill*t* ... *an*
↳ schwellen [자동사] (완료형 「sein ... pp」) 불어나다, 커지다 (영. swell up)
* 3 기본형 : schwellen - schwoll - geschwollen
* 현재 시제 *불규칙* 변화 : du schwill*st* ; er (sie, es) schwill*t*

► die Hand (die Hände) 손 (영. hand)

► wie [접속사] (동등 비교로서) ... 처럼 (영. as)

► der Luftballon 공기 풍선 ≈ der Ballon (영. balloon)
→ die Luft (die Lüfte ; 보통 *단수*) 공기 (영. air)
→ der Ballon (die Ballons 혹은 Ballone) 풍선

► wurde ⇒ *수동태* 조동사 werden의 *과거* 시제 (주어가 ich 혹은 er, sie, es일 때)
「werden ... pp」 (수동태) ... 되다 (영. 「be + pp ...」)
* *과거* 시제 어미변화 :
ich wurde ; du wurde*st* ; er (sie, es) wurde
wir wurde*n* ; ihr wurde*t* ; sie (Sie) wurde*n*
〈참고〉 werden의 3 기본형 : werden - wurde - worden
〈주의〉 일반 동사 werden('...되다')의 pp형은 geworden임.

▶ der Mittwoch (die Mittwoche) 수요일 (영. Wednesday)

▶ die Zeitung (die Zeitungen) 신문 (영. newspaper)

▶ zitieren [타동사] ...을 인용하다 (영. quote, cite)

* 3 기본형 : zitier*en* - zitier*te* - zitier*t*
형태가 *-ieren*이므로 pp형은 -ge- 없음!

→ das Zitat (die Zitate) 인용 (영. quotation)

Schließlich	erlitt	Stevens	einen Kreislaufzusammenbruch	und
	동사 (과거 시제)	주어	동사 erlitt의 4격 목적어 (남성 4격)	

wurde	ohnmächtig.
동사 (과거 시제)	동사 wurde의 형용사 보어

... erlitt Stevens ... und wurde ... :

동사 erleiden 및 werden의 *과거* 시제임 : 주어가 "Stevens", 즉 남성의 er에 해당하므로 과거형 erlitt 및 wurde는 각각 어미 없이 그대로 erlitt_ 및 wurde_임.

▶ schließlich [부사] 결국, 마침내 (영. finally, in the end)

▶ erlitt ⇒ 동사 erleiden의 *과거* 시제 (주어가 ich 혹은 er, sie, es일 때)

erleiden [타동사] (실병, 괴로움 등 부정적인) ...을 겪다, 당하다 (영. suffer)

* 3 기본형 : *er*leiden - *er*litt - *er*litten
형태가 *er*-이므로 pp형은 -ge- 없음!

↳ leiden [자동사] (영. suffer)

「unter etw.[3] leiden」 (질병) *무엇으로* 힘들다

「an etw.[3] leiden」 (문제, 걱정 등) *무엇으로* 힘들다

* 3 기본형 : leiden - litt - gelitten

► der Kreislaufzusammenbruch 혈액순환 파괴 (영. circulatory collapse)

→ der Kreislauf (die Kreisläufe) 순환, 혈액순환 (영. cycle, circulation)

↳ der Kreis (die Kreise) 원 (영. circle)

↳ der Lauf (die Läufe) [1] 달려감 ; [2] 진행, 흐름 ※동사 laufen의 명사형!

→ der Zusammenbruch 무너짐, 붕괴 ※동사 *zusammen*brechen의 명사형!

↳ *zusammen*brechen [분리/자동사] 붕괴되다, 무너지다 (영. collapse)

* 3 기본형 :

*zusammen*brechen - *zusammen*brach (brach ... *zusammen*) - *zusammen*gebrochen

* 현재 시제 *불규칙* 변화 : du brich*st* ... *zusammen* ; er brich*t* ... *zusammen*

↳ brechen [타동사] ...을 부수다, 깨부수다 (영. break)

* 3 기본형 : brechen - brach - gebrochen

* 현재 시제 *불규칙* 변화 : du brich*st* ; er (sie, es) brich*t*

► wurde ⇒ 동사 werden의 *과거* 시제 (주어가 ich 혹은 er, sie, es일 때)

werden [자동사] (완료형 「sein ... geworden」) (형용사 혹은 명사 보어와 함께) ... 되다 (영. become)

* *과거* 시제 어미변화 :

ich wurde ; du wurde*st* ; er (sie, es) wurde

wir wurde*n* ; ihr wurde*t* ; sie (Sie) wurde*n*

* 3 기본형 : werden - wurde - geworden

〈주의〉 수동태 조동사 werden의 pp형은 worden임.

► ohnmächtig [형용사] 기절한, 의식 없는 ≈ bewusstlos (영. faint, unconscious)

→ die Ohnmacht (die Ohnmacht*en*) 기절, 의식 없음

5

Die alarmierten Ärzte	schickten	das Foto	aus seiner Handy-Kamera
주어 (복수 1격)	동사 (과거 시제)	동사 schickten의 4격 목적어 (중성 4격)	여성 3격
an Spezialisten	des Bristoler Zoos.		
복수 4격	남성 2격		

1. Di*e* alarmiert*en* Ärzt*e* :

*복수*명사 Ärzt*e*가 *주어*이므로 *복수 1격* 정관사 Di*e*가 앞에 옴.

형용사(= 과거분사) alarmiert-는 앞에 *복수 1격* 정관사가 있으므로 어미 *-en*이 붙어 alarmiert*en*임.

※(격에 상관없이) *복수*의 관사, 소유대명사, 지시대명사 ... + 형용사 *-en*

2. Die alarmierten Ärzte schickten ... :

동사 schicken의 *과거* 시제임 :

주어인 "Die ... Ärzte"는 복수의 sie('그들')이므로 과거형 schick*te*에 어미 *-n*이 붙어 schick*ten*임.

3. ... schickten das Foto ... an Spezialist*en* ... :

「etw.[4] an j-n schicken」 '*무엇을 누구*에게 보내다'

*복수*명사 Spezialist*en*이 전치사 an의 *4격* 목적어이므로 *복수 4격*임.

특정 대상이 아니므로 부정관사 ein-이 와야 하지만 복수이므로 관사가 생략됨!

4. ... Foto aus sein*er* Handy-Kamera ... '그의 휴대폰 카메라로부터 나온 사진' :

*여성*명사 Handy-Kamera가 *3격* 전치사 aus와 결합하므로 *여성 3격*임.

따라서 소유대명사 sein-('그의')은 *여성 3격* 어미 *-er*가 붙어 sein*er*임.

※ *여성* 3격 어미 *-er* ; *남성, 중성* 3격 어미 *-em* ; *복수* 3격 어미는 *-en*

5. ... Spezialisten des Bristoler Zoos '브리스톨의 동물원의 전문가들에게' :

(1) 「도시 명 + -*er*」 '...의' (소유격!) : Bristol*er* ... '브리스톨의 ...'

(2) *남성*명사 Zoo가 앞 명사를 수식하는 *2격* 형이므로 *남성 2격* 정관사 d*es*가 앞에 옴. 명사 Zoo는 *남성*이므로 2격 어미 -*s*가 붙어 Zoo*s*임.

※ *남성*, *중성*명사 2격은 어미 -*s*, -*es*가 붙음. (*여성*, *복수*명사는 2격 어미 없음!)

▸ alarmiert [형용사/과거분사] 긴급 구호 요청을 받은

→ alarmieren [타동사] : 「j-n alarmieren」 *누구*에게 긴급 구호 요청하다 (영. call out)

* 3 기본형 : alarmier*en* - alarmier*te* - alarmier*t*

형태가 -*ieren*이므로 pp형은 -ge-없음.

▸ der Arzt (die Ärzte) 의사, 남자 의사 (영. doctor)

▸ schicken [타동사] ...을 보내다 (영. send)

「etw.[4] an j-n schicken」 *무엇*을 *누구*에게 보내다 ≈ 「j-m etw.[4] schicken」

* 3 기본형 : schick*en* - schick*te* - *ge*schick*t*

▸ das Foto (die Foto*s*) 사진 (영. photo)

▸ die Kamera (die Kamera*s*) 카메라 (영. camera)

▸ der Spezialist (die Spezialist*en*) 전문가 (영. specialist)

※단수의 경우, 주어 1격을 제외한 단수 2, 3, 4격이 모두 복수형과 동일하게 Spezialist*en*인 *약변화* 명사!

▸ der Zoo (die Zoo*s*) 동물원 (영. zoo)

6

Dort wurde die Angreiferin als brasilianische Wanderspinne , eine der giftigsten Spinnen der Welt , identifiziert und die entsprechende medizinische Behandlung *ein*geleitet.

- wurde: 수동태 (과거) 조동사
- die Angreiferin: 주어 (여성 1격)
- als brasilianische Wanderspinne: 여성 1격
- eine der giftigsten Spinnen der Welt: 앞의 "Wanderspinne"와 동격
- identifiziert: 수동태 pp형
- die entsprechende medizinische Behandlung: 주어 (여성 1격)
- *ein*geleitet: 수동태 pp형

1. ... wurde die Angreiferin ① ... identifiziert und die ... Behandlung ② eingeleitet :

두 개의 타동사 identifizieren 및 *ein*leiten의 *수동태 과거* 시제「wurde ... pp」임 :

① 주어인 "die Angreiferin"은 여성의 sie에 해당하므로 조동사 wurde는 어미 없이 wurde_임.

동사 identifizieren의 pp형은 identifizier*t*임.

② 주어인 "die ... Behandlung"은 여성의 sie에 해당하므로 조동사 wurde는 동일하게 wurde_임. 여기서 조동사 wurde는 반복을 피해 생략됨.

즉 : ... und die ... Behandlung (wurde) eingeleitet

분리동사 *ein*leiten의 pp형은 *eing*eleit*et*임. (어간 끝이 -*t*이므로 발음상 -e- 첨가!)

2. ... wurde ... als brasilianisch*e* Wanderspinne ... identifiziert und ...

'브라질의 이주 거미인 것으로서 확인되었다' :

「etw. wurde als etw.[1] identifiziert」 *무엇은 무엇*인 것으로서 확인되었다

(능동 형식 : 「etw.[4] als etw.[4] identifizieren」 *무엇을 무엇*인 것으로서 확인하다)

*여성*명사 Wanderspinne가 주어와 동일한 *1격*이므로 *여성 1격*임.

따라서 형용사 brasilianisch는 *여성 1격* 정관사 di*e*처럼 어미변화 하여 brasilianisch*e*임.

※형용사 앞에 관사, 소유대명사, 지시대명사 등이 없을 경우, *형용사 자체가 정관사 d-* 어미변화 함.

3. ... als brasilianische Wanderspinne , eine der giftigsten Spinnen der Welt , ...
'브라질의 뜨내기 거미로서, 즉 세계에서 가장 강한 독성을 지닌 거미들 중의 하나로서' :

4. ... , eine ① der giftigsten Spinnen ② der Welt ③ , ... :

「ein- + 복수 2격」 '...들 중의 하나'

① 부정대명사 ein-은 앞의 "brasilianische Wanderspinne"과 동격으로서 *1격*이며, 뒤에 오는 명사 Spinne와 동일한 *여성*이므로 *여성 1격*임.
따라서 *여성 1격* 정관사 di*e*처럼 어미변화 하여 ein*e*임.
※부정대명사 ein-은 *정관사 d-* 어미변화!

② 명사 Spinne*n*은 *복수 2격*이므로 정관사 d*er*가 앞에 옴.
형용사 giftig*st*-는 앞에 *복수*의 정관사 d*er*가 오므로 어미 *-en*이 붙어 giftigst*en*임.
※(격에 상관없이) *복수*의 관사, 소유대명사, 지시대명사 + 형용사 *-en*

③ 최상급의 '관련 범위'는 *2격*으로 표현함.
즉, *여성*명사 Welt가 *2격*이므로 *여성 2격* 정관사 d*er*가 앞에 옴.

► dort [부사] 그곳에서, 거기에 (영. there) ≈ da ↔ hier 여기에, 여기서

► wurde ⇒ *수동태* 조동사 werden의 *과거* 시제 (주어가 ich 혹은 er, sie, es일 때)
「werden ... pp」 (수동태) ... 되다 (영. 「be + pp ...」)
* *과거* 시제 어미변화 :
ich wurde ; du wurde*st* ; er (sie, es) wurde
wir wurde*n* ; ihr wurde*t* ; sie (Sie) wurde*n*
〈참고〉 werden의 3 기본형 : werden - wurde - worden
〈주의〉 일반 동사 werden('...되다')의 pp형은 geworden임.

► die Angreiferin (die Angreiferin*nen*) 여자 공격자
→ der Angreifer (die -) 공격자, 남자 공격자
→ *an*greifen (greifen ... *an*) [분리/타동사] ...을 공격하다 (영. attack)
* 3 기본형 : *an*greifen - *an*griff (griff ... *an*) - *an*gegriffen
↳ greifen [타동사] ...을 잡다, 붙잡다 (영. grasp)
* 3 기본형 : greifen - griff - gegriffen

► als [접속사] ('자격, 신분') ...로서 (영. as)

► brasilianisch [형용사] 브라질의, 브라질 사람의, 브라질어의 (영. Brazilian)
→ Brasilien (국가 명 ; 관사 없음!) 브라질 (영. Brazil)

► die Wanderspinne (거미의 일종) 이주 거미

► ein- [부정대명사] (뒤에 명사 없이 홀로, *정관사 d-* 어미변화) 한 사람, 하나의 ... (영. one)
「ein- + *복수 2격*」 ...들 중의 하나 (영. one of ...)
「kein- + *복수 2격*」 ...들 중의 아무도 ... 않다 (영. none of ...)

► die Welt (die Welt*en* ; 주로 *단수*!) 세계 (영. world)

► identifizieren [타동사] (신원, 신분을) 확인하다 (영. identify)
* 3 기본형 : identifizier*en* - identifizier*te* - identifizier*t*
형태가 *-ieren*이므로 pp형은 -ge- 없음!

► entsprechend [형용사/현재분사] (앞의 내용과 연계하여) 그에 따른 (영. corresponding to ...)
→ entsprechen [자동사] ...에 일치하다 (영. correspond to ...)
「etw. entspricht etw.[3]」 *무엇은 무엇*에 일치하다
* 3 기본형 : *ent*sprechen - *ent*sprach - *ent*sprochen
형태가 *ent-*이므로 pp형은 -ge- 없음!
* 현재 시제 *불규칙* 변화 : du *ent*sprich*st* ; er (sie, es) *ent*sprich*t*
↳ sprechen [타/자동사] (...을) 말하다 (영. speak, talk)
* 3 기본형 : sprechen - sprach - gesprochen
* 현재 시제 *불규칙* 변화 : du sprich*st* ; er (sie, es) sprich*t*

► medizinisch [형용사] 의학의, 의학적인 (영. medical)
→ die Medizin (die Medizin*en* ; 주로 *단수*!) [1] 의학 ; [2] 의약품 (영. medicine)

► die Behandlung (die Behandlung*en*) [1] 취급, 다룸 ; [2] 치료 (영. treatment)

→ behandeln [타동사] [1] ...을 다루다 ; [2] ...을 치료하다 (영. treat)

* 3 기본형 : *be*handel*n* - *be*handel*te* - *be*handel*t*

형태가 *be*-이므로 pp형은 -ge- 없음!

↳ handeln [자동사] 행동하다 (영. behave)

* 3 기본형 : handel*n* - handel*te* - *ge*handel*t*

► *ein*leiten (leiten ... *ein*) [분리/타동사] ...을 안으로 이끌다, 도입하다 (영. introduce)

* 3 기본형 : *ein*leit*en* - *ein*leit*ete* (leit*ete* ... *ein*) - *einge*leit*et*

※어간 끝이 -*t*이므로 발음상 -e- 첨가!

↳ leiten [타동사] ...을 이끌다 (영. lead)

* 3 기본형 : leit*en* - leit*ete* - *ge*leit*et* ※어간 끝이 -*t*이므로 발음상 -e- 첨가!

11

독일어: 문법과 텍스트 이해

[1]Kein Kind kommt übergewichtig auf die Welt. [2]Erst in der Schule und in den Jahren nach der Pubertät nehmen viele Kinder und Jugendliche häufig zu.

[3]Die Gründe dafür sind lange bekannt: ungesundes Essen und zu wenig Bewegung. [4]„Fernsehen ist einer der schlimmsten Dickmacher“, sagt Martin Wabitsch, Kinderarzt von der Uniklinik Ulm. [5]„Selbst wenn man nur ruhig auf dem Sofa liegt, verbrennt man mehr Kalorien, als wenn man das Gleiche vor laufendem Fernseher tut.“

[6]Anstatt zu toben, Fußball oder Verstecken zu spielen, hocken die Heranwachsenden lieber zu Hause. [7]Die Kinder geraten schnell in einen Teufelskreis: [8]Weil sie sich wenig bewegen, nehmen sie zu. [9]Und weil sie zugenommen haben, bewegen sie sich noch weniger.

[10]Hinzu kommt, dass viele Kinder und Jugendliche lieber fettige und süße Sachen essen statt Obst oder Müsli. [11]Weil sie ständig zwischendurch naschen, kennen sie kein Hungergefühl mehr. [12]Esspausen sind jedoch wichtig - vor allem für die richtige Verdauung.

stern.de

[1]어떤 아이도 체중과다인 상태로 세상에 태어나지는 않는다. [2]학교에 다니면서, 그리고 사춘기 이후의 연령들에 이르러 비로소 많은 아이들과 청소년들이 살찌게 되는 경우들이 빈번하다.

[3]그 이유들은 오래 전부터 알려졌는데, 건강에 좋지 않은 식사와 너무 부족한 운동 때문이다. [4]"텔레비전이 가장 나쁜 비만 요인들 가운데 하나이지요."라고 울름 대학 병원의 소아과 의사인 마르틴 바비치는 말한다. [5]"단지 가만히 소파 위에 누워있더라도, 텔레비전을 켜 놓고 그 앞에서 동일한 것을 행할 때보다 더 많은 열량을 연소시킵니다."

[6]미친 듯 날뛰는 것, 이를테면 축구나 숨바꼭질 하며 노는 것 대신에, 성장기 아이들이 오히려 집에 머물러 있기를 더 좋아한다. [7]이 아이들은 곧 악순환에 빠지게 된다. [8]이들은 적게 움직이기 때문에 살찌게 된다. [9]그리고 살이 쪘기 때문에 이들은 더 더욱 덜 움직이게 된다.

[10]게다가 많은 아이들과 청소년들이 과일이나 뮤즐리 대신 오히려 기름지고 단 것들을 즐겨 먹는 점도 추가로 한 몫 하게 된다. [11]이들은 줄곧 틈만 나면 군것질하기 때문에 배고프다는 느낌을 더 이상 인지하지 못한다. [12]그런데 식사시간을 갖는 것은 중요한데, 무엇보다 올바른 소화를 위해서이다.

1

Kein Kind	kommt	übergewichtig	auf die Welt.
주어 (중성 1격)	동사 (현재 시제)		여성 4격

1. Kein Kind ... :

   *중성*명사 Kind가 *주어*이므로 *중성 1격*임.
   따라서 Kein-은 *중성 1격* 부정관사 ein_처럼 어미 없이 Kein_임.

2. Kein Kind kommt ... :

   동사 kommen의 *현재* 시제임 : 주어인 "Kein Kind"는 es에 해당하므로 동사 형태는 komm*t*임.

3. ... kommt ... auf di*e* Welt :

   「auf die Welt kommen」 '세계 위로 오다', 즉 '태어나다' :
   3·4격 전치사 auf는 '장소 이동' 동사 kommt와 함께 '...위로 오다'로 해석되어
   '방향'을 뜻하므로 *4격* 지배임.
   따라서 *여성* 명사 Welt가 전치사 auf의 *4격* 목적어이므로 *여성 4격* 정관사 di*e*가 앞에 옴.

► das Kind (die Kind*er*) 아이, 어린이 (영. child)

► kommen [자동사] (완료형 「sein ... pp」) 오다 (영. come)
「auf die Welt kommen」 태어나다 ≈ 「zur Welt kommen」
* 3 기본형 : kommen - kam - gekommen

► übergewichtig [형용사] 비만의, 체중 과다인
→ das Übergewicht (주로 *단수*!) 비만, 체중 과다 (영. overweight)
→ das Gewicht (die Gewicht*e*) 무게, 체중 (영. weight)

► die Welt (die Welt*en* ; 주로 *단수*!) 세계 (영. world)

2

Erst	in der Schule	und	in den Jahren	nach der Pubertät	nehmen
	여성 3격		복수 3격	여성 3격	동사 (현재 시제)

viele Kinder und Jugendliche	häufig	zu.
주어 (복수 1격)		분리전철

1. ... in d*en* Jahr*en* nach der Pubertät ... '사춘기 후의 연령들*에서*' :

   3·4격 전치사 in이 '... 연령들에서'로 해석되어 시간적 '위치'를 나타내므로 *3격* 지배임.
   - *복수*명사 Jahr*e*가 전치사 in의 *3격* 목적어이므로 *복수 3격* 정관사 d*en*이 앞에 옴.
   - *복수 3격* 명사의 형태는 항상 -*n*이어야 함.

     따라서 *복수 3격*인 Jahr*e*는 추가로 어미 -*n*이 붙어 Jahre*n*임.

2. viel*e* Kind*er* und Jugendlich*e* :

   「viel*e* + 형용사-*e* + *복수*명사」

   형용사의 명사화 형태인 Jugendlich-는 *형용사* 어미변화 함.

   따라서 앞에 viel*e*가 오므로 어미 -*e*가 붙어 Jugendlich*e*임.

3. ... nehmen viele Kinder und Jugendliche ... *zu* :

   분리동사 *zu*nehmen의 *현재* 시제임 :

   주어인 "viele Kinder und Jugendliche"는 복수의 sie('그들')에 해당하므로 동사 형태는 nehm*en*임.

   (분리전철 *zu*-는 분리되어 문장 맨 뒤에 옴.)

► erst [부사] 우선, 먼저, 처음에 (영. first)

► die Schule (die Schule*n*) 초·중·고등학교 (영. school)

► das Jahr (die Jahr*e*) 해, 년, 연령 (영. year)

► die Pubertät (복수 없음!) 사춘기 (영. puberty)
→ pubertär [형용사] 사춘기의 (영. adolescent)

► nehmen ... *zu* ⇒ 분리동사 *zu*nehmen의 *현재* 시제
(주어가 wir, sie('그들'), Sie('당신, 당신들')일 때)
*zu*nehmen (nehmen ... *zu*) [분리/자동사] 체중이 증가하다, 살찌다 (영. put on weight)
↔ *ab*nehmen 체중이 줄다, 살 빠지다 (영. lose weight)
* 3 기본형 : *zu*nehmen - *zu*nahm (nahm ... *zu*) - *zu*genommen
* 현재 시제 *불규칙* 변화 : du nimm*st* ... *zu* ; er (sie, es) nimmt ... *zu*
↳ nehmen [타동사] ...을 취하다, 잡다 (영. take)
* 3 기본형 : nehmen - nahm - genommen
* 현재 시제 *불규칙* 변화 : du nimm*st* ; er (sie, es) nimm*t*

► Jugendlich- (*형용사* 어미변화) 청소년 ※형용사의 *명사화*!
→ jugendlich [형용사] 청소년의 (영. youthful)
→ die Jugend (항상 *단수*!) 청소년 시기 (영. youth)

► häufig [형용사] 빈번한, (부사적) 자주, 빈번히 ≈ oft (영. frequent)

3

Die Gründe dafür sind lange bekannt : ungesundes Essen und zu wenig Bewegung.

- Die Gründe: 주어 (복수 1격)
- sind: 동사 (현재 시제)
- bekannt: 동사 sind의 형용사 보어
- ungesundes Essen: 중성 1격
- zu wenig Bewegung: 여성 1격

1. Die Gründe dafür ... '그것에 대한 이유들' :

dafür '그것을 위한' = für + das('그것')
여기서 dafür는 앞 문장 2 전체의 내용을 가리킴.

2. Die Gründe ... sind ... :

동사 sein('...이다')의 *현재* 시제임 :
주어인 "Die Gründ*e*"는 복수의 sie('그것들')에 해당하므로 동사 형태는 sind임.

3. ... : ungesund*es* Essen und ... :

콜론 (:) 뒤에 오는 내용은 문장 맨 앞의 주어 Die Gründe('이유들')를 구체적으로 열거하는 *동격*임.
따라서 *중성*명사 Essen이 주어와 동일한 *1격*이므로 *중성 1격*임 :
형용사 ungesund는 *중성 1격* 정관사 d*as*와 동일하게 어미변화 하여 ungesund*es*임.
※형용사 앞에 관사, 소유대명사, 지시대명사 등이 없을 경우, *형용사 자체가 정관사 d-* 어미변화 함!

► der Grund (die Gründe) 이유, 동기 (영. reason)
「der Grund für etw.[4]」 *무엇*에 대한 이유

► für [*4격* 전치사] ~을 위한 (영. for)

► sind ⇒ 동사 sein의 *현재* 시제 (주어가 wir, sie('그들, 그것들'), Sie('당신, 당신들')일 때)

sein [자동사] (완료형 「sein ... gewesen」) (형용사 혹은 명사 보어와 함께) ...이다 (영. be)

* 현재 시제 *불규칙* 변화 :

ich bin ; du bist ; er (sie, es) ist

wir sind ; ihr seid ; sie (Sie) sind

* 3 기본형 : sein - war - gewesen

► lange [부사] 오랫동안 (영. a long time)

► bekannt [형용사] 유명한, 알려진 (영. known)

► ungesund [형용사] 건강에 좋지 않은 (영. unhealthy)

► das Essen (die -) 식사, 음식 (영. meal, food)

→ essen [타/자동사] (...을) 먹다, 식사하다 (영. eat)

* 3 기본형 : essen - aß - gegessen

► 「zu + 형용사(부사)」 너무 ...한 (영. 「too + 형용사(부사)」)

→ wenig [부정수사] 적은, 적게 (영. little)

* 3 비교형 : wenig - wenig*er* (minder) - wenig*st* (mindest)

► die Bewegung (die Bewegung*en*) 움직임, 운동 (영. movement)

„Fernsehen	ist	einer	der schlimmsten Dickmacher", ...
주어 (중성 1격)	동사 (현재 시제)	동사 ist의 주격 보어 (남성 1격)	복수 2격

1. Fernsehen ist ... :

동사 sein의 *현재* 시제임 : 주어인 “Fernsehen”은 중성의 es에 해당하므로 동사 형태는 ist임.

2. ... ein*er* ① d*er* schlimmst*en* Dickmacher ② ... ‘가장 나쁜 비만식품들 중의 하나’ :

「ein- + 복수 2격」 ‘...들 중의 하나’

① 부정대명사 ein-은 주격 보어로서 *1격*이며, 뒤에 오는 명사 Dickmacher와 동일한 *남성*임. 따라서 *남성 1격* 정관사 d*er*처럼 어미변화 하여 ein*er*임.
※부정대명사 ein-은 *정관사 d-* 어미변화 함.

② 명사 Dickmacher는 *복수 2격*이므로 정관사 d*er*가 앞에 옴.
(최상급) 형용사 schlimm*st*-는 앞에 *복수 2격* 정관사 d*er*가 있으므로 어미 *-en*이 붙어 schlimm*sten*임.
※(격에 상관없이) *복수*의 관사, 소유대명사, 지시대명사 + 형용사 *-en*

... ,	sagt	Martin Wabitsch	,	Kinderarzt	von der Uniklinik Ulm.
	동사 (현재 시제)	주어		주어 Martin Wabitsch와 동격 (남성 1격)	여성 3격

3. ... , sagt Martin Wabitsch ... :

동사 sagen의 *현재* 시제임 : 주어인 “Martin Wabitsch”는 남성의 er이므로 동사 형태는 sag*t*임.
(동사 sagt의 목적어, 즉 직접 인용된 부분이 앞에 오므로 어순은 *도치*됨.)

4. ... Martin Wabitsch , Kinderarzt von der Uniklinik Ulm

‘울름 대학 병원의 소아과 의사인 마르틴 바비치’

► das Fernsehen 텔레비전, 텔레비전 방송 (영. television) ※동사 *fern*sehen의 명사형!

→ *fern*sehen (sehen ... *fern*) [분리/자동사] 텔레비전 시청하다 (영. watch television)

* 3 기본형 : *fern*sehen - *fern*sah (sah ... *fern*) - *fern*gesehen

* 현재 시제 *불규칙* 변화 : du siehst ... *fern* ; er (sie, es) sieht ... *fern*

↳ sehen [타동사] ...을 보다 (영. see)

* 3 기본형 : sehen - sah - gesehen

* 현재 시제 *불규칙* 변화 : du sieh*st* ; er (sie, es) sieh*t*

→ fern [형용사] 먼, (부사적) 멀리 (영. far)

► ein- [부정대명사] (뒤에 명사 없이 ; *정관사 d-* 어미변화) 한 사람, 한 ... (영. one)

「ein- + *복수 2격*」 ...들 중의 하나 (영. one of ...)

► schlimm [형용사] 나쁜, 질이 안 좋은 (영. bad)

* 3 비교형 : schlimm - schlimm*er* - schlimm*st*

► der Dickmacher 살찌는 음식 (영. fattener, fattening foods)

→ dick [형용사] 두꺼운, 뚱뚱한 (영. thick, fat) ↔ dünn 얇은, schlank 날씬한

→ -macher (복합어 구성요소로서) ...하는 사람, ...하는 것 ※동사 machen의 명사화!

► sagen [타/자동사] (...을) 말하다 (영. say)

* 3 기본형 : sag*en* - sag*te* - *ge*sag*t*

► der Kinderarzt (die Kinderärzte) 소아과 의사 (영. paediatrician)

→ das Kind (die Kind*er*) 아이, 어린이 (영. child)

→ der Arzt (die Ärzte) 의사 (영. doctor)

► die Uniklinik (die Unikliniken) 대학 병원

→ die Uni (die Unis) (구어체) 대학, 대학교 ≈ die Universität (영. university)

→ die Klinik (die Klinik*en*) 병원, 종합병원 ≈ das Krankenhaus (영. hospital, clinic)

5

„Selbst wenn	man	nur	ruhig	auf dem Sofa	liegt	, ...
종속접속사	주어			중성 3격	동사 (현재) 후치됨!	

1. Selbst wenn man ... liegt , ... :

   종속접속사 부문장으로서, 동사 liegen의 *현재* 시제임 :
   주어인 man은 3인칭 단수 er에 해당하므로 동사 형태는 lieg*t*임.
   (부문장 안이므로 동사 liegt는 *후치*되어 맨 뒤에 위치함.)

2. ... auf d*em* Sofa liegt , ... :

   3·4격 전치사 auf는 여기서 동사 liegen과 함께 '...위에 놓여 있다'로 해석되어 '방향'이 아니라 '위치'를 나타내므로 *3격* 지배임.
   *중성*명사 Sofa가 전치사 auf의 *3격* 목적어이므로 *중성 3격* 정관사 d*em*이 앞에 옴.
   ※ *남성*, *중성 3격* 어미는 *-em*임 : d*em* , ein*em* , mein*em* , dein*em* , kein*em* , dies*em* ...

„ ... ,	verbrennt	man	mehr	Kalorien	,	als	wenn ... tut ."
	동사	주어		동사 verbrennt의 4격 목적어 (복수 4격)			종속접속사 *wenn*-부문장

3. ... , verbrennt man ... :

   동사 verbrennen의 *현재* 시제임 : 주어인 man은 3인칭 단수 er에 해당하므로 동사 형태는 verbrenn*t*임.
   (부문장이 앞에 오므로 어순은 *도치*됨!)

4. ... verbrennt ... mehr Kalorien , als ...
'...보다 더 많은 칼로리를 연소시킨다' :
「비교급 als ...」 '...보다 더 ...'

„ ... , als wenn man das Gleiche vor laufendem Fernseher tut."
종속접속사 주어 동사 tut의 4격 목적어 (중성 4격) 남성 3격 동사 (현재) 후치됨!

5. ... als wenn man ... tut :
동사 tun의 *현재* 시제임 : 주어가 man이므로 동사 형태는 tu*t*임.
(*wenn*-부문장 안이므로 동사 tut는 *후치*되어 문장 맨 뒤에 옴!)

6. ... das Gleich*e* ... tut :
형용사 gleich('동일한')를 *중성명사화* 하여 '사물' 혹은 '추상적 개념'을 나타냄 : '동일한 것'
- *중성*명사화 하며, 동사 tut의 *4격* 목적어이므로 *중성 4격* 정관사 das가 앞에 옴 : das Gleiche
- 앞에 *중성 4격* das가 오므로 형용사 어미 *-e*가 붙음 : das Gleiche
  ※*중성*의 d*as* , dies*es* , jen*es* , jed*es* ... + 형용사 *-e*
- 명사화 하므로 앞 철자는 *대문자* 표기함 : das Gleich-

7. ... vor laufend*em* Fernseher tut :
3·4격 전치사 vor는 여기서 동사 tut와 함께 '...앞에서 행하다'로 해석되어 '위치'를 나타내므로 *3격* 지배임.
*남성*명사 Fernseher는 전치사 vor의 *3격* 목적어이므로 *남성 3격*임.
따라서 형용사 laufend-는 *남성 3격* 정관사 d*em*처럼 어미변화 하여 laufend*em*임.
※형용사 앞에 관사, 소유대명사, 지시대명사 등이 없을 경우, *형용사 자체가 정관사 d-* 어미변화 함!

► 「Selbst wenn ... 」 ('양보'의 의미) ...일 경우조차, ...일지라도 (영. even if)

► man [부정대명사] 사람들은 (영. people)

※'특정인'이 아닌 막연히 '사람들'을 뜻함. 따라서 우리말로 '사람들' 혹은 '우리는'으로 해석되며, 때로는 굳이 해석하지 않아도 되는 경우도 있음. (항상 *주어*로서만 사용되며, *단수 3인칭* er 취급함!)

► nur [부사/어조사] 단지, 단순히 (영. only)

► ruhig [형용사] 조용한, 편안한 (영. quiet)

→ die Ruhe (주로 *단수*!) 조용함 (영. silence)

► das Sofa (die Sofa*s*) 소파 (영. sofa)

► liegen [자동사] 누워 있다, 놓여 있다 (영. lie) ※함께 오는 3·4격 전치사는 *3격* 지배임!

* 3 기본형 : liegen - lag - gelegen

〈참고〉 legen [타동사] ...을 눕히다, 놓다 (영. lay) ※함께 오는 3·4격 전치사는 *4격* 지배임!

* 3 기본형 : leg*en* - leg*te* - *ge*leg*t*

► verbrennen [타동사] ...을 태우다 (영. burn)

* 3 기본형 : *ver*brennen - *ver*brannte - *ver*brannt

형태가 *ver*-이므로 pp형에서 -ge- 없음!

↳ brennen [자동사] 불타다 (영. burn ; be on fire)

* 3 기본형 : brennen - brannte - gebrannt

► mehr (viel, viele의 비교급) 더 많은 ... , (부사적) 더 많이 (영. more) ※mehr는 어미변화 없음!

「mehr ... als ...」 ...보다 더 많은 ... (영. 「more ... than ...」)

→ viel, viel*e* [부정수사] 많은 ... (영. much, many)

* 3 비교형 : viel, viele - mehr - meist

► die Kalorie (die Kalorie*n* ; 주로 *복수*!) 열량, 칼로리 (영. calorie)

「Kalorien verbrennen」 열량을 태워 소비하다

► als [접속사] (비교급 비교) ...보다 (영. than)

► wenn [종속접속사] ...일 경우 (영. if, when)

► vor [*3·4격* 전치사] (영. in front of)

[1] (*3격* 지배 : '위치') ~앞에, ~앞에서 ; [2] (*4격* 지배 : '방향') ~앞으로

► gleich [형용사] 동일한, 같은 (영. same)

► laufend [현재분사/형용사] 달려가고 있는, 작동하고 있는 (영. running)

→ laufen [자동사] 달려가다, 작동하다 (영. run)

* 3 기본형 : laufen - lief - gelaufen

* 현재 시제 *불규칙* 변화 : du läuf*st* ; er (sie, es) läuf*t*

► der Fernseher (die -) (구어체) TV 수상기 (영. TV, television) ≈ der Fernsehapparat

「Der Fernseher läuft」 TV가 켜져 있다, 작동하고 있다

→ *fern*sehen (sehen ... *fern*) [분리/자동사] TV 시청하다 (영. watch television)

* 3 기본형 : *fern*sehen - *fern*sah (sah ... *fern*) - *fern*gesehen

► tun [타동사] ...을 하다, 행하다 (영. do)

* 3 기본형 : tun - tat - getan

Anstatt zu *toben* , Fußball oder Verstecken zu *spielen* , hocken

(zu *toben*: *zu*-부정사; Fußball oder Verstecken zu *spielen*: *zu*-부정사 (앞에 나온 *zu*-부정사의 내용을 구체적으로 설명함.); hocken: 동사 (현재 시제))

die Heranwachsenden lieber zu Hause.

(die Heranwachsenden: 주어 (복수 1격))

1. Anstatt zu toben , Fußball oder Verstecken zu spielen , ...

'난리치는 것, *이를테면* 축구나 숨바꼭질 하며 노는 것 대신에' :

밑줄 친 *zu*-부정사 "... zu spielen"은 바로 앞의 *zu*-부정사 "zu toben"을 자세히 설명함.

2. die Heranwachsende :

현재분사이며 형용사인 heranwachsend('자라나는')를 *복수명사화* 함 : '자라나는 이들' 즉 '아이들'

- *복수*명사화 하며, *주어*이므로 *복수 1격* 정관사 die가 앞에 옴 : die Heranwachsenden
- 앞에 *복수 1격* 정관사 die가 오므로 형용사 어미 *-en*이 붙음 : die Heranwachsend*en*
  ※(격에 상관없이) *복수*의 관사, 소유대명사, 지시대명사 + 형용사 *-en*
- 명사화 하므로 앞 철자는 *대문자* 표기함 : die Heranwachsenden

3. ... , hocken die Heranwachsenden ... :

동사 hocken의 *현재* 시제임 :
주어 "die Heranwachsenden"은 복수의 sie('그들')이므로 동사 형태는 hock*en*임.

► 「anstatt (혹은 statt) ... zu 동사 원형」 ...하는 것 대신에

→ anstatt, statt [*2격* 전치사] ...대신에 (영. instead of)

► toben [자동사] 소리 지르며 격하게 움직이다 (영. rave)

* 3 기본형 : tob*en* - tob*te* - *ge*tob*t*

► der Fußball (항상 *단수* ; 관사 없음) 축구 (영. football, soccer)

→ der Fuß (die Füße) 발 (영. foot)

→ der Ball (die Bälle) 공 (영. ball)

► das Verstecken (복수 없음!) 숨바꼭질 (영. hide-and-seek)

「Verstecken spielen」 숨바꼭질 하며 놀다

→ verstecken [타동사] ...을 숨기다 (영. hide)

* 3 기본형 : *ver*steck*en* - *ver*steck*te* - *ver*steck*t*
형태가 *ver*-이므로 pp형은 -ge- 없음!

► spielen [타동사] ...을 하며 놀다 (영. play)

* 3 기본형 : spiel*en* - spiel*te* - *ge*spiel*t*

► hocken [자동사] (구어체) [1] 앉아 있다 ≈ sitzen ; [2] (오랫동안) 한 곳에 머무르다 (영. squat)
  * 3 기본형 : hock*en* - hock*te* - *ge*hock*t*

► Heranwachsend- (*형용사* 어미변화) 성장하는 사람, 아이 (영. adolescent) ※형용사의 *명사화*!
→ *heran*wachsen (wachsen ... *heran*) [분리/자동사] (완료형 「sein ... pp」)
  점점 성장하다 (영. grow up)
  * 3 기본형 : *heran*wachsen - *heran*wuchs (wuchs ... *heran*) - *heran*gewachsen
    ↳ wachsen [자동사] (완료형 「sein ... pp」) 성장하다 (영. grow)
      * 3 기본형 : wachsen - wuchs - gewachsen

► lieber [부사] (gern(e)의 비교급) 오히려 (...하는 것이 더 좋은) (영. had better ...)

► das Haus (die Häus*er*) 집 (영. house)
「zu Haus」 집에, 집에서 / 「nach Haus」 집으로 / 「von zu Haus」 집으로부터

Die Kinder	geraten	schnell	in einen Teufelskreis	: ...
주어 (복수 1격)	동사 (현재 시제)		남성 4격	

1. Die Kinder geraten ... :

   동사 geraten의 *현재* 시제임 : 주어 “Die Kinder”는 복수의 sie(‘그들’)이므로 동사 형태는 gerat*en*임.

2. ... geraten ... in ein*en* Teufelskreis ... :

   3·4격 전치사 in은 동사 geraten과 함께 ‘...안으로 빠지다’로 해석되어 ‘방향’을 뜻하므로 *4격* 지배!
   따라서 *남성*명사 Teufelskreis가 전치사 in의 *4격* 목적어이므로 *남성 4격* 부정관사 ein*en*이 앞에 옴.

► geraten [자동사] : 「in etw.[4] geraten」 *무엇*에 빠지다 (영. get into ...)

* 3 기본형 : *geraten* - *geriet* - *geraten*
형태가 *ge*-이므로 pp형은 -ge- 없음!

* 현재 시제 *불규칙* 변화 : du gerä*tst* ; er (sie, es) gerä*t*

↳ raten [자동사] 충고하다, 조언하다 (영. advise)

「j-m zu etw.[3] raten」 *누구*에게 *무엇*을 충고하다

「j-m raten , ... zu 동사 원형」 *누구*에게 ... 하도록 충고하다

* 3 기본형 : raten - riet - geraten

* 현재 시제 *불규칙* 변화 : du rä*tst* ; er (sie, es) rä*t*

► schnell [형용사] 빠른, 신속한 (영. fast) ↔ langsam 느린

► der Teufelskreis 악순환 (영. vicious circle)

→ der Teufel (die -) 악마, 악령 (영. devil) ≈ der Satan, der Dämon

→ der Kreis (die Kreise) 원 (영. circle)

Weil	sie	sich	wenig	bewegen	, ...
종속접속사	주어			동사 (현재) 후치됨!	

1. Weil sie sich ... bewegen , ... :

(1) 주어인 sie는 복수의 sie('그들')로서 앞 문장 7의 주어 "Die Kinder"를 받음.

(2) 4격 재귀동사 「sich[4] bewegen」 의 *현재* 시제임 :

- 주어가 복수의 sie이므로 동사 형태는 beweg*en*임.
(종속접속사 *weil*-부문장 안이므로 동사 bewegen은 *후치*되어 맨 뒤에 옴.)

- 주어가 복수의 sie이므로 4격 재귀대명사는 sich임.

Weil ... bewegen ,	nehmen	sie	*zu* .
종속접속사 *weil*-부문장	동사 (현재 시제)	주어	분리전철

2. Weil ... , nehmen sie *zu* :

분리동사 *zu*nehmen의 *현재* 시제임 :

주어가 복수의 sie('그들')이므로 동사 형태는 nehm*en*임. (앞에 부문장이 먼저 오므로 어순은 *도치*됨.)

분리전철 *zu*-는 *분리되어* 문장 맨 뒤에 옴.

► wenig [부정수사] 적은, 적게 (영. little, few)

〈참고〉 ein wenig ≈ ein bisschen 약간 (영. a little ; a few)

► bewegen [타동사] ...을 움직이다 (영. move)

「sich[4] bewegen」 (몸을) 움직이다, 운동하다

* 3 기본형 : *beweg*en - *beweg*te - *beweg*t

형태가 *be*-이므로 pp형은 -ge- 없음!

→ die Bewegung (die Bewegung*en*) 움직임, 운동 (영. movement)

Und	weil	sie	*zu*genommen haben	, ...
	종속접속사	주어	동사 (현재완료) 후치됨!	

1. ... weil sie *zu*genommen haben , ... :

종속접속사 *weil*-부문장으로서, 분리동사 *zu*nehmen의 *현재완료* 시제 「haben ... pp」 임 :

- 주어가 복수의 sie('그들')이므로 현재완료 조동사는 hab*en*임.

(여기서 주어인 sie는 앞 문장 7의 주어 "Die Kinder"를 가리킴.)

- 분리동사 *zu*nehmen의 pp형은 *zu*genommen임.

따라서 원래는 「haben ... zugenommen」 이지만 부문장 안이므로 *후치*됨 :

... zugenommen haben

Und weil ... zugenommen haben	,	bewegen	sie	sich	noch weniger.
종속접속사 *weil*-부문장		동사 (현재 시제)	주어		

2. ... , bewegen sie sich ... :

4격 재귀동사 「sich[4] bewegen」 의 *현재* 시제임 :

- 주어가 복수의 sie('그들')이므로 동사 형태는 beweg*en*임.
- 주어가 복수의 sie이므로 4격 재귀대명사는 sich임.

3. ... , bewegen sie sich noch weniger

'(이미 지금도 적지만) 그보다도 더 적게 운동한다' :

「noch + 비교급」 '(비교되는 대상도 이미 '높은' 정도이지만) 그보다도 더 ...이다'

► *zu*genommen ⇒ 동사 *zu*nehmen의 *과거분사* (= pp형)

*zu*nehmen (nehmen ... *zu*) [분리/자동사] 체중이 증가하다, 살찌다 (영. put on weight)

↔ *ab*nehmen 체중이 줄다, 살 빠지다 (영. lose weight)

* 3 기본형 : *zu*nehmen - *zu*nahm (nahm ... *zu*) - *zu*genommen

* 현재 시제 *불규칙* 변화 : du nimm*st* ... *zu* ; er (sie, es) nimmt ... *zu*

► noch [부사/어조사] 아직 (영. still)

「noch + 비교급」 (비교 대상도 이미 '높은' 정도이지만) 그보다도 더 ...이다

(영. 「still + 비교급」)

10

Hinzu	kommt	, dass ... statt Obst oder Müsli .
분리전철	동사 (현재 시제)	주어 (종속접속사 *dass*-부문장)

1. *Hinzu* kommt , dass ... :

「*Hinzu* kommt, dass ...」 ≈ 「Es kommt *hinzu* , dass ...」 '더욱이 ...라는 점도 추가되다'
분리동사 *hinzu*kommen의 *현재* 시제임 :
주어가 *dass*-부문장 전체, 즉 중성의 es에 해당하므로 동사 형태는 komm*t*임.
(분리전철은 일종의 부사어임. 따라서 분리전철 *hinzu*-는 부사어로서 문장 맨 앞에 옴.)

... , dass	viele Kinder und Jugendliche	lieber	fettige und süße Sachen
	주어 (복수 1격)		동사 essen의 4격 목적어 (복수 4격)

essen	statt Obst oder Müsli.
동사 (현재) 후치됨!	

2. ... viel*e* Kind*er* und Jugendlich*e* ... :

「viel*e* + 형용사-*e* + *복수*명사」 '많은 ...들'
Jugendlich-는 *형용사의 명사화* 형태임. 따라서 형용사 어미변화 하여 Jugendlich*e*임.

3. ... , dass viele Kinder und Jugendliche ... essen ... :

종속접속사 *dass*-부문장으로서, 동사 essen의 *현재* 시제임 :
주어인 "viele Kinder und Jugendliche"는 복수의 sie('그들')에 해당하므로 동사 형태는 ess*en*임.
(부문장 안이므로 동사 essen은 *후치*되어 뒤에 옴.)

4. ... fettig*e* und süß*e* Sache*n* essen ... :

*복수*명사 Sache*n*이 동사 essen의 *4격* 목적어이므로 *복수 4격*임.
따라서 형용사 fettig 및 süß는 *복수 4격* 정관사 di*e*처럼 어미변화 하여 fettig*e* 및 süß*e*임.
※형용사 앞에 관사, 소유대명사, 지시대명사 등이 없을 경우, *형용사 자체가 정관사 d-* 어미변화 함.

5. ... lieber ... statt Obst oder Müsli '과일 혹은 뮤즐리 대신 오히려 ...'

「lieber ... statt ...」 = 「lieber ... als ...」 (비교급 비교) '...보다는 오히려 ...'

► *hinzu*kommen (kommen ... *hinzu*) [분리/자동사] (완료형 「sein ... pp」) 추가되다 (영. be added)
「Hinzu kommt, dass ...」 ≈ 「Es kommt hinzu, dass ...」 더욱이 ...라는 점도 추가되다 (영. there is also the fact that ...)
* 3 기본형 : *hinzu*kommen - *hinzu*kam (kam ... *hinzu*) - *hinzu*gekommen

► fettig [형용사] 기름진 (영. greasy, oily)
→ fett [형용사] (구어체) 뚱뚱한 (영. fat)

► süß [형용사] 단, 달콤한 (영. sweet)

► die Sache (die Sache*n*) ...인 것, 물건 (영. thing)

► essen [타/자동사] (...을) 먹다, 식사하다 (영. eat)
* 3 기본형 : essen - aß - gegessen
* 현재 시제 *불규칙* 변화 : du iss*t* ; er (sie, es) iss*t*

► statt [*2격* 전치사] ~대신에 (영. instead of ...)

► das Obst (복수 없음!) 과일
→ die Frucht (die Frücht*e*) 과일 (영. fruit)

► das Müsli (die Müslis) (아침식사용의) 뮤즐리 (영. muesli)

Weil	sie	ständig	zwischendurch	naschen	, ...
종속접속사	주어			동사 (현재) 후치됨!	

1. Weil sie ... naschen , ... :

종속접속사 *weil*-부문장으로서, 동사 naschen의 *현재* 시제임 :
주어인 sie는 앞 문장 10의 "viele Kinder und Jugendliche"를 가리키는 복수 3인칭의 sie('그들')임.
따라서 동사 형태는 nasch*en*임.
(*weil*-부문장 안이므로 동사 naschen은 *후치*되어 맨 뒤에 옴.)

Weil ... naschen	,	kennen	sie	kein Hungergefühl	mehr.
종속접속사 *weil*-부문장		동사 (현재 시제)	주어	kennen의 4격 목적어 (중성 4격)	

2. ... , kennen sie ... :

동사 kennen의 *현재* 시제임 : 주어가 복수의 sie('그들')이므로 동사 형태는 kenn*en*임.
(어순 : *weil*-부문장이 앞에 오므로 *도치*됨!)

3. ... , kennen ... kein Hungergefühl mehr :

「kein ... mehr」, 「nicht ... mehr」 '더 이상 ... 않다'
*중성*명사 Hungergefühl이 동사 kennen의 *4격* 목적어이므로 *중성 4격*임.
따라서 kein-은 *중성 4격* 부정관사 ein_처럼 어미 없이 그대로 kein_임.
※부정어 kein- 및 소유대명사 mein- , dein- , sein- ...은 원칙적으로 *부정관사 ein-* 어미 변화 함.

► ständig [형용사] 지속적인, 끊임없는, (부사적) 끊임없이 (영. constandt, constantly)

► zwischendurch [부사] (두 특정 시점 사이) 중간에 (영. between times ; in the mean time)

► naschen [타/자동사] (...을) 군것질로 먹다, 군것질 하다 (영. nibble)
* 3 기본형 : nasch*en* - nasch*te* - *ge*nasch*t*

► kennen [타동사] ...을 알고 있다 (영. know ; be aquainted with ...)
* 3 기본형 : kennen - kannte - gekannt

► 「kein ... mehr」, 「nicht ... mehr」 더 이상 ... 않다 (영. 「no more ...」)

► das Hungergefühl 배고픈 느낌 (영. feeling of hunger)
→ der Hunger (복수 없음!) 배고픔, 시장함 (영. hunger)
→ das Gefühl (die Gefühle) 느낌, 감각 (영. feeling, sense)

Esspausen	sind	jedoch	wichtig	- vor allem	für die richtige Verdauung.
주어 (복수 1격)	동사 (현재 시제)		동사 sind의 형용사 보어		여성 4격

1. Esspausen sind ... :
동사 sein의 *현재* 시제임 : 주어인 "Esspause*n*"은 복수의 sie('그것들')이므로 sein의 형태는 sind임.

2. für di*e* richtig*e* Verdauung :
*여성*명사 Verdauung이 *4격* 전치사 für와 결합하므로 *여성 4격* 정관사 di*e*가 앞에 옴.
형용사 richtig는 앞에 *여성 4격* di*e*가 오므로 어미 *-e*가 붙어 richtig*e*임.
※(격에 상관없이) *여성*의 di*e* , ein*e* , mein*e* , kein*e* , dies*e* , jed*e* ... + 형용사 *-e*

- die Esspause 간단한 식사를 위한 휴식 시간
  → die Pause (die Pause*n*) 휴식 시간 (영. break)

- jedoch [부사/어조사] 하지만 (영. however)

- wichtig [형용사] 중요한 (영. important)

- 「vor allem」 무엇보다 (영. above all)

- richtig [형용사] 올바른 (영. right, correct)

- die Verdauung (복수 없음!) 소화 (영. digestion)
  → verdauen [타동사] ...을 소화하다 (영. digest)

12

독일어: 문법과 텍스트 이해

[1]Sprachschützer warnen vor einer Abschaffung des Schreibschrift-Unterrichts an deutschen Grundschulen. [2]Zum Tag der deutschen Sprache am Samstag haben mehrere Organisationen die Kampagne „Rettet die Schreibschrift!“ ausgerufen.

[3]Hintergrund ist eine Neuregelung in Hamburg. [4]Dort steht es den Grundschulen seit dem neuen Schuljahr frei, ob sie Kinder die bisherige Schreibschrift oder nur noch die so genannte Grundschrift lehren.

[5]„Wer die Schreibschrift abschafft, gibt nicht nur ein wertvolles Kulturgut auf, sondern behindert auch die geistige Entwicklung der Kinder“, heißt es in einer in Erlangen von der Zeitschrift „Deutsche Sprachwelt“ verbreiteten Erklärung. [6]Die Schreibschrift fördere motorische Fähigkeiten, ästhetisches Bewusstsein und fließendes Denken. [7]Wer nur eine Druckschrift lerne, schreibe in der Regel langsamer, weniger leserlich und müsse sich stärker anstrengen. [...]

Welt-Online

[1]언어보호론자들은 독일 초등학교들에서 필기체 수업을 폐지하는 것에 대해 경고한다. [2]토요일에 독일어의 날을 맞이하여 몇몇 단체들이 “필기체를 구하자!”라는 캠페인을 선언했다.
[3]그 배경이 되는 것은 함부르크에서 적용되는 신규정이다. [4]이곳에서는 지금까지 이어온 필기체를 아이들에게 계속 가르칠지, 아니면 이른바 기본체에만 국한하여 가르칠지 여부를 새 학년도부터는 초등학교들이 자율적으로 결정하게 된다.
[5]“필기체를 폐지하는 자는 단지 소중한 문화적 가치물을 포기할 뿐만 아니라 또한 아이들의 정신적 발전도 저해한다.”라고 에르랑엔에서 “독일어 언어세계”라는 잡지에 의해 발표된 선언에서 주장되고 있다. [6]필기체는 운동신경 능력과 미학적 의식, 그리고 물 흐르듯 무난한 사고력을 지원한다고 한다. [7]단지 인쇄체만을 배우는 사람은 일반적으로 더 느리고 덜 분명하게 글을 쓰게 되고, 더 많이 고생해야만 한다고도 한다. [...]

1

Sprachschützer warnen vor einer Abschaffung des Schreibschrift-Unterrichts an deutschen Grundschulen.

- Sprachschützer: 주어 (복수 1격)
- warnen: 동사 (현재 시제)
- vor einer Abschaffung: 여성 3격
- des Schreibschrift-Unterrichts: 남성 2격
- an deutschen Grundschulen: 복수 3격

1. Sprachschützer warnen ... :

(1) 주어인 "Sprachschützer"는 *복수*임.
(내용상 특정 대상이 아니므로 부정관사 ein-이 와야 하지만 복수이므로 생략되어 관사 없음!)

(2) 동사 warnen의 *현재* 시제임 : 주어가 복수의 sie('그들')에 해당하므로 동사 형태는 warn*en*임.

2. ... warnen vor ein*er* Abschaffung ... :

「vor etw.[3] warnen」 '*무엇*에 대해 경고하다'
*여성*명사 Abschaffung이 전치사 vor의 *3격* 목적어이므로 *여성 3격* 부정관사 ein*er*가 앞에 옴.

3. ... Abschaffung d*es* Schreibschrift-Unterricht*s* ... '필기체 수업의 철폐' :

- *남성*명사 Schreibschrift-Unterricht는 바로 앞의 명사 Abschaffung을 수식하는 *2격* 형이므로 *남성 2격* 정관사 d*es*가 앞에 옴.
- 명사 Schreibschrift-Unterricht는 *남성*이므로 2격 어미 *-s*가 붙어 Schreibschrift-Unterricht*s*임.

※ *남성*, *중성*명사 2격은 어미 *-s* 혹은 *-es*가 붙음. (*여성*, *복수*명사는 2격 어미 없음!)

4. ... Schreibschrift-Unterricht an deutsch*en* Grundschule*n*

'독일 초등학교들에서*의* 필기체 수업' :

3·4격 전치사 an은 바로 앞의 명사 Schreibschrift-Unterricht를 수식·설명하여 '...에서의'로 해석됨.

즉, '방향'이 아니라 '위치'를 나타내므로 *3격* 지배임.
※3·4격 전치사가 내용상 바로 앞 명사를 수식·설명할 경우 *3격* 지배임!
*복수*명사 Grundschule*n*이 전치사 an의 *3격* 목적어이므로 *복수 3격*임.
따라서 형용사 deutsch는 *복수 3격* 정관사 d*en*처럼 어미변화 하여 deutsch*en*임.
※형용사 앞에 관사, 소유대명사, 지시대명사 등이 없을 경우, *형용사 자체가 정관사 d-* 어미변화 함.

► der Sprachschützer 언어 보호자
→ Sprach- (합성어를 구성하여) 언어 ...
↳ die Sprache (die Sprache*n*) 언어 (영. language)
→ der Schützer (die -) 보호자
↳ schützen [타동사] ...을 보호하다 (영. protect)
「etw.[4] vor etw.[3] (혹은 gegen etw.[4]) schützen」 *무엇을 무엇으로부터* 보호하다
* 3 기본형 : schütz*en* - schütz*te* - *ge*schütz*t*

► warnen [타동사] : 「j-n vor etw.[3] warnen」 *누구*에게 *무엇*에 대해 경고하다 (영. warn)
* 3 기본형 : warn*en* - warn*te* - *ge*warn*t*

► die Abschaffung (die Abschaffung*en*) 철폐, 제거
→ *ab*schaffen (schaffen ... *ab*) [분리/타동사] (법률, 규정 등을) 철폐하다, 없애다 (영. abolish, repeal)

► der Schreibschrift-Unterricht 필기체 수업
→ die Schreibschrift 필기체 (영. handwriting) ↔ die Druckschrift 인쇄체
→ der Unterricht (die Unterrichte) 수업 (영. teaching, classes, lessons)
↳ unterrichten [타동사] ...을 가르치다 (영. teach)
「j-n unterrichten」 *누구*를 가르치다 ; 「etw.[4] unterrichten」 *무엇*을 가르치다
* unterricht*en* - unterricht*ete* - unterrichte*t* ※어간 끝이 -*t*이므로 -e- 첨가!
형태가 *unter*-이므로 pp형은 -ge- 없음!

► die Grundschule (die Grundschule*n*) 초등학교 (영. primary school)

→ Grund- (합성어를 구성하여) 기본적인 ... (영. basic ...)

→ die Schule (die Schule*n*) 학교, 초·중·고등학교 (영. school)

↳ der Schüler (die -) 초·중·고등학생, 남자 학생 (영. pupil, schoolboy)

2

Zum Tag der deutschen Sprache am Samstag	haben	mehrere Organisationen
(der deutschen Sprache: 여성 2격)	현재완료 (조동사)	주어 (복수 1격)

die Kampagne	„Rettet die Schreibschrift!“	*aus*gerufen.
동사 *aus*gerufen의 4격 목적어 (여성 4격)		현재완료 (pp형)

1. Zum Tag d*er* deutsch*en* Sprache ... '독일어의 날에' :

- *여성*명사 Sprache가 바로 앞 명사 Tag을 수식하는 *2격*이므로 *여성 2격* 정관사 d*er*가 앞에 옴.
- 형용사 deutsch는 앞에 *여성 2격* 정관사 der가 있으므로 어미 *-en*이 붙어 deutsch*en*임.
  ※(성, 수에 상관없이) *2격*의 관사, 소유대명사, 지시대명사 ... + 형용사 *-en*

2. ... haben mehrere Organisationen ... *aus*gerufen :

분리동사 *aus*rufen의 *현재완료* 시제 「haben ... pp」 임:

- 주어 "mehrere Organisation*en*"이 복수의 sie('그것들')에 해당하므로 조동사의 형태는 hab*en*임.
- 분리동사 *aus*rufen의 pp형은 *aus*gerufen임.

3. „Rett*et* die Schreibschrift!“ "필기체를 구해라" :

ihr-명령문 형식「동사 어간 *-t* ... !」'...해라.'

동사 retten의 ihr-명령문임 : Rett*et* ... !

(동사 ret*t*en은 어간 끝이 *-t*이므로 발음상 -e- 첨가!)

► der Tag (die Tag*e*) 날, 낮 (영. day)
「zum Tag ...」 (일정 날짜로서) ... 날에

► deutsch [형용사] 독일의, 독일어의 (영. German)

► die Sprache (die Sprache*n*) 언어 (영. language)

► 「mehrer*e* + *복수*명사」 몇몇의 ... ≈ einige, etliche (영. several)

► die Organisation (die Organisation*en*) 조직체, 단체 (영. organization)

► die Kampagne (die kampagne*n*) [kam'panjə] 캠페인, 사회 운동 (영. campaign)

► retten [타동사] ...을 구하다 (영. save, rescue)
* 3 기본형 : rett*en* - rett*ete* - *ge*rett*et* ※어간 끝이 -*t*이므로 발음상 -e- 첨가!

► *aus*gerufen ⇒ 동사 *aus*rufen의 *과거분사* (= pp형)
*aus*rufen (rufen ... *aus*) [분리/타동사] (공식적으로) ...을 선언하다 (영. proclaim, declare)
≈ proklamieren
* 3 기본형 : *aus*rufen - *aus*rief (rief ... *aus*) - *aus*gerufen
↳ rufen [타동사] ...을 부르다 (영. call)
* 3 기본형 : rufen - rief - gerufen

3

Hintergrund	ist	eine Neuregelung	in Hamburg.
주어 (남성 1격)	동사 (현재 시제)	동사 ist의 주격 보어 (여성 1격)	

1. Hintergrund ist ... :

동사 sein의 *현재* 시제임 : 주어인 "Hintergrund"가 남성의 er에 해당하므로 동사 형태는 ist임.

2. ... eine Neuregelung in Hamburg '함부르크에서*의* 새 규정' :

밑줄 친 "in Hamburg"는 앞에 나온 명사 Neuregelung을 수식·설명함.
따라서 3·4격 전치사 in은 여기서 *3격* 지배임.

► der Hintergrund (die Hintergründe ; 주로 *단수*!) 배경 (영. background)
→ Hinter- , hinter- (합성어를 구성하여) 뒤쪽 ... (영. back ...) ↔ vorder- 앞쪽 ...
→ der Grund (die Gründe ; 주로 *단수*!) 땅, 평지 (영. ground)

► die Neuregelung (die Neuregelung*en*) 새 규정 ≈ die Neuordnung (영. new regulation)
→ Neu- , neu- (합성어를 구성하여) 새로운 ...
↳ neu [형용사] 새, 새로운 (영. new)
→ die Regelung (die Regelung*en*) 규정, 규칙 (영. regulation)
↳ regeln [타동사] ...을 규정하다 (영. regulate)
* 3 기본형 : regel*n* - regel*te* - *ge*regel*t*

Dort steht (동사 (현재 시제)) es (주어 ↓ 비인칭 주어로서, 뒤에 오는 ob-부문장을 가리킴) den Grundschulen (3격 목적어 (복수 3격)) seit dem neuen Schuljahr (중성 3격) *frei* (분리전철) ,

ob ... die so genannte Grundschrift lehren. (종속접속사 *ob*-부문장)

1. ... steht es ... *frei* , ... :

분리동사 *frei*stehen의 *현재* 시제임 : 비인칭 주어 es가 주어이므로 동사 형태는 steh*t*임. (분리전철 *frei*-는 분리되어 문장 뒤에 옴.)

2. ... steht es den Grundschulen ... *frei* , ob ... lehren :

「etw. steht j-m *frei*」 '*무엇은 누구*의 결정에 달려있다'
여기서 비인칭 주어 es는 뒤에 오는 *ob*-부문장의 내용 전체를 가리킴.

3. ... steht ... d*en* Grundschule*n* ... frei , ... :

- *복수*명사 Grundschule*n*이 동사의 *3격* 목적어이므로 *복수 3격* 정관사 d*en*이 앞에 옴.
- *복수 3격* 명사의 형태는 항상 -*n*이어야 함.
  복수 3격인 Grundschule*n*은 복수형 자체의 형태가 -*n*이므로 추가의 어미 필요 없음!

4. seit d*em* neu*en* Schuljahr :

*중성*명사 Schuljahr가 *3격* 전치사 seit의 목적어이므로 *중성 3격*의 정관사 d*em*이 앞에 옴.
형용사 neu는 앞에 *중성 3격*의 정관사 d*em*이 있으므로 어미 -*en*이 붙어 neu*en*임.
※(성, 수에 상관없이) *3격*의 관사, 소유대명사, 지시대명사 ... + 형용사 -*en*

... , ob	sie	Kinder	die bisherige Schreibschrift	oder
종속접속사	주어	4격 목적어 (사람) (복수 4격)	4격 목적어 (사물) (여성 4격)	

nur noch	die so genannte Grundschrift	lehren .
	4격 목적어 (사물) (여성 4격)	동사 (현재) 후치됨!

5. ... , ob sie ... lehren :

- 주어 sie는 복수의 sie('그것들')로서 앞에 나온 *복수*명사 "Grundschule*n*"을 받음.
- 동사 lehren의 *현재* 시제임 : 주어가 복수의 sie('그것들')이므로 동사 형태는 lehr*en*임.
  (부문장 안이므로 동사 lehren은 *후치*되어 문장 맨 뒤에 옴.)

6. ... Kinder ① die bisherige Schreibschrift ② oder ... die so genannte Grundschrift ③ lehren :

「j-n etw.[4] lehren」 '누구에게 무엇을 가르치다'

① 복수명사 Kinder가 동사 lehren의 4격 목적어('누구에게')임.
(내용상 특정 대상이 아니므로 원래 부정관사 ein-이 와야 하지만 복수이므로 생략되어 관사 없음!)

② 여성명사 Schreibschrift가 동사 lehren의 4격 목적어('무엇을')이므로 여성 4격 정관사 di*e*가 앞에 옴.
형용사 bisherig는 앞에 여성 4격 정관사 di*e*가 있으므로 어미 -*e*가 붙어 bisherig*e*임.
※(격에 상관없이) 여성의 di*e* , ein*e* , mein*e* , kein*e* , dies*e* , jed*e* ... + 형용사 -*e*

③ 여성명사 Grundschrift가 동사 lehren의 4격 목적어('무엇을')이므로 여성 4격 정관사 di*e*가 앞에 옴.
형용사 so genannt-는 앞에 여성 4격 정관사 di*e*가 있으므로 어미 -*e*가 붙어 so genannt*e*임.

► steht ... *frei* ⇒ 분리동사 *frei*stehen의 현재 시제 (주어가 er, sie, es일 때)
*frei*stehen (stehen ... *frei*) [분리/자동사]
「etw. steht j-m *frei*」 무엇은 누구의 결정에 달려있다 (영. be free to do something)
* 3 기본형 : *frei*stehen - *frei*stand (stand ... *frei*) - *frei*gestanden
↳ stehen [자동사] 서 있다 (영. stand)
* 3 기본형 : stehen - stand - gestanden
→ frei [형용사] 자유로운 (영. free) , (부사적) 자유롭게

► die Grundschule (die Grundschule*n*) 초등학교 (영. primary school)

► seit [3격 전치사] ~이래, ~이후 (영. since)

► neu [형용사] 새, 새로운 (영. new)

► das Schuljahr 학년, 학년도 (영. school year)
→ Schul- (합성어를 구성하여) 학교의 ... , 학교와 관련된 ... (영. school ...)
→ das Jahr (die Jahr*e*) 해, 년 (영. year)

► ob [종속접속사] ...인지 여부 (영. whether, if)

「ob ... oder ...」 ...인지 아니면 ...인지

► bisherig- [형용사] (뒤에 오는 명사를 수식하여) 지금까지의

→ bisher [부사] 지금까지 (영. so far ; up to now) ≈ bislang

► 「nur noch ...」 (부정적 견해를 표현하며) 단지 ...일 따름이다

→ nur [부사/어조사] 단지, 다만 (영. only) ≈ bloß

→ noch [부사/어조사] 아직, 여전히 (영. still)

► so genannt- [형용사] (뒤에 오는 명사를 수식하여) 소위, 이른바 (영. so-called)

→ so [부사] 그렇게 (영. so)

→ genannt [형용사/과거분사] ...라고 불리는, 언급되는 ※타동사 nennen의 과거분사(= pp형)!

↳ nennen [타동사] (영. call, name)

「j-n/etw.[4] ... nennen」 *누구를(무엇을)* ...라고 칭하다

* 3 기본형 : nennen - nannte - genannt

► lehren [타동사] ...을 가르치다 (영. teach)

「j-n etw.[4] lehren」 *누구에게 무엇을* 가르치다 ≈ 「j-m etw.[4] *bei*bringen」

* 3 기본형 : lehr*en* - lehr*te* - *ge*lehr*t*

↳ der Lehrer (die -) 선생님, 남자 선생님 (영. teacher)

5

„ Wer	die Schreibschrift	*ab*schafft	, ...
주어 (관계대명사 1격)	동사 *ab*schafft의 4격 목적어 (여성 4격)	동사 (현재) 후치됨!	

1. Wer ... *ab*schafft , ... :

관계대명사 wer('...인 사람')에 의한 *부문장*임 :

(1) 관계대명사 Wer가 주어임. 따라서 *1격* 형 Wer가 옴.

※의문사/관계대명사인 wer의 형태 : 1격 wer ; 2격 wessen ; 3격 wem ; 4격 wen

(2) 분리동사 *ab*schaffen의 *현재* 시제임 :

주어인 Wer는 3인칭 단수의 er에 해당하므로 동사 형태는 *ab*schaff*t*임.

(관계대명사 부문장 안이므로 동사 *ab*schafft는 *후치*되어 문장 맨 뒤에 옴.)

„Wer ... *ab*schafft ,	gibt	nicht nur	ein wertvolles Kulturgut	*auf* ,
관계대명사 *wer*-부문장 (뒤에 오는 주문장의 주어임.)	동사 (현재 시제)		4격 목적어 (중성 4격)	분리전철

sondern	behindert	auch	die geistige Entwicklung	der Kinder“, ...
	동사 (현재 시제)		4격 목적어 (여성 4격)	복수 2격

2. Wer ... abschafft , gibt nicht nur ... *auf* , sondern behindert auch ... :

「nicht nur ... , sondern ... auch ...」 '...뿐만 아니라 ... 역시'

분리동사 *auf*geben 및 동사 behindern의 *현재* 시제임 :

wer-부문장 전체가 주어임. 다시 말해 주어가 "Wer ... *ab*schafft"로서 이는 er에 해당함. 따라서 :

- 분리동사 *auf*geben의 경우, 동사 형태는 gib*t*이며, 분리전철 *auf*-는 분리되어 맨 뒤에 위치함.
- 동사 behindern의 경우, 동사 형태는 behinder*t*임.

3. ... , gibt ... ein wertvoll*es* Kulturgut *auf* , ... :

*중성*명사 Kulturgut이 분리동사 「gibt ... *auf*」 의 *4격* 목적어이므로 *중성 4격* 부정관사 ein이 앞에 옴.

형용사 wertvoll은 앞에 *중성 4격* ein이 있으므로 어미 *-es*가 붙어 wertvoll*es*임.

※*중성*의 ein + 형용사 *-es* ; *남성*의 ein + 형용사 *-er*

4. ... behindert ... die geistige Entwicklung ... :

*여성*명사 Entwicklung이 동사 behindert의 *4격* 목적어이므로 *여성 4격* 정관사 di*e*가 앞에 옴.

형용사 geistig는 앞에 *여성 4격*의 di*e*가 있으므로 어미 *-e*가 붙어 geistig*e*임.

※(격에 상관없이) *여성*의 di*e* , ein*e* , mein*e* , kein*e* , dies*e* , jed*e* ... + 형용사 *-e*

5. ... Entwicklung der Kinder :

*복수*명사 Kind*er*가 바로 앞 명사 Entwicklung을 수식하는 *2격*이므로 *복수 2격* 정관사 d*er*가 앞에 옴.

... , heißt es in einer (in Erlangen von der Zeitschrift „Deutsche Sprachwelt") verbreiteten Erklärung.

heißt: 동사 (현재 시제) / es: 주어 / (in Erlangen von der Zeitschrift „Deutsche Sprachwelt"): 뒤에 오는 형용사(= 과거분사) verbreitet를 수식함.

6. ... , heißt es ... :

「Es heißt, ... 」 '...라고 하다' ≈ 「Man sagt, ... 」

동사 heißen의 *현재* 시제임 : 주어가 비인칭 주어 es이므로 동사 형태는 heiß*t*임.

7. in einer (...) verbreiteten Erklärung :

여기서 3·4격 전치사 in은 '...에서'로 해석되어 '위치'를 뜻하므로 *3격* 지배임.

- *여성*명사 Erklärungen이 전치사 in의 *3격* 목적어이므로 *여성 3격* 부정관사 ein*er*가 앞에 옴.

  ※ *여성 3격* 어미는 *-er*임 : ein*er* , d*er* , mein*er* , sein*er* , ihr*er* , kein*er* , dies*er* ...

- 형용사(= 과거분사) verbreitet-는 앞에 *여성 3격*의 부정관사 ein*er*가 있으므로 verbreit*en*임.

  ※(성, 수에 상관없이) *3격*의 관사, 소유대명사, 지시대명사 ... + 형용사 *-en*

8. ... in einer (in Erlangen von der Zeitschrift „Deutsche Sprachwelt") verbreiteten ... :
①　②

밑줄 친 ①, ②는 뒤에 오는 형용사 verbreitet-('널리 퍼진')를 수식함 :

① in Erlangen '에르랑엔에서'

② von der Zeitschrift „Deutsche Sprachwelt" '『독일어의 언어세계』 라는 이름의 잡지에 의해' :
(여기서 전치사 von('~에 의해')은 수동문의 행위자를 나타냄.)

► *ab*schaffen (schaffen ... *ab*) [분리/타동사] (법률, 규정 등을) 철폐하다, 없애다 (영. abolish, repeal)

* 3 기본형 : *ab*schaff*en* - *ab*schaff*te* (schaff*te* ... *ab*) - *abge*schaff*t*

↳ schaffen [타동사] ...을 해내다, 성취하다 (영. do, manage)

* 3 기본형 : schaff*en* - schaff*te* - *ge*schaff*t*

〈참고〉 schaffen [타동사] ...을 창조하다 (영. create)

* 3 기본형 : schaffen - schuf - geschaffen

► gibt ... *auf* ⇒ 분리동사 *auf*geben의 *현재* 시제 (주어가 er, sie, es일 때)

*auf*geben (geben ... *auf*) [분리/타동사] ...을 포기하다 (영. give up)

* 현재 시제 *불규칙* 변화 : du gib*st* ... *auf* ; er (sie, es) gib*t* ... *auf*

* 3 기본형 : *auf*geben - *auf*gab (gab ... *auf*) - *auf*gegeben

↳ geben [타동사] ...을 주다 (영. give)

* 3 기본형 : geben - gab - gegeben

* 현재 시제 *불규칙* 변화 : du gib*st* ; er (sie, es) gib*t*

► 「nicht nur ... , sondern ... auch ...」 ...뿐만 아니라 ... 역시 (영. 「not only ... , but also ...」)

► wertvoll [형용사] 가치 있는 (영. valuable)

※형용사화 어미 -voll '...이 충만한' : liebevoll '사랑이 충만한', vertrauensvoll '신뢰감 주는'

→ der Wert (die Wert*e*) 가치 (영. value)

► das Kulturgut (주로 *단수*) 문화적 가치를 지닌 것

→ die Kultur (die Kultur*en*) 문화 (영. culture)

→ das Gut (die Güt*er*) (문어체) 가치 있는 것

► behindern [타동사] ...을 방해하다 (영. hinder)

「j-n bei etw.[3] behindern」 *누가 무엇* 함에 있어서 방해하다

「etw.[4] behindern」 *무엇을* 방해하다

* 3 기본형 : *behindern* - *behinderte* - *behindert*
형태가 *be*-이므로 pp형은 -ge- 없음!

↳ hindern [타동사] ...을 방해하다 (영. hinder)

* 3 기본형 : hindern - hinderte - gehindert

↳ das Hindernis (die Hindernisse) 방해, 장애물 (영. barrier)

► geistig [형용사] 사고의, 정신적인 (영. mental, intellectual)

→ der Geist [1] (복수 없음!) 사고, 정신 ≈ der Verstand (영. mind, intellect)

[2] (die Geister) 유령, 영혼 (영. ghost, spirit)

► die Entwicklung (die Entwicklungen) 발전, 개발 (영. development)

→ entwickeln [타동사] ...을 발전시키다, 개발하다 (영. develop)

「sich[4] entwickeln」 발전하다, 개발되다

* 3 기본형 : *entwickeln* - *entwickelte* - *entwickelt*
형태가 *ent*-이므로 pp형은 -ge- 없음!

► heißen [타동사] : 「Es heißt, (dass) ... 」 ... 라고들 하다 ≈ 「Man sagt, (dass) ... 」

(영. They say that ...)

* 3 기본형 : heißen - hieß - geheißen

► die Zeitschrift (die Zeitschriften) 잡지, 정기 간행물

► verbreitet [과거분사/형용사] 널리 퍼진 ※타동사 verbreiten의 과거분사!

→ verbreiten [타동사] ...을 퍼뜨리다 (영. spread)

「sich verbreiten」 널리 퍼지다

* 3 기본형 : *verbreiten* - *verbreitete* - *verbreitet* ※어간 끝이 -*t*이므로 발음상 -e- 첨가!
형태가 *ver*-이므로 pp형은 -ge- 없음!

→ breit [형용사] 폭이 넓은 (영. wide, broad)

► die Erklärung (die Erklärung*en*) 설명 (영. explanation)

→ erklären [타동사] ...을 설명하다 (영. explain)

* 3 기본형 : *er*klär*en* - *er*klär*te* - *er*klär*t*
형태가 *er*-이므로 pp형은 -ge- 없음!

↳ klären [타동사] ...을 깨끗하게 만들다, (문제점 등을) 해결하다 (영. purify, clarify)

* 3 기본형 : klär*en* - klär*te* - *ge*klär*t*

Die Schreibschrift (주어, 여성 1격) fördere (동사, 접속법 I) motorische Fähigkeiten (4격 목적어1, 복수 4격), ästhetisches Bewusstsein (4격 목적어2, 중성 4격) und fließendes Denken (4격 목적어3, 중성 4격).

1. Die Schreibschrift fördere ... :

*간접화법*으로서 동사 fördern의 *접속법 I* 형태임 : 주어인 "Die Schreibschrift"는 여성의 sie에 해당하므로 접속법 I 어미변화 방식에 따라 어미 *-e*가 붙어 förder*e*임.

2. ... fördere motorisch*e* Fähigkeit*en* ①, ästhetisch*es* Bewusstsein ② und fließend*es* Denken ③ :

동사 fördere의 4격 목적어가 3 개임 :

① *복수*명사 Fähigkeit*en*이 동사의 *4격* 목적어이므로 *복수 4격*임.
따라서 형용사 motorisch는 *복수 4격* 정관사 di*e*처럼 어미변화 하여 motorisch*e*임.
※형용사 앞에 관사, 소유대명사, 지시대명사 등이 없을 경우,
형용사 자체가 정관사 d- 어미변화 함.

② *중성*명사 Bewusstsein이 동사의 *4격* 목적어이므로 *중성 4격*임.
따라서 형용사 ästhetisch는 *중성 4격* 정관사 d*as*처럼 어미변화 하여 ästhetisch*es*임.

③ *중성*명사 Denken이 동사의 *4격* 목적어이므로 *중성 4격*임!
따라서 형용사 fließend는 *중성 4격* 정관사 d*as*처럼 어미변화 하여 fließend*es*임.

► fördere ⇒ 동사 fördern의 *접속법 I* (주어가 ich 혹은 er, sie, es일 때)

fördern [타동사] ...을 지원하다 (영. encourage, promote)

* *접속법 I* 어미변화 :

ich förder*e* ; du förder*st* ; er (sie, es) förder*e*

wir förder*n* ; ihr förder*t* ; sie förder*n*

※밑줄 친 경우는 직설법과 상이함.

* 3 기본형 : förder*n* - förder*te* - *ge*förder*t*

► motorisch [형용사] 운동의, 운동적인 (영. motor)

► die Fähigkeit (die Fähigkeit*en*) 능력 (영. ability)

→ fähig [형용사] 능력 있는 (영. capable)

「zu etw.[3] fähig sein」 *무엇을* 할 수 있다 (영. be capable of ...)

「j-d ist fähig, ... zu 동사 원형」 *누구는* ...할 수 있다 (영. be able to ...)

► ästhetisch [형용사] 미적인, 미학적인(영. aesthetic)

→ die Ästhetik (die Ästhetik*en* ; 보통 *단수*) 미학 (영. aesthetics)

► das Bewusstsein (항상 *단수*) 의식 (영. consciousness)

→ bewusst [형용사] 의식한, 의도적인, (부사적) 의식적으로 (영. conscious)

「j-d ist sich[4] etw.[2] bewusst」 *누구는 무엇을* 의식하다 (영. be conscious of ...)

► fließend [형용사/현재분사] 물 흐르듯 흘러가는, 유창한 (영. flowing, fluent)

→ fließen [자동사] (완료형 「sein ... pp」) 흐르다 (영. flow)

* 3 기본형 : fließen - floss - geflossen

► das Denken 생각, 사고 (영. thought)

※동사의 명사화 : 동사 원형의 앞 철자를 *대문자* 표기할 경우 *중성*명사가 됨. ('...하는 것')

→ denken [타/자동사] (...을) 생각하다 (영. think)

* 3 기본형 : denken - dachte - gedacht

7

Wer	nur	eine Druckschrift	lerne	, ...
주어 (관계대명사 1격)		4격 목적어 (여성 4격)	동사 (접속법 I) 후치됨!	

1. Wer ... lerne , ... :

   '사람'을 뜻하는 관계대명사 wer에 의한 *부문장*임 ('...인 사람, ...하는 자') :

   (1) 내용상 관계대명사 Wer가 주어임. 따라서 *1격* 형 Wer가 옴.

   ※ 의문사/관계대명사인 wer의 형태 : 1격 wer ; 2격 wessen ; 3격 wem ; 4격 wen

   (2) *간접화법*으로서 동사 lernen의 *접속법 I* 형태임 :

   주어인 관계대명사 "Wer"는 er에 해당하므로 접속법 I 어미변화 방식에 따라 어미 *-e*가 붙어 lern*e*임.

   (관계대명사 부문장 안이므로 동사 lerne는 *후치*되어 문장 맨 뒤에 옴.)

Wer ... lerne	,	schreibe	in der Regel langsamer, weniger
관계대명사 *wer*-부문장 (뒤에 오는 주문장의 주어임.)		동사 (접속법 I)	

leserlich und	müsse	sich stärker	*an*strengen	.
	화법조동사 (접속법 I)		동사 원형	

2. Wer nur eine Druckschrift lerne , schreibe ... und müsse ... *an*strengen :

   *간접화법*으로서 동사 schreiben 및 화법조동사 müssen의 *접속법 I* 형태임 :

   관계대명사 부문장 전체 "Wer ... lerne"가 주어임. 이는 3인칭 단수 er에 해당함.

   따라서 접속법 I 어미변화 방식에 따라 어미 *-e*가 붙어 각각 schreib*e* 및 müss*e*임.

3. ... , schreibe ... langsam*er* , wenig*er* leserlich und ... :

   비교급 langsam*er*('더 느리게') 및 wenig*er* leserlich('덜 명확하게')는 부사어로서 동사 schreibe를 수식함.

4. ... müsse sich ... *an*strengen :

「sich[4] *an*strengen」 '고생하다'

- 화법조동사 müsse와 결합하는 동사 원형 *an*strengen이 문장 맨 뒤에 옴.
- 동사 *an*strengen은 분리동사이며 동시에 *4격 재귀동사*임 :

따라서 주어인 "Wer ... lerne"가 er에 해당하므로 4격 재귀대명사 sich가 옴.

※재귀대명사 형태는 문장의 *주어*에 의해 결정됨 :

주어가 3인칭 단수 *er*, *sie*, *es*, 3인칭 복수 *sie*('그들'), 격식칭 *Sie*('당신, 당신들')일 경우 3격 및 4격 재귀대명사 모두 동일하게 *sich*임.

5. ... sich stärk*er* *an*strengen :

비교급 stärk*er*('더 심하게')는 부사어로서 동사 *an*strengen을 수식함.

► die Druckschrift (die Druckschrift*en* ; 주로 *단수*!) 인쇄체 (영. typeface)

→ der Druck (die Drück*e* ; 주로 *단수*!) 인쇄 (영. printing)

→ die Schrift (die Schrift*en*) 글자체, 글자 체계 (영. writing)

► lerne ⇒ 동사 lernen의 *접속법 I* (주어가 ich 혹은 er, sie, es일 때)

lernen [타동사] ...을 배우다 (영. learn, study)

* *접속법 I* 어미변화 :

ich lern*e* ; du lern*est* ; er (sie, es) lern*e*

wir lern*en* ; ihr lern*et* ; sie, Sie lern*en*

※밑줄 친 경우들은 직설법과 상이함!

* 3 기본형 : lern*en* - lern*te* - *ge*lern*t*

► schreibe ⇒ 동사 schreiben의 *접속법 I* (주어가 ich 혹은 er, sie, es일 때)

schreiben [타/자동사] (...을) 쓰다 (영. write)

* *접속법 I* 어미변화 :

ich schreib*e* ; du schreib*est* ; er (sie, es) schreib*e*

wir schreib*en* ; ihr schreib*et* ; sie, Sie schreib*en*

※밑줄 친 경우들은 직설법과 상이함!

* 3 기본형 : schreiben - schrieb - geschrieben

► die Regel (die Regel*n*) 규칙 (영. rule)
「in der Regel」 보통, 주로, 일반적으로 ≈ meistens, normalerweise (영. as a rule)

► langsam [형용사] 느린 (영. slow) , (부사적) 천천히 ↔ schnell 빠른, 빨리
※형용사화 어미 -sam : arbeitsam 열심히 일하는 ; gewaltsam 폭력적인 (die Gewalt '폭력')
* 3 비교형 : langsam - langsam*er* - langsam*st*
→ verlangsamen [타동사] ...을 느리게 하다 (영. slow down)

► weniger ⇒ wenig의 *비교급* 형태
「weniger + 형용사(부사)」 덜 ...한 (영. less ...)

► leserlich [형용사] (글씨 등이) 읽을 수 있는, 명확한 (영. legible, readable)
→ lesen [타동사] ...을 읽다 (영. read)
* 3 기본형 : lesen - las - gelesen
* 현재 시제 *불규칙* 변화 : du lie*st* ; er (sie, es) lie*st*

► müsse ⇒ 화법조동사 müssen의 *접속법 I* (주어가 ich 혹은 er, sie, es일 때)
「müssen ... 동사 원형」 [화법조동사] ... 해야 한다 (영. must)
* *접속법 I* 어미변화 :
ich müss*e* ; du müss*est* ; er (sie, es) müss*e*
wir müss*en* ; ihr müss*et* ; sie, Sie müss*en*
※밑줄 친 경우들은 직설법과 상이함!

► stark [형용사] 강한 (영. strong) , (부사적) 강하게, 심하게 ↔ schwach 약한
* 3 비교형 : stark - stärk*er* - stärk*st*
→ stärken [타동사] ...을 강화하다 (영. strengthen)

► *an*strengen (strengen ... *an*) [분리/타동사] ...을 힘들게 하다 (영. exert, strain)
「etw. strengt j-n *an*」 *무엇은 누구*를 고생시키다
「sich[4] *an*strengen」 고생하다, 애쓰다
* 3 기본형 : *an*streng*en* - *an*streng*te* (streng*te* ... *an*) - *ange*streng*t*

13

독일어: 문법과 텍스트 이해

[1]Ein US-Abgeordneter ist nach einer feucht-fröhlichen Nacht in Israel nackt in den See Genezareth gestiegen - jenen See, über dessen Wasser laut der Bibel Jesus einst wanderte. [2]Jetzt hat sich der Parlamentarier, Kevin Yoder aus Kansas, bei seinen Wählern dafür entschuldigt.

[3]Enthüllt wurde der Vorfall, der bereits ein Jahr zurückliegt, zuerst von der Nachrichten-Webseite *Politico.* [4]Den Berichten zufolge gehörte Yoder zu einer Gruppe von 30 Kongressabgeordneten, Mitarbeitern und Familienangehörigen, die sich im August 2011 auf Einladung einer israelischen Organisation auf einer Bildungsreise in Israel befanden. [5]Nach einem Abendessen am See, bei dem auch reichlich Alkohol geflossen sein soll, seien dann etwa 20 der Besucher zum Schwimmen gegangen - Yoder als einziger im Adamskostüm.

[6]In einer vom *Kansas City Star* veröffentlichten Erklärung entschuldigte sich Yoder für den „momentanen Ausfall" seines Urteilsvermögens. [7]Sein Verhalten tue ihm „unglaublich Leid". [8]Weiter sagte der Republikaner, dass es damals dunkel gewesen sei, mit einer Sichtweite von wenigen Metern. [9]Er sei auch nur etwa 10 Sekunden im Wasser gewesen und dann wieder herausgeklettert.

Süddeutsche.de

[1]미국 국회의원 한 명이 이스라엘에서의 축축하고 즐거운 밤을 보내고 난 뒤에 나체 상태로 겐네사렛 호수 안으로 뛰어들었는데, 성서에 의할 때 예전에 그 물 위에서 예수가 걸어갔던 바로 그 호수이다. [2]그 의원은 캔자스 출신의 케빈 요더인데, 이제 자신의 유권자들에게 사죄했다.

[3]이미 1년 전에 벌어졌던 이 사건이 처음으로 밝혀지게 된 것은 "폴리티코"라는 뉴스 웹사이트에 의해서이다. [4]보도된 바에 따르면 요더는 국회의원들과 동료 직원들 및 가족 구성원들 30명으로 이루어진 그룹의 일원이었는데, 이들은 2011년 8월에 이스라엘의 한 단체의 초청을 받아 이스라엘에서 연수 여행을 행하던 중이었다. [5]호숫가에서 이루어진 저녁 식사 후, 이 때 술도 함께 흥건하게 흐르고 있었다고 전해지는데, 이어서 방문객들 중 대략 20 여명이 수영하러 갔으며, 요더만이 유일하게 아담의 차림새였다고 한다.

[6]"캔자스시티 스타"에 의해 발표된 성명에서 요더는 자신의 판단력의 "일시적인 상실"에 대해 용서를 구했다. [7]그의 행동에 대해 그는 "이루 형언할 수 없을 정도로 죄송스러운" 마음이라고 했다. [8]또한 그 의원이 말하기를, 그 당시 어두운 상태로서 가시거리가 불과 몇 미터밖에 안 될 정도였다고 한다. [9]그는 또한 대략 10초 정도만 물 속에 있었으며, 그런 다음 다시 걸어 올라왔다고 했다.

1

Ein US-Abgeordneter ist nach einer feucht-fröhlichen Nacht in Israel ...
주어 (남성 1격) / 현재완료 (조동사) / 여성 3격

in den See Genezarnet gestiegen - jenen See , über dessen Wasser ...
남성 4격 / 현재완료 (pp형) / 남성 4격 (앞의 "... den See"와 동격.) / 관계대명사 *dessen*-부문장

... wanderte.

1. Ein US-Abgeordnet*er* :

- *남성*명사 US-Abgeordneter가 *주어*이므로 *남성 1격* 부정관사 Ein이 앞에 옴.
- US-Abgeordnet-는 명사화 된 형용사이므로 *형용사 어미변화* 함.
  따라서 Abgeordnet-는 앞에 *남성 1격*의 Ein이 있으므로 어미 *-er*가 붙어 Abgeordnet*er*임.
  ※ *남성*의 ein + 형용사 *-er* ; *중성*의 ein + 형용사 *-es*

2. Ein US-Abgeordneter ist ... gestiegen ... :

동사 steigen의 *현재완료* 시제「sein ... pp」임.
※steigen('올라가다')은 '장소 이동' 자동사임.
- 주어인 "Ein US-Abgeordneter"는 남성의 er에 해당하므로 조동사 sein의 형태는 ist임.
- 동사 steigen의 pp형은 gestiegen임.

3. ... in d*en* See Genezarnet gestiegen - ... :

3·4격 전치사 in은 동사 steigen과 함께 '... 안으로 들어가다'로 해석되어 '방향'을 뜻하므로 *4격* 지배임.
따라서 *남성*명사 See가 전치사 in의 *4격* 목적어이므로 *남성 4격* 정관사 d*en*이 앞에 옴.
("Genezareth"는 호수 이름으로서 앞에 나온 "den See"를 구체적으로 언급함.)

4. nach ein*er* feucht-fröhlich*en* Nacht :

*여성*명사 Nacht가 *3격* 전치사 nach와 결합하므로 *여성 3격* 부정관사 ein*er*가 앞에 옴. 형용사 feucht-fröhlich는 앞에 *여성 3격*의 부정관사 ein*er*가 오므로 어미 *-en*이 붙어 feucht-fröhlich*en*임.

※(성, 수에 상관없이) *3격*의 관사, 소유대명사, 지시대명사 ... + 형용사 *-en*

5. ... Nacht in Israel ... :

3·4격 전치사 in은 바로 앞에 나온 명사 Nacht를 수식하여 '... 안에서의 밤'으로 해석되어 시간적 '위치'를 뜻하므로 *3격* 지배임.

(나라 이름인 Israel은 고유명사로서 관사 없이 사용됨!)

... - jenen See ,	über dessen Wasser	laut der Bibel	Jesus	einst	wanderte.
선행사 (남성 4격)	관계대명사 (남성 2격)	여성 3격	주어		동사 (과거) 후치됨!

6. ... in *den See* Genezarnet ... - jen*en* See , ... :

밑줄 친 부분 "jen*en* See"는 앞에 나온 "in d*en* See"와 동격임. (추가의 부수적 설명을 제공함!)

즉, *남성*명사인 See가 앞에 나온 것과 동일하게 *4격*이므로 *남성 4격*임.

따라서 지시대명사 jen-은 *남성 4격* 정관사 d*en*처럼 어미변화 하여 jen*en*임.

7. ... - jenen See , über dessen Wasser ... :

(1) 「jen- + 명사」 뒤에 관계대명사 부문장이 올 경우, 특정 대상을 강조하여 지시함 ('...인 바로 그 ...') :

jenen See, über dessen Wasser ... '...인 바로 그 호수'

(2) dessen은 관계대명사 *남성 2격*임 :

앞에 나온 *남성*명사 See를 선행사로 받으며, 뒤에 오는 명사 Wasser를 수식하는 *2격* 형임.

8. ... , über dessen Wasser ... Jesus ... wanderte :

관계대명사 부문장으로서, 동사 wandern의 *과거* 시제임 :
주어인 "Jesus"는 남성의 er에 해당하므로 과거형 wander*te*는 어미 없이 그대로 wander*te*_임.

9. ... , über dessen Wasser ... wanderte :

3·4격 전치사 über는 동사 wanderte와 함께 '... 위에서 산책하다'로 해석되어
'위치'를 뜻하므로 *3격* 지배임.
즉, 전치사 über와 결합하는 "dessen Wasser"는 중성 3격임.
〈주의〉 관계대명사 "dessen" 자체는 *남성 2격*임과 혼동하지 말 것!

► Abgeordnet- (*형용사* 어미변화!) 의원, 국회의원 (영. member of paliament)

► ist ⇒ *완료형* 조동사 sein의 *현재* 시제 (주어가 er, sie, es일 때)
「sein ... pp」 (완료형) ... 하였다
* 현재 시제 *불규칙* 변화 :
ich bin ; du bist ; er (sie, es) ist
wir sind ; ihr seid ; sie (Sie) sind
* 3 기본형 : sein - war - gewesen

► feucht-fröhlich [형용사] (두 개의 형용사가 결합하여) 축축하고 즐거운
→ feucht [형용사] 축축한 (영. damp, moist) 〈참고〉 nass 젖은, trocken 메마른
→ fröhlich [형용사] 즐거운, 기쁜 ≈ vergnügt (영. cheerful, merry) ↔ traurig 슬픈

► die Nacht (die Nächt*e*) 밤 (영. night)
「in der Nacht」 밤에

► der See (die See*n*) 호수 (영. lake)

► steigen [자동사] (완료형 「sein ... pp」) 올라가다 (영. go up ; climb)
* 3 기본형 : steigen - stieg - gestiegen

► jen- [지시대명사] 저 ... , 그 ... (영. that) ※jen-은 *정관사 d-* 어미변화 함!

► laut [*3격* 전치사] ~에 따르면 (영. according to) ≈ gemäß

► die Bibel (die Bibel*n*) 성경, 성경책 (영. bible)

► Jesus (고유명사) 예수 (= Jesus Christus) (영. Jesus Christ)

► einst [부사] (문어체) 전에, 과거에 (영. once) ≈ früher

► wandern [자동사] (완료형 「sein ... pp」) (비교적 긴 거리를) 걸어서 가다 (영. walk)
* 3 기본형 : wander*n* - wander*te* - *ge*wander*t*

2

Jetzt	hat	sich	der Parlamentarier	(, Kevin Yoder aus Kansas ,)
	현재완료 (조동사)		주어 (남성 1격)	앞의 주어 "der Parlamentarier"와 동격

bei seinen Wählern	dafür	entschuldigt .
복수 3격		현재완료 (pp형)

1. ... hat ... der Parlamentarier ... entschuldigt :

동사 entschuldigen의 *현재완료* 「haben ... pp」 임 :
- 주어인 "der Palarmentarier"는 남성의 er에 해당하므로 조동사 haben의 형태는 hat임.
- 동사 entschuldigen의 pp형은 entschuldig*t* 임.

2. ... sich ... bei seinen Wählern ... dafür entschuldigt :

「sich[4] bei j-m für etw.[4] entschuldigen」 '*누구*에게 *무엇*에 대해 용서를 구하다'

(1) 주어가 er에 해당하므로 4격 재귀대명사는 sich임.

(2) dafür = für + das('그것')

여기서 dafür는 앞 문장 1의 내용 전체를 받음.

3. bei sein*en* Wähler*n* :

*복수*명사 Wähler가 *3격* 전치사 bei와 결합하므로 *복수 3격*임. 따라서 :

- 소유대명사 sein-('그의')은 *복수 3격* 어미 *-en*이 붙어 sein*en*임.

※*복수 3격* 어미 *-en* ; *남성, 중성 3격* 어미 *-em* ; *여성 3격* 어미 *-er*

- *복수 3격* 명사의 형태는 항상 *-n*이어야 함.

따라서 *복수 3격*인 Wähler는 추가로 어미 *-n*이 붙어 Wähler*n*임.

► der Parlamentarier (die -) 의원, 국회의원 (영. member of paliament) ≈ Abgeordnet-

→ das Parlament (die Parlamente) 의회, 국회 (영. paliament)

※형태가 -ment인 명사는 *중성*이며, 복수형은 -e임 : *das* Experiment 실험 (die Experimente)

► der Wähler (die -) 유권자 (영. voter)

→ die Wahl (die Wahl*en*) 선거 (영. election)

→ wählen [타동사] ...을 선택하다 (영. choose)

「j-n zu etw.[3] wählen」 *누구*를 *무엇*으로 선출하다 (영. elect)

* 3 기본형 : wähl*en* - wähl*te* - *ge*wähl*t*

► entschuldigen [타동사] ...을 용서하다 (영. excuse)

「sich[4] bei j-m für etw.[4] entschuldigen」 *누구*에게 *무엇*에 대해 용서를 구하다

* 3 기본형 : *ent*schuldig*en* - *ent*schuldig*te* - *ent*schuldig*t*

형태가 *ent*-이므로 pp형은 -ge- 없음!

→ die Entschuldigung (die Entschuldigung*en*) 용서 (영. apology, excuse)

3

Enthüllt	wurde	der Vorfall	(, der ... zurückliegt ,)	zuerst	von der	Nachrichten-Webseite *Politico* .
수동태 pp형	수동태 (과거) 조동사	주어 (남성 1격)	관계대명사 *der*-부문장			수동태 행위자 (여성 3격)

1. Enthüllt wurde der Vorfall , ... :

타동사 enthüllen의 *수동태 과거* 시제 「wurde ... pp」 임 :

- 주어인 "der Vorfall"은 남성의 er에 해당하므로 조동사 wurde는 어미 없이 그대로 wurde_임.
- 타동사 enthüllen의 pp형은 enthüll*t*임.

따라서 원래는 「wurde ... enthüll*t*」 이어야 하지만, 여기서는 pp형 enthülllt가 일종의 주제어로서 문장 앞으로 오고, 그 뒤의 어순은 *도치*됨 : Enthüll*t* wurde der Vorfall ...
(wurde der Vorfall: 도치법 (동사 + 주어))

... der Vorfall	,	der	bereits	ein Jahr	*zurück*liegt	, ...
선행사 (남성 1격)		주어 (= 관계대명사) (남성 1격)		중성 4격	동사 (현재 시제) 후치됨	

2. ... der Vorfall , der ... *zurück*liegt , ... :

(1) der는 관계대명사 *남성 1격*임 :

앞에 나온 *남성*명사 Vorfall을 선행사로 받으며, 뒤에 오는 부문장 안에서 *주어*임.

(2) 관계대명사 부문장으로서, 분리동사 *zurück*liegen의 *현재* 시제임 :

주어가 관계대명사 der로서 3인칭 단수이므로 동사 형태는 *zurück*lieg*t*임.

(부문장 안이므로 동사 *zurück*liegt는 *후치*되어 맨 뒤에 옴.)

3. ... ein Jahr *zurück*liegt , ... :

「etw. liegt + 시간 표현 + *zurück*」 '*무엇은* ... 전에 발생했다'
여기서 ein Jahr는 *4격의 시간 부사어*임. 즉, *중성 4격*임.

► enthüllen [타동사] ...을 최초로 공개하다 (영. reveal, show)

* 3 기본형 : *ent*hüll*en* - *ent*hüll*te* - *ent*hüll*t*
형태가 *ent-*이므로 pp형은 -ge- 없음.

↔ hüllen [타동사] ...을 감싸다 (영. wrap)

「etw.[4] in etw.[4] hüllen」 *무엇을 무엇* 안에 넣어 감추다, 보호하다

* 3 기본형 : hüll*en* - hüll*te* - *ge*hüll*t*

► wurde ⇒ *수동태* 조동사 werden의 *과거* 시제 (주어가 ich 혹은 er, sie, es일 때)

「werden ... pp」 (수동태) ... 되다 (영. 「be + pp ...」)

* *과거* 시제 어미변화 :

ich wurde ; du wurde*st* ; er (sie, es) wurde
wir wurde*n* ; ihr wurde*t* ; sie (Sie) wurde*n*

〈참고〉 werden의 3 기본형 : werden - wurde - worden

〈주의〉 일반 동사 werden('...되다')의 pp형은 geworden임.

► der Vorfall (die Vorfälle) (주로 부정적인) 사건 (영. incident)

► bereits [부사] 이미 ≈ schon (영. already)

〈주의〉 bereit [형용사] : 「j-d ist zu etw.[3] bereit」 *누구는 무엇*의 준비가 되어있다 (영. ready)

► *zurück*liegen (liegen ... *zurück*) [분리동사/자동사]

「etw. liegt + 시간 표현 + *zurück*」 *무엇은* ... 전에 발생했다 (영. That was ... ago)

* 3 기본형 : *zurück*liegen - *zurück*lag (lag ... *zurück*) - *zurück*gelegen

↳ liegen [자동사] 놓여 있다 (영. lie)

* 3 기본형 : liegen - lag - gelegen

→ zurück, *zurück-* [부사/분리전철] 뒤로, 되돌려 (영. back)

► zuerst [부사] 우선, 먼저 (영. first ; at first)

► die (das) Nachrichten-Website 뉴스 웹사이트
→ die Nachricht (die Nachricht*en*) 소식 (영. news, message)
→ die (das) Website (die Website*s*) 웹사이트

Den Berichten zufolge	gehörte	Yoder	zu einer Gruppe	von 30 Kongress-
복수 3격	동사 (과거 시제)	주어	여성 3격	

abgeordneten, Mitarbeitern und Familienangehörigen	(, die sich ... befanden).
복수 3격	관계대명사 *die*-부문장

1. D*en* Bericht*en* zufolge :

「3격 + zufolge」 '~에 따르면'
- *복수*명사 Bericht*e*가 *3격* 전치사 zufolge와 결합하므로 *복수 3격* 정관사 D*en*이 앞에 옴.
- *복수 3격* 명사의 형태는 항상 *-n*이어야 함.
  따라서 *복수 3격*인 Bericht*e*는 추가로 어미 *-n*이 붙어 Bericht*en*임.

2. ... gehörte Yoder ... :

동사 gehören의 *과거* 시제임 :
주어인 "Yoder"는 남성의 er에 해당하므로 과거형 gehör*te*는 어미 없이 그대로 gehör*te*_임.

3. ... gehörte ... zu ein*er* Gruppe ... :

「zu etw.[3] gehören」 '*무엇*에 속하다'
*여성*명사 Gruppe가 *3격* 전치사 zu와 결합하므로 *여성 3격* 부정관사 ein*er*가 앞에 옴.

4. ... Gruppe von 30 Kongressabgeordnet*en* ① , Mitarbeiter*n* ② und Familienangehörig*en* ③ ... :

「... Gruppe von ...」 '...*의 그룹*' (3격 전치사 von '~의' ; 영. of)

3 개의 *복수*명사가 *3격* 전치사 von과 결합하여 모두 *복수 3격*임.

① Kongressabgeordnet-는 명사화 된 형용사이므로 *형용사 어미변화* 함.
즉, *복수 3격* 정관사 d*en*처럼 어미변화 하여 Kongressabgeordnet*en*임.
※형용사 앞에 관사, 소유대명사, 지시대명사 등이 없을 경우,
형용사 자체가 정관사 d- 어미변화 함.

② Mitarbeiter는 *복수 3격*이므로 추가로 어미 *-n*이 붙어 Mitarbeiter*n*임.
※*복수 3격* 명사의 형태는 항상 *-n*이어야 함.

③ Familienangehörig- 역시 형용사의 명사화 형태로서 *형용사 어미변화* 함.
즉, *복수 3격* 정관사 d*en*처럼 어미변화 하여 Familienangehörig*en*임.

> ... 30 ... und Familienangehörigen (선행사, 복수 3격) , die (주어 (= 관계대명사), 복수 1격) sich im August 2011 auf
>
> Einladung einer israelischen Organisation (여성 2격) auf einer Bildungsreise (여성 3격)
>
> in Israel (중성 3격) befanden (동사 (과거) 후치됨!) .

5. ... 30 Kongressabgeordneten, Mitarbeitern und Familienangehörigen , die ... befanden :

(1) die는 관계대명사 *복수 1격*임 :
앞에 나온 세 개의 *복수*명사를 받으며, 뒤에 오는 부문장 안의 *주어*이므로
*복수 1격*의 die임.

(2) 관계대명사 부문장은 동사 befinden의 *과거* 시제임 :
주어가 *복수* 관계대명사 die이므로 과거형 befand에 어미 *-en*이 붙어 befand*en*임.
(부문장 안이므로 동사 befanden은 *후치*되어 문장 맨 뒤에 옴!)

6\. ... , die sich ... auf ein*er* Bildungsreise ... befanden :

「sich[4] + '위치' 부사어 + befinden」 '...에 있다, 소재하다'

(1) 동사 befanden은 *4격 재귀동사*임.

즉, 주어가 복수의 sie에 해당하므로 4격 재귀대명사 sich가 옴.

(2) 3·4격 전치사 auf는 4격 재귀동사 「sich[4] befinden」 과 결합하여 '...에 있다'로 해석되어 '위치'를 나타내므로 *3격* 지배임!

따라서 *여성*명사 Bildungsreise가 전치사 auf의 *3격* 목적어이므로 *여성 3격* 부정관사 ein*er*가 앞에 옴.

7\. ... auf Einladung ein*er* israelisch*en* Organisation ... :

「auf Einladung + 2격」 '...의 초대에 의해'

- *여성*명사 Organisation이 앞의 명사 Einladung을 수식하는 *2격* 형이므로 *여성 2격* ein*er*가 앞에 옴.
- 형용사 israelisch는 앞에 *여성 2격* 부정관사가 있으므로 어미 *-en*이 붙어 israelisch*en*임.
  ※(성, 수에 상관없이) *2격*의 관사, 지시대명사, 소유대명사 ... + 형용사 *-en*
- 명사 Organisation은 *여성*이므로 *2격* 어미 -s, -es 없음.

► der Bericht (die Bericht*e*) 보고, 보고서 (영. report)

→ berichten [타/자동사] (...을) 보고하다 (영. report)

「j-m etw.[4] berichten」 *누구*에게 *무엇*을 보고하다

「j-m über etw.[4] (혹은 von etw.[3]) berichten」 *누구*에게 *무엇*에 관해 보고하다

* 3 기본형 : *berichten* - *berichtete* - *berichtet* ※어간 끝이 -*t*이므로 발음상 -e- 첨가!
형태가 *be*-이므로 pp형은 -ge- 없음!

► zufolge [*3격* 전치사] (명사 뒤에 위치!) ...에 따르면 ≈ laut, gemäß, nach (영. according to ...)

► gehören [자동사] 속하다 (영. belong to ...)

「etw. gehört zu etw.[3]」 무엇은 무엇에 속하다

〈주의〉 「etw. gehört j-m」 *무엇*은 *누구*의 소유이다

* 3 기본형 : *gehören* - *gehörte* - *gehört*
형태가 *ge*-이므로 pp형은 -ge- 없음!

↳ hören [타동사] ...을 듣다 (영. hear)

* 3 기본형 : hör*en* - hör*te* - *ge*hör*t*

► die Gruppe (die Gruppe*n*) 그룹, 단체 (영. group)

► Kongressabgeordnet- (*형용사* 어미변화) (미국의) 국회의원 ※형용사의 *명사화*!
→ der Kongress (die Kongress*e*) [1] (미국의) 의회 (영. Congress) ;
[2] (학자, 전문가들의) 학술대회 ≈ die Tagung (영. congress, conference)
→ Abgeordnet- (*형용사* 어미변화!) 의원, 국회의원 (영. delegate, representative)

► der Mitarbeiter (die -) 동료 노동자
→ Mit- (합성어 구성요소로서) 동료 ... (영. fellow ... ; co-...)
〈참고〉 der Mitbewohner 이웃 주민, der Mitschüler 같은 반 학생

► Familienangehörig- (*형용사* 어미변화!) 가족 구성원 ※형용사의 *명사화*!
→ die Familie (die Familie*n*) 가족 (영. familiy)
→ -angehörig- (합성어 구성요소로서) ... 구성원 〈참고〉 Staatsangehörig- 국민
→ *an*gehören (gehören ... *an*) [분리/자동사] :
「etw.[3] *an*gehören」 *무엇*의 구성원이다, *무엇*의 일부이다 (영. belong to ; be a member of)

► die Einladung (die Einladung*en*) 초대, 초청 (영. invitation)
「auf Einladung + 2격」 ...의 초대에 의해
→ *ein*laden (laden ... *ein*) [분리/타동사] ...을 초대하다 (영. invite)
「j-n zu etw.[3] *ein*laden」 *누구*를 *무엇*에 초대하다
* 3 기본형 : *ein*laden - *ein*lud (lud ... *ein*) - *ein*geladen
* 현재 시제 *불규칙* 변화 : du lädst ... *ein* ; er (sie, es) lädt ... *ein*

► israelisch [형용사] 이스라엘의 (영. israeli)

► die Organisation (die Organisation*en*) 조직체 (영. organization)
→ organisieren [타동사] ...을 조직하다 (영. organize)

► die Bildungsreise 교육 여행, 연수 (영. educational trip)

→ die Bildung (복수 없음!) 교육 ≈ die Erziehung (영. education)

↳ bilden [타동사] ...을 세우다, 형성하다 (영. form, set up)

→ die Reise (die Reise*n*) 여행 (영. trip, journey)

「auf einer Reise sein」 여행 중이다

► befanden ⇒ 동사 befinden의 *과거* 시제 (주어가 wir, sie('그들, 그것들'), Sie('당신, 당신들)일 때)

befinden [4격 재귀동사] : 「sich[4] befinden」 있다, 위치하다 (영. be ; be located)

* 3 기본형 : *befinden* - *befand* - *befunden*

형태가 *be*-이므로 pp형은 -ge- 없음!

↳ finden [타동사] ...을 발견하다 (영. find)

* 3 기본형 : finden - fand - gefunden

5

Nach einem Abendessen	am See	(, bei dem ... soll ,)	seien	dann
중성 3격	남성 3격	관계대명사 *dem*-부문장	접속법 I 완료 (조동사)	

etwa 20	der Besucher	zum Schwimmen	gegangen	- Yoder als einziger ...
주어	복수 2격	중성 3격	접속법 I 완료 (pp형)	추가의 부수적 설명

1. Nach ein*em* Abendessen :

*중성*명사 Abendessen이 *3격* 전치사 nach('~후에')와 결합하므로 *중성 3격* 부정관사 ein*em*이 앞에 옴.

※ *남성, 중성 3격* 어미 *-em* ; *여성 3격* 어미 *-er* ; *복수 3격* 어미 *-en*

2\. ... Abendessen am See , ... :

3·4격 전치사 an은 바로 앞 명사 Abendessen을 수식하여 '...옆에서의 저녁식사'로 해석되어 '방향'이 아닌 '위치'를 뜻하므로 *3격* 지배임.
따라서 *남성*명사 See가 전치사 an의 *3격* 목적어이므로 *남성 3격* 정관사 dem이 와야 하지만, 전치사 an과 함께 am으로 축약됨. (am = an dem)

3\. ... , seien ... 20 ... gegangen ... :

동사 gehen의 *접속법 I 완료형*「sei ... gegangen」임 (간접화법) :
※동사 gehen의 완료형 「sein ... gegangen」의 접속법 I 형태이므로 「sei ... gegangen」임.
주어가 "20", 즉 복수의 sie('그들')에 해당하므로 조동사 sei는 접속법 I 어미변화 방식에 따라 어미 *-en*이 붙어 sei*en*임. 즉 : ... sei*en* ... gegangen ...

4\. ... etwa 20 d*er* Besucher ... '방문객들 중의 대략 20명' :

*복수*명사 Besucher가 바로 앞 명사를 수식하는 *2격* 형이므로 *복수 2격* 정관사 d*er*가 앞에 옴.

5\. ... zum Schwimmen gegangen - ... '수영하러 가다' :

「zum + 동사 원형 (대문자 표기!)」 '...하기 위해' (목적) :
「j-d geht zum + 동사 원형」 '누구는 ...하러 가다'

Nach *einem Abendessen*	... , bei	dem	auch reichlich	Alkohol
선행사 (중성 3격)		관계대명사 (중성 3격)		주어 (남성 1격)

geflossen sein	soll	, ...
완료형 「sein ... pp」	화법조동사 (현재) 후치됨!	

6\. Nach *einem Abendessen* ... , bei dem ... :

관계대명사 dem은 *중성 3격*임 :
앞에 나온 *중성*명사 Abendessen을 선행사로 받으며, *3격* 전치사 bei('~일 때')와 결합하므로 *중성 3격*임.

7. ... , bei dem ... Alkohol geflossen sein soll , ... :

'소문'을 뜻하는 화법조동사 sollen('...라고들 한다')의 현재 시제「sollen ... 동사 원형」임 :

- 주어인 Alkohol은 중성의 es에 해당하므로 sollen의 형태는 soll임.
- 동사 fließen의 완료형「*sein* ... geflossen」이 화법조동사 soll과 결합하므로 「soll ... geflossen *sein*」임. (완료 조동사 *sein*이 문장 맨 뒤에 원형으로 옴.)

따라서 원래는「soll ... geflossen sein」이지만 부문장 안이므로 *후치*됨 :

... geflossen sein soll

〈참고〉

'소문'을 뜻하는 화법조동사 sollen :

「sollen ... 동사 원형」'...라고들 한다' (*현재*에 '...하다'는 *현재*의 소문)

「sollen ... 완료 형식」'...하였다고들 한다' (*과거*에 '...하였다'는 *현재*의 소문)

...	etwa	20	...	-	Yoder	als	einziger	im Adamskostüm.
					앞의 주어 "20"과 동격 (남성 1격)		남성 1격	중성 3격

8. ... etwa 20 ... - Yoder als einzig*er* ... :

- "Yoder"는 남자 이름으로서 앞에 나온 주어 "20"과 상응하여 *1격*임.
- '신분, 자격'의 접속사 als '~로서' : Yoder als ... '...로서의 Yoder'
  형용사 einzig-는 앞의 "Yoder"와 동일하게 *남성 1격*이어야 함 :
  따라서 *남성 1격* 정관사 d*er*처럼 어미변화 하여 einzig*er*임.
  ※형용사 앞에 관사, 소유대명사, 지시대명사 등이 없을 경우, *형용사 자체가 정관사 d-* 어미변화 함.

► das Abendessen (die - ; 주로 *단수*) 저녁식사 (영. dinner, supper)

〈참고〉 das Frühstück 아침식사 / das Mittagessen 점심식사

► reichlich [형용사] 풍부한 (영. ample, plentiful)

► der Alkohol (die Alkohole ; 주로 *단수*) 알코올, 술 (영. alcohol)

► fließen [자동사] (완료형 「sein ... pp」) 흐르다 (영. flow)

* 3 기본형 : fließen - floss - geflossen

→ der Fluss (die Flüsse) 강 (영. river)

► soll ⇒ 화법조동사 sollen의 *현재* 시제 (주어가 ich 혹은 er, sie, es일 때)

「sollen ... 동사 원형」 [화법조동사] ...라고들 한다 (영. be said to)

* 현재 시제 *불규칙* 변화 :

ich soll ; du soll*st* ; er (sie, es) soll

wir soll*en* ; ihr soll*t* ; sie (Sie) soll*en*

* 3 기본형 : sollen - sollte - gesollt (sollen)

► seien ⇒ 완료형 조동사 sein의 *접속법 I* (주어가 wir, sie('그들, 그것들'), Sie('당신, 당신들)일 때)

「sein ... pp」 (완료형) ... 하였다

* *접속법 I* 어미변화 :

ich sei ; du sei*est* 혹은 sei*st* ; er (sie, es) sei

wir sei*en* ; ihr sei*et* ; sie (Sie) sei*en*

► etwa [부사] 대략, 약 (영. about) ≈ ungefähr ↔ genau 정확히

► der Besucher (die -) 방문자, 손님 (영. visitor)

→ besuchen [타동사] ...을 방문하다 (영. visite)

► schwimmen [자동사] [1]수영하다 ; [2] (완료형 「sein ... pp」) 수영해서 가다 (영. swim)

* 3 기본형 : schwimmen - schwamm - geschwommen

► gehen [자동사] (완료형 「sein ... pp」) 가다 (영. go)

* 3 기본형 : gehen - ging - gegangen

► als [접속사] (자격, 신분) ...로서 (영. as)

► einzig [형용사] 유일한 (영. only one)

► das Adamskostüm 아담의 복장
→ das Kostüm (die Kostüme) [1] 복장 (영. costume) ; [2] 여성용 정장 (투피스) (영. suit)

In einer (vom *Kansas City Star*) veröffentlichten Erklärung entschuldigte sich Yoder für den „momentanen Ausfall" seines Urteilsvermögens.

- In einer (vom *Kansas City Star*) veröffentlichten Erklärung: 여성 3격
- entschuldigte: 동사 (과거 시제)
- Yoder: 주어 (남성 1격)
- für den „momentanen Ausfall": 남성 4격
- seines Urteilsvermögens: 중성 2격

1. In ein*er* (vom *Kansas City Star*) veröffentlicht*en* Erklärung ... :

(1) 3·4격 전치사 in은 여기서 '...안에서'로 해석되어 '방향'이 아닌 '위치'를 뜻하므로 *3격* 지배임.

- *여성*명사 Erklärung이 전치사 In의 *3격* 목적어이므로 *여성 3격* 부정관사 ein*er*가 앞에 옴.
- 형용사(= 과거분사) veröffentlicht-는 *여성 3격* 부정관사 ein*er*가 앞에 오므로 veröffentlicht*en*임.

※(성, 수에 상관없이) *3격*의 관사, 소유대명사, 지시대명사 ... + 형용사 *-en*

(2) 괄호 안의 "vom *Kansas City Star*"는 뒤에 오는 형용사(= 과거분사) veröffentlicht-를 수식함 :

... vom *Kansas City Star* veröffentlicht ... '*캔자스시티 스타* 신문에 의해 발표된 ...'

2. ... entschuldigte ... Yoder ... :

동사 entschuldigen의 *과거* 시제임 :
주어인 "Yoder"는 er에 해당하므로 과거형 entschuldig*te*는 어미 없이 그대로 entschuldig*te*_임.

3. ... entschuldigte sich ... für ... :

「sich[4] für etw.[4] entschuldigen」 '*무엇*에 대해 용서를 구하다'
주어가 er에 해당하므로 4격 재귀대명사는 sich임.

4. für d*en* „momentan*en* Ausfall" :

*남성*명사 Ausfall이 *4격* 전치사 für와 결합하므로 *남성 4격* 정관사 d*en*이 앞에 옴.
형용사 momentan은 앞에 *남성 4격* d*en*이 오므로 어미 *-en*이 붙어 momentan*en*임.
※(성, 수에 상관없이) 어미 *-en*이 붙는 경우 :
d*en* , ein*en* , mein*en* , kein*en* , dies*en* ... + 형용사 *-en*

5. ... Ausfall sein*es* Urteilsvermögen*s* :

*중성*명사 Urteilsvermögen이 바로 앞 명사 Ausfall을 수식하는 *2격* 형이므로 *중성 2격*임.
- 소유대명사 sein-은 *중성 2격* 어미 *-es*가 붙어 sein*es*임.
  ※ *남성, 중성 2격* 어미 *-es* ; *여성, 복수 2격* 어미 *-er*
- 명사 Urteilsvermögen은 *중성*이므로 2격 어미 *-s*가 붙어 Urteilsvermögen*s*임.
  ※ *남성, 중성*명사는 2격 어미 *-s* 혹은 *-es*가 붙음. (*여성, 복수*명사는 2격 어미 없음!)

► veröffentlicht [과거분사/형용사] 발표된, 출판된 ※동사 veröffentlichen의 과거분사!
→ veröffentlichen [타동사] ...을 출판하다 (영. publish)
* 3 기본형 : *ver*öffentlich*en* - *ver*öffentlich*te* - *ver*öffentlich*t*
형태가 *ver-*이므로 pp형은 -ge- 없음!

► die Erklärung (die Erklärung*en*) 설명, 선언 (영. explanation)
→ erklären [타동사] ...을 설명하다, 선언하다 (영. explain)
* 3 기본형 : *er*klär*en* - *er*klär*te* - *er*klär*t*
형태가 *er-*이므로 pp형은 -ge- 없음!

► entschuldigen [타동사] ...을 용서하다 (영. excuse)
「j-n entschuldigen」 *누구*를 용서하다
「sich[4] bei j-m für etw.[4] entschuldigen」 *누구*에게 *무엇*에 대해 용서를 구하다
* 3 기본형 : *ent*schuldig*en* - *ent*schuldig*te* - *ent*schuldig*t*
형태가 *ent-*이므로 pp형은 -ge- 없음!

► momentan [형용사] [1] 잠시의, 한 순간의 (영. momentary)
[2] 현재의 (영. present), (부사적) 현재, 지금 이 순간 ≈ im Moment (영. at the moment)

► der Ausfall (die Ausfälle ; 보통 *단수*!) 작동 불능 (영. failure, breakdown)
〈참고〉 der Stromausfall 정전

► das Urteilsvermögen 판단 능력 ≈ die Urteilsfähigkeit
→ das Urteil (die Urteile) 판결, 판단 (영. judgement, decision)
→ -vermögen (합성어를 구성하여) ...능력 〈참고〉 das Erinnerungsvermögen 기억 능력
↳ das Vermögen (die -) 재산 (영. fortune, property)

Sein Verhalten	tue	ihm	„unglaublich Leid“.
주어 (중성 1격)	동사 접속법 I	3격 목적어	

1. Sein Verhalten :

*중성*명사 Verhalten이 *주어*이므로 *중성 1격*임.
따라서 소유대명사 sein-('그의')은 *중성 1격* 부정관사 ein_처럼 어미 없이 Sein_임.
(여기서 소유대명사 sein-은 앞 문장 6의 "Yoder"를 받음.)

〈참고〉
소유대명사 : 원칙적으로 *부정관사 ein-* 어미변화 하지만, *복수*일 경우는 *정관사 d-* 어미변화 함.
ich ⇒ mein- '나의 ...' / du ⇒ dein- '너의 ...' / er, es ⇒ sein- '그의, 그것의 ...'
sie '그녀' ⇒ ihr- '그녀의 ...' / wir ⇒ unser- '우리의 ...' / ihr ⇒ eur- '너희의 ...'
sie '그들' ⇒ ihr- '그들의 ...' / Sie '당신, 당신들' ⇒ Ihr- '당신의, 당신들의 ...'

2. Sein Verhalten tue ihm „ ... Leid“ :

「etw. tut j-m Leid」 ‘*무엇은 누구*에게 유감스럽다’

(1) 동사 tun의 *접속법 I* 형태임. (간접화법) :

주어인 “Sein Verhalten”은 중성의 es에 해당하므로 동사 tun은 접속법 I 어미변화에 따라 tu*e*임.

(2) 여기서 동사 tue의 3격 목적어 ihm은 앞 문장 6의 “Yoder”를 받음.

► das Verhalten (복수 없음!) 태도, 행동 방식 (영. behaviour)

→ verhalten [4격 재귀동사] : 「sich⁴ + 부사어 + verhalten」 ...하게 행동하다 (영. behave)

* 3 기본형 : *ver*halten - *ver*hielt - *ver*halten
형태가 *ver*-이므로 pp형은 -ge- 없음!

↳ halten [자동사] 멈추다 (영. hold)

* 3 기본형 : halten - hielt - gehalten

► tue ⇒ 동사 tun의 *접속법 I* (주어가 ich 혹은 er, sie, es일 때)

tun [타동사] ...을 행하다 (영. do)

* *접속법 I* 어미변화 :

ich tu*e* ; du tu*est* ; er (sie, es) tu*e*

wir tu*n* ; ihr tu*t* ; sie (Sie) tu*n*

※밑줄 친 경우들은 직설법과 상이함!

* 3 기본형 : tun - tat - getan

► unglaublich [형용사] 믿을 수 없는, (부사적) 매우 (영. incredible)

► das Leid (복수 없음!) 정신적 아픔, 괴로움, 유감 (영. suffering, sorrow)

「etw. tut j-m Leid」 *무엇은 누구*에게 마음 아프게 하다

8

Weiter sagte (동사 (과거 시제)) der Republikaner (주어 (남성 1격)), dass ... dunkel gewesen sei (종속접속사 *dass*-부문장 (앞에 나온 동사 sagte의 4격 목적어)), ...

1. ... sagte der Republikaner , dass ... :

동사 sagen의 *과거* 시제임 :
주어인 "der Republikaner"는 남성의 er에 해당하므로 과거형 sag*te*는 어미 없이 그대로 sag*te*_임.

..., dass es (주어 (= 비인칭 주어)) damals dunkel (형용사 보어) gewesen sei (접속법 I 완료 후치됨!), mit einer Sichtweite (여성 3격) von wenigen Metern (복수 3격).

2. ... , dass es ... gewesen sei , ... :

동사 sein('...이다')의 *접속법 I 완료형* 「sei ... gewesen」 임. (간접화법)
(즉, 동사 sein의 완료형 「sein ... gewesen」 의 접속법 I 형태 「sei ... gewesen」 임) :
비인칭 주어 es가 주어이므로 조동사 sei는 접속법 I 어미변화 방식에 따라 어미 없이 그대로 sei_임.
따라서 원래는 「sei ... gewesen」 이지만, *dass*-부문장 안이므로 *후치*됨 : ... gewesen sei

3. ... , dass ... *dunkel* ... sei , mit einer Sichtweite von wenigen Metern

'... 어두웠는데, 가시거리가 불과 몇 미터밖에 안 될 정도였다' :

밑줄 친 부분은 앞에 나온 dunkel('어두운')의 의미를 부연 설명하고 있음.
즉, '어두운' 정도가 심했음을 구체적으로 설명하고 있음.

4. mit ein*er* Sichtweite :

*여성*명사 Sichtweite가 *3격* 전치사 mit와 결합하므로 *여성 3격* 부정관사 ein*er*가 앞에 옴.
※ *여성* 3격 어미 *-er* ; *남성, 중성* 3격 어미 *-em* ; *복수* 3격 어미는 *-en*

5. von wenig*en* Meter*n* :

*복수*명사 Meter가 *3격* 전치사 von('~의' ; 영. of)과 결합하므로 *복수 3격*임.
- wenig는 *복수 3격* 어미 *-en*이 붙어 wenig*en*임.
- *복수 3격* 명사의 형태는 항상 *-n*이어야 함.
따라서 *복수 3격*인 Meter 역시 추가로 어미 *-n*이 붙어 Meter*n*임.

► weiter [부사] 그 밖에, 추가로 ≈ außerdem, sonst (영. additionaly)

► sagen [타/자동사] (...을) 말하다 (영. say)
* 3 기본형 : sag*en* - sag*te* - *ge*sag*t*

► damals [부사] (과거의 한 시점을 가리키며) 그 당시 (영. at that time)

► dunkel [형용사] 어두운 (영. dark) ↔ hell 밝은

► gewesen ⇒ 동사 sein의 *과거분사* (= pp형)
sein [자동사] (완료형 「sein ... pp」) (형용사 혹은 명사 보어와 함께) ...이다 (영. be)
* 3 기본형 : sein - war - gewesen

► sei ⇒ *완료형* 조동사 sein의 *접속법 I* (주어가 ich 혹은 er, sie, es일 때)
「sein ... pp」 (완료형) ... 하였다
* *접속법 I* 어미변화 :
ich sei ; du sei*est* 혹은 sei*st* ; er (sie, es) sei
wir sei*en* ; ihr sei*et* ; sie (Sie) sei*en*

► die Sichtweite 가시거리, 시야 (영. range of vision)
→ die Sicht (복수 없음!) 보임, 볼 수 있음 (영. visibility)
→ die Weite (복수 없음!) 넓이, 거리 (영. width, distance)

▸ wenig [부정대명사] 많지 않은, 적은 (영. little, not much)

Er	sei	auch nur	etwa 10 Sekunden	im Wasser	gewesen
주어	접속법 I 완료 조동사		4격의 시간 부사어 (복수 4격)	중성 3격	접속법 I 완료 (pp형)

und dann wieder *heraus*geklettert .
접속법 I 완료 (pp형)

1. Er sei ... gewesen und dann ... *heraus*geklettert :

동사 sein 및 *heraus*klettern의 *접속법 I 완료형*임 (간접화법) :
- 동사 sein('있다, 존재하다')의 완료형은 「sein ... gewesen」 임.
  따라서 접속법 I 완료형은 「sei ... gewesen」 임.
  주어가 Er이므로 조동사 sei는 접속법 I 어미변화 방식에 따라 어미 없이 그대로 sei_임.
  즉 「sei ... gewesen」 임.
- 분리동사 *heraus*klettern('기어 나오다')은 '장소 이동'이므로
  완료형은 「sein ... *heraus*geklettert」 임.
  따라서 접속법 I 완료형은 「sei ... *heraus*geklettert」 임.
  여기서도 주어가 Er이므로 sei는 어미 없이 그대로 sei_임.
  즉 「sei ... *heraus*geklettert」 임.

2. ... im Wasser gewesen ... :

3·4격 전치사 in은 여기서 동사 gewesen, 즉 sein과 함께 '...안에 있었다'로 해석되어 '위치'를 뜻하므로 *3격* 지배임.
따라서 *중성*명사 Wasser가 전치사 in의 *3격* 목적어이므로 *중성 3격* 정관사 d*em*이 와야 하지만, 전치사 in과 함께 im으로 축약됨. (im = in dem)

► sei ⇒ *완료형* 조동사 sein의 *접속법 I* (주어가 ich 혹은 er, sie, es일 때)

「sein ... pp」 (완료형) ... 하였다

* *접속법 I* 어미변화 :

ich sei ; du sei*est* 혹은 sei*st* ; er (sie, es) sei

wir sei*en* ; ihr sei*et* ; sie, Sie sei*en*

► etwa [부사] 대략, 약 (영. about) ≈ ungefähr ↔ genau 정확히

► die Sekunde (die Sekunde*n*) (시간 단위) 초 (영. second)

► das Wasser (die - ; 보통 *단수*!) 물 (영. water)

「im Wasser sein」 물 안에 있다

► gewesen ⇒ 동사 sein의 *과거분사* (= pp형)

sein [자동사] (완료형 「sein ... gewesen」) 있다, 존재하다 (영. be)

* 3 기본형 : sein - war - gewesen

► wieder [부사] 다시, 반복해서 (영. again)

► *heraus*klettern (klettern ... *heraus*) [분리/자동사] (완료형 「sein ... pp」) 기어 나오다

* 3 기본형 : *heraus*klette*rn* - *heraus*klett*erte* (klett*erte* ... *heraus*) - *herausge*klette*rt*

↳ klettern [자동사] (완료형 「sein ... pp」) 기어 올라가다 (영. climb)

* 3 기본형 : klette*rn* - klett*erte* - *ge*klette*rt*

→ heraus, *heraus*- [부사/분리전철] 밖으로, 여기 밖으로 (영. out ; from inside)

14

독일어: 문법과 텍스트 이해

[...] [1]„Abends, als ich schon fast schlief, hat sich mein Vater an mein Bett gesetzt und zu mir gesagt: [2]‚Oma ist gerade gestorben.' [3]Ich dachte, es wäre ein Witz. [4]Ich konnte es erst gar nicht verstehen", erzählt Manuela. [5]Sie ist 15 Jahre alt, und ihre Oma ist nun schon seit über einem Jahr tot: [6]„Zuerst war es ein Schock. [7]Obwohl wir damit gerechnet haben, weil meine Großmutter schon länger krank war." [8]Als sie starb, war ihre Oma 70 Jahre alt. [9]Sie hatte Darmkrebs.

[10]Bei der 16-jährigen Sophie war das anders. [11]Ihre Großmutter bekam mit 68 Jahren ganz plötzlich einen Herzinfarkt. [12]Sie wurde schnell ins Krankenhaus gebracht, überlebte dort aber den nächsten Tag nicht: [13]„Ich habe mich sehr schlecht und traurig gefühlt, als meine Eltern mir davon erzählt haben. [14]Es war sehr schlimm für mich", sagt Sophie. [15]„Auf einmal war sie nicht mehr da. [16]Ich konnte am Anfang gar nicht darüber sprechen."

[17]Jugendliche wie Manuela und Sophie bekommen Hilfe im Bremer Zentrum für trauernde Kinder und Jugendliche. [18]Hier bekommen sie Raum, um ihre Trauer auszudrücken, wenn das in der Familie nicht geht. [19]„Einige ziehen sich zurück und lassen keinen mehr an sich heran. [20]Andere werden wütend und richten Gewalt gegen sich selbst und andere", sagt Beate Alefeld-Gerges. [21]Sie ist Sozialpädagogin und hat das Trauerzentrum 1999 gegründet. [...]

Frankfurter Allgemeine

[...] [1]"저녁 때 제가 거의 잠에 들었을 때, 아버지께서 내 침대 옆에 앉아서 나에게 말했어요. [2]'할머니가 방금 돌아가셨단다.' [3]저는 그것이 농담일 것이라고 생각했어요. [4]처음에 저는 그것을 전혀 납득할 수가 없었지요."라고 마누엘라는 이야기했다. [5]그녀는 15살이며, 이제 그녀의 할머니가 돌아가신 지는 벌써 1년 이상 되었다. [6]"처음에 그것은 하나의 충격이었어요. [7]비록 그것을 예상하기는 했지만요, 왜냐하면 할머니가 이미 오랫동안 병을 앓고 계셨거든요." [8]그녀의 할머니는 돌아 가셨을 때 나이가 70세였다. [9]그녀는 장암을 앓고 있었다.

[10]16세인 소피에게는 상황이 달랐다. [11]그녀의 할머니는 68세 때에 아주 갑자기 심장발작을 일으켰다. [12]그녀는 신속히 병원으로 이송되었지만, 그곳에서 다음 날을 넘기지 못하였다. [13]"부모님이 제게 그것에 대해 이야기했을 때, 저는 느낌이 아주 나쁘고 슬펐어요. [14]그것은 저에게 아주 안 좋은 일이었지요."라고 소피는 말한다. [15]"갑자기 그녀가 더 이상 존재하지 않았지요. [16]처음에 저는 도저히 그것에 대해 언급할 수가 없었어요."

[17]마누엘라 및 소피와 같은 청소년들은 브레멘의 슬픈 어린이와 청소년 센터에서 도움을 얻게 된다. [18]만약 가정에서 그렇게 하기가 불가능할 경우, 그들은 이곳에서 자신의 슬픔을 표출하기 위한 공간을 얻는다. [19]"몇몇의 경우는 뒤로 물러난 채 더 이상 그 누구도 자신의 곁에 가까이 오도록 하지 않지요. [20]다른 어떤 이들의 경우는 분노하며, 폭력을 자기 자신과 타인들을 향합니다."라고 베아테 알레펠트-게르게스는 말합니다. [21]그녀는 사회교육학자이며, 1999년에 이 슬픔센터를 설립했다. [...]

1

Abends ,	als	ich	schon	fast	schlief	, ...
	종속접속사	주어			동사 (과거) 후치됨!	

1. Abends , als ... schlief , ... '...하였던 저녁에' :

   종속접속사 *als*-부문장이 앞에 나온 '시간' 부사어 Abends를 수식·설명함.

2. ... , als ich ... schlief , ... :

   als-부문장으로서, 동사 schlafen의 *과거* 시제임 :
   주어가 ich이므로 과거형 schlief는 어미 없이 그대로 schlief_임.
   (*als*-부문장 안이므로 동사 schlief는 *후치*되어 문장 맨 뒤에 위치함.)

Abends ,	als ... schlief	,	hat	sich	mein Vater	an mein Bett
	종속접속사 *als*-부문장		현재완료 (조동사)		주어 (남성 1격)	중성 4격

gesetzt	und	zu mir	gesagt	: ...
현재완료 (pp형1)			현재완료 (pp형2)	

3. ... , hat ... mein Vater ... gesetzt und ... gesagt :

   동사 setzen 및 sagen의 *현재완료* 시제 「haben ... pp」 임 :
   - 주어인 "mein Vater"는 남성의 er에 해당하므로 조동사 haben의 형태는 hat임.
   - 동사 setzen 및 sagen의 pp형은 각각 *ge*setz*t* 및 *ge*sag*t*임.

4. ... sich ... an mein Bett gesetzt und ... :

   (1) 「sich[4] setzen」 '앉다, 착석하다'
   주어인 "mein Vater"는 남성 er에 해당하므로 4격 재귀대명사는 sich임.

(2) 3·4격 전치사 an은 재귀동사 「sich⁴ setzen」 과 결합하므로 *4격* 지배임.

※타동사 setzen('...을 앉히다, 놓다')과 함께 오는 3·4격 전치사는 *4격* 지배,
자동사 sitzen('앉아 있다')과 함께 오는 경우는 *3격* 지배!

즉, *중성*명사 Bett가 전치사 an의 *4격* 목적어이므로 *중성 4격*임.

따라서 소유대명사 mein-('나의')은 *중성 4격* 부정관사 ein_처럼 어미 없이 mein_임.

※소유대명사 mein- , dein- , sein- , ihr- ... 및 부정어 kein-은 *부정관사 ein-*
어미변화 함!

5. ... zu mir gesagt :

「zu j-m sagen」 ≈ 「j-m sagen」 '*누구*에게 말하다'

3격 전치사 zu와 결합하므로 ich의 *3격* 형 mir가 옴.

〈참고〉

인칭대명사 *3격* 및 *4격* :

ich ⇒ mir , mich / du ⇒ dir , dich

er ⇒ ihm , ihn / es ⇒ ihm , es / sie '그녀' ⇒ ihr , sie

wir ⇒ uns , uns / ihr ⇒ euch , euch / sie '그들, 그것들' ⇒ ihnen , sie

Sie '당신, 당신들' ⇒ Ihnen , Sie

► abends [부사] 저녁에, 저녁마다 (영. in the evening)

→ der Abend (die Abende) 저녁 (영. evening) ; 「am Abend」 저녁에

► als [종속접속사] (과거의 특정 시점) ...하였을 때 (영. when)

► schon [부사] 이미, 벌써 (영. already) ≈ bereits

► fast [부사] 거의 (영. almost, nearly)

► schlief ⇒ 동사 schlafen의 *과거* 시제 (주어가 ich 혹은 er, sie, es일 때)

schlafen [자동사] 잠자다 (영. sleep)

* 3 기본형 : schlafen - schlief - geschlafen

* 현재 시제 *불규칙* 변화 : du schläf*st* ; er (sie, es) schläf*t*

〈참고〉 *ein*schlafen (schlafen ... *ein*) [분리/자동사] (완료형 「sein ... pp」) 잠들다
(영. fall asleep)

* 3 기본형 : *einschlafen* - *einschlief* (schlief ... *ein*) - *eingeschlafen*

* 현재 시제 *불규칙* 변화 : du schläf*st* ... *ein* ; er (sie, es) schläf*t* ... *ein*

► das Bett (die Bett*en*) 침대 (영. bed)

► setzen [타동사] ...을 앉히다 ; 「sich⁴ setzen」 앉다 ※함께 오는 3·4격 전치사는 *4격* 지배!

* 3 기본형 : setz*en* - setz*te* - *ge*setz*t*

〈참고〉 sitzen [자동사] 앉아 있다 ※함께 오는 3·4격 전치사는 *3격* 지배!

* 3 기본형 : sitzen - saß - gesessen

► sagen [타/자동사] (...을) 말하다 (영. say)

「zu j-m sagen」 ≈ 「j-m sagen」 누구에게 말하다

* 3 기본형 : sag*en* - sag*te* - *ge*sag*t*

Oma	ist	gerade	gestorben .
주어 (여성 1격)	현재완료 (조동사)		현재완료 (pp형)

Oma ist ... gestorben :

동사 sterben의 *현재완료* 시제 「sein ... pp」 임 :

- 주어인 "Oma"는 여성의 sie('그녀')에 해당하므로 조동사 sein의 형태는 ist임.
- 동사 sterben의 pp형은 gestorben임.

► die Oma (die Oma*s*) (구어체) 할머니 (영. grandma)

↔ die Opa (die Opa*s*) 할아버지 (영. grandpa)

► gerade [부사] 막, 방금 (영. just)

〈참고〉 gerade [형용사] 곧은, 직선으로 뻗은 (영. straight)

► gestorben ⇒ 동사 sterben의 *과거분사* (= pp형)

sterben [자동사] (완료형「sein ... pp」) 죽다 (영. die)

「an etw.[3] sterben」 (원인) ...로 죽다

* 3 기본형 : sterben - starb - gestorben

* 현재 시제 *불규칙* 변화 : du stirbst ; er (sie, es) stirbt

Ich	dachte	,	es wäre ...
주어	동사 (과거 시제)		문장 전체가 동사 dachte의 4격 목적어임.

1. Ich dachte , ... :

동사 denken의 *과거* 시제임 : 주어가 Ich이므로 과거형 dachte는 어미 없이 그대로 dachte_임.

... dachte ,	es	wäre	ein Witz .
	주어	동사 (접속법 II)	동사 wäre의 주격 보어 (남성 1격)

2. ... , es wäre ... :

(1) 동사 sein의 *접속법 II* 형태임. (비현실 화법) :

동사 sein의 접속법 II 형태는 wär-임.

주어가 es이므로 접속법 II 어미변화 방식에 따라 wär-에 어미 *-e*가 붙어 wäre임.

(2) 주어인 es는 앞 문장 2의 내용 전체, 즉 '아버지가 말한 내용'을 받음.

※인칭대명사 es는 *앞에 나온 문장* 내용을 받을 수 있음.

3. ... dachte , es wäre ein Witz :

밑줄 친 문장 전체는 동사 dachte의 4격 목적어, 즉 '생각된 내용'을 나타냄.
이 문장은 종속접속사 *dass*-부문장 형태로 올 수 있음.
(이 경우 부문장 안이므로 동사 wäre는 *후치*되어 문장 맨 뒤에 옴 :
... dachte , *dass* es ein Witz wäre)

► dachte ⇒ 동사 denken의 *과거* 시제 (주어가 ich 혹은 er, sie, es일 때)
denken [타/자동사] (...을) 생각하다 (영. think)
「an etw.[4] denken」 *무엇을* 생각하다
* 3 기본형 : denken - dachte - gedacht

► wäre ⇒ 동사 sein의 *접속법 II* (주어가 ich 혹은 er, sie, es일 때)
sein [자동사] (완료형 「sein ... gewesen」) (명사 혹은 형용사 보어와 함께) ...이다 (영. be)
* *접속법 II* 어미변화 :
ich wäre ; du wär*st* 혹은 wär*est* ; er (sie, es) wäre
wir wär*en* ; ihr wär*et* ; sie, Sie wär*en*
* 3 기본형 : sein - war - gewesen

► der Witz (die Witze) 농담, 익살 (영. joke, wit)

...	Ich	konnte	es	erst	gar nicht	verstehen	, ...
	주어	화법조동사 (과거 시제)	verstehen의 4격 목적어			동사 원형	

1. Ich konnte ... verstehen , ... :

화법조동사 können의 *과거* 시제 「konnte ... 동사 원형」 임 :
- 주어가 Ich이므로 과거형 konnte는 어미 없이 그대로 konnte_임.
- 화법조동사와 결합하는 *동사 원형* verstehen이 문장 맨 뒤에 옴.

2. ... es ... verstehen , ... :

es는 동사 verstehen의 4격 목적어임.

(여기서 es는 앞 문장 3의 es와 동일하게 '아버지가 말한 내용'을 받음.)

※es : 3격 ihm, 4격 es / er : 3격 ihm, 4격 ihn / sie('그녀는') : 3격 ihr, 4격 sie

„ ... Ich konnte ... nicht verstehen " ,	erzählt	Manuela.
문장 전체가 뒤에 오는 동사 erzählt의 4격 목적어임.	동사 (현재 시제)	주어

3. ... , erzählt Manuela :

- 동사 erzählen의 *현재* 시제임 : 주어인 "Manuela"는 여성의 sie에 해당하므로 동사 형태는 erzähl*t*임.
- 앞 문장 1, 2, 3을 포함하여, 인용부호 („") 안의 모든 내용이 동사 erzählt의 4격 목적어임.

► konnte ⇒ 화법조동사 können의 *과거* 시제 (주어가 ich 혹은 er, sie, es일 때)

「können ... 동사 원형」 [화법조동사] ...할 수 있다 (영. can)

* *과거* 시제 :

ich konnte ; du konnte*st* ; er (sie, es) konnte

wir konnte*n* ; ihr konnte*t* ; sie (Sie) konnte*n*

* 3 기본형 : können - konnte - gekonnt (können)

※동사 원형 *있을* 경우 완료형 : 「haben ... *동사 원형* können」

동사 원형 *없을* 경우 완료형 : 「haben ... gekonnt」

► erst [부사/어조사] 우선, 처음에 (영. at first)

► gar [부사/어조사] (부정어 강조) 「gar nicht ...」, 「gar kein- ...」 전혀 ... 않다 (영. not ... at all)

► verstehen [타동사] ...을 이해하다 (영. understand)

* 3 기본형 : *ver*stehen - *ver*stand - *ver*standen
형태가 *ver*-이므로 pp형은 -ge- 없음.

↳ stehen [자동사] 서 있다 (영. stand)

* 3 기본형 : stehen - stand - gestanden

〈참고〉 missverstehen [타동사] ...을 오해하다 (영. misunderstand)

* 3 기본형 : *miss*verstehen - *miss*verstand - *miss*verstanden
형태가 *miss*-이므로 pp형은 -ge- 없음.

→ das Verständnis (die Verständnis*se*) 이해 (영. understanding)

► erzählen [타/자동사] (...을) 이야기 하다 (영. tell, talk)

* 3 기본형 : *er*zähl*en* - *er*zähl*te* - *er*zähl*t*
형태가 *er*-이므로 pp형은 -ge- 없음!

↳ zählen [타동사] ...을 세다, 헤아리다 (영. count)

* 3 기본형 : zähl*en* - zähl*te* - *ge*zähl*t*

→ die Erzählung (die Erzählung*en*) 이야기 (영. story, tale)

Sie	ist	15	Jahre	alt	, und	ihre Oma	ist	nun	schon
주어	동사 (현재 시제)			주격 보어		주어 (여성 1격)	동사 (현재 시제)		

seit über einem Jahr	tot	: ...
중성 3격	형용사 보어	

1. Sie ist ... :

동사 sein의 *현재* 시제임 : 주어인 "Sie"는 문장 4의 "Manuela"를 받는 여성의 sie('그녀')임. 따라서 동사 sein의 형태는 *ist*임.

2\. ... , und ihr*e* Oma ... :

*여성*명사 Oma가 *주어*이므로 *여성 1격*임.
따라서 소유대명사 ihr-('그녀의')는 *여성 1격* 부정관사 ein*e*처럼 어미변화 하여 ihr*e*임.
※소유대명사 ihr- , mein- , dein- , sein- ... 및 부정어 kein-은 부정관사 *ein-* 어미변화 함!

3\. ... , ihre Oma ist ... :

동사 sein의 *현재* 시제임 : 주어인 "ihre Oma"는 여성의 sie에 해당하므로 동사 sein의 형태는 *ist*임.

4\. seit über ein*em* Jahr :

*중성*명사 Jahr가 *3격* 전치사 seit와 결합하므로 *중성 3격* 부정관사 ein*em*이 앞에 옴.

► das Jahr (die Jahr*e*) 해, 년 (영. year)

► alt [형용사] 늙은, 낡은 (영. old)
「j-d ist ... Jahr(e) alt」 누구는 나이가 ...이다

► nun [부사] 이제, 지금은 (영. now)

► über [부사] : 「über + 숫자」 ... 이상 ≈ 「mehr als + 숫자」 (영. over ; more than ...)

► tot [형용사] 죽은 (영. dead)
→ töten [타동사] ...을 죽이다 (영. kill)
* 3 기본형 : töt*en* - töt*ete* - *ge*töt*et* ※어간 끝이 -*t*이므로 발음상 -e- 첨가!

6

Zuerst war es ein Schock.

Zuerst	war	es	ein Schock .
	동사 (과거 시제)	주어	동사 war의 주격 보어 (남성 1격)

... war es ... :

동사 sein('...이다')의 *과거* 시제임 : 주어가 es이므로 과거형 war는 어미 없이 그대로 war_임.

► zuerst [부사] 우선, 처음에 (영. first ; at first)

► war ⇒ 동사 sein의 *과거* 시제 (주어가 ich 혹은 er, sie, es일 때)

sein [자동사] (완료형 「sein ... gewesen」) (명사 혹은 형용사 보어와 함께) ...이다 (영. be)

* *과거* 시제 :

ich war ; du war*st* ; er (sie, es) war

wir war*en* ; ihr war*t* ; sie (Sie) war*en*

* 3 기본형 : sein - war - gewesen

► der Schock (die Schock*e*) 충격, 쇼크 (영. shock)

→ schockieren [타동사] : 「j-n schockieren」 *누구*에게 충격 주다 (영. shock)

→ schockierend [형용사/현재분사] 충격을 주는, 충격적인 (영. shocking)

7

Obwohl wir damit gerechnet haben , weil ... krank war .
주어 / 현재완료 「haben ... pp」 후치됨! / 종속접속사 weil-부문장 (앞의 obwohl-부문장 내용에 대한 '이유, 근거'임.)

1. Obwohl wir ... gerechnet haben , ... :

종속접속사 *obwohl*-부문장으로서, 동사 rechnen의 *현재완료* 시제 「haben ... pp」 임 :

- 주어가 wir이므로 현재완료 조동사 haben의 형태는 hab*en*임.
- 동사 rechnen의 pp형은 *ge*rechn*et*임. (동사 rechnen은 어간 끝이 *-chn*이므로 발음상 -e- 첨가!)

따라서 원래는 「haben ... gerechnet」 이지만 부문장 안이므로 *후치*됨 : ... gerechnet haben

2. ... damit gerechnet ... :

「mit etw.[3] rechnen」 '*무엇*을 예상하다', 즉 '*무엇*이 있을 것으로 예상하다'

damit = mit + das('그것')

여기서 damit은 앞 문맥의 주요 내용 요소인 '할머니의 죽음'을 가리킴.

Obwohl ... haben , weil meine Großmutter schon länger krank war .
종속접속사 *obwohl*-부문장 (앞 문장 6의 내용을 한정함.) / 종속접속사 / 주어 (여성 1격) / 동사 war의 형용사 보어 / 동사 (과거) 후치됨!

3. ... , weil meine Großmutter ... war , ... :

종속접속사 *weil*-부문장으로서, 동사 sein('...이다')의 *과거* 시제임 :

주어 "meine Großmutter"는 여성의 sie('그녀')에 해당하므로 과거형 war는 어미 없이 그대로 war_임.

► obwohl, obgleich [종속접속사] 비록 ...일지언정 (영. though, although)

► rechnen [자동사] 계산하다 (영. count)
「mit etw.[3] rechnen」 *무엇*을 예상하다, *무엇*이 있을 것으로 보다 (영. reckon, expect)
* 3 기본형 : rechn*en* - rechn*ete* - *ge*rechn*et* ※어간 끝이 -*chn*이므로 발음상 -e- 첨가!

► weil [종속접속사] ...이기 때문에 (영. because)

► die Großmutter (die Großmütter) 할머니 (영. grandmother)

► länger ⇒ lange의 *비교급* 형태!
lange [부사] 오랫동안 (영. long time)
* 3 비교급 : lange - läng*er* - läng*st*

► krank [형용사] 아픈, 병든 (영. sick) ↔ gesund 건강한
→ die Krankheit (die Krankheit*en*) 병, 질병 (영. illness) ↔ die Gesundheit 건강

► war ⇒ 동사 sein의 *과거* 시제 (주어가 ich 혹은 er, sie, es일 때)
sein [자동사] (완료형 「sein ... gewesen」) (명사 혹은 형용사 보어와 함께) ...이다 (영. be)
* *과거* 시제 :
ich war ; du war*st* ; er (sie, es) war
wir war*en* ; ihr war*t* ; sie (Sie) war*en*
* 3 기본형 : sein - war - gewesen

8

Als	sie	starb	,	war	ihre Oma	70 Jahre	alt .
종속접속사	주어	동사 (과거) 후치됨!		동사 (과거)	주어 (여성 1격)		동사 war의 형용사 보어

1. Als sie starb , ... :

(1) 주어인 sie는 뒤에 오는 주문장 안의 “ihre Oma”를 받는 여성의 sie(‘그녀’)임.

(2) 종속접속사 *als*-부문장으로서, 동사 sterben의 *과거* 시제임 :

주어가 여성의 sie(‘그녀’)이므로 과거형 starb는 어미 없이 그대로 starb_임.

(부문장 안이므로 동사 starb는 *후치*되어 맨 뒤에 옴.)

2. ... , war ihre Oma ... :

종속접속사 *als*-부문장에 이어서 나온 주문장으로서 동사 sein(‘...이다’)의 *과거* 시제임 :
주어 “ihre Oma”는 여성의 sie(‘그녀’)에 해당하므로 과거형 war는 어미 없이 그대로 war_임.

(어순 : 앞에 *als*-부문장이 먼저 오므로 *도치*됨.)

► starb ⇒ sterben의 *과거* 시제 (주어가 ich 혹은 er, sie, es일 때)

sterben [자동사] (완료형 「sein ... pp」) 죽다 (영. die)

* 3 기본형 : sterben - starb - gestorben

* 현재 시제 *불규칙* 변화 : du stirb*st* ; er (sie, es) stirb*t*

► war ⇒ 동사 sein의 *과거* 시제 (주어가 ich 혹은 er, sie, es일 때)

sein [자동사] (완료형 「sein ... gewesen」) (명사 혹은 형용사 보어와 함께) ...이다 (영. be)

* *과거* 시제 :

ich war ; du war*st* ; er (sie, es) war

wir war*en* ; ihr war*t* ; sie (Sie) war*en*

* 3 기본형 : sein - war - gewesen

9

Sie	hatte	Darmkrebs .
주어	동사 (과거)	동사 hatte의 4격 목적어

(1) 주어인 "Sie"는 앞 문장 8의 sie와 동일하게 "ihre Oma"를 받는 여성의 sie('그녀')임.

(2) 동사 haben의 *과거* 시제임 : 주어가 여성의 sie이므로 과거형 hatte는 어미 없이 그대로 hatte_임.

► hatte ⇒ 동사 haben의 *과거* 시제 (주어가 ich 혹은 er, sie, es일 때)

haben [타동사] ...을 가지고 있다 (영. have)

* *과거* 시제 :

ich hatte ; du hatte*st* ; er (sie, es) hatte

wir hatte*n* ; ihr hatte*t* ; sie (Sie) hatte*n*

* 3 기본형 : haben - hatte - gehabt

► der Darmkrebs 대장암 (영. cancer of the intestine)

→ der Darm (die Därm*e*) (신체 기관) 장 (영. intestine)

→ der Krebs [1] (복수 없음!) (질병) 암 (영. cancer) ; [2] (die Krebs*e*) (동물) 게 (영. crab)

10

Bei der 16-jährigen Sophie	war	das	anders .
여성 3격	동사 (과거)	주어	동사 war의 형용사 보어

1. Bei d*er* 16-jährig*en* Sophie :

   *여성*의 Sophie가 *3격* 전치사 bei와 결합하므로 *여성 3격* 정관사 d*er*가 앞에 옴.
   형용사 16-jährig-는 앞에 *여성 3격* 정관사 d*er*가 오므로 어미 *-en*이 붙어 16-jährig*en*임.
   ※(성, 수에 상관없이) *3격*의 관사, 소유대명사, 지시대명사 ... + 형용사 *-en*

2. ... war das ... :

   (1) 주어는 지시대명사 das('그것')로서, 내용상 앞 문장 9에서 언급된 '할머니의 사망 원인'을 가리킴.
   (2) 동사 sein('...이다')의 *과거* 시제임 :
   주어가 지시대명사 das이므로 과거형 war는 어미 없이 그대로 war_임.

► bei [*3격* 전치사] : 「bei j-m」 *누구*에게 있어서

► ...-jährig (형용사를 구성하여) 연령이 ...인, ... 살의 (영. ...-year-old)

► war ⇒ 동사 sein의 *과거* 시제 (주어가 ich 혹은 er, sie, es일 때)
sein [자동사] (완료형 「sein ... gewesen」) (명사 혹은 형용사 보어와 함께) ...이다 (영. be)
* *과거* 시제 :
ich war ; du war*st* ; er (sie, es) war
wir war*en* ; ihr war*t* ; sie (Sie) war*en*
* 3 기본형 : sein - war - gewesen

► anders [형용사] (sein, werden 등의 *형용사 보어*, 혹은 *부사어*로서) 다른, (부사적) 달리 (영. different)
〈주의〉 ander- [형용사] (명사 앞 수식어로서) 다른 (영. other)

11

Ihre Großmutter	bekam	mit 68 Jahren	ganz plötzlich	einen Herzinfarkt .
주어 (여성 1격)	동사 (과거 시제)	복수 3격		동사 bekam의 4격 목적어 (남성 4격)

1. Ihr*e* Großmutter ... :

   *여성*명사 Großmutter가 *주어*이므로 *여성 1격*임.
   따라서 소유대명사 Ihr-('그녀의')는 *여성 1격* 부정관사 ein*e*처럼 어미변화 하여 Ihr*e*임.
   (여기서 여성 소유대명사 Ihr-는 앞 문장 10의 "Sophie"를 받음.)
   ※소유대명사 ihr- , mein- , dein- , sein- ... 및 부정어 kein-은 원칙적으로 *부정관사 ein-* 어미변화 함.

2. Ihre Großmutter bekam ... :

   동사 bekommen의 *과거* 시제임 :
   주어 "Ihre Großmutter"는 여성의 sie('그녀')에 해당하므로 과거형 bekam은 어미 없이 그대로 bekam_임.

3. mit 68 Jahr*en* :

   *복수*명사 Jahre가 *3격* 전치사 mit와 결합하므로 *복수 3격*임.
   복수 3격 명사의 형태는 항상 *-n*이어야 함. 따라서 *복수 3격*인 Jahre는 추가로 어미 *-n*이 붙어 Jahre*n*임.

► bekam ⇒ bekommen의 *과거* 시제 (주어가 ich 혹은 er, sie, es일 때)
bekommen [타동사] ...을 얻다, 받다 (영. get)
* 3 기본형 : *bekommen* - *bekam* - *bekommen*
형태가 *be*-이므로 pp형은 ge- 없음!
↳ kommen [자동사] (완료형 「sein ... pp」) 오다 (영. come)
* 3 기본형 : kommen - kam - gekommen

► mit [*3격* 전치사] (나이, 연령) ~살에 (영. at the age of ...)

► ganz [부사] (형용사, 부사를 수식하여) [1] 매우 ≈ sehr (영. very) ; [2] 완전히 ≈ völlig (영. quite)

► plötzlich [형용사] 갑작스러운, (부사적) 갑자기 (영. sudden)
↔ allmählich [형용사] 점차적인, (부사적) 점차적으로 (영. gradual)

► der Herzinfarkt (die Herzinfarkte) 심장마비 (영. heart attack)
「einen Herzinfarkt bekommen」 심장마비를 당하다
→ das Herz (die Herzen) (신체 기관) 심장 (영. heart)
→ der Infarkt (die Infarkte) (의학 용어) 마비 (영. infarct)

Sie	wurde	schnell	ins Krankenhaus	gebracht	,
주어	수동태 (과거) 조동사		중성 4격	수동태 pp형	

überlebte	dort	aber	den nächsten Tag	nicht	: ...
동사 (과거 시제)			동사 überlebte의 4격 목적어 (남성 4격)		

1. Sie wurde ... gebracht , überlebte ... aber ... :

주어인 "Sie"는 앞 문장 11의 "Ihre Großmutter"를 받는 여성의 sie('그녀')임.
이와 같이 여성의 sie를 동일한 주어로 하여,
동사 bringen의 *수동태 과거* 시제 ① , 그리고 동사 überleben의 *과거* 시제 ②가 연결됨.

① 동사 bringen의 *수동태 과거* 시제 「wurde ... pp」 :
- 주어가 여성의 sie('그녀')이므로 조동사 wurde는 어미 없이 그대로 wurde_임.
- bringen의 pp형은 gebracht임.

② 동사 überleben의 *과거* 시제 :
주어가 여성의 sie('그녀')이므로 과거형 überleb*te*는 어미 없이 그대로 überleb*te*_임.

2. ... ins Krankenhaus gebracht ... :

3·4격 전치사 in은 여기서 동사 gebracht와 함께 '...로 데려가다'로 해석되어 '방향'을 뜻하므로 *4격* 지배임.
*중성*명사 Krankenhaus가 전치사 in의 *4격* 목적어이므로 *중성 4격*임.
따라서 *중성 4격* 정관사 das가 와야 하지만 전치사 in과 함께 ins로 축약됨.
(ins = in das)

3. ... , überlebte ... d*en* nächst*en* Tag ... :

*남성*명사 Tag이 동사 überlebte의 *4격* 목적어이므로 *남성 4격* 정관사 d*en*이 앞에 옴.
형용사 nächst-는 앞에 *남성 4격* 정관사 d*en*이 오므로 어미 *-en*이 붙어 nächst*en*임.
※(성, 수에 상관없이) 어미 *-en*이 붙는 경우 :
d*en* , ein*en* , mein*en* , kein*en* , dies*en* ... + 형용사 *-en*

► wurde ⇒ *수동태* 조동사 werden의 *과거* 시제 (주어가 ich 혹은 er, sie, es일 때)
「wurde ... pp」 (수동태, 과거 시제) ... 되었다
* 어미변화 :
ich wurde ; du wurde*st* ; er (sie, es) wurde
wir wurde*n* ; ihr wurde*t* ; sie (Sie) wurde*n*
〈참고〉 werden의 3 기본형 : werden - wurde - worden
〈주의〉 일반 동사 werden('...되다')의 pp형은 geworden임.

► schnell [형용사] 빠른, (부사적) 빨리 ≈ rasch (영. fast) ↔ langsam 느린

► das Krankenhaus (die Krankenhäus*er*) 병원, 종합병원 ≈ die Klinik (영. hospital)
「j-n ins Krankenhaus bringen」 *누구*를 병원으로 이송하다
→ das Haus (die Häus*er*) 집 (영. house)

► gebracht ⇒ 동사 bringen의 *과거분사* (= pp형)
bringen [타동사] ...을 가져오다, 데려오다 (영. bring)
* 3 기본형 : bringen - brachte - gebracht

► überleben [타/자동사] (...을) 살아남다 (영. survive)

* 3 기본형 : *über*leb*en* - *über*leb*te* - *über*leb*t*
형태가 *über*-이므로 pp형은 -ge- 없음!

↳ leben [자동사] 살다, 생활하다 (영. live)

* 3 기본형 : leb*en* - leb*te* - *ge*leb*t*

► aber [부사/어조사] (앞서 언급된 내용과 대립되는 내용을 표현하여) 그런데

► nächst [형용사] 다음의 (영. next) ※형용사 nah(e)의 최상급 형태로서 독립적인 어휘로 굳어짐.

→ nah(e) [형용사] 가까운 (영. near)

* 3 비교급 : nah(e) - näh*er* - näch*st*

► der Tag (die Tag*e*) 날, 낮 (영. day)

Ich	habe	mich	sehr schlecht und traurig	gefühlt	,	als	...	erzählt haben.
주어	현재완료 조동사	4격 재귀대명사		현재완료 pp형		종속접속사 *als*-부문장		

1. Ich habe ... gefühlt , ... :

동사 fühlen의 *현재완료* 시제 「haben ... pp」 임:

- 주어가 여성의 Ich이므로 조동사 haben의 형태는 hab*e*임.
- fühlen의 pp형은 *ge*fühl*t*임.

2. ... mich sehr schlecht und traurig gefühlt , ... :

「sich[4] + 형용사 + fühlen」 '느낌이 ...이다', '컨디션이 ...이다'

주어가 1인칭 ich이므로 4격 재귀대명사는 mich임.

〈참고〉

재귀대명사 형태는 문장의 *주어*에 의해 결정됨.

(1) 주어가 1, 2인칭의 경우, 해당 인칭대명사와 동일함 :

주어 ich ⇒ 3격 *mir* , 4격 *mich* ; 주어 du ⇒ 3격 *dir* , 4격 *dich*

주어 wir ⇒ 3, 4격 모두 *uns* ; 주어 ihr ⇒ 3, 4격 모두 *euch*

(2) 나머지 모든 경우는 3, 4격 모두 *sich*임.

... ,	als	meine Eltern	mir	davon	erzählt haben .
	종속접속사	주어 (복수 1격)	동사 erzählt의 3격 목적어		동사 (현재완료) 후치됨!

3. ... , als meine Eltern ... erzählt haben :

동사 erzählen의 *현재완료* 시제 「haben ... pp」 임:

- 주어 "meine Eltern"은 복수의 sie('그들')에 해당하므로 조동사 haben의 형태는 hab*en*임.
- erzählen의 pp형은 erzähl*t*임.

따라서 원래 「haben ... erzählt」 이지만, *als*-부문장 안이므로 후치됨 : ... erzählt haben

4. ... mir davon erzählt ... :

「j-m von etw.3 erzählen」 '*누구*에게 *무엇*에 관해 이야기하다'

(1) 동사 erzählen의 *3격* 목적어이므로 ich의 *3격* 형 mir가 옴.

〈참고〉

인칭대명사 3격 및 4격 :

ich ⇒ mir , mich / du ⇒ dir , dich

er ⇒ ihm , ihn / es ⇒ ihm , es / sie '그녀' ⇒ ihr , sie

wir ⇒ uns , uns / ihr ⇒ euch , euch / sie '그들, 그것들' ⇒ ihnen , sie

Sie '당신, 당신들' ⇒ Ihnen , Sie

(2) davon '그것에 관하여' = von '~에 관하여' + das '그것'

여기서 davon은 앞 문장 12의 내용, 즉 '할머니가 병원에 이송되었지만, 곧 사망한' 내용을 가리킴.

► schlecht [형용사] 나쁜 (영. bad)

► traurig [형용사] 슬픈 (영. sad)
「traurig über etw.[4]」 *무엇*에 대해 슬픈 ↔ 「froh über etw.[4]」 *무엇*에 대해 기쁜
→ die Trauer (die - ; 주로 *단수*!) 슬픔 (영. grief, mourning) ↔ die Freude (die Freude*n*) 기쁨

► fühlen [타동사] ...을 느끼다 (영. feel)
「sich[4] + 형용사 + fühlen」 느낌이 ...하다
* 3 기본형 : fühl*en* - fühl*te* - *ge*fühl*t*
→ das Gefühl (die Gefühl*e*) 느낌 (영. feeling)

► die Eltern (항상 *복수*!) 부모 (영. parents)

► von [*3격* 전치사] ~에 관하여 (영. about)

► erzählen [타/자동사] (...을) 이야기 하다 (영. tell, talk)
「j-m etw.[4] erzählen」 *누구*에게 *무엇*을 이야기하다
「j-m von etw.[3] erzählen」 *누구*에게 *무엇*에 관하여 이야기하다
* 3 기본형 : *er*zähl*en* - *er*zähl*te* - *er*zähl*t*
형태가 *er*-이므로 pp형은 -ge- 없음!
↳ zählen [타동사] ...을 세다, 헤아리다 (영. count)
* 3 기본형 : zähl*en* - zähl*te* - *ge*zähl*t*
→ die Erzählung (die Erzählung*en*) 이야기 (영. story, tale)

14

„ … Es war sehr schlimm für mich“ , sagt Sophie .

Es	war	schlimm	sagt	Sophie
주어	동사 (과거 시제)	동사 war의 형용사 보어	동사 (현재 시제)	주어

1. Es war … :

동사 sein의 *과거* 시제임:

주어가 Es이므로 과거형 war는 어미 없이 그대로 war_임.

2. für mich :

4격 전치사 für와 결합하므로 ich의 *4격* 형 mich가 옴.

〈참고〉

인칭대명사 *3격* 및 *4격* :

ich ⇒ mir , mich / du ⇒ dir , dich

er ⇒ ihm , ihn / es ⇒ ihm , es / sie '그녀' ⇒ ihr , sie

wir ⇒ uns , uns / ihr ⇒ euch , euch / sie '그들, 그것들' ⇒ ihnen , sie

Sie '당신, 당신들' ⇒ Ihnen , Sie

„ … Es war sehr schlimm für mich “ , sagt Sophie .

„ … Es war sehr schlimm für mich “	sagt	Sophie
문장 전체가 뒤에 오는 동사 sagt의 4격 목적어임.	동사 (현재 시제)	주어

3. „ … “, sagt Sophie :

동사 sagen의 *현재* 시제임 : 주어 “Sophie”는 여성의 sie('그녀')에 해당하므로 동사 형태는 sag*t*임.

► war ⇒ 동사 sein의 *과거* 시제 (주어가 ich 혹은 er, sie, es일 때)

sein [자동사] (완료형「sein ... gewesen」) (명사 혹은 형용사 보어와 함께) ...이다 (영. be)

* *과거* 시제 :

ich war ; du war*st* ; er (sie, es) war

wir war*en* ; ihr war*t* ; sie (Sie) war*en*

* 3 기본형 : sein - war - gewesen

► schlimm [형용사] 나쁜 (영. bad)

► für [*4격* 전치사] ~을 위해 (영. for)

► sagen [타/자동사] (...을) 말하다 (영. say)

* 3 기본형 : sag*en* - sag*te* - *ge*sag*t*

15

„ Auf einmal war (동사 (과거)) sie (주어) nicht mehr da. ... "

„ ... war sie ... :

동사 sein('있다, 존재하다')의 *과거* 시제임 : 주어 sie는 '돌아가신 할머니'를 가리키므로 여성의 sie임. 따라서 과거형 war는 어미 없이 그대로 war_임.

► einmal [부사] 한번 (영. once)

「auf einmal」 갑자기, 한번에 ≈ plötzlich

► war ⇒ 동사 sein의 *과거* 시제 (주어가 ich 혹은 er, sie, es일 때)

sein [자동사] (완료형 「sein ... gewesen」) 있다, 존재하다 (영. be)

* *과거* 시제 :

ich war ; du war*st* ; er (sie, es) war

wir war*en* ; ihr war*t* ; sie (Sie) war*en*

* 3 기본형 : sein - war - gewesen

► mehr [부정수사] (viel, viele의 비교급) 더 많은, 더 많이 (영. more)

「nicht mehr ...」, 「kein- ... mehr」 더 이상 ... 않다 (영. no more ...)

* 3 비교형 : viel, viele - mehr - meist

► da [부사] 저기, 그곳에 (영. there)

「etw. ist da」 *무엇*이 있다 ≈ 「etw. ist vorhanden」

16

„ ... Ich	konnte	am Anfang	gar nicht	darüber	sprechen .“
주어	화법조동사 (과거 시제)				동사 원형

1. „ ... Ich konnte ... sprechen :

화법조동사 können의 *과거* 시제 「konnte ... 동사 원형」 임 :

- 주어가 “Ich”이므로 과거형 konnte는 어미 없이 그대로 konnte_임.
- 화법조동사 konnte와 결합하는 *동사 원형* sprechen이 문장 맨 뒤에 옴.

2. ... darüber sprechen :

「mit j-m über etw.[4] sprechen」 ‘*누구*와 *무엇*에 관해 이야기 하다’

darüber = über + das(‘그것’)

여기서 darüber는 앞 문맥에서 주된 내용 요소로 언급된 ‘할머니의 죽음’을 가리킴.

► konnte ⇒ 화법조동사 können의 *과거* 시제 (주어가 ich 혹은 er, sie, es일 때)

「können ... 동사 원형」 [화법조동사] ...할 수 있다 (영. can)

* *과거* 시제 :

ich konnte ; du konnte*st* ; er (sie, es) konnte

wir konnte*n* ; ihr konnte*t* ; sie (Sie) konnte*n*

* 3 기본형 : können - konnte - gekonnt (können)

※동사 원형 *있을* 경우 완료형 : 「haben ... *동사 원형* können」

동사 원형 *없을* 경우 완료형 : 「haben ... gekonnt」

► der Anfang (die Anfäng*e*) 시작, 처음 (영. beginning, start)

「am Anfang」 처음에 ; 「von Anfang an」 처음부터

→ *an*fangen (fangen ... *an*) [분리/자동사] 시작하다 (영. begin)

* 3 기본형 : *an*fangen - *an*fing (fing ... *an*) - *an*gefangen

* 현재 시제 *불규칙* 변화 : du fäng*st* ... *an* ; er (sie, es) fäng*t* ... *an*

► gar [부사/어조사] (부정어 강조) 「gar nicht ...」, 「gar kein- ...」 전혀 ...않다 (영. not ... at all)

► sprechen [자동사] 말하다 (영. speak, talk)

「über etw.[4] sprechen」 *무엇*에 관해 이야기하다

* 3 기본형 : sprechen - sprach - gesprochen

* 현재 시제 *불규칙* 변화 : du sprich*st* ; er (sie, es) sprich*t*

→ die Sprache (die Sprache*n*) 말, 언어 (영. language)

17

„ Jugendliche (주어 (복수 1격)) wie Manuela und Sophie (앞의 Jugendliche에 일치하여 1격임.) bekommen (동사 (현재 시제)) Hilfe (bekommen의 4격 목적어)

im Bremer Zentrum (중성 3격) für trauernde Kinder und Jugendliche. (복수 4격)

1. „ Jugendliche ... :

Jugendlich-는 명사화 된 형용사이므로 *형용사 어미변화* 함.

즉, '청소년들'을 뜻하여 *복수*이며, *주어*이므로 *복수 1격* 정관사 die처럼 어미변화 하여 Jugendliche임.

※형용사 앞에 관사, 소유대명사, 지시대명사 등이 없을 경우, *형용사 자체가 정관사 d-* 어미변화 함.

2. „ Jugendliche ... bekommen ... :

동사 bekommen의 *현재* 시제임 :

주어인 "Jugendliche"는 복수의 sie('그들')에 해당하므로 동사 형태는 bekomm*en*임.

3. ... bekommen ... im Brem*er* Zentrum ... :

(1) 3·4격 전치사 in은 여기서 동사 bekommen과 함께 '... 안에서 받는다'로 해석되므로 '방향'이 아닌 '위치'를 뜻하므로 *3격* 지배!

따라서 *중성*명사 Zentrum이 전치사 in의 *3격* 목적어이므로 *중성 3격* 정관사 d*em*이 와야 하지만, 전치사 in과 함께 im으로 축약됨. (im = in dem)

(2) 「도시 명 + *-er*」 '...의' :

Frankfurt*er* Flughafen '프랑크푸르트*의* 공항' / Köln*er* Dom '쾰른*의* 교회'

Bremen '브레멘' → Brem*er* '브레멘의' (Bremen*er*가 아님에 주의할 것!)

4. für trauernd*e* Kind*er* und Jugendlich*e* :

(1) *복수*명사 Kind*er*가 *4격* 전치사 für와 결합하므로 *복수 4격*임.
따라서 형용사(= 현재분사) trauernd-는 *복수 4격* 정관사 di*e*처럼 어미변화 하여 trauernd*e*임.
※ 형용사 앞에 관사, 소유대명사, 지시대명사 등이 없을 경우, *형용사 자체가 정관사 d-* 어미변화 함.

(2) Jugendlich-는 명사화 된 형용사이므로 *형용사 어미변화* 함.
여기서는 '청소년들'을 뜻하여 *복수*이며, *4격*전치사 für와 결합하여 *복수 4격*임.
따라서 *복수 4격* 정관사 di*e*처럼 어미변화 하여 Jugendlich*e*임.

► Jugendlich- (*형용사* 어미변화) 청소년 ※형용사의 *명사화*!
→ jugendlich [형용사] 청소년의 (영. youthful)
↳ die Jugend (항상 *단수*!) 청소년 시기 (영. youth)

► wie [접속사] ... 같은, ...처럼 (영. as)

► bekommen [타동사] ...을 얻다, 받다 (영. get)
* 3 기본형 : *be*kommen - *be*kam - *be*kommen
형태가 *be*-이므로 pp형은 ge- 없음!
↳ kommen [자동사] (완료형 「sein ... pp」) 오다 (영. come)
* 3 기본형 : kommen - kam - gekommen

► die Hilfe (die Hilfe*n*) 도움 (영. help)
→ helfen [자동사] : 「j-m bei etw.[3] helfen」 누구를 무엇에 있어서 돕다
* 3 기본형 : helfen - half - geholfen
* 현재 시제 *불규칙* 변화 : du hilf*st* ; er (sie, es) hilf*t*

► Bremer 브레멘의
→ Bremen (도시 명 ; 관사 없음) 브레멘

► das Zentrum (die Zentr*en*) 중심, 중심지, 센터 (영. center)
→ zentral [형용사] 중앙의, 중심적인 (영. central)

► trauernd [현재분사/형용사] 애도하는, 추모하는

→ trauern [자동사] : 「um j-n trauern」 누구를 애도하다, 추모하다 (영. mourn)

* 3 기본형 : trauer*n* - trauer*te* - *ge*trauer*t*

18

Hier **bekommen** (동사 (현재 시제)) **sie** (주어) **Raum** (동사 bekommen의 4격 목적어 (남성 4격)), **um ... *aus*zudrücken** (「um ... zu 동사 원형」), **wenn ... nicht geht.** (종속접속사 wenn-부문장 (앞의 「um ... zu ...」 내용에 대한 조건을 설명함.))

1\. ... bekommen sie ... :

동사 bekommen의 *현재* 시제임 :

주어인 "sie"는 앞 문장 17의 "trauernde Kinder und Jugendliche"를 가리키므로 복수의 sie('그들')임. 따라서 동사 형태는 bekomm*en*임.

..., um **ihre Trauer** (동사 *aus*drücken의 4격 목적어 (여성 4격)) ***aus*zu*drücken*** (*zu*-부정사), wenn **das** (주어 (중성 1격)) in der Familie nicht **geht** (동사 (현재) 후치됨!).

2\. ... , um ihre Trauer auszudrücken , ... '그들의 슬픔을 표현하기 위해' :

- *여성*명사 Trauer가 동사 *aus*drücken의 *4격* 목적어이므로 *여성 4격*임.
  따라서 소유대명사 ihr-('그들의')는 *여성 4격* 부정관사 ein*e*처럼 어미변화 하여 ihr*e*임.
  (여기서 소유대명사 ihr-는 앞의 주어 sie('그들')를 받아 복수의 ihr('그들의')임.)
- 분리동사 *aus*drücken의 *zu*-부정사 형식 :
  zu가 전철과 기본동사 사이에 위치함 : ... *aus*zudrücken (즉, ... zu *aus*drücken 아님!)

3\. ... , wenn das ... geht :

동사 gehen의 *현재* 시제임 : 주어가 단수 3인칭 지시대명사 "das" 이므로 동사 형태는 geh*t*임.
(여기서 das는 내용상 바로 앞에서 언급된 내용, 즉 '슬픔을 표현하기 위한 공간을 얻는 것'을 뜻함.)

► der Raum (die Räume) 공간, 여지 (영. space, room)

► die Trauer (die - ; 주로 *단수*!) 슬픔 (영. grief, mourning) ↔ die Freude (die Freude*n*) 기쁨

► *aus*drücken (drücken ... *aus*) [분리/타동사] ...을 표현하다 (영. express)

* 3 기본형 : *aus*drück*en* - *aus*drück*te* (drück*te* ... *aus*) - *ausge*drück*t*

↳ drücken [타동사] ...을 압박하다 (영. press)

* 3 기본형 : drück*en* - drück*te* - *ge*drück*t*

→ der Ausdruck (Ausdrücke) 표현 (영. expression)

► wenn [종속접속사] 만약 ...일 경우 (영. when, if)

► die Familie (die Familie*n*) 가족, 가정 (영. familiy)

► gehen [자동사] (완료형 「sein ... pp」) 가다 (영. go)

「Das geht (nicht)」 그것이 (불)가능하다

* 3 기본형 : gehen - ging - gegangen

19

Einige	ziehen	sich	*zurück*	und	lassen	keinen	mehr an sich	*heran*.
주어	동사$_1$ (현재 시제)		분리전철		동사$_2$ (현재 시제)	동사 *heran*lassen의 4격 목적어 (남성 4격)		분리전철

1. Einige ziehen ... *zurück* und lassen ... *heran* :
   ① ②

   두 개의 분리동사 *zurück*ziehen 및 *heran*lassen의 *현재* 시제임 :

   ① 주어 “Einige”는 복수의 sie(‘그들’)에 해당하므로 동사 형태는 zieh*en*이며, 분리전철 *zurück*-은 분리되어 문장 뒤에 옴.

   ② 주어가 동일하게 “Einige”이므로 동사 형태는 lass*en*이며, 분리전철 *heran*-은 분리되어 문장 뒤에 옴.

2. Einige ziehen sich ... *zurück* und ... :

   「sich⁴ *zurück*ziehen」 ‘뒤로 물러나다’

   주어 “Einige”가 복수 sie(‘그들’)에 해당하므로 4격 재귀대명사는 sich임.

3. ... lassen kein*en* mehr an sich *heran* ‘더 이상 누군가를 자신 곁에 가까이 두지 않는다’ :

   「etw.⁴ an etw.⁴ *heran*lassen」 ‘*무엇을 무엇* 옆에 가까이 두다’

   (1) kein*en*은 동사의 *4격* 목적어로서 *남성 4격* 정관사 d*en* 어미변화 한 상태임.

   ※부정대명사 ein*er*(‘누군가’), kein*er*(‘아무도 ... 않다’)는 *남성* 정관사 d*er* 어미변화 함.

   (2) 전치사 an과 결합한 sich는 *4격* 재귀대명사임.

► einig*e* [부정대명사] 몇몇 사람들

→ 「einig*e* + *복수*명사」 몇몇 ... ≈ 「mehrer*e* + *복수*명사」 (영. some ...)

► ziehen ... *zurück* ⇒ 분리동사 *zurück*ziehen의 *현재* 시제 (주어가 wir, sie('그들'), Sie('당신'))

*zurück*ziehen (ziehen ... *zurück*) [분리/타동사] ...을 뒤로 빼다, 철수하다 (영. pull back)

「sich[4] *zurück*ziehen」 '자신을 뒤로 빼다' 즉 '뒤로 물러나 칩거하다'

* 3 기본형 : *zurück*ziehen - *zurück*zog (zog ... *zurück*) - *zurück*gezogen

↳ ziehen [타동사] ...을 끌다 (영. pull, draw)

* 3 기본형 : ziehen - zog - gezogen

► lassen ... *heran* ⇒ 분리동사 *heran*lassen의 *현재* 시제 (주어가 wir, sie('그들'), Sie('당신'))

*heran*lassen (lassen ... *heran*) [분리/타동사]

「etw.[4] an etw.[4] *heran*lassen」 *무엇을 무엇* 옆에 가까이 두다

↔ 「etw.[4] von etw.[3] fern halten」 *무엇을 무엇*으로부터 멀리 떨어뜨려 놓다

* 3 기본형 : *heran*lassen - *heran*ließ (ließ ... *heran*) - *heran*gelassen

* 현재 시제 *불규칙* 변화 : du lässt ... *heran* ; er (sie, es) lässt ... *heran*

↳ lassen [타동사] ...하도록 하다 (영. let, have, get)

* 3 기본형 : lassen - ließ - gelassen

* 현재 시제 *불규칙* 변화 : du lässt ; er (sie, es) lässt

► kein*er* [부정대명사] 아무도 ... 않다 (영. no one, nobody)

→ ein*er* [부정대명사] 누군가 (영. some one, somebody)

20

„ ... Andere (주어) werden (동사₁ (현재 시제)) wütend (동사 werden의 형용사 보어) und richten (동사₂ (현재 시제)) Gewalt (동사 richten의 4격 목적어 (여성 4격))

gegen sich selbst (재귀대명사 4격) und andere (복수 4격) ", ...

1. Andere werden ... und richten ... :

(1) 주어인 Andere('다른 사람들')는 형용사 ander-('다른')가 *명사화* 된 형태로서 *형용사 어미변화* 함 :
'다른 사람들'을 뜻하여 *복수*이고, *주어*이므로 *복수 1격* 정관사 die 어미변화 하여 Andere임. (앞 철자는 대문자 표기!)

(2) 동사 werden 및 richten의 *현재* 시제임 :
주어 "Andere"는 복수의 sie('그들')에 해당하므로 동사 형태는 각각 werd*en* 및 richt*en*임.

2. Gewalt gegen sich selbst und ander*e* :

(1) 4격 전치사 gegen과 결합하므로 *4격* 재귀대명사 sich임.

(2) 여기서 andere는 "andere (Leute)"의 축약형으로 볼 수 있음 :
형용사 ander-가 *4격* 전치사 gegen과 결합하므로 *복수 4격* 정관사 die 어미변화 하여 ander*e*임.

„ ... " ,	sagt	Beate Alefeld-Gerges.
	동사 (현재 시제)	주어 (여자 이름)

3. ... , sagt Beate Alefeld-Gerges :

동사 sagen의 *현재* 시제임 :
주어 "Beate Alefeld-Gerges"는 여성의 sie('그녀')에 해당하므로 동사 형태는 sag*t*임.

► ander- [형용사] (명사 앞 수식어로서) 다른 ... (영. other)

► werden [자동사] (완료형 「sein ... geworden」) (형용사 및 명사 보어와 함께) ... 되다 (영. become)
* 3 기본형 : werden - wurde - geworden
* 현재 시제 *불규칙* 변화 : du wirst ; er (sie, es) wird

► wütend [형용사] 분노한, 화난 (영. raging, furious)
「j-d ist wütend auf j-n」 *누구는 누구*에 대해 분노하다
→ die Wut (복수 없음!) 분노 (영. rage, fury)

► richten [타동사] ...을 향하다 (영. direct)
「etw. + '방향' 부사어 + richten」 *무엇을* ...로 향하다
* 3 기본형 : richt*en* - richt*ete* - *ge*richt*et* ※어간 끝이 *-t*이므로 발음상 -e- 첨가!
→ die Richtung (die Richtung*en*) 방향 (영. direction)

► die Gewalt (die Gewalt*en*) 힘, 권력, 폭력 (영. force, power, violence)

► gegen [*4격* 전치사] (마주 보고, 맞서서) ~을 향하여, ~에 반하여 (영. against)

► sagen [타/자동사] (...을) 말하다 (영. say)
* 3 기본형 : sag*en* - sag*te* - *ge*sag*t*

Sie	ist	Sozialpädagogin	und	hat	das Trauerzentrum	1999
주어	동사 (현재 시제)	동사 ist의 주격 보어		현재완료 (조동사)	동사 gegründet의 4격 목적어 (중성 4격)	

gegründet.
현재완료 (pp형)

Sie ist ... (①) und hat ... gegründet (②) :

① 동사 sein('...이다')의 *현재* 시제임 :
주어인 "Sie"는 앞 문장 20의 "Beate Alefeld-Gerges"를 가리키는 여성의 sie('그녀')임.
따라서 동사 sein의 형태는 ist임.

② 동사 gründen의 *현재완료* 시제 「haben ... pp」 임 :

- 주어가 여성의 sie('그녀')이므로 완료 조동사 haben의 형태는 hat임.
- 동사 gründen의 pp형은 *ge*gründ*et*임. (어간 끝이 *-d*이므로 발음상 -e- 첨가!)

► die Sozialpädagogin (die Sozialpädagogin*nen*) 여자 사회교육학자

〈참고〉 die Sozialpädagogik (학문 명 ; 항상 *단수*!) 사회교육학

→ sozial [형용사] 사회의, 사회적인 (영. social)

→ die Pädagogin (die Pädagogin*nen*) 여자 교육자, 여자 교육학자

↳ der Pädagoge (die Pädagoge*n*) 교육자, 교육학자 (영. teacher, educationalist)

↳ die Pädagogik (학문 명 ; 항상 *단수*!) 교육학 (영. educational theory, pedagogics)

► das Trauerzentrum 슬픔 센터

→ die Trauer (die - ; 주로 *단수*!) 슬픔 (영. grief, mourning)

→ das Zentrum (die Zentr*en*) 중심, 중심지, 센터 (영. center)

► gründen [타동사] ...을 최초로 세우다, 설립하다, 창립하다 (영. found ; set up ; establish)

* 3 기본형 : gründ*en* - gründ*ete* - *ge*gründ*et* ※어간 끝이 *-d*이므로 발음상 -e- 첨가!

15

독일어: 문법과 텍스트 이해

[1]Klassische Musik, so heißt es seit Jahren, steigert die Hirnleistungen. [2]Seit einer Studie aus dem Jahr 1993 spricht man vom so genannten Mozart-Effekt. [3]Damals hatten Wissenschaftler der *University of California* berichtet, dass Studenten, die für zehn Minuten einer Klaviersonate von Mozart gelauscht hatten, in speziellen Tests eine verbesserte räumliche Vorstellungskraft zeigten. [4]Der Effekt hielt zwar nur für etwa eine Viertelstunde an. [5]Trotzdem zeigten sich viele Menschen davon überzeugt, dass eine gezielte Berieselung mit klassischer Musik die Intelligenz erhöht.

[6]Spätere Studien mit anderen Tests konnten einen positiven Mozart-Effekt auf das Gedächtnis oder die Intelligenz allerdings nicht bestätigen. [7]2007 untersuchten deshalb neun Neurobiologen und Psychologen im Auftrag des Bundesministeriums für Bildung und Forschung die wissenschaftliche Literatur zu diesem Thema. [8]Die Experten kamen zu dem Schluss, dass sich „unter bestimmten Bedingungen durch das Hören von Musik kurzfristige Leistungssteigerungen in Bezug auf unterschiedliche kognitive Fähigkeiten erzielen lassen". [...]

Süddeutsche.de

[1]클래식 음악은, 이는 몇 년 전부터 언급되는 내용인데, 두뇌 활동을 증대한다. [2]1993년에 이루어진 한 연구 이래 사람들은 이른바 모차르트 효과에 관해 언급한다. [3]그 당시 캘리포니아 대학의 학자들이 보고한 바에 따르면, 10분 동안 모차르트의 피아노 소나타를 귀 기울여 청취했던 학생들은 특정 테스트들을 시행한 결과 개선된 공간적 사고력을 보여주었다. [4]비록 이 효과는 대략 15분 동안만 지속되었다. [5]그럼에도 불구하고 많은 사람들은 의식적으로 클래식 음악을 접하는 것이 지적 능력을 높이는 것으로 확신하고 있음을 보여주었다.

[6]다른 테스트들과 함께 추후에 실시된 여러 연구들이 기억력과 지적 능력에 대한 긍정적인 모차르트 효과를 확증할 수 있었던 것은 물론 아니다. [7]그런 까닭에 2007년에는 교육 및 연구 담당 연방부처의 주문에 의해 9명의 신경생물학자와 심리학자들이 이 주제를 다룬 학술적 문헌들을 조사하였다. [8]이들 전문가들은 "특정 조건들 하에서는 음악을 청취함으로써 여러 인지적 자질들과 관련된 일시적인 능력향상이 성취될 수 있다"는 결론에 도달했다. [...]

1

Klassische Musik	(, so heißt es ... ,)	steigert	die Hirnleistungen.
주어 (여성 1격)	보충하여 첨가된 문장	동사 (현재 시제)	4격 목적어 (복수 4격)

1. Klassisch*e* Musik :

   *여성*명사 Musik은 *주어*이므로 *여성 1격*임.

   따라서 형용사 klassisch는 *여성 1격* 정관사 di*e*처럼 어미변화 하여 klassisch*e*임.

   ※형용사 앞에 관사, 소유대명사, 지시대명사 등이 없을 경우, *형용사 자체가 정관사 d-* 어미변화 함.

2. Klassische Musik , ... , steigert die Hirnleistungen :

   동사 steigern의 *현재* 시제임 :

   주어 "Klassische Musik"은 여성의 sie에 해당하므로 동사 형태는 steiger*t*임.

... ,	so	heißt	es	seit Jahren	,	...
		동사 (현재 시제)	주어	복수 3격		

3. ... so heißt es ... :

   동사 heißen의 *현재* 시제임 : 비인칭 주어 es가 오므로 동사 형태는 heiß*t*임.

4. seit Jahr*en* :

   *복수*명사 Jahr*e*가 *3격* 전치사 seit와 결합하므로 *복수 3격*임.

   복수 3격 명사의 형태는 항상 *-n*이어야 함. 따라서 *복수 3격*인 Jahr*e*는 추가로 어미 *-n*이 붙어 Jahr*en*임.

► klassisch [형용사] 고전적인 (영. classical)

→ die Klassik (복수 없음!) 고전주의 (영. classical period)

► die Musik (die Musik*en* ; 주로 *단수*!) 음악 (영. music)

► heißen [자동사]

「Es heißt, dass ...」 ...라고들 말한다, ...라고들 생각한다 ≈ 「Man sagt, dass ...」 (영. People say that ...)

* 3 기본형 : heißen - hieß - geheißen

► das Jahr (die Jahr*e*) 해, 년 (영. year)

► steigern [타동사] ...을 올리다, 향상시키다 (영. increase, improve)

* 3 기본형 : steiger*n* - steiger*te* - *ge*steiger*t*

► die Hirnleistung 두뇌 능력

→ das Hirn (die Hirn*e*) 뇌, 두뇌 ≈ das Gehirn (영. brain)

→ die Leistung (die Leistung*en*) 능력, 성적, 업적 (영. capacity, achievement)

↳ leisten [타동사] ...을 행하다, 해내다 (영. do, achieve, accomplish)

* 3 기본형 : leist*en* - leist*ete* - *ge*leist*et* ※어간 끝이 -*t*이므로 발음상 -e- 첨가!

Seit einer Studie	aus dem Jahr 1993	spricht	man	vom so genannten Mozart-Effekt.
여성 3격	중성 3격	동사 (현재 시제)	주어	남성 3격

1. Seit ein*er* Studie :

*여성*명사 Studie가 *3격* 전치사 seit와 결합하므로 *여성 3격* 부정관사 ein*er*가 앞에 옴.
※관사, 소유대명사, 지시대명사 등의 *3격* 어미 : 남성, 중성 *-em* ; 여성 *-er* ; 복수 *-en*

2. ... Studie aus d*em* Jahr 1993 ... :

(1) 밑줄 친 "aus dem Jahr 1993"은 바로 앞의 명사 Studie를 수식함.
(2) *중성*명사 Jahr가 *3격* 전치사 aus와 결합하므로 *중성 3격* 정관사 d*em*이 앞에 옴.

3. ... spricht man ... :

동사 sprechen의 *현재* 시제임 : 주어인 man은 3인칭 단수 er 취급하므로 동사 형태는 spric*ht*임.

4. ... spricht ... vom so genannt*en* Mozart-Effekt :

「von etw.³ sprechen」 (무엇에 대한 규정·설명으로서) '...을 언급하다'
- *남성*명사 Mozart-Effekt가 *3격* 전치사 von과 결합하므로 *남성 3격* 정관사 d*em*이 와야 하는데, 전치사 von과 결합하여 vom으로 축약됨. (vom = von dem)
- 형용사 so genannt- 앞의 vom은 "von dem", 즉 3격 정관사 d*em*이 있는 것과 마찬가지임. 따라서 형용사는 어미 *-en*이 붙어 so genannt*en*임.
  ※*3격*의 관사, 소유대명사, 지시대명사 + 형용사 *-en*
  따라서 *3격*의 축소형 am , im , beim , vom , zum , zur + 형용사 *-en*

► seit [*3격* 전치사] ~이후, ~이래 (영. since)

► die Studie (die Studie*n*) 학술 연구 (영. study)

► spricht ⇒ 동사 sprechen의 *현재* 시제 (주어가 er, sie, es일 때)
sprechen [타/자동사] (...을) 말하다 (영. speak)
「von etw.³ sprechen」 ...을 언급하다 (칭하다)
* 현재 시제 *불규칙* 변화 : du sprich*st* ; er (sie, es) sprich*t*
* 3 기본형 : sprechen - sprach - gesprochen

► man [부정대명사] 사람들은 (영. people)

※항상 *주어*로서만 사용되며, *단수 3인칭* er 취급함!

► so genannt- [형용사/과거분사] (명사 앞의 수식어로서) 이른바, 소위 (영. so-called)

→ nennen [타동사] : 「j-n/etw.[4] ... nennen」 *누구를(무엇을)* ...라고 칭하다 (영. call, name)

* 3 기본형 : nennen - nannte - genannt

► der Mozart-Effekt 모차르트 효과

→ der Effekt (die Effekte) 효과, 영향 (영. effect)

↳ effektiv [형용사] 효과적인 (영. effective)

Damals	hatten 과거완료 (조동사)	Wissenschaftler 주어 (복수 1격)	der *University of California* 여성 2격

berichtet 과거완료 (pp형)	,	dass ... räumliche Vorstellungskraft zeigten. 종속접속사 *dass*-부문장 (앞에 나온 동사 berichtet의 4격 목적어임.)

1\. ... hatten Wissenschaftler ... berichtet , *dass* ... :

동사 berichten의 *과거완료* 시제 「hatte ... pp」 임 :

주어인 "Wissenschaftler"는 복수의 sie('그들')에 해당하므로 조동사 hatte에 어미 *-n*이 붙어 hatte*n*임.

※여기서 "Wissenschaftler"는 특정 '학자들'을 뜻하지 않으므로 원래 부정관사 ein-이 와야 하지만, 복수이므로 관사가 생략됨.

... , dass	Studenten	(, die ... gelauscht hatten ,)	in speziellen Tests
종속접속사	주어 (복수 1격)	관계대명사 *die*-부문장 (앞에 나온 선행사 Studenten을 설명함.)	복수 3격

eine verbesserte räumliche Vorstellungskraft	zeigten .
동사 zeigten의 4격 목적어 (여성 4격)	동사 (과거 시제) 후치됨!

2. ... , dass Studenten ... zeigten :

동사 zeigen의 *과거* 시제임 :

주어인 "Student*en*"은 복수의 sie('그들')에 해당하므로 과거형 zeig*te*에 어미 -*n*이 붙어 zeig*ten*임.

(*dass*-부문장 안이므로 동사 zeigten은 *후치*되어 문장 맨 뒤에 옴.)

3. ... in speziell*en* Test*s* ... zeigten :

3·4격 전치사 in은 동사 zeigten과 함께 '...에서 보여주었다'로 해석되어

'방향'이 아닌 '위치'를 나타내므로 *3격* 지배임.

*복수*명사 Test*s*가 전치사 in의 *3격* 목적어이므로 *복수 3격*임.

따라서 형용사 speziell은 *복수 3격* 정관사 d*en*처럼 어미변화 하여 speziell*en*임.

〈주의〉 원래 *복수 3격* 명사의 형태는 항상 -*n*이어야 하지만, Test*s*처럼 복수형이 -*s*인 경우는 예외임.

4. ... ein*e* verbessert*e* räumlich*e* Vorstellungskraft zeigten :

*여성*명사 Vorstellungskraft가 동사 zeigten의 *4격* 목적어이므로 *여성 4격* 부정관사 ein*e*가 앞에 옴.

형용사 verbessert 및 räumlich는 앞에 *여성 4격* ein*e*가 오므로 어미 -*e*가 붙어 verbessert*e* räumlich*e*임.

※(격에 상관없이) *여성*의 ein*e* , di*e* , mein*e* , kein*e* , dies*e* , jed*e* ... + 형용사 -*e*

... Studenten , die für zehn Minuten einer Klaviersonate von Mozart
선행사 (복수) 관계대명사 (복수 1격) 복수 4격 동사 gelauscht의 3격 목적어 (여성 3격) 남성 3격

gelauscht hatten , ...
동사 (과거완료) 후치됨!

5. ... Studenten , die ... gelauscht hatten , ... :

(1) die는 관계대명사 *복수 1격*임 :

앞에 나온 *복수*명사 Student*en*을 선행사로 받으며, 뒤에 오는 부문장 안에서 *주어*이므로 *복수 1격*임.

(2) 동사 lauschen의 *과거완료* 시제 「hatte ... pp」 임:

- 주어가 복수의 관계대명사 die이므로 조동사 hatte는 어미 *-n*이 붙어 hatte*n*임
- 동사 lauschen의 pp형은 *ge*lausch*t*임.

따라서 원래 「hatten ... gelauscht」 이어야 하지만, 부문장 안이므로 *후치*됨 :

... gelauscht hatten

6. ... ein*er* Klaviersonate ... gelauscht ... :

동사 lauschen('...에 귀 기울이다')은 *3격 요구 동사*임!

따라서 *여성*명사 Klaviersonate가 동사 gelauscht의 *3격* 목적어이므로 *여성 3격* 부정관사 ein*er*가 앞에 옴.

► damals [부사] (과거의 특정 시점을 지칭하여) 그 당시, 그 때 (영. at that time)

► der Wissenschaftler (die -) 학자, 과학자 (영. academic, scientist)

→ die Wissenschaft (die Wissenschaft*en*) 학문, 과학 (영. science)

► berichten [타동사] : 「j-m etw.[4] berichten」 *누구*에게 *무엇*을 보고하다 (영. report)

* 3 기본형 : *bericht*en - *bericht*ete - *bericht*et ※어간 끝이 *-t*이므로 발음상 -e- 첨가!
형태가 *be*-이므로 pp형은 -ge- 없음!

↳ der Bericht (die Bericht*e*) 보고, 보고서 (영. report)

► der Student (die Studen*ten*) 대학생, 남자 대학생 (영. student)

※단수에서, 주어를 제외한 단수 2, 3, 4격이 복수형과 동일하게 Studen*ten*인 *약변화* 명사!

► die Minute (die Minute*n*) (시간 단위) 분 (영. minute)

► die Klaviersonate (die Klaviersonate*n*) 피아노 소나타

→ das Klavier (die Klavier*s*) 피아노 (영. piano)

→ die Sonate (die Sonate*n*) 소나타 (영. sonata)

► lauschen [자동사] : 「j-m/etw.[3] lauschen」 *누구*에(*무엇*에) 귀 기울이다 (영. listen)

* 3 기본형 : lausch*en* - lausch*te* - *ge*lausch*t*

► hatten ⇒ *과거완료* 조동사 (주어가 wir, sie('그들, 그것들'), Sie('당신, 당신들)일 때)

「hatte ... pp」 (과거완료) ...하였다 (영. 「had + pp ...」)

* 어미변화 :

ich hatte ; du hatte*st* ; er (sie, es) hatte

wir hatte*n* ; ihr hatte*t* ; sie (Sie) hatte*n*

〈참고〉 haben의 3 기본형 : haben - hatte - gehabt

► speziell [형용사]

1 (명사 앞 수식어로서) 특정 ... (영. specific) ≈ bestimmt- ↔ allgemein, generell 일반적인

2 (부사적) 특별히 (영. specially) ≈ besonders

► der Test (die Test*s* 혹은 Test*e*) 테스트, 시험 (영. test)

► verbessert [과거분사/형용사] 개선된 (영. improved)

→ verbessern [타동사] ...을 개선하다 (영. improve)

* 3 기본형 : *ver*besser*n* - *ver*besser*te* - <u>*ver*besser*t*</u>

형태가 *ver*-이므로 pp형은 -ge- 없음!

► räumlich [형용사] 공간의, 공간적인 (영. spatial) ↔ zeitlich 시간의, 시간적인

→ der Raum (die Räume) 공간, 방 (영. space, room)

► die Vorstellungskraft 상상력

→ die Vorstellung (die Vorstellungen) 상상, 생각 (영. imagination, idea)

↳ *vor*stellen (stellen ... *vor*)

[분리/3격 재귀동사] : 「sich[3] etw.[4] *vor*stellen」 *무엇을* 상상하다 (영. imagine)

* 3 기본형 : *vor*stell*en* - *vor*stell*te* (stell*te* ... *vor*) - *vorge*stell*t*

→ die Kraft (die Kräfte) 힘 (영. power)

► zeigen [타동사] ...을 보여주다 (영. show)

「j-m etw.[4] zeigen」 *누구*에게 *무엇을* 보여주다

* 3 기본형 : zeig*en* - zeig*te* - *ge*zeig*t*

Der Effekt	hielt	zwar nur	für etwa eine Viertelstunde	*an*.
주어 (남성 1격)	동사 (과거 시제)		여성 4격	분리전철

1. [4]Der Effekt ... zwar ... [5]Trotzdem ... :

「... zwar ... , trotzdem ...」 '비록 ...일지언정 ...이다'

≈ 「zwar ... , aber ...」, 「zwar ... , doch ...」

2. Der Effekt hielt ... *an* :

분리동사 *an*halten의 *과거* 시제임 :

- 주어 "Der Effekt"는 남성의 er에 해당하므로 과거형 hielt는 어미 없이 그대로 hielt_임.
- 분리전철 *an*-은 분리되어 문장 맨 뒤에 옴.

► der Effekt (die Effekte) 효과, 영향 (영. effect)

► hielt ... *an* ⇒ 분리동사 *an*halten의 *과거* 시제 (주어가 ich 혹은 er, sie, es일 때)

*an*halten (halten ... *an*) [분리/자동사] 지속되다 (영. last, continue)

* 3 기본형 : *an*halten - *an*hielt (hielt ... *an*) - *an*gehalten

* 현재 시제 *불규칙* 변화 : du hältst ... *an* ; er (sie, es) hält ... *an*

↳ halten [자동사] 멈추다 (영. hold, stop)

* 3 기본형 : halten - hielt - gehalten

* 현재 시제 *불규칙* 변화 : du hält*st* ; er (sie, es) häl*t*

► etwa [부사] 대략 ≈ ungefähr (영. about) ↔ genau 정확히

► die Viertelstunde 1/4 시간, 15분

→ das Viertel (die -) (분수) 1/4 (영. quarter)

→ die Stunde (die Stunde*n*) (시간 단위) 시간 (영. hour)

Trotzdem	zeigten	sich	viele Menschen	davon	überzeugt ,	dass ...	erhöht.
	동사 (과거 시제)		주어 (복수 1격)	뒤에 오는 *dass*-부문장을 가리킴		종속접속사	*dass*-부문장

1. [4]Der Effekt ... zwar ... [5]Trotzdem ... :

앞 문장 4의 zwar와 함께 : 「... zwar ... , trotzdem ...」 '비록 ...일지언정 ...이다'

2. ... zeigten sich viele Menschen ... :

4격 재귀동사 「sich[4] zeigen」 의 *과거* 시제임 :

- 주어 "viele Menschen"은 복수의 sie('그들')에 해당하므로 과거형 zeig*te*에 어미 -*n*이 붙어 zeig*ten*임.
- 복수의 sie가 주어이므로 4격 재귀대명사는 sich임.

〈참고〉

재귀대명사 형태는 문장의 *주어*에 의해 결정됨.

(1) 주어가 1, 2인칭의 경우, 해당 인칭대명사와 동일함 :

주어 ich ⇒ 3격 *mir* , 4격 *mich* ; 주어 du ⇒ 3격 *dir* , 4격 *dich*

주어 wir ⇒ 3, 4격 모두 *uns* ; 주어 ihr ⇒ 3, 4격 모두 *euch*

(2) 나머지 모든 경우는 3, 4격 모두 *sich*임.

3. ... zeigten sich ... davon überzeugt , *dass* ... :

「j-d zeigt sich[4] + 부사어」 '*누구는* ...한 태도를 보이다'

(1) 여기서는 überzeugt('확신하는')가 '부사어' 역할을 수행함 :

... zeigten sich ... überzeugt , ... '누구는 *확신하는* 태도를 보이다'

(2) 「von etw.[3] überzeugt」 '...에 확신하는' :

... zeigten sich ... davon überzeugt , *dass* ...

'*dass*-부문장 내용에 대해 확신하는 태도를 보이다'

(여기서 davon('그것에 관하여')은 뒤에 오는 *dass*-부문장 내용을 가리킴.)

... ,	dass	eine gezielte Berieselung	mit klassischer Musik
	종속접속사	주어 (여성 1격)	여성 3격

die Intelligenz	erhöht .
동사 erhöht의 4격 목적어 (여성 4격)	동사 (과거) 후치됨!

4. eine gezielte Berieselung :

*여성*명사 Berieselung이 *주어*이므로 *여성 1격* 부정관사 ein*e*가 앞에 옴.

형용사(= 과거분사) gezielt는 앞에 *여성 1격* 부정관사 ein*e*가 있으므로 어미 -*e*가 붙어 geziel*te*임.

※(격에 상관없이) *여성*의 ein*e* , di*e* , mein*e* , kein*e* , dies*e* , jed*e* ... + 형용사 -*e*

5. ... , dass eine gezielte Berieselung ... erhöht :

종속접속사 *dass*-부문장으로서, 동사 erhöhen의 *현재* 시제임 :
주어 "eine gezielte Berieselung"은 여성의 sie에 해당하므로 동사 형태는 erhöh*t*임.
(*dass*-부문장 안이므로 동사 erhöht는 *후치*되어 맨 뒤에 옴.)

6. ... Berieselung mit klassisch*er* Musik ... :

「eine Berieselung mit etw.[3]」 '*무엇*으로 지속적인 영향을 줌'
*여성*명사 Musik이 *3격* 전치사 mit와 결합하므로 *여성 3격*임.
따라서 형용사 klassisch는 *여성 3격* 정관사 d*er*처럼 어미변화 하여 klassisch*er*임.
※형용사 앞에 관사, 소유대명사, 지시대명사 등이 없을 경우, *형용사 자체가 정관사 d-* 어미변화 함.

► trotzdem [부사] 그럼에도 불구하고 ≈ dennoch (영. nevertheless)

► zeigen [타동사] ...을 보여주다 (영. show)
「j-m etw.[4] zeigen」 *누구*에게 *무엇*을 보여주다
「j-d zeigt sich[4] ...」 *누구*는 ...한 태도를 보이다 ≈ 「j-d verhält sich[4] ...」
* 3 기본형 : zeig*en* - zeig*te* - *ge*zeig*t*

► der Mensch (die Mensch*en*) 인간, 사람 (영. man, person)
※단수에서 주어 1격을 제외한 단수 2, 3, 4격이 모두 복수형과 동일하게 Mensch*en*인 *약변화* 명사!

► überzeugt [형용사/과거분사] 확신하는 (영. convinced)
→ überzeugen [타동사] (영. convince, persuade)
「j-n von etw.[3] überzeugen」 *누구*를 *무엇*에 대하여 확신시키다, 설득하다
* 3 기본형 : *überzeugen* - *überzeugte* - *überzeugt*
형태가 *über*-이므로 pp형은 -ge- 없음!

► gezielt [형용사/과거분사] 일정 목적을 지향한, 합목적적인 (영. well-aimed, selective)
→ zielen [자동사] : 「auf etw.[4] zielen」 *무엇*을 겨냥하다, 목표로 하다 (영. aim at ...)
* 3 기본형 : ziel*en* - ziel*te* - *ge*ziel*t*
→ das Ziel (die Ziel*e*) 목표, 목적 (영. aim)

► die Berieselung : 「eine Berieselung mit etw.[3]」 *무엇*에의 지속적인 노출
(영. constant exposure to ...)
→ berieseln [타동사] : 「j-n mit etw.[3] berieseln」 *누구*를 *무엇*과 (무의식중에) 지속적으로 접하게 하다 (영. expose someone to ...)

► klassisch [형용사] 고전적인 (영. classical)

► die Musik (die Musik*en* ; 주로 *단수*) 음악 (영. music)

► die Intelligenz (항상 *단수*) 지능, 영리함 (영. intelligence)
→ intelligent [형용사] 영리한, 머리 좋은 ≈ klug (영. intelligent, bright)

► erhöhen [타동사] ...을 올리다 (영. raise)
* 3 기본형 : *erhöhen* - *erhöhte* - *erhöht*
형태가 *er*-이므로 pp형은 -ge- 없음!

Spätere Studien	mit anderen Tests	konnten	einen positiven Mozart-Effekt
주어 (복수 1격)	복수 3격	화법조동사 (과거 시제)	bestätigen의 4격 목적어 (남성 4격)

auf das Gedächtnis	oder	die Intelligenz	allerdings	nicht	bestätigen.
중성 4격		여성 4격			동사 원형

1. Spätere Studien :

*복수*명사 Studien이 *주어*이므로 *복수 1격*임.
따라서 형용사 Später는 *복수 1격* 정관사 die처럼 어미변화 하여 Spätere임.
※형용사 앞에 관사, 소유대명사, 지시대명사 ... 등이 없을 경우 *형용사 자체가 정관사 d-* 어미변화 함!

2. mit ander*en* Test*s* :

*복수*명사 Test*s*가 *3격* 전치사 mit와 결합하므로 *복수 3격*임.
따라서 형용사 ander-는 *복수 3격* 정관사 d*en*처럼 어미변화 하여 ander*en*임.
※형용사 앞에 관사, 소유대명사, 지시대명사 등이 없을 경우 *형용사 자체가 정관사 d- 어미변화* 함!
〈주의〉 원래 *복수 3격* 명사의 형태는 항상 -*n*이어야 하지만, Test*s*처럼 복수형이 -*s*인 경우는 예외임.

3. Spätere Studien ... konnten ... bestätigen :

화법조동사 können의 *과거* 시제 「konnte ... 동사 원형」 임 :
- 주어 "Spätere Studie*n*"은 복수의 sie에 해당하므로 과거형 konnte에 어미 -*n*이 붙어 konnte*n*임.
- 화법조동사 konnte와 결합하는 *동사 원형* bestätigen이 문장 맨 뒤에 옴.

4. ... ein*en* positiv*en* Mozart-Effekt auf das Gedächtnis ... bestätigen :

「der Effekt auf etw.[4]」 '*무엇*에의 효과, 영향'
*남성*명사 Mozart-Effekt가 동사 bestätigen의 *4격* 목적어이므로 *남성 4격* 부정관사 ein*en*이 앞에 옴.
형용사 positiv는 앞에 *남성 4격* 부정관사 ein*en*이 있으므로 어미 -*en*이 붙어 positiv*en*임.
※(성, 수에 상관없이) 어미 -*en*이 붙는 경우 :
d*en* , ein*en* , mein*en* , kein*en* , dies*en* ... + 형용사 -*en*

► später [형용사] 나중의, 추후의 (영. later) ↔ früher 예전의, 과거의
※형용사 spät의 비교급 형태가 독립적 어휘로 굳어짐.
→ spät [형용사] 늦은 (영. late) ↔ früh 이른

► die Studie (die Studie*n*) 연구 (영. study) ≈ die Untersuchung

► ander- [형용사] (명사 앞 수식어로서) 다른 ... (영. other)

► der Test (die Test*s* 혹은 Test*e*) 시험, 테스트 (영. test)

► konnten ⇒ 화법조동사 können의 *과거* 시제 (주어가 wir, 복수의 sie('그들'), Sie('당신, 당신들')일 때)

「können ... 동사 원형」 [화법조동사] ...할 수 있다 (영. can)

* *과거* 시제 :

ich konnte ; du konntest ; er (sie, es) konnte

wir konnten ; ihr konntet ; sie, Sie konnten

* 3 기본형 : können - konnte - gekonnt (können)

※동사 원형 *있을* 경우 완료형 : 「haben ... *동사 원형* können」

동사 원형 *없을* 경우 완료형 : 「haben ... gekonnt」

► positiv [형용사] 긍정적인 (영. positive) ↔ negativ 부정적인

► der Effekt (die Effekte) 효과, 영향 (영. effect)

「der Effekt auf etw.[4]」 *무엇*에의 효과, 영향

► das Gedächtnis (die Gedächtnisse) 기억력 ≈ das Erinnerungsvermögen (영. memory)

► die Intelligenz (항상 *단수*!) 지능, 영리함 (영. intelligence)

→ intelligent [형용사] 영리한, 머리 좋은 ≈ klug (영. intelligent, bright)

► allerdings [부사] (그렇기는 하지만) 물론 ...이기는 하다 (영. however)

※allerdings는 앞에서 언급된 내용을 제한하여 부분적으로 반대되는 진술을 위해 사용됨.

► bestätigen [타동사] (진술, 주장 등) ...을 올바른 것으로 확증하다 (영. confirm)

↔ bestreiten, widerrufen ...을 잘못된 것으로 반박하다

* 3 기본형 : *be*stätig*en* - *be*stätig*te* - *be*stätig*t*

형태가 *be*-이므로 pp형은 -ge- 없음!

7

2007 untersuchten (동사 (과거 시제)) deshalb neun Neurobiologen und Psychologen (주어 (복수 1격))

im Auftrag (남성 3격) des Bundesministeriums (중성 2격) für Bildung und Forschung (여성 4격)

die wissenschaftliche Literatur (동사 untersuchten의 4격 목적어 (여성 4격)) zu diesem Thema (중성 3격).

1. ... untersuchten ... neun Neurobiologen und Psychologen ... :

   동사 untersuchen의 *과거* 시제임 :

   주어인 "neun Neurobiologe*n* und Pychologe*n*"은 복수의 sie('그들')에 해당함.

   따라서 과거형 untersuch*te*에 어미 *-n*이 붙어 untersuch*ten*임.

2. ... untersuchten ... die wissenschaftliche Literatur ... :

   *여성*명사 Literatur가 타동사 untersuchten의 *4격* 목적어이므로 *여성 4격* 정관사 di*e*가 앞에 옴.

   형용사 wissenschaftlich는 앞에 *여성 4격* 정관사 di*e*가 있으므로 어미 *-e*가 붙어 wissenschaftlich*e*임.

   ※(격에 상관없이) *여성*의 ein*e* , di*e* , mein*e* , kein*e* , dies*e* ... + 형용사 *-e*

3. ... Literatur zu dies*em* Thema '이 주제에 대한 문헌' :

   *중성*명사 Thema가 *3격* 전치사 zu와 결합하므로 *중성 3격*임.

   따라서 지시대명사 dies-는 *중성 3격* 정관사 d*em*처럼 어미변화 하여 dies*em*임.

   ※지시대명사 dies-('이 ...')는 *정관사 d-* 어미변화 함!

4. im Auftrag d*es* Bundesministerium*s* für Bildung und Forschung :

   「im Auftrag + 2격」 '...의 주문에 의해', 즉 '...의 위임을 받아'

   *중성*명사 Bundesministerium이 *2격* 형이어야 하므로 *중성 2격* 정관사 d*es*가 앞에 옴.

명사 Bundesministerium은 *중성*이므로 2격 명사 어미 *-s*가 붙어 Bundesministerium*s*임.
※*남성, 중성*명사 2격은 어미 *-s* 혹은 *-es*가 붙음! (*여성, 복수*명사는 아님!)

► untersuchen [타동사] ...을 조사하다, 연구하다 (영. examine, investigate)
* 3 기본형 : *untersuchen* - *untersuchte* - *untersucht*
형태가 *unter-*이므로 pp형은 -ge- 없음!
↳ suchen [타동사] ...을 찾다, 구하다 (영. look for ; search for)
* 3 기본형 : such*en* - such*te* - *ge*such*t*

► der Neurobiologe (die Neurobiologe*n*) 신경 생물학자
※단수에서 주어 1격을 제외한 단수 2, 3, 4격이 모두 복수형과 동일하게 Neurobiologe*n*인 *약변화* 명사!
→ Neuro- (합성어 구성요소로서) 신경 ... (영. neuro-)
→ der Biologe (die Biologe*n*) 생물학자 (영. biologist)
↳ die Biologie (학문 명; 복수 없음!) 생물학 (영. biology)

► der Psychologe (die Psychologe*n*) 심리학자 (영. psychologist)
※단수에서 주어 1격을 제외한 단수 2, 3, 4격이 모두 복수형과 동일하게 Psychologe*n*인 *약변화* 명사!
→ die Psychologie (학문 명; 복수 없음!) 심리학 (영. psychology)

► der Auftrag (die Aufträg*e*) 주문, 계약 (영. assignment, order)
「im Auftrag + 2격」 ...의 위임을 받아 (영. on behalf of ...)

► Bundesministerium für Bildung und Forschung 연방 교육부
→ das Bundesministerium 연방 정부 부처
↳ Bundes- (합성어 구성요소로서) 연방 ... , 연방 정부의 ...
↳ der Bund (die Bünd*e*) 연방, 연합 ≈ die Vereinigung
(영. alliance, federation)
↳ das Ministerium (die Ministeri*en*) 행정부처 (영. ministry)
※형태가 *-um*인 명사는 항상 *중성*이며, 복수형은 -um이 *-en*으로 변환됨!
→ die Bildung (die Bildung*en*) 교육 (영. education)
→ die Forschung (die Forschung*en*) 연구 (영. research)
↳ forschen [자동사] 연구하다 (영. do research)

► wissenschaftlich [형용사] 학문의, 학술적 (영. academic, scientific)
→ die Wissenschaft (die Wissenschaft*en*) 학문, 과학 (영. science)

► die Literatur [1] (항상 *단수*) 학술 문헌 ; [2] (die Literatur*en*) 문학, 문학 작품 (영. literature)

► das Thema (die Them*en*) 주제, 테마 (영. theme)
→ thematisieren [타동사] ...을 주제로 하다 (영. make something subject of ...)

Die Experten	kamen	zu dem Schluss	,	dass ... „ ... erzielen lassen“ .
주어 (복수 1격)	동사 (과거 시제)	남성 3격		종속접속사 *dass*-부문장 (앞에 나온 “Schluss”의 내용을 설명함.)

1. Die Experten kamen zu dem Schluss , dass ... :
   - 동사 kommen의 *과거* 시제임 :
     주어인 “Die Experte*n*”은 복수의 sie(‘그들’)에 해당하므로 과거형 kam에 어미 *-en*이 붙어 kamen임.
   - 「j-d kommt zu dem Schluss , *dass* ...」 ‘누구는 ...라는 결론에 도달하다’

... ,	dass	sich „unter bestimmten Bedingungen	durch das Hören
	종속접속사	복수 3격	중성 4격

von Musik	kurzfristige Leistungssteigerungen	in Bezug
여성 3격	주어 (복수 1격)	

auf unterschiedliche kognitive Fähigkeiten	erzielen lassen “.
복수 4격	동사 (현재 시제) 후치됨!

2\. ... , dass sich ... kurzfristige Leistungssteigerungen ... erzielen lassen :

「lassen sich[4] ... 동사 원형타동사」 '...될 수 있다'

- 동사 lassen의 *현재* 시제임 :

  주어 "kurzfristige Leistungssteigerung*en*"은 복수의 sie('그것들')에 해당하므로 동사 형태는 lass*en*임.

  (*dass*-부문장 안이므로 동사 lassen은 *후치*되어 맨 뒤에 옴 : ... erzielen lassen)

- 주어가 복수의 sie이므로 4격 재귀대명사는 sich임.

3\. kurzfristig*e* Leistungssteigerung*en* :

*복수*명사 Leistungssteigerung*en*이 *주어*이므로 *복수 1격*임.

따라서 형용사 kurzfristig는 *복수 1격* 정관사 di*e*처럼 어미변화 하여 kurzfristig*e*임.

※형용사 앞에 관사, 소유대명사, 지시대명사 등이 없을 경우,

형용사 자체가 정관사 d- 어미변화 함!

4\. unter bestimmt*en* Bedingung*en* :

3·4격 전치사 unter는 여기서 '... 조건 하에서'로 해석되어 '방향'이 아닌 '위치'를 나타내므로 *3격* 지배임.

*복수*명사 Bedingung*en*이 전치사 unter의 *3격* 목적어이므로 *복수 3격*임.

따라서 형용사 bestimmt-는 *복수 3격* 정관사 d*en*처럼 어미변화 하여 bestimmt*en*임.

※형용사 앞에 관사, 소유대명사, 지시대명사 등이 없을 경우,

형용사 자체가 정관사 d- 어미변화 함!

5\. durch das Hören von Musik '음악의 청취를 통해', 즉 '음악을 듣게 됨으로써' :

동사 hören('듣다')의 명사화 : das Hören '들음, 청취'

※동사 원형의 앞 철자를 *대문자* 표기하면 *중성*명사가 됨!

*중성*명사 Hören이 *4격* 전치사 durch와 결합하므로 *중성 4격* 정관사 *das*가 앞에 옴.

6\. in Bezug auf unterschiedlich*e* kognitiv*e* Fähigkeit*en* :

「in Bezug auf etw.[4]」 '*무엇*과 관련하여'

*복수*명사 Fähigkeit*en*이 전치사 auf의 *4격* 목적어이므로 *복수 4격*임.

따라서 형용사 unterschiedlich 및 kognitiv는 *복수 4격* 정관사 di*e*처럼 어미변화 하여 어미 *-e*가 붙음.

즉 : auf unterschiedlich*e* kognitiv*e* ...
※형용사 앞에 관사, 소유대명사, 지시대명사 등이 없을 경우,
형용사 자체가 정관사 d- 어미변화 함!

► der Experte (die Experte*n*) 전문가 (영. expert)
※단수에서 주어 1격을 제외한 단수 2, 3, 4격이 모두 복수형과 동일하게 Experte*n*인 *약변화* 명사!
≈ der Fachmann, der Spezialist, Sachverständig- ↔ der Laie 비전문가, 문외한

► kamen ⇒ 동사 kommen의 *과거* 시제 (주어가 wir, sie('그들, 그것들'), Sie('당신, 당신들')일 때)
kommen [자동사] (완료형 「sein ... pp」) 오다 (영. come)
* 3 기본형 : kommen - kam - gekommen

► der Schluss (die Schlüss*e*) 결론 (영. conclusion)
「j-d kommt zum Schluss , dass ... 」 *누가는* ...라는 결론에 도달하다
→ schließen [타동사]
1 「j-d schließt , dass ...」 ...라고 결론짓다 (영. conclude)
2 ...을 닫다 (영. close)
* 3 기본형 : schließen - schloss - geschlossen

► bestimmt [형용사/과거분사] 일정한, 정해진 (영. certain, determined)
→ bestimmen [타동사] ...을 결정하다 (영. determine)
* 3 기본형 : *be*stimm*en* - *be*stimm*te* - *be*stimm*t*
형태가 *be*-이므로 pp형은 -ge- 없음!
↳ die Bestimmung (die Bestimmung*en*) 결정, 규정 (영. fixing, regulation)

► die Bedingung (die Bedingung*en*) 조건 (영. condition)
「unter der Bedingung, dass ...」 ...라는 조건 하에
「Bedingung für etw.[4]」 *무엇*에 대한 조건

► das Hören (die -) 들음, 청취 ※동사 hören의 중성명사화!
→ hören [타동사] ...을 듣다 (영. hear)
* 3 기본형 : hör*en* - hör*te* - *ge*hör*t*

► kurzfristig [형용사] 단기간의 (영. short-term) ↔ langfristig 장기간의
→ die Frist (die Fristen) 기간, 시간 (영. fixed period of time)

► die Leistungssteigerung 성적 향상
→ die Leistung (die Leistungen) 능력, 성적, 업적 (영. capacity, achievement)
→ die Steigerung (die Steigerungen) 향상, 증가 (영. increase, improvement)
↳ steigern [타동사] ...을 올리다, 향상시키다 (영. increase, improve)

► 「in Bezug auf etw.[4]」 *무엇과 관련하여* ≈ 「hinsichtlich + 2격」 (영. concerning, regarding)
→ beziehen (영. relate)
1 [타동사] : 「etw.[4] auf etw.[4] beziehen」 *무엇을 무엇에* 관련시키다 (영. apply)
2 [4격 재귀동사] : 「sich[4] auf etw.[4] beziehen」 *무엇에* 관련되다 (영. relate to ...)
* 3 기본형 : *beziehen* - *bezog* - *bezogen*
형태가 *be*-이므로 pp형에서 -ge- 없음!
↳ die Beziehung (die Beziehungen) 관계 (영. relation)

► unterschiedlich [형용사] 상이한, 차이나는 (영. different, variable) ≈ verschieden
→ der Unterschied (die Unterschiede) 차이 (영. difference)
↳ unterscheiden (영. differentiate)
1 [타동사] : 「etw.[4] von etw.[3] unterscheiden」 *무엇을 무엇으로부터* 구분하다
2 [4격 재귀동사] : 「sich[4] von etw.[3] unterscheiden」 *무엇으로부터* 구분되다
* 3 기본형 : *unterscheiden* - *unterschied* - *unterschieden*
형태가 *unter*-이므로 pp형에서 -ge- 없음!

► kognitiv [형용사] 인지적인 (영. cognitive)

► die Fähigkeit (die Fähigkeiten) 능력 (영. capacitiy)
→ fähig [형용사] (영. capable)
「j-d ist zu etw.[3] fähig」 *누구는 무엇에* 대한 능력이 있다
「j-d ist fähig , ... zu 동사 원형」 *누구는* ...할 능력 있다

► erzielen [타동사] ...을 성취하다 (영. reach, achieve)

* 3 기본형 : *erzielen* - *erzielte* - *erzielt*

형태가 *er*-이므로 pp형은 -ge- 없음!

↳ zielen [자동사] : 「auf etw.[4] zielen」 *무엇을* 겨냥하다 (목표로 하다) (영. aim at ...)

* 3 기본형 : ziel*en* - ziel*te* - *ge*ziel*t*

→ das Ziel (die Ziele) 목표 (영. aim)

► lassen [4격 재귀동사] : 「etw. lässt sich[4] ... 동사 원형타동사 」 *무엇은* ... 될 수 있다

* 3 기본형 : lassen - ließ - gelassen (lassen)

※완료형에서 동사 원형이 *있을* 경우 : 「haben ... 동사 원형 lassen」 (즉, gelassen 아님!)

* 현재 시제 *불규칙* 변화 : du läss*t* ; er (sie, es) läss*t*

16

독일어: 문법과 텍스트 이해

[1]Die Akupunktur ist eine alte Methode der traditionellen chinesischen Medizin. [2]Mithilfe von in den Körper eingestochenen dünnen Nadeln sollen Krankheiten geheilt, Schmerzen gelindert und das Wohlbefinden gesteigert werden.

[3]Die Einstichpunkte für die Nadeln liegen über den gesamten Körper verteilt auf so genannten Meridianen oder Energiebahnen, in denen die körpereigene Energie, das Qi, fließt. [4]Die Lebensenergie, die durch die Meridiane strömt, darf nicht blockiert werden. [5]Durch Akupunktur kann sie wieder ins Gleichgewicht gebracht werden, indem bestimmte Energiepunkte beruhigt oder stimuliert werden.

[6]Je nach Erkrankung stehen Nadeln aus verschiedenen Materialien und in verschiedenen Dicken und Längen zur Verfügung. [7]In der Regel bestehen die Nadeln aus Edelstahl. [8]Seltener kommen Silber- oder Goldnadeln zum Einsatz. [9]Die Länge variiert zwischen 1,5 und sieben Zentimetern. [10]Die kurzen Nadeln werden vor allem im Gesichtsbereich, die langen bei der Behandlung tieferer Muskelstränge verwendet.

Welt-Online

[1]침술은 전통적인 중국 의학의 오랜 방법이다. [2]신체에 찔러 넣어진 가느다란 바늘의 도움에 의해 질병이 치료되고, 고통이 완화되며, 편한 느낌이 고양되기를 의도하는 것이다.

[3]바늘을 찌르는 포인트들은 몸 전체에 걸쳐 분배되어 이른바 경선(經線) 혹은 에너지 경로 위에 위치하는데, 그 안에서는 신체 고유의 에너지, 다시 말해 기(氣)가 흐르고 있다. [4]이 경선을 통해 흐르는 생명 에너지가 가로막혀서는 안 된다. [5]침술을 통해 이것은 다시 균형을 이룰 수 있게 되는데, 이는 일정한 에너지 점들이 안정화 되고 자극되는 것을 통해서 이루어진다.

[6]질병에 따라 상이한 재질, 그리고 상이한 두께 및 길이의 바늘들이 자유롭게 사용 가능하다. [7]일반적으로 바늘들은 고품질 강철로 이루어진다. [8]은 혹은 금바늘이 투입되는 경우는 많지 않다. [9]길이는 1.5 cm에서 7 cm까지 다양하다. [10]짧은 바늘들은 무엇보다 얼굴 부위에서, 긴 것들은 비교적 깊은 근섬유 다발을 치료할 때 사용된다.

1

Die Akupunktur (주어, 여성 1격) ist (동사, 현재 시제) eine alte Methode (동사 ist의 주격 보어, 여성 1격) der traditionellen chinesischen Medizin (여성 2격).

1. Die Akupunktur ist ... :

동사 sein('...이다')의 *현재* 시제임 :
주어 "Die Akupunktur"는 여성의 sie에 해당하므로 동사 sein의 형태는 ist임.

2. ein*e* alt*e* Methode :

*여성*명사 Methode가 동사 ist의 *주격*보어이므로 *여성 1격* 부정관사 ein*e*가 앞에 옴.
형용사 alt는 앞에 *여성 1격* 부정관사 ein*e*가 오므로 어미 -*e*가 붙어 alt*e*임.
※(격에 상관없이) *여성*의 di*e* , ein*e* , mein*e* , dein*e* , kein*e* , dies*e* ... + 형용사 -*e*

3. ... Methode d*er* traditionell*en* chinesisch*en* Medizin :

- *여성*명사 Medizin이 바로 앞 명사 Methode를 수식하는 *2격*이므로 *여성 2격* 정관사 d*er*가 앞에 옴.
- 형용사 traditionell 및 chinesisch는 앞에 *여성 2격* 정관사가 오므로 어미 -*en*이 붙음.
  즉 : d*er* traditionell*en* chinesisch*en* ...
  ※(성, 수에 상관없이) *2격*의 관사, 소유대명사, 지시대명사 ... + 형용사 -*en*
- 명사 Medizin은 *여성*이므로 2격 어미 -s, -es 없음.
  ※ *남성, 중성*명사는 *2격* 명사 어미 -*s* 혹은 -*es*가 붙음.
  (*여성, 복수*명사는 2격 어미 없음!)

► die Akupunktur (die Akupunktur*en*) 침술 (영. acupuncture)

► die Methode (die Methode*n*) 방법, 방법론 (영. method)

→ methodisch [형용사] 방법의, 방법적인 (영. methodological, methodical)

► traditionell [형용사] 전통적인 (영. traditional)

→ die Tradition (die Tradition*en*) 전통 (영. tradition)

※형태가 *-ion*인 명사는 항상 *여성*이며, 복수형은 *-en*임 : *die* Pens*ion* 펜션 (die Pension*en*)

► chinesisch [형용사] 중국의, 중국어의, 중국인의 (영. Chinese)

→ China (국가 명 ; 관사 없음!) 중국 (영. China)

→ der Chinese (die Chinese*n*) 중국인, 중국 남자 (영. Chinese)

※단수에서 주어를 제외한 단수 2, 3, 4격 모두 복수형과 동일하게 Chinese*n*인 *약변화* 명사!

↳ die Chinesin (die Chinesin*nen*) 중국 여자

► die Medizin (영. medicine)

1 (항상 *단수*!) 의학

2 (die Medizin*en*) 약품 ≈ die Arznei, das Medikament

2

Mithilfe von in den Körper eingestochenen dünnen Nadeln (복수 3격) sollen (화법조동사 (현재 시제))

Krankheiten (주어1 (복수 1격)) geheilt (수동태 pp형1), Schmerzen (주어2 (복수 1격)) gelindert (수동태 pp형2) und das Wohlbefinden (주어3 (중성 1격))

gesteigert (수동태 pp형3) werden (수동태 조동사 (동사 원형)).

1. Mithilfe von in d*en* Körper *ein*gestochen*en* dünn*en* Nadel*n* :

「mithilfe von + 3격」 '...의 도움에 의해'

(1) 두 개의 형용사 *ein*gestochen- 및 dünn-이 *복수*명사 Nadel*n*을 수식함.

이를테면 : ... von (...) *ein*gestochen*en* dünn*en* Nadel*n*

- *복수*명사 Nadel*n*이 *3격* 전치사 von과 결합하므로 *복수 3격*임.

따라서 형용사 *ein*gestochen 및 dünn은 *복수 3격* 정관사 d*en*처럼 어미변화하여 어미 *-en*이 붙음 : von ... eingestochen*en* dünn*en* ...

- *복수 3격* 명사의 형태는 항상 *-n*이어야 함.

여기서 *복수 3격*인 Nadel*n*은 복수형 자체의 형태가 *-n*이므로 추가의 어미 없음.

(2) 부사어 "in den Körper"는 바로 뒤에 오는 형용사(= 과거분사) *ein*gestochen-을 수식함. 이를테면 : ... von in d*en* Körper eingestochenen ...

3·4격 전치사 in은 여기서 형용사 *ein*gestochen-과 함께 '... 안으로 찔러진'으로 해석되어 '방향'을 뜻하므로 *4격* 지배임.

따라서 *남성*명사 Körper가 전치사 in의 *4격* 목적어이므로 *남성 4격* 정관사 d*en*이 앞에 옴.

2. ... sollen Krankheiten geheilt , Schmerzen gelindert und
① ②

das Wohlfinden gesteigert werden :
③

세 개의 *수동태* 형식이 화법조동사 sollen의 *현재* 시제와 결합함.

① 타동사 heilen의 *수동태*가 화법조동사 sollen과 결합 :

- 주어 "Krankheit*en*"은 복수의 sie('그것들')에 해당하므로 sollen의 형태는 soll*en*임.

- 타동사 heilen의 수동태 형식 「werden ... *ge*heil*t*」가 화법조동사 sollen과 결합함.

따라서 : 「sollen ... *ge*heil*t* werden」

(화법조동사와 결합하므로 수동 조동사 werden이 *문장 맨 뒤에 원형*으로 옴.)

② 타동사 lindern의 *수동태*가 화법조동사 sollen과 결합 :

- 주어 "Schmerz*en*"은 복수의 sie('그것들')에 해당하므로 sollen의 형태는 soll*en*임.

- 타동사 heilen의 수동태 형식 「werden ... *ge*linder*t*」가 화법조동사 sollen과 결합함.

따라서 : 「sollen ... *ge*linder*t* werden」

③ 타동사 lindern의 *수동태*가 화법조동사 sollen과 결합 :

- 주어 “das Wohlfinden”은 중성의 es(‘그것’)에 해당하므로 sollen의 형태는 soll임.
- 타동사 heilen의 수동태 형식「werden ... *ge*steiger*t*」가 화법조동사 soll과 결합함.

따라서 :「soll ... *ge*steiger*t* werden」

결론적으로 ①, ②, ③을 연결해야 하는데, 반복되는 표현들을 생략함. 즉 :

... sollen krankheiten geheilt (werden) , Schmerzen (sollen) gelindert (werden) und das Wohlfinden (soll) gesteigert werden

► mithilfe [*2격* 전치사] ...의 도움에 의해 (영. with the help of ...)

「mithilfe von + 3격」...의 도움에 의해

► der Körper (die -) 몸, 신체 (영. body)

〈참고〉 der Arm (die Arme) 팔 ; das Bein (die Beine) 다리 ; der Rumpf (die Rümpfe) 몸통 ; der Hals (die Hälse) 목 ; der Kopf (die Köpfe) 머리

► eingestochen [형용사/과거분사] 안으로 찔러진 ※타동사 *ein*stechen의 과거분사

→ *ein*stechen (stechen ... *ein*) [분리동사] (영. stick, jab)

1 [분리/타동사] :「eine Nadel in etw.[4] *ein*stechen」바늘을 *무엇* 안으로 찌르다

2 [분리/자동사] :「mit etw.[3] in etw.[4] *ein*stechen」*무엇으로* *무엇* 안으로 찌르다

* 3 기본형 : *ein*stechen - *ein*stach (stach ... *ein*) - *ein*gestochen

↳ stechen [자동사] :「in etw.[4] stechen」*무엇* 안으로 찌르다 (영. prick)

* 3 기본형 : stechen - stach - gestochen

► dünn [형용사] 얇은 (영. thin, slim) ↔ dick 두꺼운

► die Nadel (die Nadel*n*) 바늘 (영. needle)

► 「sollen ... 동사 원형」 [화법조동사] ...해야 한다 (영. should)

* 현재 시제 *불규칙* 변화 :

ich soll ; du soll*st* ; er (sie, es) soll

wir soll*en* ; ihr soll*t* ; sie (Sie) soll*en*

* 3 기본형 : sollen - sollte - gesollt (sollen)

※동사 원형 *있을* 경우 완료형 : 「haben ... *동사 원형* sollen 」

동사 원형 *없을* 경우 완료형 : 「haben ... gesollt 」

► die Krankheit (die Krankheit*en*) 병, 질병 (영. illness, disease)

※형태가 *-heit* , *-keit*인 명사는 *여성*이며, 복수형은 *-en*임 : *die* Möglich*keit* 가능성 (die Möglichkeit*en*)

→ krank [형용사] 아픈 (영. sick) ↔ gesund 건강한

► heilen [타동사] (영. cure, heal)

1 「etw⁴. heilen」 *무엇*을 치료하다 ; 2 「j-n von etw.³ heilen」 *누구*를 치료하다

* 3 기본형 : heil*en* - heil*te* - *ge*heil*t*

► der Schmerz (die Schmerz*en* ; 주로 *복수*) 고통 (영. pain, ache)

→ schmerzlich [형용사] 고통스러운 (영. painful)

► lindern [타동사] ...을 완화시키다 (영. alleviate, relieve)

≈ mildern ↔ verschlimmern ...을 악화시키다

* 3 기본형 : linder*n* - linder*te* - *ge*linder*t*

► das Wohlbefinden (몸과 마음이) 편안한 상태, 안녕 (영. well-being)

→ wohl [형용사] (몸과 마음이) 편안한 (영. well)

「sich⁴ wohl befinden」 건강이 좋은 상태이다

「sich⁴ wohl fühlen」 컨디션이 좋다

► steigern [타동사] ...을 올리다, 고양하다 ≈ erhöhen ↔ senken ...을 낮추다

* 3 기본형 : steiger*n* - steiger*te* - *ge*steiger*t*

3

Die Einstichpunkte	für die Nadeln	liegen	über den gesamten Körper	verteilt
주어 (복수 1격)	복수 4격	동사 (현재 시제)	남성 4격	부사어 (pp형)

auf so genannten Meridianen oder Energiebahnen	,	in denen ... fließt	.
복수 3격		관계대명사 *denen*-부문장	

1. Die Einstichpunkte ... liegen ... :

동사 liegen의 *현재* 시제임 :
주어인 *복수*명사 "Die Einstichpunkt*e*"는 복수 sie('그것들')에 해당하므로 동사 형태는 lieg*en*임.

2. ... über d*en* gesamt*en* Körper verteilt ... '몸 전체에 걸쳐 분배되어' :

- verteilt는 타동사 verteilen('...을 분배하다')의 과거분사로서 '수동' 의미의 형용사임 :
  verteil*t* '분배된'
  여기서는 verteilt가 부사어로 사용되어 '분배되어'로 해석됨.
- 3·4격 전치사 über는 여기서 부사어 verteilt과 함께 '... 위로 분배되어'로 해석되어 '방향'을 뜻하므로 *4격* 지배임.

3. ... liegen ... auf so genannt*en* Meridian*en* oder Energiebahn*en* ... :

3·4격 전치사 auf는 동사 liegen과 함께 '...위에 놓여 있다'로 해석되어 '위치'를 나타내므로 *3격* 지배임.
*복수*명사 Meridian*e* 및 Energiebahn*en*이 전치사 auf의 *3격* 목적어이므로 *복수 3격*임.

- 형용사 so genannt-는 *복수 3격* 정관사 d*en*처럼 어미변화 하여 so genannt*en*임.
  ※형용사 앞에 관사, 소유대명사, 지시대명사 등이 없을 경우,
  형용사 자체가 정관사 d- 어미변화 함.
- *복수 3격* 명사의 형태는 항상 -*n*이어야 함.
  따라서 *복수 3격*인 Meridian*e*는 추가로 어미 -*n*이 붙어 Meridian*en*이며,
  역시 *복수 3격*인 Energiebahn*en*은 복수형 자체 형태가 -*n*이므로 추가의 어미 필요 없음.

... Meridianen oder Energiebahnen (선행사, 복수 3격), in denen (관계대명사, 복수 3격) die körpereigene Energie (주어, 여성 1격), das Qi (앞의 주어와 동격, 중성 1격), fließt (동사 (현재) 후치됨!).

4. ... Meridianen oder Energiebahnen , in denen ... fließt :

관계대명사 denen은 *복수 3격*임 :
앞에 나온 *복수*명사 "Meridianen oder Energiebahnen"를 선행사로 받으며,
전치사 in의 *3격* 목적어이므로 *복수 3격* 관계대명사 *denen*이 옴.
(3·4격 전치사 in은 동사 fließen과 함께 '...안에서 흐르다'로 해석되어 '위치'를 뜻하므로 *3격* 지배임.)

5. di*e* körpereigen*e* Energie :

*여성*명사 Energie가 *주어*이므로 *여성 1격* 정관사 di*e*가 앞에 옴.
형용사 körpereigen-은 *여성 1격* 정관사 di*e*가 앞에 있으므로 어미 *-e*가 붙어 körpereigen*e*임.
※(격에 상관없이) *여성*의 di*e* , ein*e* , mein*e* , kein*e* , dies*e* , jed*e* ... + 형용사 *-e*

6. ... , in denen die körpereigene Energie ... fließt :

관계대명사 부문장으로서, 동사 fließen의 *현재* 시제임 :
주어인 "die körpereigene Energie"는 남성의 er에 해당하므로 동사 형태는 fließ*t*임.
(관계대명사 부문장 안이므로 동사 fließt는 *후치*되어 문장 맨 뒤에 옴.)

► der Einstichpunkt 바늘을 찌르는 포인트
→ der Einstich 안으로 찔러 넣음 (영. insertion) ※동사 *ein*stechen('찔러 넣다')의 명사형!
  ↳ der Stich (die Stiche) 찌름 (영. stab) ※동사 stechen('찌르다')의 명사형!
→ der Punkt (die Punkt*e*) 점 (영. point)

► liegen [자동사] 놓여 있다, 위치하다 (영. lie) ※함께 오는 3·4격 전치사는 *3격* 지배!

* 3 기본형 : liegen - lag - gelegen

〈참고〉 legen [타동사] ...을 놓다, 두다 (영. lay) ※함께 오는 3·4격 전치사는 *4격* 지배!

* 3 기본형 : leg*en* - leg*te* - *ge*leg*t*

► gesamt- [형용사] (명사 앞 수식어로서) 전체의 (영. whole, entire)

〈참고〉 Gesamt- (복합어 구성 요소) ... 전체 : die Gesamtzahl 전체 숫자 (영. total number)

► so genannt- [형용사] (명사 앞 수식어로서) 소위, 이른바 (영. so-called)

→ genannt [형용사/과거분사] ...라고 불리는, 언급되는 (영. called)

↳ nennen [타동사] 「j-n/etw.[4] ... nennen」 *누구를(무엇을)* ...라고 칭하다 (영. call, name)

* 3 기본형 : nennen - nannte - genannt

► verteilt [형용사/과거분사] 배분된, 나누어 주어진 (영. distributed)

→ verteilen [타동사] ...을 배분해 주다, 나누어 주다 (영. distribute)

* 3 기본형 : *ver*teil*en* - *ver*teil*te* - *ver*teil*t*
형태가 *ver*-이므로 pp형은 -ge- 없음.

↳ teilen [타동사] [1] ...을 나누다 (영. divide) ; [2] ...을 함께 공유하다 (영. share)

* 3 기본형 : teil*en* - teil*te* - *ge*teil*t*

► der Meridian [-'dia:n] (die Meridian*e*) (지리학 용어) 경도 (영. meridian)

► die Energiebahn (die Energiebahn*en*) 에너지 경로

→ die Energie (die Energie*n*) 에너지 (영. energy)

→ die Bahn (die Bahn*en*) 경로 (영. course)

► körpereigen [형용사] 신체 자체적으로 생성되는 (영. intrinsic to the body)

→ -eigen (복합어 구성 요소) ...에 속하는 〈참고〉 universitäts*eigen* 대학에 속하는

► fließen [자동사] (완료형 「sein ... pp」) (강물 등이) 흐르다 (영. flow)

* 3 기본형 : fließen - floss - geflossen

4

Die Lebensenergie	(, die ... strömt ,)	darf	nicht	blockiert werden	.
주어 (여성 1격)	관계대명사 *die*-부문장	화법조동사 (현재 시제)		수동태	

1. Die Lebensenergie ... darf nicht blockiert werden :

화법조동사 dürfen의 *현재* 시제「dürfen ... 동사 원형」임 :

- 주어인 "Die Lebensenergie"는 여성의 sie에 해당하므로 dürfen의 형태는 darf임.
- 타동사 blockieren의 수동태「werden ... blockier*t*」가 화법조동사 darf와 결합함.
  따라서 :「darf ... blockiert werden」
  (화법조동사 darf와 결합하므로 수동 조동사 werden이 *문장 맨 뒤에 원형*으로 옴.)

〈주의〉 화법조동사 dürfen의 부정문은 '금지'를 뜻함 : '...해서는 안 된다'

Die Lebensenergie	,	die	durch die Meridiane	strömt	,	...
선행사 (여성 1격)		주어 관계대명사 (여성 1격)	복수 4격	동사 (현재) 후치됨!		

2. Die Lebensenergie , die ... strömt , ... :

(1) 관계대명사 die는 *여성 1격*임 :
앞에 나온 *여성*명사 "Die Lebensenergie"를 선행사로 받으며,
동사 strömen의 *주어*이므로 *여성 1격*임.

(2) 관계대명사 부문장의 경우, 동사 strömen의 *현재* 시제임 :
주어가 여성 1격 관계대명사 die이므로 동사 형태는 ström*t*임.
(관계대명사 부문장 안이므로 동사 strömt는 *후치*되어 문장 맨 뒤에 옴.)

► die Lebensenergie (die Lebensenergie*n*) 생명 에너지
→ das Leben (die - ; 주로 *단수*) 삶, 생명 (영. life)

► strömen [자동사] (완료형 「sein ... pp」) (물이) 흘러가다 (영. stream)

* 3 기본형 : ström*en* - ström*te* - *ge*ström*t*

→ der Strom (die Ströme) 흐름 (영. stream)

► darf ⇒ 화법조동사 dürfen의 *현재* 시제 (주어가 ich 혹은 er, sie, es일 때)

「dürfen ... 동사 원형」 [화법조동사] ...해도 된다 (영. may)

* 현재 시제 *불규칙* 변화 :

ich darf ; du darf*st* ; er (sie, es) darf

wir dürf*en* ; ihr dürf*t* ; sie (Sie) dürf*en*

* 3 기본형 : dürfen - durfte - gedurft (dürfen)

※동사 원형 *있을* 경우 완료형 : 「haben ... *동사 원형* dürfen 」

동사 원형 *없을* 경우 완료형 : 「haben ... gedurft 」

► blockieren [타동사] ...을 막다, 방해하다 (영. block)

* 3 기본형 : blockier*en* - blockier*te* - blockier*t*

형태가 *-ieren*이므로 pp형은 -ge- 없음!

Durch Akupunktur (여성 4격) kann (화법조동사 (현재 시제)) sie (주어) wieder ins Gleichgewicht (중성 4격) gebracht werden (수동태) ,

indem ... stimuliert werden . (종속접속사 *indem*-부문장)

1. ... kann sie ... gebracht werden , ... :

화법조동사 können의 *현재* 시제 「können ... 동사 원형」 임 :

- 주어 "sie"는 앞 문장 4의 여성명사 "Lebensenergie"를 가리키는 여성의 sie이므로 können의 형태는 kann임.

- 타동사 bringen의 수동태 「werden ... gebracht」가 화법조동사 kann과 결합함.
  따라서 : 「kann ... gebracht werden」
  (화법조동사 kann과 결합하므로 수동 조동사 werden이 *문장 맨 뒤에 원형*으로 옴.)

2. ... ins Gleichgewicht gebracht ... :

   3·4격 전치사 in은 여기서 동사 gebracht와 함께 '... 안으로 가져가다'로 해석되어 '방향'을 뜻하므로 *4격* 지배임.
   따라서 *중성*명사 Gleichgewicht가 전치사 in의 *4격* 목적어이므로 *중성 4격* 정관사 das가 와야 하지만, 전치사 in과 함께 ins로 축약됨. (ins = in das)

... , indem	bestimmte Energiepunkte	beruhigt	oder	stimuliert	werden .
종속접속사	주어 (복수 1격)	수동태 pp형$_1$		수동태 pp형$_2$	수동태 조동사

3. ... , indem bestimmte Energiepunkte beruhigt oder stimuliert werden :

   종속접속사 *indem*-부문장으로서, 타동사 beruhigen ① 및 stimulieren ②의 *수동태 현재* 시제임 :

   ① 타동사 beruhigen의 수동태 현재 시제 「werden ... pp」 :
   - 주어인 복수명사 "bestimmte Energiepunkt*e*"는 복수의 sie('그것들')에 해당하므로 수동 조동사 werden의 형태는 werd*en*임.
   - 동사 beruhigen의 pp형은 beruhig*t*임.

   따라서 원래는 「werden ... beruhigt」이지만, 부문장 안이므로 *후치*됨 :
   ... beruhigt werden

   ② 타동사 stimulieren의 수동태 현재 시제 「werden ... pp」 :
   - 주어가 ①과 동일한 "bestimmte Energiepunkt*e*"이므로 수동 조동사 형태는 werd*en*임.
   - 동사 stimulieren의 pp형은 stimulier*t*임.

   따라서 원래는 「werden ... stimuliert」이지만, 부문장 안이므로 후치됨 :
   ... stimuliert werden

   결론적으로 ①, ②를 종합하면 : ... beruhigt (werden) oder stimuliert werden
   (앞의 werden은 반복을 피해 생략됨.)

► kann ⇒ 화법조동사 können의 *현재* 시제 (주어가 ich 혹은 er, sie, es일 때)

「können ... 동사 원형」 [화법조동사] ...할 수 있다 (영. can)

* 현재 시제 *불규칙* 변화 :

ich kann ; du kann*st* ; er (sie, es) kann

wir könn*en* ; ihr könn*t* ; sie (Sie) könn*en*

* 3 기본형 : können - konnte - gekonnt (können)

※동사 원형 *있을* 경우 완료형 : 「haben ... *동사 원형* können」

동사 원형 *없을* 경우 완료형 : 「haben ... gekonnt」

► wieder [부사] 다시, 재차 (영. again)

► das Gleichgewicht (항상 *단수*!) 균형 (영. balance)

「etw.[4] ins Gleichgewicht bringen」 *무엇을* 균형 잡다

→ gleich [형용사] 같은, 동일한 (영. same)

→ das Gewicht (Gewichte) 무게 (영. weight)

► gebracht ⇒ 동사 bringen의 *과거분사* (= pp형)

bringen [타동사] ...을 가져오다, 데려오다 (영. bring)

* 3 기본형 : bringen - brachte - gebracht

► indem [종속접속사] ...함으로써 ≈ 「dadurch, dass ...」

► bestimmt- [형용사] (명사 앞 *수식어*로서) 일정한, 특정한 (영. particular, definite)

→ bestimmen [타동사] ...을 결정하다 (영. determine, fix)

* 3 기본형 : *bestimmen* - *bestimmte* - *bestimmt*

형태가 *be*-이므로 pp형은 -ge- 없음!

► beruhigen [타동사] ...을 진정시키다 (영. calm down)

「sich[4] beruhigen」 진정되다

* 3 기본형 : *beruhigen* - *beruhigte* - *beruhigt*

형태가 *be*-이므로 pp형은 -ge- 없음!

► stimulieren [타동사] ...을 자극하다 (영. stimulate)

＊ 3 기본형 : stimulier*en* - stimulier*te* - stimulier*t*
형태가 *-ieren*이므로 pp형은 -ge- 없음!

Je nach Erkrankung (여성 3격) stehen (동사 (현재 시제)) Nadeln (주어 (복수 1격)) aus verschiedenen Materialien (복수 3격) und in verschiedenen Dicken und Längen (복수 3격) zur Verfügung.

1\. ... stehen Nadeln ... zur Verfügung :

「etw. steht zur Verfügung」 '*무엇은* 자유롭게 이용될 수 있다'

동사 stehen의 *현재* 시제임 :

주어인 복수명사 "Nadel*n*"은 복수의 sie('그것들')에 해당하므로 동사 형태는 steh*en*임.

2\. ... Nadeln aus verschieden*en* Material*ien* ① und in verschieden*en* Dicke*n* und Länge*n* ② ... :

① *복수*명사 Material*ien*이 *3격* 전치사 aus와 결합하므로 *복수 3격*임.
따라서 형용사 verschieden은 *복수 3격* 정관사 d*en*처럼 어미변화 하여 verschieden*en*임.
※형용사 앞에 관사, 소유대명사, 지시대명사 등이 없을 경우,
형용사 자체가 정관사 d- 어미변화 함.

② 3·4격 전치사 in은 앞에 나온 명사 Nadeln을 수식·설명하여 '... 안에 있는 ...'로 해석되어 '위치'를 뜻하므로 *3격* 지배임.
*복수*명사 Dicke*n* 및 Länge*n*이 전치사 in의 *3격* 목적어이므로 *복수 3격*임.
따라서 형용사 verschieden은 *복수 3격* 정관사 d*en*처럼 어미변화 하여 verschieden*en*임.

► 「je nach + 3격」 (선택, 결정의 기준) ...에 따라 (영. according to ...)

► die Erkrankung (die Erkrankung*en*) 질병, 질병을 앓고 있음 (영. illness, disease)

→ erkranken [자동사] (완료형 「sein ... pp」) 병 걸리다 (영. become ill) ≈ krank werden

「an etw.[3] erkranken」 *무엇을* 앓게 되다

* 3 기본형 : *er*krank*en* - *er*krank*te* - *er*krank*t*

형태가 *er*-이므로 pp형은 -ge- 없음!

► stehen [자동사] 서 있다 (영. stand) ※함께 오는 3·4격 전치사는 *3격* 지배!

* 3 기본형 : stehen - stand - gestanden

〈참고〉 stellen [타동사] ...을 세워 놓다 (영. put, set) ※함께 오는 3·4격 전치사는 *4격* 지배!

* 3 기본형 : stell*en* - stell*te* - *ge*stell*t*

► die Nadel (die Nadel*n*) 바늘 (영. needle)

► aus [*3격* 전치사] (구성 재료) ~으로 이루어진 (영. made of ...)

► verschieden [형용사]

1 「verschieden*e* + *복수*명사」 상이한 여러 가지의 (영. various)

2 「verschieden von etw.[3]」 *무엇*과 상이한 (영. defferent) ≈ anders

► das Material (die Material*ien*) 재료, 재료물 (영. material)

► die Dicke (die Dicke*n*) 두께 (영. thickness)

► die Länge (die Länge*n*) 길이 (영. length)

► die Verfügung (die Verfügung*en*) 처리, 처분 (영. disposal)

「etw. steht j-m zur Verfügung」

*무엇*은 *누구*의 처분에 놓여 있다 (= *누구*는 *무엇*을 마음대로 이용할 수 있다)

「j-d stellt j-m etw.[4] zur Verfügung」

*누구*는 *무엇*을 *누구*의 처분에 놓다 (= *누구*는 *무엇*을 *누구*가 마음대로 이용하도록 하다)

「die (freie) Verfügung über etw.[4]」 *무엇의* (자유로운) 처분, 이용

→ verfügen [자동사] : 「j-d verfügt über etw.[4]」 *누구는 무엇을* 마음대로 처리할 수 있다

7

In der Regel	bestehen	die Nadeln	aus Edelstahl .
관용적 표현 (여성 3격)	동사 (현재 시제)	주어 (복수 1격)	남성 3격

... bestehen die Nadeln aus Edelstahl :

「etw. besteht aus etw.[3]」 '*무엇은 무엇으로* 구성되다'

동사 bestehen의 *현재* 시제임 :

주어인 복수명사 "die Nadel*n*"은 복수의 sie('그것들')에 해당하므로 동사 형태는 besteh*en*임.

► die Regel (die Regel*n*) 규칙 (영. rule)

「in der Regel」 보통, 주로, 일반적으로 ≈ meistens, normalerweise

► bestehen [자동사] : 「aus etw.[3] bestehen」 *무엇으로* 구성되다 (영. consist of ...)

* 3 기본형 : *bestehen* - *bestand* - *bestanden*

형태가 *be*-이므로 pp형은 -ge- 없음!

► der Edelstahl 고품질의 강철

→ edel [형용사] (목재, 금속, 포도주 등의 특정 대상에 대해서) 고품질의 (영. noble)

→ der Stahl (항상 *단수*!) 강철 (영. steel)

〈참고〉 das Eisen (항상 *단수*!) 철 (영. iron) / das Metall (die Metalle) 금속 (영. metal)

8

Seltener	kommen	Silber- oder Goldnadeln	zum Einsatz.
	동사 (현재 시제)	주어 (복수 1격)	남성 3격

... kommen Silber oder Goldnadeln zum Einsatz :

「etw. kommt zum Einsatz」 '*무엇*이 투입되다'

동사 kommen의 *현재* 시제임 :

주어인 "Silber- und Goldnadel*n*"은 복수의 sie('그것들')에 해당하므로 동사 형태는 komm*en*임.

► selten [형용사] 드문, (부사적) 드물게 (영. rare) ↔ oft, häufig 자주, 빈번히

► kommen [자동사] (완료형 「sein ... pp」) 오다 (영. come)

* 3 기본형 : kommen - kam - gekommen

► die Silbernadel (die Silbernadel*n*) 은침, 은바늘 (영. silver needle)

→ das Silber (항상 *단수*) 은 (영. silver)

↳ silbern- [형용사] (명사 앞 수식어로서) 은의, 은으로 된 (영. silver)

► die Goldnadel (die Goldnadel*n*) 금침, 금바늘 (영. gold needle)

→ das Gold (항상 *단수*) 금 (영. gold)

↳ golden- [형용사] (명사 앞 수식어로서) 금의, 금으로 된 (영. golden)

► der Einsatz 투입 ※동사 *ein*setzen의 명사형!

「zum Einsatz kommen」 투입되다 (영. come into operation)

→ *ein*setzen (setzen ... *ein*) [분리/타동사] ...을 투입하다, 이용하다 (영. golden)

* 3 기본형 : *ein*setz*en* - *ein*setz*te* (setz*te* ... *ein*) - *einge*setz*t*

↳ setzen [타동사] ...을 놓다, 두다, 앉혀 놓다 (영. set, put)

* 3 기본형 : setz*en* - setz*te* - *ge*setz*t*

9

Die Länge	variiert	zwischen 1,5 und sieben Zentimetern.
주어 (여성 1격)	동사 (현재 시제)	복수 3격

1. Die Länge variiert ... :

   동사 variieren의 *현재* 시제임 : 주어인 "Die Länge"는 여성의 sie에 해당하므로 동사 형태는 variier*t*임.

2. ... variiert zwischen 1,5 und sieben Zentimeter*n* :

   3·4격 전치사 zwischen은 동사 variiert와 함께 '... 사이에서 변화하다'로 해석되어 '방향'이 아닌 '위치'를 뜻하므로 *3격* 지배임.
   *복수*명사 Zentimeter가 전치사 zwischen의 *3격* 목적어이므로 *복수 3격*임.
   이와 같이 *복수 3격*이므로 Zentimeter는 추가로 어미 *-n*이 붙어 Zentimeter*n*임.
   ※ *복수 3격* 명사의 형태는 항상 *-n*이어야 함.

► die Länge (die Länge*n*) 길이 (영. length)

► variieren [자동사] 차이나다, 변화하다 (영. vary)

* 3 기본형 : variier*en* - variier*te* - variier*t*
형태가 *-ieren*이므로 pp형은 -ge- 없음!

► zwischen [*3·4격* 전치사] (영. between, among)

1 (*3격* 지배 : '위치') ~사이에서 ; 2 (*4격* 지배 : '방향') ~사이로

► der (das) Zentimeter (die -) (길이 단위) 센티미터 (영. centimetre)

〈참고〉 der (das) Meter (die -) 미터 (영. metre)

10

Die kurzen Nadeln (주어₁ (복수 1격)) werden (수동태 조동사 (현재 시제)) vor allem im Gesichtsbereich (남성 3격), die langen (주어₂ (복수 1격)) bei der Behandlung (여성 3격) tieferer Muskelstränge (복수 2격) verwendet (수동태 pp형).

1. Die kurzen Nadeln ①... , die langen ② ... :

① 복수명사 Nadeln이 주어이므로 복수 1격 정관사 Die가 앞에 옴.

형용사 kurz는 복수 1격 정관사 die가 앞에 있으므로 어미 *-en*이 붙어 kurz*en*임.

※(격에 상관없이) 복수의 관사, 소유대명사, 지시대명사 ... + 형용사 *-en*

① 앞과 동일한 명사 Nadeln이 반복을 피해 생략된 형태임.

즉 : ... die langen (Nadeln) ...

따라서 여기서도 복수명사 Nadel*n*이 주어이므로 복수 1격 정관사 di*e*가 앞에 옴.

형용사 lang은 복수 1격 정관사 die가 앞에 있으므로 어미 *-en*이 붙어 kurz*en*임.

2. Die kurzen Nadeln werden ... ① , die langen ... verwendet ② :

두 개의 상이한 주어, 즉 "Die kurze Nadeln"과 "die langen (Nadeln)"에 대하여 동사 verwenden의 수동태 현재 시제가 동일하게 이루어짐.

① 주어인 "Die kurze Nadeln"은 복수의 sie에 해당하므로 수동 조동사의 형태는 werd*en* 이며, 동사 verwenden의 pp형은 verwende*t*임.

따라서 문장 형태는 : Die kurzen Nadeln werd*en* ... verwende*t* , ...

② 여기서도 동일한 조건에 의해 문장 형태는 :

... , die langen (Nadeln) werd*en* ... verwende*t*

결론적으로 ①, ②를 종합하면 :

Die kurzen Nadeln werden ... (verwendet) und die langen (werden) ... verwendet.

(반복을 피해, 앞에서는 pp형 verwendet가 생략되고, 뒤에서는 조동사 werden이 생략됨.)

3. ... werden ... im Gesichtsbereich (verwendet) ... :

3·4격 전치사 in은 여기서 수동태「werden ... verwendet」와 함께 '... 안에서 사용되다'로 해석되어 '방향'이 아닌 '위치'를 뜻하므로 *3격* 지배임.
*남성*명사 Gesichtsbereich가 전치사 in의 *3격* 목적어이므로 *남성 3격* 정관사 d*em*이 와야 하지만, 전치사 in과 함께 im으로 축약됨. (im = in dem)

4. ... Behandlung tiefer*er* Muskelsträng*e* ... :

*복수*명사 Muskelsträng*e*가 바로 앞 명사 Behandlung을 수식하는 *2격* 형이므로 *복수 2격*임.
따라서 (비교급) 형용사 tiefer는 *복수 2격* 정관사 d*er*처럼 어미변화 하여 tiefer*er*임.
※형용사 앞에 관사, 소유대명사, 지시대명사 등이 없을 경우, *형용사 자체가 정관사 d-* 어미변화 함.

► kurz [형용사] (길이) 짧은 (영. short)
 * 3 비교형 : kurz - kürz*er* - kürz*est*
 → kürzen [타동사] ...을 짧게 하다, 줄이다 (영. shorten)
  * 3 기본형 : kürz*en* - kürz*te* - *ge*kürz*t*

► 「vor allem」 무엇보다, 특히 ≈ besonders 특히, hauptsächlich 주로 (영. above all)

► der Gesichtsbereich 얼굴 부위
 → das Gesicht (die Gesicht*e*) 얼굴 (영. face)
 → der Bereich (die Bereich*e*) 영역, 분야 (영. area, field)

► lang [형용사] (길이) 긴, 길게 (영. long)
 * 3 비교형 : lang - läng*er* - läng*st* ;
 → lange [부사] (시간) 오랫동안 (영. long time)

► die Behandlung (die Behandlung*en*) [1] 치료 ; [2] 다룸, 취급 (영. treatment)
 → behandeln [타동사] [1] ...을 다루다 ; [2] 치료하다 (영. treat)
  * 3 기본형 : *be*handeln - *be*handel*te* - *be*handel*t*
  형태가 *be*-이므로 pp형은 -ge- 없음!

► tief [형용사] 깊은 (영. deep)

* 3 비교형 : tief - tief*er* - tief*st*

→ vertiefen [타동사] ...을 깊게 하다 (영. deepen)

* 3 기본형 : *ver*tief*en* - *ver*tief*te* - *ver*tief*t*
형태가 *ver*-이므로 pp형은 ge- 없음!

► der Muskelstrang 근섬유 다발 (영. muscle bundle)

→ die Muskel (die Muskel*n* ; 주로 복수!) 근육 (영. muscle)

→ der Strang (die Stränge) 다발, 뭉치 (영. bundle)

► verwenden [타동사] ...을 사용하다 (영. use)

* 3 기본형 : *ver*wend*en* - *ver*wend*ete* - *ver*wend*et* ※어간 끝이 -*d*이므로 발음상 -e- 첨가!
형태가 *ver*-이므로 pp형은 -ge- 없음!

→ die Verwendung (die Verwendung*en*) 사용, 이용 (영. use)

17

독일어: 문법과 텍스트 이해

[1]Die britische Schauspielerin Kate Winslet ist einem Feuer in einer Luxusvilla auf den britischen Jungferninseln unverletzt entkommen. [2]Das Feuer in dem Haus auf der Necker-Insel sei wahrscheinlich durch einen Blitz ausgelöst worden, erklärte der britische Milliardär Richard Branson, dem die Villa und die Karibikinsel gehören. [3]Winslet habe sich in dem Haus mit ihrem Freund und ihren Kindern befunden, während ein Tropensturm über die Insel zog. [4]Als das Feuer ausbrach, habe Winslet, die 1997 durch ihre Rolle im Spielfilm „Titanic" bekannt wurde, seiner 90-jährigen Mutter geholfen, aus dem Haus zu kommen, sagte Branson. [5]Er selbst befand sich mit seiner Familie in einem Haus nebenan. [6]Durch das Feuer sei das Hauptgebäude zerstört worden und er habe in seinem Büro tausende Fotos verloren, sagte Branson. [7]Der Unternehmer versicherte aber, er werde die Villa so bald wie möglich wieder aufbauen. [...]

Frankfurter Allgemeine

[1]영국의 여배우인 케이트 윈슬렛은 영국의 버진 아일랜드 섬에 있는 한 고급 별장에서 일어난 화재로부터 부상을 입지 않고 벗어났다. [2]넥커 섬 안의 건물에서 일어난 이 화재는 아마도 한 번개 불에 의해 발생했을 가능성이 높다는 것이 그 별장과 캐리비안 해의 그 섬을 소유하고 있는 영국의 억만장자 리차드 브랜슨의 설명이었다. [3]윈슬렛은 열대성 태풍 하나가 그 섬 위로 지나갈 때 자신의 남자 친구 및 자신의 아이들과 함께 그 집 안에 있었다고 한다. [4]1997년에 영화 "타이타닉"에서 그녀가 맡은 역할을 통해 유명해진 윈슬렛은, 화재가 발생했을 때, 브랜슨 자신의 90세 된 모친이 그 집으로부터 빠져나오도록 도와주었다고 브랜슨은 말했다. [5]그 자신은 자신의 가족과 함께 옆에 있는 한 건물에 있었다. [6]이 화재를 통해 건물 본채가 완전히 파괴되었으며, 자신의 사무실에서는 수천 장의 사진들을 잃어버렸다고 브랜슨이 말했다. [7]하지만 이 사업가는 그 별장을 가능한 한 빠른 시일 안에 다시 세울 것이라고 장담했다.

1

Die britische Schauspielerin	Kate Winslet	ist	einem Feuer
주어 (여성 1격)		현재완료 (조동사)	동사 entkommen의 3격 목적어 (중성 3격)

in einer Luxusvilla	auf den britischen Jungferninseln	unverletzt	entkommen .
여성 3격	복수 3격		현재완료 pp형

1. Di*e* britisch*e* Schauspielerin ... :

*여성*명사 Schauspielerin이 *주어*이므로 *여성 1격* 정관사 Di*e*가 앞에 옴.
형용사 britisch는 *여성 1격* 정관사 Di*e*가 앞에 있으므로 어미 *-e*가 붙어 britisch*e*임
※(격에 상관없이) *여성*의 di*e* , ein*e* , mein*e* , kein*e* , dies*e* , jed*e* ... + 형용사 *-e*

2. Die britische Schauspielerin ... ist ... entkommen :

동사 entkommen의 *현재완료* 시제「sein ... pp」임.
(동사 entkommen은 '장소 이동' 자동사!) :
- 주어인 "Die britische Schauspielerin"은 여성 sie('그녀')에 해당하므로 완료 조동사는 ist임.
- 동사 entkommen의 pp형은 entkommen임,

따라서「ist ... entkommen」임.

3. ... ein*em* Feuer ① in ein*er* Luxusvilla ② ... entkommen :

① *중성*명사 Feuer가 동사 entkommen의 *3격* 목적어이므로 *중성 3격* 부정관사 ein*em*이 앞에 옴.
※ *남성, 중성* 3격 어미는 *-em*임 : ein*em* , d*em* , mein*em* , kein*em* , dies*em* ...

② 3·4격 전치사 in은 여기서 바로 앞 명사 Feuer를 수식하여 '... 안에서의 화재'로 해석되어 '방향'이 아닌 '위치'를 뜻하므로 *3격* 지배임.
*여성*명사 Luxusvilla가 전치사 in의 *3격* 목적어이므로 *여성 3격* 부정관사 ein*er*이 앞에 옴.

4. ... Luxusvilla auf d*en* britisch*en* Jungferninsel*n* ... :

3·4격 전치사 auf가 바로 앞 명사 Luxusvilla를 수식하여 '... 위에 있는 호화 빌라'로 해석되어 '방향'이 아닌 '위치'를 뜻하므로 *3격* 지배임.

*복수*명사 Jungeferninsel*n*이 전치사 auf의 *3격* 목적어이므로 *복수 3격* 정관사 d*en*이 앞에 옴.

형용사 britisch는 *복수 3격* 정관사 d*en*이 앞에 있으므로 어미 *-en*이 붙어 britisch*en*임.

※(격에 상관없이) *복수*의 관사, 소유대명사, 지시대명사 ... + 형용사 *-en*

► die Schauspieler*in* (die Schausielerin*nen*) 여자 배우 (영. actress)

→ der Schauspieler (die -) 배우, 남자 배우 (영. actor)

↳ der Filmschauspieler 영화 배우, 남자 영화 배우 (영. film actor)

→ das Schauspiel 연극 작품 (영. drama) ≈ das Theaterstück

► ist ⇒ *완료형* 조동사 sein의 *현재* 시제 (주어가 er, sie, es일 때)

「sein ... pp」 (완료형) ... 하였다

* 현재 시제 *불규칙* 변화 :

ich bin ; du bist ; er (sie, es) ist

wir sind ; ihr seid ; sie (Sie) sind

* 3 기본형 : sein - war - gewesen

► das Feuer (die -) 불, 화재 (영. fire)

「das Feuer *an*zünden (*an*machen)」 불을 피우다

► die Luxusvilla 호화판 고급 빌라

→ Luxus- (합성어 구성 요소) 최고급의 ... , 호화판의 ... (영. luxury) 〈참고〉 das Luxushotel

↳ der Luxus (항상 단수!) 호화판, 최고급

↳ luxuriös [형용사] 최고급의 ... , 호화판의 ... ↔ bescheiden 소박한

→ die Villa (die Vill*en*) (큰 정원이 있는) 고급 주택 (영. villa)

► Jungferninsel (지명) 버진 아일랜드 (영. virgin island)

→ die Jungfer (die Jungfer*n*) 처녀, 미혼녀 (영. virgin)

→ die Insel (die Insel*n*) 섬 (영. island)

「auf einer Insel leben」 섬에서 살다

► unverletzt [형용사] 부상 당하지 않은 ↔ verletzt 부상당한

► entkommen ⇒ 동사 entkommen의 *과거분사* (= pp형)
entkommen [자동사] (완료형 「sein ... pp」)
「j-m entkommen」 누구로부터 도망치다 (영. get away from ...)
* 3 기본형 : *ent*kommen - *ent*kam - *ent*kommen
형태가 *ent*-이므로 pp형은 -ge- 없음!
↳ kommen [자동사] (완료형 「sein ... pp」) 오다 (영. come)
* 3 기본형 : kommen - kam - gekommen

2

Das Feuer (주어 (중성 1격)) in dem Haus (중성 3격) auf der Necker-Insel (여성 3격) sei (현재완료 (조동사) 접속법 I) wahrscheinlich
durch einen Blitz (남성 4격) *aus*gelöst worden (현재완료 (수동태) (타동사 pp형 + 수동 조동사 werden의 pp형)) , ...

1. Das Feuer in d*em* Haus ① auf d*er* Necker-Insel ② ... :

① 3·4격 전치사 in은 여기서 바로 앞 명사 Feuer를 수식하여 '... 안에서의 화재'로 해석되어 '방향'이 아닌 '위치'를 뜻하므로 *3격* 지배임.
*중성*명사 Haus가 전치사 in의 *3격* 목적어이므로 *중성 3격* 정관사 d*em*이 앞에 옴.
※*3격* 어미 : *남성, 중성 -em* ; *여성 -er* ; *복수 -en*

② 3·4격 전치사 auf는 여기서 바로 앞 명사 Haus를 수식하여 '... 위에 있는 집'으로 해석되어 '위치'를 뜻하므로 *3격* 지배임.
*여성*명사 Necker-Insel이 전치사 auf의 *3격* 목적어이므로 *여성 3격* 정관사 d*er*가 앞에 옴.

2. Das Feuer ... sei ... *aus*gelöst worden :

타동사/분리동사인 *aus*lösen의 *접속법 I 수동태 완료형* 「sei ... *aus*gelöst worden」(간접화법)임 :
주어가 “Das Feuer”, 즉 es에 해당하므로, 접속법 I 어미변화 방식에 따라 조동사 sei의 형태는 어미 없이 그대로 sei_ 임.

〈참고〉

접속법 I 수동태 완료형 「sei ... *aus*gelöst worden」 :

- 타동사 *aus*lösen의 *수동태는* 「werden ... *aus*gelöst」 임.
- 이 *수동태*가 *완료형*이어야 하므로 「sein ... *aus*gelöst worden」 임.
  ※조동사 werden의 경우, 완료형이 「sein ... pp」 이며 (즉, 「haben ... pp」 아님!), pp형은 worden임. (즉, geworden 아님!)
- 이 *수동태 완료형*이 접속법 I 형태이므로 「sei ... *aus*gelöst worden」 임.
  ※조동사 sein의 접속법 I 형태는 sei임.

Das Feuer ... sei ... ausgelöst worden ,	erklärte	der britische Milliardär
밑줄 친 문장 전체는 뒤에 오는 동사 erklärte의 4격 목적어	동사 (과거 시제)	주어 (남성 1격)

Richard Branson (, dem ... gehören).
관계대명사 *dem*-부문장
(앞의 선행사 “... Miliardär”를 수식·설명함.)

3. ... , erklärte der britische Milliardär ... :

동사 erklären의 *과거* 시제임 :
주어인 “der britische Milliardär”는 er에 해당하므로 과거형 erklär*te*는 어미 없이 그대로 erklär*te*_ 임.

... *Miliardär* ... ,	dem	die Villa und die Karibikinsel	gehören .
선행사 (남성 1격)	관계대명사 (남성 3격)	주어 (여성 1격 / 여성 1격)	동사 (현재) 후치됨!

4. ... , Miliardär ... , dem die Villa und die Karibikinsel gehören :

(1) 관계대명사 dem은 *남성 3격*임 :

앞에 나온 *남성*명사 “Milliardär”를 선행사로 받으며, 동사 gehören의 *3격* 목적어임.

〈참고〉「etw. gehört j-m」 ‘*무엇은 누구*의 소유이다’

(2) 관계대명사 부문장으로서, 동사 gehören의 *현재* 시제임 :

주어인 “die Villa und die Karibikinsel”은 복수의 sie에 해당하므로 동사 형태는 gehör*en*임.

(부문장 안이므로 동사 gehören은 *후치*되어 부문장 맨 뒤에 옴.)

► das Haus (die Häus*er*) 집 (영. house)

► sei ⇒ *완료형* 조동사 sein의 *접속법 I* (주어가 ich 혹은 er, sie, es일 때)

「sein ... pp」 (완료형) ... 하였다

* *접속법 I* 어미변화 :

ich sei ; du sei*st* 혹은 sei*est* ; er (sie, es) sei

wir sei*en* ; ihr sei*et* ; sie, Sie sei*en*

► wahrscheinlich [부사] (가능성이 높은 ‘추측’으로서) 아마도 (영. probably)

→ die Wahrscheinlichkeit (die Wahrscheinlichkeit*en* ; 주로 *단수*!) 가능성, 확률 (영. probability)

► der Blitz (die Blitz*e*) 번개 (영. lightning)

→ blitzen [자동사] : 「Es blitzt」 (항상 비인칭 주어 es와 함께) 번개 치다

* 3 기본형 : blitz*en* - blitz*te* - *ge*blitz*t*

► *aus*lösen (lösen ... *aus*) [분리/타동사] ...을 발생시키다, 일으키다 (영. provoke)

* 3 기본형 : *aus*lös*en* - *aus*lös*te* (lös*te* ... *aus*) - *ausge*lös*t*

↳ lösen [타동사] ...을 풀다, 해결하다 (영. solve)

* 3 기본형 : lös*en* - lös*te* - *ge*lös*t*

► worden ⇒ *수동태* 조동사 werden의 *과거분사* (= pp형)

「werden ... pp」 (수동태) ... 되다 (영. 「be + pp ...」)

* 3 기본형 : werden - wurde - worden

〈주의〉 일반 동사 werden의 pp형은 geworden임.

► erklären [타동사] ...을 설명하다 (영. explain)

* 3 기본형 : *erklären* - *erklärte* - *erklärt*

형태가 *er*-이므로 pp형은 -ge- 없음!

→ die Erklärung (die Erklärungen) 설명 (영. explanation)

► der Milliardär (die Milliardäre) 억만장자, 대부호 (영. multi-millionaire)

→ Milliarde (die Milliarden) 10억 (영. thousand million, billion)

→ der Millionär (die Millionäre) 백만장자, 부호 (영. millionaire)

↳ Million (die Millionen) 백만 (영. million)

► die Karibikinsel 캐리비안 해의 섬

→ die Karibik (바다 이름) 캐리비안 해 (영. Caribbean)

► gehören [자동사] : 「etw. gehört j-m」 *무엇은 누구의* 소유이다 (영. belong to ...)

〈주의〉 「etw. gehört zu etw.[3]」 *무엇은 무엇*에 속하다 (구성 요소이다)

* 3 기본형 : *gehören* - *gehörte* - *gehört*

형태가 *ge*-이므로 pp형은 -ge- 없음!

↳ hören [타동사] ...을 듣다 (영. hear)

* 3 기본형 : hören - hörte - gehört

3

Winslet	habe	sich	in dem Haus	mit ihrem Freund und ihren Kindern
주어 (여성 1격)	현재완료 (조동사)		중성 3격	남성 3격 / 복수 3격

befunden	, während ... zog.
현재완료 (pp형)	종속접속사 *während*-부문장

1. Winslet habe sich ... befunden , ... :

   4격 재귀동사 「sich[4] befinden」 의 *접속법 I 완료형* 「hab- ... befunden」 임 (간접화법) :
   - 주어 "Winslet"은 여성의 sie('그녀')에 해당하므로, 접속법 I 어미변화 방식에 따라 조동사 hab-은 어미 *-e*가 붙어 hab*e*임.
   - 주어 "Winslet"은 여성의 sie('그녀')에 해당하므로 4격 재귀대명사는 sich임.

2. ... sich in *dem* Haus ... befunden , ... :

   3·4격 전치사 in은 동사 「sich[4] befinden」 과 함께 '... 안에 있었다'로 해석되어 '위치'를 뜻하므로 *3격* 지배임.
   *중성*명사 Haus가 전치사 in의 *3격* 목적어이므로 *중성 3격* 정관사 d*em*이 앞에 옴.
   ※ *남성, 중성 3격* 어미는 *-em*임 : d*em* , ein*em* , mein*em* , kein*em* , dies*em* , jed*em* ...

3. mit ihr*em* Freund und ihr*en* Kinder*n* :
   ① ②

   ① *남성*명사 Freund가 *3격* 전치사 mit와 결합하므로 *남성 3격*임.
   따라서 소유대명사 ihr-('그녀의')는 *남성 3격* 어미 *-em*이 붙어 ihr*em*임.
   (여기서 ihr-는 앞의 주어 "Winslet"을 가리킴.)
   ※*3격* 어미 : *남성, 중성 -em* ; *여성 -er* ; *복수 -en*

   ② *복수*명사 Kind*er*가 동일한 *3격* 전치사 mit와 결합하므로 *복수 3격*임.
   - 소유대명사 ihr-('그녀의')는 *복수 3격* 어미 *-en*이 붙어 ihr*en*임.
   - *복수 3격* 명사의 형태는 항상 *-n*이어야 함.
     따라서 *복수 3격*인 Kind*er*는 추가로 어미 *-n*이 붙어 Kinder*n*임.

... ,	während	ein Tropensturm	über die Insel	zog .
	종속접속사	주어 (남성 1격)	여성 4격	동사 (과거) 후치됨!

4. ... , während ein Tropensturm ... zog :

종속접속사 *während*-부문장으로서, 동사 ziehen의 *과거* 시제임 :
주어 "ein Tropensturm"은 남성의 er에 해당하므로 과거형 zog은 어미 없이 그대로 zog_임.
(부문장 안이므로 동사 zog은 *후치*되어 문장 맨 뒤에 옴.)

5. ... über die Insel zog :

3·4격 전치사 über는 동사 zog과 함께 '... 위로 가다'로 해석되어 '방향'을 뜻하므로 *4격* 지배임.
따라서 *여성*명사 Insel이 전치사 über의 *4격* 목적어이므로 *여성 4격* 정관사 die가 앞에 옴.

► habe ⇒ *완료형* 조동사 haben의 *접속법 I* (주어가 ich 혹은 er, sie, es일 때)
「haben ... pp」 (완료형) ... 하였다 (영. 「have + pp ...」)
* *접속법 I* 어미변화 :
ich hab*e* ; du hab*est* ; er (sie, es) hab*e*
wir hab*en* ; ihr hab*et* ; sie, Sie hab*en*
※밑줄 친 경우들은 직설법과 상이함!

► das Haus (die Häus*er*) 집, 주택 (영. house)

► der Freund (die Freund*e*) 친구, 남자 친구 (영. friend)

► das Kind (die Kind*er*) 아이, 어린이 (영. child)

► befunden ⇒ 동사 befinden의 *과거분사* (= pp형)
befinden [4격 재귀동사] : 「sich⁴ + 장소 + befinden」 ...에 있다, 소재하다 (영. be)
* 3 기본형 : *befinden* - *befand* - *befunden*
형태가 *be*-이므로 pp형은 -ge- 없음!
↳ finden [타동사] ...을 발견하다 (영. find)
* 3 기본형 : finden - fand - gefunden

► während [종속접속사] ...하는 동안에, ...인 반면에 (영. while)

► der Tropensturm 열대성 태풍 (영. tropical storm)
→ die Tropen (항상 *복수*!) 열대 우림 지역 (영. tropics)
〈참고〉 der Äquator 적도 (영. equator)
→ der Sturm (die Stürme) 폭풍, 태풍 (영. storm)

► zog ⇒ 동사 ziehen의 *과거* 시제 (주어가 ich 혹은 er, sie, es일 때)
ziehen [자동사] 가다, 이동하다 (영. go, move)
* 3 기본형 : ziehen - zog - gezogen

Als	das Feuer	*aus*brach	, ...
종속접속사	주어 (중성 1격)	동사 (과거) 후치됨!	

1. Als das Feuer *aus*brach , ... :

종속접속사 *als*-부문장으로서, 분리동사 *aus*brechen의 *과거* 시제임 :
주어 "das Feuer"는 중성의 es에 해당하므로 과거형 *aus*brach는 어미 없이 그대로 *aus*brach_임.
(부문장 안이므로 동사 *aus*brach는 *후치*되어 문장 맨 뒤에 옴.)

Als ... *aus*brach	,	habe	Winslet	(, die ... bekannt wurde ,)
종속접속사 *als*-부문장		현재완료 (조동사) (접속법 I)	주어 (여성 1격)	관계대명사 *die*-부문장 (앞의 선행사 "Winslet"을 수식·설명)

seiner 90-jährigen Mutter	geholfen	,	aus dem Haus	zu *kommen*	, ...
동사 geholfen의 3격 목적어 (여성 3격)	현재완료 (pp형)		중성 3격	*zu*-부정사	

2. ... , habe Winslet ... geholfen , ... :

동사 helfen의 *접속법 I 완료형* 「hab- ... geholfen」 임 (간접화법) :
주어 "Winslet"은 여성의 sie('그녀')에 해당하므로, 접속법 I 어미변화 방식에 따라 조동사 hab-은 어미 *-e*가 붙어 hab*e*임.

3. ... sein*er* 90-jährig*en* Mutter (①) geholfen , aus d*em* Haus zu kommen (②) , ... :

「j-m helfen , ... zu 동사 원형」 '*누구가* ... 하는 것을 돕다'

① *여성*명사 Mutter가 동사 geholfen의 *3격* 목적어이므로 *여성 3격*임 :
- 소유대명사 sein-('그의')은 *여성 3격* 어미 *-er*가 붙어 sein*er*임.
  (여기서 sein-은 문장 맨 뒤에 오는 "Branson"을 가리킴.)
  ※*3격* 어미 : *여성 -er* ; *남성, 중성 -em* ; *복수 -en*
- 형용사 90-jährig-는 앞에 *여성 3격* 소유대명사 sein*er*가 오므로 어미 *-en*이 붙어 90-jährig*en*임.
  ※(성, 수에 상관없이) *3격*의 관사, 소유대명사, 지시대명사 ... + 형용사 *-en*

② *zu*-부정사임 : "aus dem Haus"는 부사어로서 동사 kommen을 수식함 ('*집으로부터* 나오다')
*중성*명사 Haus가 *3격* 전치사 aus와 결합하므로 *중성 3격* 정관사 d*em*이 앞에 옴.

...	Winslet	,	die	1997	durch ihre Rolle	im Spielfilm „Titanic"
	선행사 (여성 1격)		주어 (관계대명사 여성 1격)		여성 4격	남성 3격

bekannt	wurde	, ...
동사 wurde의 형용사 보어	동사 (과거) 후치됨!	

4. ... Winslet , die ... wurde , ... :

- 관계대명사 die는 *여성 1격*임 :
  앞에 나온 *여성*명사 "Winslet"을 선행사로 받으며, 동사 wurde의 *주어*임.
- 관계대명사 부문장으로서, 동사 werden의 *과거* 시제임 :
  주어가 관계대명사 여성 1격 die이므로 과거형 wurde는 어미 없이 그대로 wurde_임.
  (부문장 안이므로 동사 wurde는 *후치*되어 부문장 맨 뒤에 옴.)

5. ... durch ihre Rolle im Spielfilm „Titanic“ bekannt wurde , ...:
① ②

① *여성*명사 Rolle가 *4격* 전치사 durch의 목적어이므로 *여성 4격*임 :
따라서 소유대명사 ihr-('그녀의')는 *여성 4격* 부정관사 ein*e*처럼 어미변화 하여 ihr*e*임.
(여기서 ihr-는 앞에 나온 "Winslet"을 가리킴.)
※소유대명사 mein- , dein- , sein- , ihr- ... 및 부정어 kein-은 *부정관사 ein-* 어미변화 함!

② 3·4격 전치사 in은 여기서 바로 앞 명사 "Rolle"를 수식하여 '... 안에서의 역할'로 해석되어 '방향'이 아닌 '위치'를 뜻하므로 *3격* 지배임.
따라서 *남성*명사 Spielfilm이 전치사 in의 *3격* 목적어이므로 *남성 3격* 정관사 d*em*이 앞에 와야 하지만, 전치사 in과 함께 im으로 축약됨. (im = in dem)

> Als ... ausbrach , habe ... geholfen , ... zu *kommen* , sagte Branson.
> 밑줄 친 문장 전체는 뒤에 오는 동사 sagte의 4격 목적어 / sagte: 동사 (과거 시제) / Branson: 주어

6. ... , sagte Branson :
동사 sagen의 *과거* 시제임 :
주어 "Branson"은 남성 er에 해당하므로 과거형 sag*te*는 어미 없이 그대로 sag*te*_임.
(동사 sagte의 목적어, 즉 '말해진' 내용이 먼저 앞에 오므로 어순은 *도치*됨.)

► als [종속접속사] (*과거*의 특정 시점) ...하였을 때 (영. when)

► das Feuer (die -) 불, 화재 (영. fire)

► *aus*brach ⇒ 동사 *aus*brechen의 *과거* 시제 (주어가 ich 혹은 er, sie, es일 때)
*aus*brechen (brechen ... *aus*) [분리/자동사] (완료형「sein ... pp」) (일, 사건 등이) 일어나다, 발생하다 (영. break out)
* 3 기본형 : *aus*brechen - *aus*brach (brach ... *aus*) - *aus*gebrochen

* 현재 시제 *불규칙* 변화 : du brichst ... *aus* ; er (sie, es) bricht ... *aus*

↳ brechen [타동사] ...을 깨다, 깨부수다 (영. break)

* 3 기본형 : brechen - brach - gebrochen

* 현재 시제 *불규칙* 변화 : du brichst ; er (sie, es) bricht

► habe ⇒ *완료형* 조동사 haben의 *접속법 I* (주어가 ich 혹은 er, sie, es일 때)

「haben ... pp」 (완료형) ... 하였다 (영. 「have + pp ...」)

* *접속법 I* 어미변화 :

ich hab*e* ; du hab*est* ; er (sie, es) hab*e*

wir hab*en* ; ihr hab*et* ; sie, Sie hab*en*

※밑줄 친 경우들은 직설법과 상이함!

► die Rolle (die Rolle*n*) 역할 (영. role)

「eine Rolle spielen」 역할을 하다

► der Spielfilm (die Spielfilme) (픽션의) TV 드라마, 영화 (영. feature film)

→ der Film 영화, 필름 (die Filme)

► bekannt [형용사] 유명한, 저명한 ≈ berühmt (영. famous)

► wurde ⇒ 동사 werden의 *과거* 시제 (주어가 ich 혹은 er, sie, es일 때)

werden [자동사] (완료형 「sein ... geworden」) (형용사 혹은 명사 보어와 함께) ... 되다 (영. become)

* *과거* 시제 어미변화 :

ich wurde ; du wurde*st* ; er (sie, es) wurde

wir wurde*n* ; ihr wurde*t* ; sie (Sie) wurde*n*

* 3 기본형 : werden - wurde - geworden

〈주의〉 수동태 조동사 werden의 pp형 worden과 혼동하지 말 것!

► -jährig (형용사를 구성하여) 연령이 ...인, ... 살의 (영. ...-year-old)

► geholfen ⇒ 동사 helfen의 *과거분사* (= pp형)

helfen [자동사] 돕다 (영. help)

「j-m (bei etw.[3]) helfen」 *누구*를 (*무엇* 하는 데에서) 돕다

「j-d hilft j-m , ... zu 동사 원형」 *누구*는 *누구*가 ...하는 것을 돕다

* 3 기본형 : helfen - half - geholfen

* 현재 시제 *불규칙* 변화 : du hilf*st* ; er (sie, es) hilf*t*

► kommen [자동사] (완료형 「sein ... pp」) 오다 (영. come)

「aus etw.[3] kommen」 *무엇*으로부터 나오다, 빠져 나오다

* 3 기본형 : kommen - kam - gekommen

► sagen [타/자동사] (...을) 말하다 (영. say)

* 3 기본형 : sag*en* - sag*te* - *ge*sag*t*

Er	selbst	befand	sich	mit seiner Familie	in einem Haus	nebenan.
주어		동사 (과거 시제)		여성 3격	중성 3격	

1. Er ... befand sich ... :

4격 재귀동사 「sich[4] befinden」 ('있다, 소재하다')의 *과거* 시제임 :

- 주어가 Er이므로 과거형 befand는 어미 없이 그대로 befand_임.
- 주어가 Er이므로 4격 재귀대명사는 sich임.

〈참고〉

재귀대명사 형태는 문장의 *주어*에 의해 결정됨.

(1) 주어가 1, 2인칭의 경우, 해당 *인칭대명사와 동일*함 :

주어 ich ⇒ 3격 *mir* , 4격 *mich* ; 주어 du ⇒ 3격 *dir* , 4격 *dich*

주어 wir ⇒ 3, 4격 모두 *uns* ; 주어 ihr ⇒ 3, 4격 모두 *euch*

(2) 나머지 모든 경우는 3, 4격 모두 *sich*임.

2. mit sein*er* Familie :

*여성*명사 Familie가 *3격* 전치사 mit와 결합하므로 *여성 3격*임.
따라서 소유대명사 sein-('그의')은 *여성 3격* 어미 *-er*가 붙어 sein*er*임.
(여기서 sein-은 앞에 나온 주어 "Er"를 가리킴.)
※*3격* 어미 : *여성 -er* ; *남성, 중성 -em* ; *복수 -en*

3. ... befand sich ... in ein*em* Haus nebenan :

(1) das Haus nebenan '이웃한 집'
(2) 3·4격 전치사 in은 동사 「sich[4] befinden」 과 함께 '... 안에 있었다'로 해석되어 '위치'를 뜻하므로 *3격* 지배임.
중성명사 Haus가 전치사 in의 *3격* 목적어이므로 *중성 3격* 부정관사 ein*em*이 앞에 옴.
※ *남성, 중성* 3격 어미는 *-em*임 : d*em* , ein*em* , mein*em* , kein*em* , dies*em* ...

► 「... selbst」 [지시대명사] (인칭대명사와 함께) ... 자신, ... 본인 (영. 「... oneself」)

► befand ⇒ 동사 befinden의 *과거* 시제 (주어가 ich 혹은 er, sie, es일 때)
befinden [4격 재귀동사] : 「sich[4] + 장소 + befinden」 있다, 소재하다 (영. be)
* 3 기본형 : *befinden* - *befand* - *befunden*
형태가 *be*-이므로 pp형은 -ge- 없음!

► die Familie (die Familie*n*) 가정, 가족 (영. family)

► nebenan [부사] 옆에 (옆집에, 옆방에), 이웃에 (영. next door)

6

Durch das Feuer	sei	das Hauptgebäude	zerstört worden	und
중성 4격	현재완료 (조동사) 접속법 I	주어 (중성 1격)	수동태 현재완료 (타동사 pp형 + 수동 조동사 werden의 pp형)	

er	habe	in seinem Büro	tausende Fotos	verloren	, ...
주어	현재완료 (조동사) 접속법 I	중성 3격	동사 verloren의 4격 목적어 (복수 4격)	현재완료 (pp형)	

1. ... sei das Hauptgebäude zerstört worden (①) und er habe ... verloren (②) , ... :

   두 개의 문장이 결합되는데, 둘 모두 *간접화법*으로 타인의 말을 전달하는 경우로서 *접속법 I* 형식임.

   ① 타동사 zerstören의 *접속법 I 수동태 완료형* 「sei ... zerstört worden」 임 :
   주어인 "das Hauptgebäude"는 중성의 es에 해당하므로, 접속법 I 어미변화 방식에 따라 조동사 sei의 형태는 어미 없이 그대로 sei_ 임.

   ② 동사 verlieren의 *접속법 I 완료형* 「hab- ... verloren」 임 :
   주어가 er이므로 접속법 I 어미변화 방식에 따라 조동사 hab-은 어미 *-e*가 붙어 hab*e*임.

2. ... in sein*em* Büro verloren , ... :

   3·4격 전치사 in은 동사 verloren과 함께 '... 안에서 잃어버렸다'로 해석되어 '위치'를 뜻하므로 *3격* 지배임.
   즉, *중성*명사 Büro가 전치사 in의 *3격* 목적어이므로 *중성 3격*임.
   따라서 소유대명사 sein-('그의')은 *중성 3격* 어미 *-em*이 붙어 sein*em*임.
   (여기서 sein-은 앞에 나온 주어 "er"를 가리킴.)
   ※*3격* 어미 : *남성, 중성 -em* ; *여성 -er* ; *복수 -en*

〈참고〉

소유대명사 : 원칙적으로 *부정관사 ein-* 어미변화 하지만, *복수*일 경우는 *정관사 d-* 어미변화 함.
ich ⇒ mein- '나의 ...' / du ⇒ dein- '너의 ...' / er, es ⇒ sein- '그의, 그것의 ...'
sie '그녀' ⇒ ihr- '그녀의 ...' / wir ⇒ unser- '우리의 ...' / ihr ⇒ eur- '너희의 ...'
sie '그들' ⇒ ihr- '그들의 ...' / Sie '당신, 당신들' ⇒ Ihr- '당신의, 당신들의 ...'

Durch das Feuer sei ... worden und er habe ... verloren	,	sagte	Branson.
밑줄 친 문장 전체는 뒤에 오는 동사 sagte의 4격 목적어		동사 (과거 시제)	주어 (남성 1격)

3. ... , sagte Branson :

동사 sagen의 *과거* 시제임 :

주어 "Branson"은 남성 er에 해당하므로 과거형 sag*te*는 어미 없이 그대로 sag*te*_임.

(동사 sagte의 목적어, 즉 말해진 내용이 먼저 앞에 오므로 어순은 *도치*됨.)

► sei ⇒ *완료형* 조동사 sein의 *접속법 I* (주어가 ich 혹은 er, sie, es일 때)

「sein ... pp」 (완료형) ... 하였다

* *접속법 I* 어미변화 :

ich sei ; du sei*st* 혹은 sei*est* ; er (sie, es) sei

wir sei*en* ; ihr sei*et* ; sie, Sie sei*en*

► das Hauptgebäude 주 건물, 본관 (영. main building)

→ Haupt-, haupt- (합성어 구성 요소) 주요 ... (영. main) ↔ Neben-, neben- 부수적인

→ das Gebäude (die -) 건물, 집 (영. building)

► zerstören [타동사] ...을 산산조각 내어 부수다 (영. destroy)

※동사 접두어 zer- '산산조각 내어'

* 3 기본형 : *zer*stör*en* - *zer*stör*te* - *zer*stör*t*

형태가 *zer*-이므로 pp형은 -ge- 없음!

↳ stören [타/자동사] (...을) 방해하다, 중단시키다 (영. disturb)

* 3 기본형 : stör*en* - stör*te* - *ge*stör*t*

► worden ⇒ *수동태* 조동사 werden의 *과거분사* (= pp형)

「werden ... pp」 (수동태) ... 되다 (영. 「be + pp ...」)

* 3 기본형 : werden - wurde - worden

〈주의〉 일반 동사 werden의 pp형은 geworden임.

► habe ⇒ *완료형* 조동사 haben의 *접속법 I* (주어가 ich 혹은 er, sie, es일 때)

「haben ... pp」 (완료형) ... 하였다 (영. 「have + pp ...」)

* *접속법 I* 어미변화 :

ich hab*e* ; du hab*est* ; er (sie, es) hab*e*

wir hab*en* ; ihr hab*et* ; sie, Sie hab*en*

※밑줄 친 경우들은 직설법과 상이함!

► das Büro (die Büros) 사무실 (영. office)

► 「tausend*e* + *복수*명사」 수천의 ... , 수많은 ...

► das Foto (die Fotos) 사진 (영. photo)

→ fotografieren [타/자동사] (...을) 사진 찍다 (영. photograph)

* 3 기본형 : fotografier*en* - fotografier*te* - fotografier*t*

형태가 *-ieren*이므로 pp형은 -ge- 없음!

► verloren ⇒ 동사 verlieren의 *과거분사* (= pp형)

verlieren [타동사] ...을 잃다, 분실하다 (영. lose)

* 3 기본형 : verlieren - verlor - verloren

→ der Verlust (die Verluste) 분실 (영. loss)

► sagen [자/타동사] (...을) 말하다 (영. say)

* 3 기본형 : sag*en* - sag*te* - *ge*sag*t*

7

Der Unternehmer	versicherte	aber ,	er werde ... *auf*bauen .
주어 (남성 1격)	동사 (과거 시제)		문장 전체는 앞의 동사 versicherte의 4격 목적어

1. Der Unternehmer versicherte ... :

동사 versichern의 *과거* 시제임 :
주어 "Der Unternehmer"는 er에 해당하므로 과거형 versicher*te*는 어미 없이 그대로 versicher*te*_임.
(정관사가 사용된 "Der Unternehmer"는 '특정인'을 뜻함. 여기서는 앞 문장 6의 "Branson"을 가리킴.)

... ,	er	werde	die Villa	so bald wie möglich wieder
	주어	미래 시제 (조동사) (접속법 I)	동사 *auf*bauen의 4격 목적어 (여성 4격)	

*auf*bauen .
미래 시제 (동사 원형)

2. ... er werde ... *auf*bauen :

분리동사 *auf*bauen의 *접속법 I 미래* 「werd- ... *auf*bauen」 임 :
주어가 er이므로 접속법 I 어미변화 방식에 따라 조동사 werd-의 형태는 어미 -*e*가 붙어 werd*e*임.

3. ... so bald wie möglich ... '가능한 한 이른 시기에' :

「so + 형용사(부사) + wie möglich」 '가능한 한 ...'

▸ der Unternehmer (die -) (기업체 사장 혹은 소유주) 기업가 (영. employer)
→ das Unternehmen (die -) 기업체, 회사 (영. firm) ≈ der Betrieb, die Firma
→ unternehmen [타동사] ...을 수행하다 (영. undertake)
* 3 기본형 : *unternehmen* - *unternahm* - *unternommen*
형태가 *unter*-이므로 pp형은 -ge- 없음!

► versichern [타동사] ...을 확신시키다 (영. assert, affirm, insure)

「j-m etw.[4] versichern」 누구에게 무엇을 확신시키다, 보장하다

* 3 기본형 : ver*sicher**en*** - ver*sicher**te*** - <u>ver*sicher**t***</u>

형태가 *ver-*이므로 pp형은 -ge- 없음!

↳ sichern [타동사] ...을 안전하게 만들다 (영. secure)

* 3 기본형 : sicher*en* - sicher*te* - *ge*sicher*t*

↳ sicher [형용사] 안전한 (영. safe)

→ Versicherung (die Versicherung*en*) 보험 (영. insurance)

► aber [부사/어조사] (앞서 언급된 내용과 대립되는 내용을 표현하여) 그런데

► werde ⇒ *미래* 시제 조동사 werden의 *접속법 I* (주어가 ich 혹은 er, sie, es일 때)

「werden ... 동사 원형」 (미래 시제) ...할 것이다

* *접속법 I* 어미변화 :

ich werd*e* ; du <u>werd*est*</u> ; er (sie, es) <u>werd*e*</u>

wir werd*en* ; ihr werd*et* ; sie, Sie werd*en*

※밑줄 친 경우들은 직설법과 상이함!

► die Villa (die Vill*en*) 고급 주택 (영. villa)

► bald [부사] 머지않아, 곧 (영. soon)

► möglich [형용사] 가능한 (영. possible) ↔ unmöglich 불가능한

「so ... wie möglich」 가능한 한 ... ≈ 「möglichst ... 」 (영. as ... as possible)

→ ermöglichen [타동사] ...을 가능하게 하다 (영. enable)

► wieder [부사] 다시, 재차 (영. again)

► *auf*bauen (bauen ... *auf*) [분리/타동사] (건물, 구조물 등) ...을 세우다 (영. build, set up)

* 3 기본형 : *auf*bau*en* - *auf*bau*te* (bau*te* ... *auf*) - *aufge*bau*t*

↳ bauen [타동사] ...을 짓다, 건설하다 (영. build)

* 3 기본형 : bau*en* - bau*te* - *ge*bau*t*

18

독일어: 문법과 텍스트 이해

[1]Deutschland und die Schweiz wollen nach Angaben aus Berliner Regierungskreisen in der kommenden Woche das Abkommen unterzeichnen, das die Besteuerung deutscher Vermögen in der Schweiz vorsieht. [2]Die Vereinbarung zielt darauf ab, in der Schweiz angelegtes Schwarzgeld nachzuversteuern und damit zu legalisieren.

[3]Nach Informationen des *Spiegel* befürchten Schweizer Banken nun, dass viele deutsche Kunden ihre Konten leeren wollen, um der geplanten Besteuerung zu entgehen.

[4]Deshalb werden Barauszahlungen aus deutschen Schwarzgeldkonten zurzeit eingeschränkt. [5]So zahlen manche Banken nur die Hälfte des Vermögens aus, andere nur wenige tausend Franken.

[6]Das Abkommen verpflichtet Schweizer Banken, auf das Vermögen von bisher noch nicht entdeckten Steuerflüchtlingen aus Deutschland eine Pauschalsteuer zwischen 19 und 34 Prozent zu erheben und sie an den deutschen Fiskus zu überweisen. [7]Die Schweizer Geldinstitute haben sich zu einer einmaligen Abschlagszahlung von zwei Milliarden Franken verpflichtet. [8]Im Gegenzug können die Betroffenen mit Straffreiheit rechnen, außerdem bleibt das Schweizer Bankgeheimnis erhalten. [...]

Zeit Online

[1]베를린의 정부 소속 인사들의 말에 따르면 독일과 스위스는 다음 주에 협정을 체결하려고 하는데, 이것은 스위스 안에 있는 독일 재산에 대한 세금 부과를 예정하고 있다. [2]이 협정이 목표로 하는 것은 스위스에 투자된 불법 자금을 추후 납세하고, 이로써 합법화 시키는 것이다.

[3]*슈피겔*의 소식에 따르면, 현재 스위스 은행들은 많은 독일 고객들이 그 예정된 과세를 피하기 위해 자신들의 계좌를 비우려 하게 될 것을 두려워하고 있다. [4]그런 까닭에 독일의 불법 자금 계좌들로부터의 현금 인출이 현재 제한되고 있다. [5]그래서 몇몇 은행들은 그 재산의 절반만을 지불하고 있으며, 다른 은행들은 단지 몇 천 프랑에 불과한 액수만을 지불한다.

[6]이 협정은 스위스 은행들에게, 지금까지 여전히 발견되지 않은 독일 국적의 세금 도피자들의 재산에 대하여 19%와 34% 사이에 해당하는 총 세금을 징수하고, 이를 독일 정부에 송금해야 하는 의무를 부과한다. [7]스위스의 금융기관들은 한 차례에 걸쳐 20억 프랑의 분할금을 지불하기로 약정했다. [8]그 반대급부로서 관련자들은 형(刑) 면제를 예상할 수 있으며, 이 밖에도 스위스의 예금자 비밀 관리권은 지속적으로 유지된다. [...]

1

Deutschland und die Schweiz (주어 (복수 1격)) wollen (화법조동사 (현재 시제)) nach Angaben (복수 3격) aus Berliner Regier-rungskreisen (복수 3격) in der kommenden Woche (여성 3격) das Abkommen (동사 unterzeichnen의 4격 목적어 (중성 4격)) unterzeichnen (동사 원형), das ... *vor*sieht. (관계대명사 *das*-부문장)

1. Deutschland und die Schweiz wollen ... unterzeichnen , ... :

화법조동사 wollen의 *현재* 시제「wollen ... 동사 원형」임 :

- 주어 "Deutschland und die Schweiz"는 복수의 sie에 해당하므로 화법조동사 형태는 woll*en*임.
- 화법조동사 wollen과 함께 오는 *동사 원형* unterzeichnen이 문장 맨 뒤에 옴.

2. ... nach Angaben aus Berlin*er* Regierungskreis*en* ... :

(1)「도시 명 + *-er*」'...의' : Berlin*er* ... '베를린*의* ...'

(2) *복수*명사 Regierungskreis*e*가 *3격* 전치사 aus와 결합하므로 *복수 3격*임.
복수 3격 명사의 형태는 항상 *-n*이어야 함.
따라서 *복수 3격*인 Regierungskreis*e*는 추가로 어미 *-n*이 붙어 Regierungskreis*en*임.

3. in d*er* kommend*en* Woche '다음 주에, 다가오는 주일에' :

3·4격 전치사 in이 '시간적' 의미로서 '...에'로 해석되어 '방향'이 아닌 '위치'이므로 *3격* 지배임.

*여성*명사 Woche가 전치사 in의 *3격* 목적어이므로 *여성 3격* 정관사 d*er*가 앞에 옴.

형용사(= 현재분사) kommend는 앞에 *여성 3격* 정관사 d*er*가 있으므로 어미 *-en*이 붙어 kommend*en*임.

※(성, 수에 상관없이) *3격*의 관사, 소유대명사, 지시대명사 + 형용사 *-en*

... das Abkommen	... , das	die Besteuerung	deutscher Vermögen
선행사 (중성 4격)	주어 관계대명사 (중성 1격)	동사 *vor*sieht의 4격 목적어 (여성 4격)	복수 2격
in der Schweiz	*vor*sieht .		
여성 3격	동사 (현재) 후치됨!		

4. ... das Abkommen ... , das ... *vor*sieht :

① 관계대명사 das는 *중성 1격*임 :
앞에 나온 *중성*명사 “das Abkommen”을 선행사로 받으며, 부문장 안의 *주어*이므로 *중성 1격*의 das임.

② 관계대명사 부문장은 분리동사 *vor*sehen의 *현재* 시제임 :
주어가 관계대명사 das이므로 동사 형태는 *vor*sie*ht*임. (어간 모음 e → ie 인 불규칙 변화 동사!)
(관계대명사 부문장 안이므로 동사 *vor*sieht는 *후치*되어 맨 뒤에 옴.)

5. ... Besteuerung deutsch*er* Vermögen :

명사 Vermögen의 복수형은 단수형과 동일함. 여기서 Vermögen은 *복수*형임.
즉, 특정 ‘재산’을 뜻하는 것이 아니므로 원래는 부정관사 ein-이 와야 하지만 복수이므로 관사가 생략됨!
*복수*명사 Vermögen이 바로 앞 명사 “Besteuerung”을 수식하는 *2격* 형이므로 *복수 2격*임.
따라서 형용사 deutsch는 *복수 2격* 정관사 d*er*처럼 어미변화 하여 deutsch*er*임.
※ 형용사 앞에 관사, 소유대명사, 지시대명사 등이 없을 경우, *형용사 자체가 정관사 d-* 어미변화 함.

6. ... Vermögen in d*er* Schweiz :

3·4격 전치사 in이 바로 앞 명사 Vermögen을 수식하여 ‘...안에 있는’으로 해석되어 ‘방향’이 아닌 ‘위치’이므로 *3격* 지배임.
*여성*명사 Schweiz가 전치사 in의 *3격* 목적어이므로 *복수 3격* 정관사 d*er*가 앞에 옴.

► die Schweiz (국가 명) 스위스 (영. Switzerland)

→ der Schweizer (die -) 스위스인, 스위스 남자 (영. Swiss)

► 「wollen ... 동사 원형」 [화법조동사] ...하려고 하다 (영. will)

* 3 기본형 : wollen - wollte - gewollt (wollen)

※동사 원형 *있을* 경우 완료형 : 「haben ... *동사 원형* wollen」

동사 원형 *없을* 경우 완료형 : 「haben ... gewollt」

* 현재 시제 *불규칙* 변화 :

ich will ; du will*st* ; er (sie, es) will

wir woll*en* ; ihr woll*t* ; sie, Sie woll*en*

► die Angabe (die Angabe*n*) 말, 언급, 진술 (영. statement)

「nach Angaben ...」 ...의 언급에 따르면

→ *an*geben [분리/타동사] ...을 언급하다, 지적하다 (영. state ; point out)

► die Regierungskreis*e* (항상 *복수*) 정부 소속 인사들 (영. government circles)

→ die Regierung (die Regierung*en*) 정부

↳ regieren [타동사] ...을 다스리다 (영. govern)

→ der Kreis (die Kreis*e*) 원, 서클 (영. circle)

► kommend [형용사/현재분사] 다가오는, 다음의 (영. coming, next) ※동사 kommen의 현재분사

► die Woche (die Woche*n*) 주, 주일 (영. week)

► das Abkommen (die -) (국가 혹은 단체들 사이의) 협정, 조약 (영. agreement)

► unterzeichnen [타동사] ...에 서명하다, 승인하다 (영. sign)

* 3 기본형 :

*unter*zeichn*en* - *unter*zeichn*ete* - *unter*zeichn*et* ※어간 끝이 -*chn*이므로 발음상 -e- 첨가!
형태가 *unter*-이므로 pp형은 -ge- 없음!

↳ zeichnen [타/자동사] (...을) 그리다 (영. draw, sketch)

* 3 기본형 : zeichn*en* - zeichn*ete* - *ge*zeichn*et*

► die Besteuerung (die Besteuerung*en*) (영. taxation) ※동사 besteuern의 명사형!

→ besteuern [타동사] : 「j-n besteuern」 누구에게 세금을 부과하다 (영. tax)

↳ die Steuer (die Steuer*n*) 세금 (영. tax)

► das Vermögen (die -) 재산, 소유 (영. property)

► *vor*sieht ⇒ 동사 *vor*sehen의 *현재* 시제 (주어가 er, sie, es일 때)

*vor*sehen (sehen ... *vor*) [분리/타동사] (문어체) ...을 의도하다, 계획하다 (영. intend, plan)

≈ beabsichtigen, planen

* 3 기본형 : *vor*sehen - *vor*sah (sah ... *vor*) - *vor*gesehen

* 현재 시제 *불규칙* 변화 : du sieh*st* ... *vor* ; er (sie, es) sieh*t* ... *vor*

↳ sehen [타동사] ...을 보다 (영. see)

* 3 기본형 : sehen - sah - gesehen

* 현재 시제 *불규칙* 변화 : du sieh*st* ; er (sie, es) sieh*t*

2

Die Vereinbarung	zielt	darauf	*ab*	,
주어 (여성 1격)	동사 (현재 시제)	뒤의 *zu*-부정사를 가리킴.	분리전철	

... *nachzuversteuern* und ... zu *legalisieren*.
zu-부정사

1. Die Vereinbarung zielt ... *ab* , ... :

분리동사 *ab*zielen의 *현재* 시제임 :

- 주어 “Die Vereinbarung”은 여성의 sie에 해당하므로 동사 형태는 ziel*t*임.
- 분리전철 *ab*-은 분리되어 문장 뒤에 옴.

2. ... zielt darauf *ab* , ... *nachzu*versteuern und ... zu legalisieren. :

「auf etw.[4] zielen」 '*무엇을* 목표로 하다'

darauf = auf + das('그것') :

여기서 darauf는 뒤에 오는 *zu*-부정사를 가리킴.

(분리동사 *nach*versteuern의 경우, zu가 전철과 동사 사이에 위치하여 *nachzu*versteuern임.)

... darauf ... , in der Schweiz angelegtes Schwarzgeld *nachzuversteuern*

(in der Schweiz angelegtes Schwarzgeld: 뒤에 오는 동사 *nach*versteuern의 4격 목적어 (중성 4격); *nachzuversteuern*: *zu*-부정사)

und damit *zu legalisieren* .

(damit: 앞에 나온 *zu*-부정사 "... *nachzu*versteuern"의 내용을 가리킴.; *zu legalisieren*: *zu*-부정사)

3. ... , in der Schweiz angelegt*es* Schwarzgeld *nachzu*versteuern und ... :

- *중성*명사 Schwarzgeld가 동사 *nach*versteuern의 *4격* 목적어이므로 *중성 4격*임. 따라서 형용사(= 과거분사) angelegt-는 *중성 4격* 정관사 d*as*처럼 어미변화 하여 angelegt*es*임.

 ※형용사 앞에 관사, 소유대명사, 지시대명사 등이 없을 경우, *형용사 자체가 정관사 d- 어미변화* 함.

- "in der Schweiz"는 부사어로서 바로 뒤에 오는 형용사 angelegtes를 수식함.

 즉 : in der Schweiz angelegtes ... '스위스 안에서 투자된' ...

4. ... , in der Schweiz angelegtes Schwarzgeld *nachzu*versteuern und damit zu legalisieren :

damit = mit + das('그것')

여기서 damit는 앞서 나온 *zu*-부정사 구문 전체, 즉 "in der Schweiz ... *nachzu*versteuern"의 내용을 가리킴.

(해석 : damit '그럼으로써', 즉 '스위스 안에 투자된 검은 돈에 대해 세금을 추후 지불함으로써')

► die Vereinbarung (die Vereinbarungen) 계약, 협정 (영. agreement) ≈ die Abmachung

「eine Vereinbarung mit j-m」 *누구*와의 계약

→ vereinbaren [타동사] ...을 협약하다, 합의하다 (영. agree)

「etw.[4] mit j-m vereinbaren」 *무엇*을 *누구*와 협약하다

* 3 기본형 : *ver*einbar*en* - *ver*einbar*te* - *ver*einbar*t*

형태가 *ver*-이므로 pp형은 -ge- 없음.

► zielt ... *ab* ⇒ 분리동사 *ab*zielen의 *현재* 시제 (주어가 er, sie, es일 때)

*ab*zielen (zielen ... *ab*) [분리동사/자동사]

「auf etw.[4] *ab*zielen」 *무엇*을 목표로 하다 (영. aim at ...)

* 3 기본형 : *ab*ziel*en* - *ab*ziel*te* (ziel*te* ... *ab*) - *abge*ziel*t*

↳ zielen [자동사] : 「auf etw.[4] zielen」 *무엇*을 목표로 하다 (영. aim at ...)

* 3 기본형 : ziel*en* - ziel*te* - *ge*ziel*t*

→ das Ziel (die Ziele) 목표 (영. aim, target)

► *nach*versteuern (versteuern ... *nach*) [분리/타동사] ...에 대해 추후 세금 지불하다

* 3 기본형 :

*nach*versteuer*n* - *nach*versteuer*te* (versteuer*te* ... *nach*) - *nach*versteuer*t*

형태가 *ver*-이므로 pp형은 -ge- 없음.

↳ versteuern [타동사] : 「etw.[4] versteuern」 *무엇*에 대해 세금 지불하다 (영. pay tax)

「das Einkommen versteuern」 소득에 대한 세금을 지불하다

► angelegt [과거분사/형용사] 투자된 (영. invested)

→ *an*legen (legen ... *an*) [분리/타동사] ...을 투자하다 (영. invest) ≈ investieren

「etw.[4] für etw.[4] anlegen」 *무엇*을 *무엇*에 투자하다

* 3 기본형 : *an*leg*en* - *an*leg*te* (leg*te* ... *an*) - *ange*leg*t*

↳ legen [타동사] ...을 놓다, 두다 (영. lay)

* 3 기본형 : leg*en* - leg*te* - *ge*leg*t*

→ die Anlage (die Anlagen) 투자 (영. investment)

► das Schwarzgeld (세금을 지불하지 않은) 불법 자금 (영. black money)

→ Schwarz- (구어체) (합성어를 구성하여) 불법적 ...

〈참고〉 der Schwarzhandel 불법 거래, 밀매 ; der Schwarzhändler 밀수업자

→ das Geld (die Gelder ; 주로 *단수*!) 돈, 자금

► legalisieren [타동사] ...을 합법화 하다 (영. legalize)

* 3 기본형 : legalisier*en* - legalisier*te* - legalisier*t*

형태가 -*ieren*이므로 pp형은 -ge- 없음.

→ legal [형용사] 합법적인 (영. legal) ↔ illegal 불법적인

3

Nach Informationen des *Spiegel* (복수 3격) befürchten (동사 (현재 시제)) Schweizer Banken (주어 (복수 1격)) nun ,

dass ... leeren wollen (종속접속사 *dass*-부문장 (앞의 동사 befürchten의 4격 목적어임.)) , um ... zu entgehen (「um ... zu 동사 원형」 '...하기 위해') .

1\. ... befürchten Schweizer Banken ... , dass ... :

동사 befürchten의 *현재* 시제임 :

주어 "Schweizer Bank*en*"은 복수의 sie('그것들')에 해당하므로 동사 형태는 befürcht*en*임.

(뒤에 오는 *dass*-부문장 전체는 동사 befürchten의 4격 목적어임.)

... , dass (종속접속사) viele deutsche Kunden (주어 (복수 1격)) ihre Konten (동사 leeren의 4격 목적어 (복수 4격)) leeren (동사 원형)

wollen (화법조동사 (현재) 후치됨!) , um der geplanten Besteuerung (동사 *entgehen*의 3격 목적어 (여성 3격)) zu *entgehen* (*zu*-부정사) .

2. viel*e* deutsch*e* Kunde*n* ‘많은 독일 고객들’ :

「viel*e* + 형용사 *-e* + *복수*명사」

3. ... , dass viele deutsche Kunden ... leeren wollen , ... :

dass-부문장으로서, 화법조동사 wollen의 *현재* 시제 「wollen ... 동사 원형」 임 :

- 주어 “viele deutsche Kunde*n*”은 복수의 sie(‘그들’)에 해당하므로 화법조동사의 형태는 wolle*n*임.
- 화법조동사 wollen과 결합하는 동사 원형 leeren이 맨 뒤에 옴.

따라서 원래는 「wollen ... leeren」 이지만, 여기서는 *dass*-부문장 안이므로 *후치*됨 :

... leeren wollen

4. ... ihr*e* Kont*en* leeren ... :

*복수*명사 Kont*en*이 동사 leeren의 *4격* 목적어이므로 *복수 4격*임.

따라서 소유대명사 ihr-(‘그들의’)는 *복수 4격* 정관사 di*e*처럼 어미변화 하여 ihr*e*임.

※소유대명사 mein- , dein- , sein- ... 및 부정어 kein-은 원칙적으로 *부정관사 ein-* 어미변화 하지만 *복수*일 경우는 *정관사 d-* 어미변화 함.

(여기서 복수 3인칭 소유대명사 ihr-(‘그들의’)는 바로 앞의 주어 “viele deutsche Kunden”을 가리킴.)

5. ... , um d*er* geplant*en* Besteuerung zu entgehen :

*여성*명사 Besteuerung이 동사 entgehen의 *3격* 목적어이므로 *여성 3격* 정관사 d*er*가 앞에 옴.

형용사(= 과거분사) geplant-는 앞에 *여성 3격* 정관사 d*er*가 있으므로 어미 *-en*이 붙어 geplant*en*임.

※(성, 수에 상관없이) *3격*의 관사, 소유대명사, 지시대명사 ... + 형용사 *-en*

► die Information (die Information*en* ; 주로 *복수*!) 정보 (영. information)

「Information*en* über etw.[4]」 *무엇*에 대한 정보

→ informieren [타동사] : 「j-n über etw.[4] informieren」 *누구*에게 *무엇*에 대해 정보를 주다

► befürchten [타동사] ...을 두려워하다 (영. fear)

* 3 기본형 : *befürchten - befürchtete - befürchtet* ※어간 끝이 -t이므로 발음상 -e- 첨가! 형태가 *be*-이므로 pp형은 -ge- 없음.

→ fürchten [타동사] ...을 두려워 하다 (영. fear, be afraid of)

「etw.[4] fürchten」 *무엇을* 두려워 하다

「sich[4] vor etw.[3] fürchten」 *무엇을* 두려워 하다

* 3 기본형 : fürchten - fürchtete - gefürchtet ※어간 끝이 -t이므로 발음상 -e- 첨가!

→ die Furcht (주로 *단수*) (문어체) 「Furcht vor etw.[3]」 *무엇에* 대한 두려움 (영. fear)

► die Bank (die Banken) 은행 (영. bank)

〈주의〉 die Bank (die Bänke) 벤치, 의자 (영. bench, seat)

► der Kunde (die Kunden) 고객 (영. customer)

※단수의 경우, 주어를 제외한 2, 3, 4격이 모두 복수형과 동일하게 Kunden인 약변화 명사!

► leeren [타동사] ...을 비우다 (영. empty)

* 3 기본형 : leeren - leerte - geleert

→ leer [형용사] 비어 있는 (영. empty) ↔ voll 가득 찬

► 「wollen ... 동사 원형」 [화법조동사] ...하려고 하다 (영. will)

* 현재 시제 *불규칙* 변화 :

ich will ; du willst ; er (sie, es) will

wir wollen ; ihr wollt ; sie (Sie) wollen

* 3 기본형 : wollen - wollte - gewollt (wollen)

※동사 원형 *있을* 경우 완료형 : 「haben ... *동사 원형* wollen」

동사 원형 *없을* 경우 완료형 : 「haben ... gewollt」

► das Konto (die Kontos 혹은 Konten) 은행 계좌 (영. account)

※형태가 -o인 명사는 모두 *중성*이며, 복수형은 -s임.

► geplant [과거분사/형용사] 계획된 (영. planed) ※타동사 plan('...을 계획하다')의 과거분사임.

→ planen [타동사] ...을 계획하다 (영. plan)

* 3 기본형 : planen - plante - geplant

→ der Plan (die Pläne) 계획 (영. plan)

► die Besteuerung (die Besteuerung*en*) 세금 징수 (영. taxation)

► entgehen [자동사] (완료형「sein ... pp」)
「j-m 혹은 etw.[3] entgehen」 누구(무엇)로부터 도망가다 (영. escape)
* 3 기본형 : *ent*gehen - *ent*ging - *ent*gangen
형태가 *ent*-이므로 pp형은 -ge- 없음.
↳ gehen [자동사] (완료형「sein ... pp」) 가다 (영. go)
* 3 기본형 : gehen - ging - gegangen

Deshalb	werden 수동태 (현재) (조동사)	Barauszahlungen 주어 (복수 1격)	aus deutschen Schwarzgeldkonten 복수 3격
zurzeit	*ein*geschränkt . 수동태 (pp형)		

1. ... werden Barauszahlungen ... *ein*geschränkt :

분리/타동사인 *ein*schränken의 *수동태 현재* 시제「werden ... pp」임.
- 주어 "Barauszahlung*en*"은 복수의 sie('그것들')에 해당하므로 조동사 werden의 형태는 werd*en*임.
- 타동사 *ein*schränken의 pp형은 *ein*ge*schränk*t*임.

2. aus deutsch*en* Schwarzgeldkont*en* :

*복수*명사 Schwarzgeldkont*en*이 *3격* 전치사 aus와 결합하므로 *복수 3격*임.
따라서 형용사 deutsch는 *복수 3격* 정관사 d*en*처럼 어미변화 하여 deutsch*en*임.
※형용사 앞에 관사, 소유대명사, 지시대명사 등이 없을 경우, *형용사 자체가 정관사 d- 어미변화* 함.

► deshalb [부사] 그러므로 ≈ daher (영. because of that)

► *ein*schränken [분리/타동사] ...을 제한하다 (영. limit, restrict)
* 3 기본형 : *ein*schränk*en* - *ein*schränk*te* - *einge*schränk*t*

► die Barauszahlung 현금 지불
→ bar [형용사] 현찰의, (부사적) 현찰로 (영. in cash)
〈참고〉 die Bar (die Bars) 술집, 바아
→ die Auszahlung (die Auszahlung*en*) (임금, 예금 등의) 지불 (영. paying out)

► zurzeit [부사] 지금, 현재 (영. at present) ≈ jetzt, im Moment
〈참고〉「zur Zeit + 2격」 ...의 당시에

► das Schwarzgeldkonto 불법자금 계좌
→ das Schwarzgeld (세금을 지불하지 않은) 불법 자금 (영. black money)
→ das Konto (die Konto*s* 혹은 Kont*en*) 은행 계좌 (영. account)

So zahlen (동사 (현재 시제)) manche Banken (주어 (복수 1격)) nur die Hälfte (동사 zahlen ... *aus*의 4격 목적어 (여성 4격)) des Vermögens (중성 2격) *aus* (분리전철),
andere (주어 (복수 1격)) nur wenige tausend Franken. (동사 zahlen ... *aus*의 4격 목적어 (복수 4격))

1\. ... zahlen manche Banken die Hälfte ... *aus* , andere ... wenige tausend Franken :
①　②

① 분리동사 *aus*zahlen의 *현재* 시제임 :

- 주어 "manche Bank*en*"은 복수의 sie('그것들')에 해당하므로 동사 형태는 zahl*en*임.
- 분리전철 *aus*-는 분리되어 문장 뒤에 옴.

② 구조상 앞의 ①과 대칭됨. 따라서 반복되는 표현들이 축약된 상태임.
즉 본래의 문장은 : ... andere (Banken) (zahlen) wenige tausend Franken (*aus*)

2\. ... Hälfte d*es* Vermögen*s* :

*중성*명사 Vermögen은 바로 앞 명사 Hälfte를 수식하는 *2격* 형이므로 *중성 2격* 정관사 d*es*가 앞에 옴.
명사 Vermögen은 *중성*이므로 *2격 명사 어미 -s*가 붙어 Vermögen*s*임.
※ *남성*, *중성*명사는 *2격* 명사 어미 *-s* 혹은 *-es*가 붙음. (*여성*, *복수*명사는 2격 어미 없음!)

► zahlen ... *aus* ⇒ 분리동사 *aus*zahlen의 *현재* 시제 (주어가 wir, sie('그들'), Sie('당신, 당신들')일 때)
*aus*zahlen (zahlen ... *aus*) [분리/타동사] (임금, 예금 등을) 지불하다 (영. pay out)
「j-m etw.[4] *aus*zahlen」 *누구*에게 *무엇*을 지불하다
「den Lohn *aus*zahlen」 임금을 지불하다
* 3 기본형 : *aus*zahl*en* - *aus*zahl*te* (zahl*te* ... *aus*) - *ausge*zahl*t*
↳ zahlen [타동사] ...을 지불하다 (영. pay)
* 3 기본형 : zahl*en* - zahl*te* - *ge*zahl*t*

► 「manch*e* + *복수*명사」 몇몇 ... (영. some) ≈ einig*e*, mehrer*e*

► die Hälfte (die Hälfte*n*) 반, 1/2 (영. half)
→ halb [형용사] 절반의, 1/2의 (영. half)

► 「wenig*e* + *복수*명사」 (적은 수를 뜻하여) 불과 몇몇의 ... (영. little)

► der Franken (die -) (스위스의 통화 단위) 프랑 (영. franc)

6

Das Abkommen (주어 (중성 1격)) verpflichtet (동사 (현재 시제)) Schweizer Banken (동사 verpflichtet의 4격 목적어 (복수 4격)) , ... zu *erheben* (*zu*-부정사₁)

und ... zu *überweisen* (*zu*-부정사₂) .

1. Das Abkommen verpflichtet ... :

   동사 verpflichten의 *현재* 시제임 :
   주어 "Das Abkommen"은 중성의 es에 해당하므로 동사 형태는 verpflicht*et*임.
   ※동사 verpflich*t*en은 어간 끝이 -*t*이므로 발음상 -e- 첨가함!

2. ... verpflichtet Schweizer Banken , ... zu erheben und ... zu überweisen :

   「j-n verpflichten , ... zu 동사 원형」 '*누구*에게 ...하는 것을 의무로 부과하다'
   "Schweizer Banken"은 동사 verpflichtet의 *4격* 목적어이며,
   뒤에 2 개의 *zu*-부정사, 즉 동사 erheben 및 überweisen의 *zu*-부정사 형식이 옴.

... , auf das Vermögen (중성 4격) von bisher noch nicht entdeckten Steuerflüchtlingen (복수 3격)

aus Deutschland (중성 3격) eine Pauschalsteuer (동사 *erheben*의 4격 목적어 (여성 4격)) zwischen 19 und 34 Prozent zu *erheben* (*zu*-부정사)

und sie (동사 überweisen의 4격 목적어) an den deutschen Fiskus (남성 4격) zu *überweisen*. (*zu*-부정사)

3. auf das Vermögen ... eine Pauschalsteuer ... zu *erheben* und ... :

「auf etw.[4] eine Steuer erheben」 '*무엇*에 대하여 세금을 부과하다'
밑줄 친 부분에서, *중성*명사 Vermögen이 전치사 auf의 *4격* 목적어이므로
중성 4격 정관사 das가 앞에 옴.

4. ... Vermögen von bisher noch nicht entdeckt*en* Steuerflüchtling*en* ① aus Deutschland ② :

① *복수*명사 Steuerflüchtlinge가 *3격* 전치사 von과 결합하므로 *복수 3격*임. 따라서 :
- 형용사(= 과거분사) entdeckt-는 *복수 3격* 정관사 d*en*처럼 어미변화 하여 entdeckt*en*임.
  ※형용사 앞에 관사, 소유대명사, 지시대명사 등이 없을 경우,
  형용사 자체가 정관사 d- 어미변화 함.
- *복수 3격* 명사의 형태는 항상 *-n*이어야 함.
  따라서 *복수 3격*인 Steuerflüchtlinge는 추가의 어미 *-n*이 붙어 Steuerflüchtling*en*임.
- "bisher" 및 "noch nicht"는 바로 뒤의 형용사 entdeckt-를 수식하는 *부사어*들임.

② 밑줄 친 "aus Deutschland"는 바로 앞 명사 "Steuerflüchtlingen"을 수식함.
즉 : ... Steuerflüchtlingen aus Deutschland '독일 출신*의* 탈세자들'

5. ... Pauschalsteuer zwischen 19 und 34 Prozent :

3·4격 전치사 zwischen은 바로 앞 명사 "Pauschalsteuer"를 수식하여 '... 사이의 총 세금'을 뜻하므로 '위치'를 나타내어 *3격* 지배임. (측정 단위로서 "Prozent"는 복수형 없음!)

6. ... und sie ① an d*en* deutsch*en* Fiskus ② zu überweisen :

「etw.[4] an j-n überweisen」 '*무엇*을 *누구*에게로 보내다, 송금하다'

① "sie"는 앞에 나온 *여성*명사 "eine Pauschalsteuer"를 받으며, 동사 überweisen의
4격 목적어이므로 *여성* 인칭대명사 sie('그녀')의 4격 형임.

〈참고〉

인칭대명사 *3격* 및 *4격* :

ich ⇒ mir , mich / du ⇒ dir , dich

er ⇒ ihm , ihn / es ⇒ ihm , es / sie '그녀' ⇒ ihr , sie

wir ⇒ uns , uns / ihr ⇒ euch , euch / sie '그들, 그것들' ⇒ ihnen , sie

Sie '당신, 당신들' ⇒ Ihnen , Sie

② *남성*명사 "Fiskus"가 전치사 an의 *4격* 목적어이므로 *남성 4격* 정관사 d*en*이 앞에 옴. 형용사 deutsch는 앞에 *남성 4격* 정관사 d*en*이 오므로 어미 *-en*이 붙어 deutsch*en*임.
※(성, 수에 상관없이) 어미 *-en*이 붙는 경우 :
d*en* , ein*en* , mein*en* , kein*en* , dies*en* ... + 형용사 *-en*

► Abkommen (die -) (국가 혹은 단체들 사이의) 협정, 조약 (영. agreement)

► verpflichten [타동사] (영. oblige)
「j-n zu etw.[3] verpflichten」 *누구*에게 *무엇*을 의무로 부과하다
「j-n (dazu) verpflichten , ... zu 동사 원형」 *누구*에게 ...하는 것을 의무로 부과하다
* 3 기본형 :
*ver*pflicht*en* - *ver*pflicht*ete* - *ver*pflicht*et* ※어간 끝이 *-t*이므로 발음상 -e- 첨가!
형태가 *ver-*이므로 pp형은 -ge- 없음!
→ die Pflicht (die Pflicht*en*) 의무, 임무 (영. duty)

► entdeckt [과거분사/형용사] 발견된 (영. discovered)
→ entdecken [타동사] ...을 발견하다 (영. discover)
* 3 기본형 : *ent*deck*en* - *ent*deck*te* - *ent*deck*t*
형태가 *ent-*이므로 pp형은 -ge- 없음!

► der Steuerflüchtling (die Steuerflüchtling*e*) 탈세자
→ der Flüchtling (die Flüchtling*e*) 도망자, 피난민 (영. refugee)
↳ flüchten [자동사] (완료형 「sein ... pp」) 도망가다, 피난하다 (영. flee)
「vor j-m/etw.[3] flüchten」 *누구*를(*무엇*을) 피해 도망가다
* 3 기본형 : flücht*en* - flücht*ete* - geflücht*et* ※어간 끝이 *-t*이므로 발음상 -e- 첨가!
↳ die Flucht (항상 *단수*!) 도망, 피난 (영. flight)
「die Flucht vor j-m/etw.[3]」 *누구*(*무엇*)으로부터의 도망

► die Pauschalsteuer 세금 총액
→ pauschal [형용사] (명사 앞 수식어로서) 전체의, (부사적) 총, 합계 ... (영. all-inclusive)
≈ gesamt- 전체의, insgesamt 총, 합계 ...
→ die Steuer (die Steuer*n*) 세금 (영. tax)
「eine Steuer erheben」 세금을 부과하다

► zwischen [*3·4격* 전치사] ~사이에 (영. between, among)

► das Prozent (die -) 퍼센트 (%) (영. per cent)

► erheben [타동사] [1] ...을 징수하다 ; [2] ...을 위로 올리다 (영. raise)
「eine Steuer (eine Gebühr) erheben」 세금을 (요금을) 부과하다
* 3 기본형 : *er*heben - *er*hob - *er*hoben
형태가 *er*-이므로 pp형은 -ge- 없음!

↳ heben [타동사] ...을 들어 올리다 (영. lift, raise)
* 3 기본형 : heben - hob - gehoben

► der Fiskus (복수 없음!) (집합명사) 국가의 재정 담당 기관 및 부서
(영. Government as managing the State finances)

► überweisen [타동사] (돈을) 보내다 (영. transfer)
「etw.[4] an j-n überweisen」 *무엇을 누구*에게 송금하다
* 3 기본형 : *über*weisen - *über*wies - *über*wiesen
형태가 *über*-이므로 pp형은 -ge- 없음!

↳ weisen [타동사] (문어체) ≈ zeigen 보여주다
* 3 기본형 : weisen - wies - gewiesen

7

Die Schweizer Geldinstitute (주어, 복수 1격) haben (현재완료, 조동사) sich zu einer einmaligen Abschlagszahlung (여성 3격) von zwei Milliarden Franken (복수 3격) verpflichtet (현재완료, 동사 pp형).

1. Die Schweizer Geldinstitute haben ... verpflichtet :

동사 verpflichten의 *현재완료* 시제 「haben ... pp」 임 :

- 주어 "Die Schweizer Geldinstitut*e*"는 복수의 sie에 해당하므로 조동사 haben의 형태는 hab*en*임.
- 동사 verpflichten의 pp형은 verpflicht*et*임.

※verpflich*t*en은 어간 끝이 *-t*이므로 발음상 -e- 첨가!

2. ... sich ① zu ein*er* einmalig*en* Abschlagszahlung ② ... verpflichtet :

「sich[4] zu etw.[3] verpflichten」 '*무엇*을 약속하다' (← '*자신*에게 *무엇* 하도록 의무를 부과하다')

① 주어 "Die Schweizer Geldinstitut*e*"가 복수의 sie('그것들')에 해당하므로 4격 재귀대명사는 sich임.

② *여성*명사 Abschlagszahlung이 *3격* 전치사 zu와 결합하므로 *여성 3격* 부정관사 ein*er*가 앞에 옴.
형용사 einmalig-는 앞에 *여성 3격* 부정관사 ein*er*가 오므로 어미 *-en*이 붙어 einmalig*en*임.
※(성, 수에 상관없이) *3격*의 관사, 소유대명사, 지시대명사 ... + 형용사 *-en*

► das Geldinstitut*e* (주로 *복수*!) 금융기관 (영. financial institution)
→ das Institut (die Institute) 연구소 (영. institute)

► einmalig [형용사] 단지 한번만의 (영. single) ↔ mehrmalig 여러 번의

► die Abschlagszahlung 첫 번째 불입금의 지불
→ der Abschlag (die Abschläge) (분할 지급해야 할 금액의) 첫 번째 불입 (영. interim payment)
→ die Zahlung (die Zahlung*en*) 지불 (영. payment)
↳ zahlen [타/자동사] (...을) 지불하다 (영. pay)
* 3 기본형 : zahl*en* - zahl*te* - *ge*zahl*t*

► die Milliarde (die Milliard*en*) 10억 (영. thousand million)

► verpflichten [타동사] ...에게 의무 부과하다 (영. oblige)
「j-n zu etw.³ verpflichten」 *누구*에게 *무엇* 하도록 의무를 부과하다
「sich⁴ zu etw.³ verpflichten」 '*자신*에게 *무엇* 하도록 의무를 부과하다', 즉 '*무엇*을 약속하다'
→ verpflichtet [과거분사/형용사] 의무가 있는 (영. obliged)
「j-d ist verpflichtet , ... zu 동사 원형」 *누구*는 ...할 의무가 있다
↳ die Pflicht (die Pflicht*en*) 의무, 책무 (영. duty)

Im Gegenzug	können	die Betroffenen	mit Straffreiheit	rechnen	, ...
	화법조동사 (현재 시제)	주어 (복수 1격)	여성 3격	동사 원형	

1. di*e* Betroffen*en* :

Betroffen-은 명사화 된 형용사이므로 *형용사 어미변화* 함.
여기서는 '피해자들'을 뜻하여 *복수*이며, 문장의 *주어*로 사용되므로 *복수 1격* 정관사 di*e*가 앞에 옴.
따라서 앞에 *복수 1격* 정관사 di*e*가 오므로 어미 *-en*이 붙어 Betroff*en*임.
※(격에 상관없이) *복수*의 관사, 소유대명사, 지시대명사 ... + 형용사 *-en*

2. ... können die Betroffenen ... rechnen :

화법조동사 können의 *현재* 시제 「können ... 동사 원형」 임.
- 주어 "die Betroffenen"은 복수의 sie('그것들')에 해당하므로 können의 형태는 könn*en*임.
- 화법조동사 können과 결합하는 *동사 원형* rechnen이 문장 맨 뒤에 옴.

3. ... mit Straffreiheit rechnen :

「mit etw.³ rechnen」 '*무엇*을 예상하다, *무엇*이 있을 것으로 보다'

... , außerdem	bleibt	das Schweizer Bankgeheimnis	erhalten .
	동사 (현재 시제)	주어 (중성 1격)	동사 bleibt의 형용사 보어

4. ... bleibt das Schweizer Bankgeheimnis erhalten :

「bleiben + 형용사 보어」 '...인 상태로 지속되다'

- 동사 bleiben의 *현재* 시제임 :
  주어 "das Schweizer Bankgeheimnis"는 중성의 es에 해당하므로 동사 형태는 bleib*t*임.
- 형용사(= 과거분사) erhalten은 동사 bleibt의 *형용사 보어*임.

► 「im Gegenzug zu etw.[3]」 *무엇*에 대한 대응으로서 (영. in return for ...)

→ der Gegenzug 대응 조치

► 「können ... 동사 원형」 [화법조동사] ...해야 한다 (영. can)

* 현재 시제 *불규칙* 변화 :

ich kann ; du kann*st* ; er (sie, es) kann

wir könn*en* ; ihr könn*t* ; sie (Sie) könn*en*

* können - konnte - gekonnt (können)

※동사 원형 *있을* 경우 완료형 : 「haben ... *동사 원형* können」

동사 원형 *없을* 경우 완료형 : 「haben ... gekonnt」

► Betroffen- (*형용사* 어미변화) 관련 피해자 ※형용사의 *명사화*!

→ betroffen [과거분사/형용사] 관련된, 피해 당한 (영. upset, hurt)

「j-d ist von etw.[3] betroffen」 *누구*는 *무엇*에 의해 피해 보았다

↳ betreffen [타동사] ...에 관계하다, 관련 있다 (영. concern)

* 3 기본형 : *betreffen* - *betraf* - *betroffen*

형태가 *be*-이므로 pp형은 -ge- 없음!

* 현재 시제 *불규칙* 변화 : du betriff*st* ; er (sie, es) betriff*t*

↳ treffen [타동사]

1 ...을 맞추다, 명중하다 (영. hit, strike)

2 「j-n treffen」 *누구*를 만나다 ≈ 「sich[4] mit j-m treffen」 (영. meet)

* 3 기본형 : treffen - traf - gertroffen

* 현재 시제 *불규칙* 변화 : du triff*st* ; er (sie, es) triff*t*

► die Straffreiheit 처벌 없음, 사면

→ straffrei [형용사] 처벌 받지 않는 (영. unpunished)

↳ die Strafe (die Strafe*n*) 벌칙, 징계 (영. punishment)

※형용사 어미 -frei '... 없는' : alkoholfrei '무알콜의' / fehlerfrei '실수 없는'

↳ frei [형용사] 자유로운 (영. free)

↳ die Freiheit (die Freiheit*en* ; 보통 *단수*!) 자유 (영. freedom)

〈참고〉 bestrafen [형용사] ...을 처벌하다, 징계하다 (영. punish)

「j-n für etw.[4] bestrafen」 *누구*를 *무엇* 때문에 처벌하다

* 3 기본형 : *bestrafen* - *bestrafte* - *bestraft*

형태가 *be*-이므로 pp형은 -ge- 없음!

► rechnen [자동사] 계산하다 (영. count)

「mit etw.[3] rechnen」 *무엇*을 예상하다, *무엇*이 있을 것으로 보다 (영. reckon, expect)

* 3 기본형 : rechn*en* - rechn*ete* - *ge*rechn*et* ※어간 끝이 -*chn*이므로 발음상 -e- 첨가!

► außerdem [부사] 그 밖에, 게다가 ≈ überdies (영. besides)

► bleiben [자동사] (완료형 「sein ... pp」) 머무르다 (영. stay)

「bleiben + 형용사 보어」 ...인 상태가 지속되다 (영. 「remain + 형용사 보어」)

* 3 기본형 : bleiben - blieb - geblieben

► das Bankgeheimnis (항상 *단수*!) (경제학 용어) 예금자 비밀 관리권

→ die Bank (die Bank*en*) 은행 (영. bank)

→ das Geheimnis (die Geheimnis*se*) 비밀 (영. secret)

※형태가 -*nis*인 명사는 대부분 *중성*이며, 복수형은 -*se*임.

(간혹 *여성*도 있음 : *die* Erkennt*nis* '인식')

↳ geheim [형용사] 비밀의, 은밀한 (영. secret)

「etw.[4] geheim halten」 *무엇*을 비밀 유지하다

► erhalten [과거분사/형용사] 보존된, 유지된 (영. preserved)

→ erhalten [타동사]

1 ...을 받다 ≈ bekommen (영. receive)

2 ...을 계속 보존하다, 유지하다 ≈ bewahren (영. preserve)

* 3 기본형 : *er*halten - *er*hielt - *er*halten

형태가 *er*-이므로 pp형은 -ge- 없음!

* 현재 시제 *불규칙* 변화 : du erhält*st* ; er (sie, es) erhäl*t*

↳ halten [타동사] ...을 잡아 유지하다 (영. hold)

* 3 기본형 : halten - hielt - gehalten

* 현재 시제 *불규칙* 변화 : du hält*st* ; er (sie, es) häl*t*

19

독일어: 문법과 텍스트 이해

[1]Das Streikrecht ist das schärfste Instrument von Arbeitnehmern, um ihre Interessen durchzusetzen. [2]Ohne Streikrecht, so hat es das Bundesarbeitsgericht einmal formuliert, würden Tarifverhandlungen zum „kollektiven Betteln“ werden. [3]Streiks sind keineswegs nur als allerletztes Mittel gerechtfertigt, wenn alle anderen Möglichkeiten bereits ausgeschöpft sind, sondern durchaus auch in der frühen Phase eines Tarifstreits, um Druck auf die andere Seite auszuüben und festgefahrene Verhandlungen wieder in Bewegung zu bringen. [4]Deshalb dürfen Streiks nicht nur wehtun, sie müssen es sogar, sonst würden sie nichts bewirken und wären mithin überflüssig.

[5]Auch für Streiks gilt aber das Gebot der Verhältnismäßigkeit. [6]Dabei geht es nicht um die Frage, ob die Forderung, für die gestreikt wird, berechtigt oder überzogen ist, sondern allein darum, ob die Folgen eines Streiks angemessen und verantwortbar sind. [7]Bei den Warnstreiks im öffentlichen Dienst ist dies nicht der Fall. [8]Wer den gesamten öffentlichen Nahverkehr einer Großstadt lahm legt, handelt egoistisch und verantwortungslos.

[9]Denn er trifft nicht etwa die Bosse. [10]Die fahren entweder mit dem Dienstwagen oder dem eigenen Pkw in die Arbeit und stehen halt ein wenig länger im Stau. [11]Er trifft alle, die auf den öffentlichen Verkehr angewiesen sind, weil sie anders die großen Entfernungen einer Großstadt nicht überbrücken können. [12]Er trifft Leute, deren Chef nicht verständnisvoll darauf reagiert, dass man zu spät oder gar nicht zur Arbeit kommen kann. [13]Leute, die mehr Angst um ihren Arbeitsplatz haben, als die Beschäftigten im sicheren Hafen des öffentlichen Dienstes jemals haben werden. [14]Ein Streik aber, der nur die Schwächsten trifft, ist zynisch.

Süddeutsche.de

[1]파업권은 노동자들이 자신들의 이익을 관철하기 위한 수단으로서 가장 날카로운 것이다. [2]파업권이 없다면, 이는 전에 한번 노동법원이 언급한 내용인데, 임금 협상은 "집단적 구걸 행위"가 될 것이다. [3]파업은 오로지 모든 다른 가능성이 고갈되었을 경우 사용되는 최종적 수단으로서만 정당화 되는 것은 결코 아니며, 상대방에게 압력을 가하여 정체된 협상을 다시 움직이게 하기 위해 임금 투쟁의 초기 단계에서도 단연코 정당화 된다. [4]따라서 파업은 고통을 주어도 되는 것만으로 그쳐서는 안 되고, 그것은 심지어 반드시 그래야만 하며, 그렇지 않을 경우 그것은 아무런 효과를 내지 못하고, 따라서 과잉의 불필요한 것일지 모른다.

[5]하지만 파업에 대해서도 역시 적절성의 규범은 적용된다. [6]이와 관련하여 초점이 되는 것은 파업을 행하는 목적을 이루는 요구가 정당한 것인지 아니면 지나친 것인지에 대한 질문이 아니라, 오로지 파업의 결과가 적절하고 책임져 질 수 있는 것인지 여부이다. [7]공공 분야들에서 이루어지는 경고 파업의 경우에는 이것이 해당되지 않는다. [8]어떤 대도시의 대중교통 전체를 마비시키는 사람은 이기적이며 무책임하게 행동하는 것이다.

[9]왜냐하면 이런 자들은 업체 주인들에게 피해를 주는 것이 단연코 아니다. [10]이들은 관용차 혹은 자신 소유의 승용차를 타고 출근하며, 평상시보다 조금 더 오랫동안 교통 정체 속에 서 있을 따름이다. [11]그런 자들이 피해를 주게 되는 사람들은 대도시의 먼 거리를 다른 방법으로는 해결할 수 없어서 대중교통에 의존하고 있는 사람들 모두이다. [12]그런 자들은 사람들이 지각하거나 혹은 아예 출근할 수 없는 경우에 대해 관련 고용주가 사려 깊게 반응하지 않는 그런 사람들에게 피해를 주는 것이다. [13]이를테면 공공 업무의 안전한 항구 안에서 보호받고 있는 종사자들이 어쩌면 갖게 될지 모를 일자리 걱정에 비해 더 큰 일자리 걱정을 가지고 있는 그런 사람들이다. [14]단지 가장 약한 사람들에게 피해를 주는 파업이란 잔인한 모순이다.

1

Das Streikrecht — 주어 (중성 1격)
ist — 동사 (현재 시제)
das schärfste Instrument — 동사 ist의 주격 보어
von Arbeitnehmern , — 복수 3격

um ... *durchzu*setzen .
「um ... zu 동사 원형」
앞에 나온 “das schärfste Instrument von ...”을 수식함.

1. Das Streikrecht ist ... :

   동사 sein('...이다')의 *현재* 시제임 :
   주어인 “Das Streikrecht”는 중성의 es에 해당하므로 동사 sein의 형태는 ist임.

2. ... ist ... das schärfst*e* Instrument ① von Arbeitnehmer*n* ② , ... :

   ① *중성*명사 Instrument가 동사 ist의 *주격* 보어이므로 *중성 1격* 정관사 das가 앞에 옴.
   최상급 형용사 schärf*st*는 앞에 *중성 1격* 정관사 das가 오므로 어미 *-e*가 붙어 schärf*ste*임.
   ※(1, 4격에 상관없이) *중성*의 d*as* , dies*es* , all*es* , jed*es* ... + 형용사 *-e*

   ② *복수*명사 Arbeitnehmer가 *3격* 전치사 von과 결합하므로 *복수 3격*임. 따라서 :
   - 내용상 특정 '고용인들'을 뜻하는 것이 아니므로 원래는 부정관사 ein-이 와야 하지만, 복수이므로 생략되어 *관사 없음*!
   - *복수 3격* 명사의 형태는 항상 *-n*이어야 함.
     따라서 *복수 3격*인 Arbeitnehmer는 어미 *-n*이 추가로 붙어 Arbeitnehmer*n*임.

... , um ihre Interessen *durchzusetzen* .
ihre Interessen — 뒤의 동사 원형 *durch*setzen의 4격 목적어 (복수 4격)
durchzusetzen — *zu*-부정사

3. ... ihr*e* Interesse*n* *durch*zusetzen :

*복수*명사 Interesse*n*이 동사 *durch*setzen의 *4격* 목적어이므로 *복수 4격*임.
따라서 소유대명사 ihr-('그들의')는 *복수 4격 정관사* di*e*처럼 어미변화 하여 ihr*e*임.
※소유대명사 복수 3인칭 ihr-('그들의')는 바로 앞의 복수명사 "Arbeitnehmer"를 받음.
※소유대명사 mein- , dein- , sein- ... 및 부정어 kein-은 원칙적으로 *부정관사 ein-* 어미변화 하지만 *복수*일 경우는 *정관사 d-* 어미변화 함.

► das Streikrecht 파업권 (영. right to strike)
→ der Streik (die Streik*s*) 파업, 스트라이크 (영. strike)
→ das Recht (die Recht*e*)
[1] (항상 *단수*!) (집합적) 법, 법률 (영. law)
[2] 권리 (영. right) : 「das Recht auf etw.[4]」 *무엇*에 대한 권리

► scharf [형용사] 날카로운 (영. sharp) ↔ stumpf 무딘 (영. blunt)
* 3 비교형 : scharf - sch<u>ä</u>rf*er* - sch<u>ä</u>rf*st*

► das Instrument (die Instrument*e*) 기구, 도구 (영. instrument)
※형태가 *-ment*인 명사는 항상 *중성*이며, 복수형은 *-e*임.

► der Arbeitnehmer (die -) 피고용인 (영. emloyee) ↔ der Arbeitgeber 고용인 (영. employer)
〈참고〉 der Arbeiter (die -) 근로자 (영. worker)

► das Interesse (die Interesse*n* ; 주로 *단수*!) 흥미, 관심 (영. interest)
「Interesse an etw.[3]」 *무엇*에 대한 관심
→ interessant [형용사] 흥미를 주는 (영. interesting)
→ interessieren
[1] [타동사] 「j-n für etw.[4] interessieren」 *누구*를 *무엇*에 흥미 갖도록 하다 (영. interest)
[2] [4격 재귀동사] 「sich[4] für etw.[4] interessieren」 *무엇*에 흥미 있다 (영. be interested in ...)
* 3 기본형 : interessier*en* - interessier*te* - <u>interessier*t*</u>
형태가 *-ieren*이므로 pp형은 -ge- 없음!

► *durch*setzen (setzen ... *durch*) [분리/타동사] ...을 성취하다 (영. get through)

* 3 기본형 : *durch*setz*en* - *durch*setz*te* (setz*te* ... *durch*) - *durchge*setz*t*

↳ setzen [타동사] ...을 두다, 앉혀 놓다 (영. set, put)

* 3 기본형 : setz*en* - setz*te* - *ge*setz*t*

→ *durch*- [분리전철] 통과하여 (영. through)

2

Ohne Streikrecht	,	so ... formuliert	,	würden	Tarifverhandlungen
중성 4격		부수적으로 첨가된 문장		미래 시제 접속법 II (조동사)	주어 (복수 1격)

zum „kollektiven Betteln“	werden	.
중성 3격	미래 시제 접속법 II (동사 원형)	

1. Ohne Streikrecht ... würden Tarifverhandlungen ... werden :

「Ohne ... + 동사 (접속법 II) + 주어 ...」 ‘만약 ...이 없다면 ...일지 모른다’

동사 werden의 *미래 시제 접속법 II* 로서 「würde ... 동사 원형」 임 :

- 주어인 “Tarifverhandlung*en*”은 복수의 sie(‘그것들’)에 해당하므로 조동사 würde는 접속법 II 어미변화 방식에 따라 어미 *-n*이 붙어 würde*n*임.
- 동사 werden은 문자 맨 뒤에 원형으로 옴.

따라서 결과적으로 「würde*n* ... werden」 임.

※미래 시제 : 「werden ... 동사 원형」 ‘...일 것이다’

미래 시제 접속법 II : 「würde ... 동사 원형」 ‘...일지 모른다’

2. ... zum „kollektiv*en* Betteln“ werden :

「A wird zu etw.[3] werden」 ‘A는 *무엇*이 되다’, ‘A는 *무엇*으로 발전하다’

- *중성*명사 Betteln이 *3격* 전치사 zu와 결합하므로 *중성 3격* 정관사 d*em*이 와야 하지만 전치사 zu와 함께 zum으로 축약됨. (zum = zu dem)

※동사의 명사화 : 동사 원형의 앞 철자를 *대문자* 표기하면 *중성*명사가 됨.

동사 betteln ‘구걸하다’ → *중성*명사 Betteln ‘구걸, 구걸하기’

- 형용사 kollektiv는 앞에 3격 축약형 zum이 오므로 어미 *-en*이 붙어 kollektiv*en*임.
  ※*3격*의 관사, 소유대명사, 지시대명사 ... + 형용사 *-en*
  따라서 *3격*의 축소형 zum , zur , am , im , beim , vom + 형용사 *-en*

... , so	hat	es	das Bundesarbeitsgericht	einmal	formuliert	, ...
	현재완료 (조동사)	4격 목적어	주어 (중성 1격)		현재완료 (pp형)	

3. ... hat es das Bundesarbeitsgericht ... formuliert :
   (1) 동사 formulieren의 *현재완료* 시제 「haben ... pp」 임 :
   주어인 “das Bundesarbeitsgericht”는 중성의 es에 해당하므로 조동사 haben의 형태는 hat이며, 동사 formulieren의 pp형은 formulier*t*임.
   따라서 결과적으로 「hat ... formulier*t*」 임.
   (2) 여기서 es는 동사 formuliert의 4격 목적어로서, 앞에 나온 중성명사 “Streikrecht”를 가리킴.
   (어순 : 동사의 4격 목적어인 es는 인칭*대명사*이므로 주어 “das Bundesarbeitsgericht”의 앞에 옴.)

► ohne [*4격* 전치사] ~없이 (영. without)

► das Bundesarbeitsgericht 연방노동법원
  → Bundes- (독일) 연방 ...
    ↳ der Bund (die Bünde) 연방 (영. alliance, federation, union)
  → das Arbeitsgericht 노동법원 (영. labor court)
    ↳ das Gericht (die Gerichte) 법정, 재판소 (영. court)

► formulieren [타동사] ...을 말하다, 표현하다 (영. formulate, express)
  * 3 기본형 : formulier*en* - formulier*te* - formulier*t*
  형태가 *-ieren*이므로 pp형은 -ge- 없음!

► würde ⇒ *미래 시제* 조동사 werden의 *접속법 II* (주어가 ich 혹은 er, sie, es일 때)
「würde ... 동사 원형」 ...일지 모른다
* *접속법 II* 어미변화 :
ich würde ; du würde*st* ; er (sie, es) würde
wir würde*n* ; ihr würde*t* ; sie (Sie) würde*n*

► die Tarifverhandlung*en* 임금 협상
→ der Tarif (die Tarife)
[1] 공공요금, 공공요금 책정 (영. charge)
[2] 임금액, 임금액 책정 (영. wage rate ; salary rate)
→ die Verhandlung (die Verhandlung*en* ; 보통 *복수*!) 논의, 회의 (영. negotiations)
↳ verhandeln [자동사]
「mit j-m über etw.[4] verhandeln」 *누구*와 *무엇*에 관해 논의하다 (영. negotiate)
* 3 기본형 : *ver*handel*n* - *ver*handel*te* - *ver*handel*t*
형태가 *ver*-이므로 pp형은 -ge- 없음!
↳ handeln [자동사] 행동하다 (영. act)
* 3 기본형 : handel*n* - handel*te* - *ge*handel*t*

► kollektiv [형용사] (구성원 전체의) 공동의 (영. collective) ≈ gemeinsam ↔ individuell 개인적

► das Betteln 구걸, 구걸하기 ※동사 betteln의 *중성*명사화!
→ betteln [자동사] 구걸하다 (영. beg) : 「um etw.[4] betteln」 *무엇*을 구걸하다
* 3 기본형 : bettel*n* - bettel*te* - *ge*bettel*t*
→ der Bettler (die -) 거지, 구걸하는 사람 (영. beggar)

► werden [자동사] (완료형 「sein ... geworden」)
「etw. wird zu etw.[3]」 *무엇*이 *무엇*으로 되다 ≈ 「etw. entwickelt sich zu etw.[3]」
* 3 기본형 : werden - wurde - geworden
* 현재 시제 *불규칙* 변화 : du wirst ; er (sie, es) wird

3

Streiks sind keineswegs nur als allerletztes Mittel gerechtfertigt ,
주어 (복수 1격) / 동사 (현재 시제) / 앞의 주어 Streiks에 일치하여 중성 1격임. / 동사 sind의 형용사 보어

wenn ... sind , sondern ... auch ...
종속접속사 *wenn*-부문장

1. Streiks sind ... gerechtfertigt , ... :

   (1) 동사 sein('...이다')의 *현재* 시제임 :
   주어 Streik*s*는 복수의 sie에 해당하므로 동사 sein의 형태는 sind임.

   (2) 형용사(= 과거분사) gerechtfertigt는 동사 sind의 *형용사 보어*임.

   〈참고〉
   타동사의 과거분사(= pp형)은 *수동* 의미의 *형용사*임!
   타동사 rechtfertigen '...을 정당화 하다' → 과거분사 gerechtfertigt '정당화 된'

2. ... sind ... als allerletzt*es* Mittel gerechtfertigt :

   '자격, 신분'의 접속사 als '...로서' : A als B 'B로서 A' (대응되는 두 요소 A와 B는 *격이 일치*!)
   「etw.4격 als etw.4격 rechtfertigen」 '*무엇*을 *무엇*으로서 정당화 하다'
   ⇒「etw.주어 ist als etw.1격 gefertigt」 '*무엇*이 *무엇*으로서 정당화 되다'
   *중성*명사 Mittel이 앞의 주어 Streiks와 격이 일치하여 *1격*이므로 *중성 1격*임.
   따라서 형용사 allerletzt-는 *중성 1격* 정관사 d*as*처럼 어미변화 하여 allerletzt*es*임.
   ※형용사 앞에 관사, 소유대명사, 지시대명사 등이 없을 경우, *형용사 자체가 정관사 d-* 어미변화 함.

3. ... keineswegs nur ... , sondern ... auch ... :

   「nicht nur A , sondern auch B」 'A뿐만 아니라 B 역시'

... , wenn alle anderen Möglichkeiten bereits ausgeschöpft sind , ...
종속접속사 / 주어 (복수 1격) / 동사 sind의 형용사 보어 / 동사 (현재) 후치됨!

4. alle anderen Möglichkeiten :

「all*e* + 형용사 *-en* + *복수*명사」

*복수*명사 Möglichkeit*en*이 *주어*이므로 *복수 1격*임 :

- 부정수사 all-은 *복수 1격* 정관사 di*e*처럼 어미변화 하여 all*e*임.
- 형용사 ander-는 앞에 *복수 1격* 정관사 di*e*가 있는 것과 다름없으므로 어미 *-en*이 붙어 ander*en*임.

※(격에 상관없이) *복수*의 관사, 소유대명사, 지시대명사 ... + 형용사 *-en*

5. ... , wenn alle anderen Möglichkeiten ... ausgeschöpft sind , ... :

(1) *wenn*-부문장으로서, 동사 sein('...이다')의 *현재* 시제임 :
주어 "alle anderen Möglichkeit*en*"은 복수의 sie('그것들')에 해당하므로 동사 sein의 형태는 sind임.
(부문장 안이므로 동사 sind는 *후치*되어 맨 뒤에 옴.)

(2) 형용사(= 과거분사) ausgeschöpft는 동사 sind의 *형용사 보어*임.
※타동사의 과거분사(= pp형)은 *수동* 의미의 *형용사*임!
타동사 ausschöpfen '...을 고갈시키다' → 과거분사 ausgeschöpft '고갈 된'

... , sondern durchaus auch in der frühen Phase eines Tarifstreits ,
여성 3격 / 남성 2격

um ... *aus*zuüben und ... zu bringen.
「um ... zu 동사 원형」

6. ... , sondern ... auch in d*er* früh*en* Phase ein*es* Tarifstreit*s* , ... :
① ②

앞에 나온 문장 "Streiks sind ... gerechtfertigt"와 대비됨으로써 *축약*된 문장 형태임.
본래의 형태는 :

... , sondern (Streiks sind) auch in der frühen Phase eines Tarifstreits (gerechtfertigt) , ...

① 3·4격 전치사 in은 생략된 동사와 연계되어 '... (안)에서'로 해석되어 '위치'를 뜻하므로 *3격* 지배임.

*여성*명사 Phase가 전치사 in의 *3격* 목적어이므로 *여성 3격* 정관사 d*er*가 앞에 옴.

형용사 früh는 *여성 3격* 정관사 d*er*가 앞에 오므로 어미 *-en*이 붙어 früh*en*임.

※(성, 수에 상관없이) *3격*의 관사, 소유대명사, 지시대명사 ... + 형용사 *-en*

② *남성*명사 Tarifstreit가 바로 앞 명사 Phase를 수식하는 2격이므로 *남성 2격* 부정관사 ein*es*가 앞에 옴.

명사 Tarifstreit는 *남성*이므로 2격 어미 *-s*가 붙어 Tarifstreit*s*임.

※ *남성*, *중성*명사 2격은 어미 *-s*, *-es*가 붙음. (*여성*, *복수*명사는 2격 어미 없음!)

... , um	Druck	auf die andere Seite	*auszu*üben	und
	동사 *aus*üben의 4격 목적어	여성 4격	*zu*-부정사	

festgefahrene Verhandlungen	wieder	in Bewegung	zu *bringen*.
뒤의 동사 *bringen*의 4격 목적어 (복수 4격)			*zu*-부정사

1. ... , um Druck auf di*e* ander*e* Seite *auszu*üben ... :

「Druck auf j-n *aus*üben」 '*누구*에게 압력을 가하다'

*여성*명사 Seite가 전치사 auf의 *4격* 목적어이므로 *여성 4격* 정관사 di*e*가 앞에 옴.

형용사 ander-는 앞에 *여성 4격* 정관사 di*e*가 오므로 어미 *-e*가 붙어 ander*e*임.

2. ... und festgefahren*e* Verhandlung*en* ... in Bewegung zu bringen :

「etw.[4] in Bewegung bringen」 '*무엇*을 움직이게 하다'

*복수*명사 Verhandlung*en*이 동사 bringen의 *4격* 목적어이므로 *복수 4격*임.

형용사(= 과거분사) festgefahren은 *복수 4격* 정관사 di*e*처럼 어미변화 하여 festgefahren*e*임.

※형용사 앞에 관사, 소유대명사, 지시대명사 등이 없을 경우, *형용사 자체가 정관사 d-* 어미변화 함.

► der Streik (die Streik*s*) 파업, 스트라이크 (영. strike)

→ streiken [자동사] 파업하다 (영. strike ; be on strike)

* 3 기본형 : streik*en* - streik*te* - *ge*streik*t*

► keineswegs [부사] (부정어 "nicht"의 강화된 표현) 전혀 ... 않다 (영. by no means)

► allerletzt [형용사] 가장 마지막의 (영. very last)

→ aller- (최상급 형용사와 결합하여 의미를 강화함) 매우 ... : allerbest- 가장 최선의

► das Mittel (die -) 수단 (영. means)

► rechtfertigen [타동사] ...을 정당화 시키다 (영. justify)

「etw.[4] mit etw.[3] rechtfertigen」 *무엇을 무엇으로* 정당화 시키다

* 3 기본형 : rechtfertig*en* - rechtfertig*te* - *ge*rechtfertig*t*

► ander- [형용사] (명사 앞 수식어로서) 다른 (영. other)

〈주의〉 anders [형용사] (동사 sein, werden 등의 명사 보어로서) 다른, (부사적) 달리 (영. different)

► die Möglichkeit (die Möglichkeit*en*) 가능성 (영. possibility)

→ möglich [형용사] 가능한 (영. possible)

► bereits [부사] 이미, 벌써 (영. already)

► ausgeschöpft [형용사/과거분사] 고갈된 ※타동사 *aus*schöpfen의 과거분사!

→ *aus*schöpfen (schöpfen ... *aus*) [분리/타동사] ...을 고갈시키다, 사용해 없애다 (영. scoop out ; exhaust)

* 3 기본형 : *aus*schöpf*en* - *aus*schöpf*te* (schöpf*te* ... *aus*) - *ausge*schöpf*t*

↳ schöpfen [타동사] (물, 액체를) 퍼내다 (영. scoop)

* 3 기본형 : schöpf*en* - schöpf*te* - *ge*schöpf*t*

► durchaus [부사] 무조건, 절대적으로 ≈ unbedingt (영. absolutely, perfectly)

► die Phase (die Phase*n*) 국면, 단계 (영. phase)

► der Tarifstreit 임금 투쟁 (영. wage dispute)

→ der Tarif (die Tarif*e*)

[1] 공공요금, 공공요금 책정 (영. charge)

[2] 임금액, 임금액 책정 (영. wage rate ; salary rate)

→ der Streit (die Streit*e*) 싸움, 투쟁 (영. quarrel)

↳ streiten [자동사] 다투다 (영. fight)

「mit j-m streiten」 누구와 다투다 ≈ 「sich[4] mit j-m streiten」

* 3 기본형 : streiten - stritt - gestritten

► der Druck (die Dr*ü*ck*e*) 압력 (영. pressure)

「Druck auf j-n ausüben」 누구에게 압력을 가하다

→ drücken [타동사] ...을 압박하다 (영. press, push)

* 3 기본형 : drück*en* - drück*te* - *ge*drück*t*

〈참고〉 drucken [타동사] ...을 인쇄하다 (영. print)

* 3 기본형 : druck*en* - druck*te* - *ge*druck*t*

► die Seite (die Seite*n*) 측, 측면 ; (대립하고 있는) 한쪽 편 (영. side)

► *aus*üben (üben ... *aus*) [분리/타동사] ...을 실행하다 (영. carry out)

* 3 기본형 : *aus*üb*en* - *aus*üb*te* (üb*te* ... *aus*) - *ausge*üb*t*

↳ üben [타동사] ...을 연습하다 (영. practise)

* 3 기본형 : üb*en* - üb*te* - *ge*üb*t*

→ die Übung (die Übung*en*) 연습 (영. exercise)

► festgefahren [과거분사/형용사] 꼼짝 않는, 정체된 (영. fixed) ※분리동사 *fest*fahren의 과거분사!

→ *fest*fahren (fahren ... *fest*) [분리/자동사] (완료형 「sein ... pp」)

(차량 등의 바퀴가 수렁에 빠져) 꼼짝 않다 (영. get stuck)

* 3 기본형 : *fest*fahren - *fest*fuhr (fuhr ... *fest*) - *fest*gefahren

↳ fahren [자동사] (완료형 「sein ... pp」) (차량을 타고) 가다 (영. drive, go)

* 3 기본형 : fahren - fuhr - gefahren

* 현재 시제 *불규칙* 변화 : du fährst ; er (sie, es) fährt

→ fest, *fest-* [부사/분리전철] 굳어, 고정되어 (영. firmly)

► die Verhandlung (die Verhandlung*en* ; 보통 *복수*!) 논의, 회의 (영. negotiations)

→ verhandeln [자동사]

「mit j-m über etw.[4] verhandeln」 *누구*와 *무엇*에 관해 논의하다 (영. negotiate)

* 3 기본형 : *ver*handel*n* - *ver*handel*te* - *ver*handel*t*

형태가 *ver*-이므로 pp형은 -ge- 없음!

↳ handeln [자동사] 행동하다 (영. act)

* 3 기본형 : handel*n* - handel*te* - *ge*handel*t*

► die Bewegung (die Bewegung*en*) 이동, 움직임 (영. movement)

「etw.[4] in Bewegung bringen (setzen)」 *무엇*을 움직이게 하다

↳ bewegen [타동사] ...을 움직여 이동시키다 (영. move)

* 3 기본형 : *be*weg*en* - *be*weg*te* - *be*weg*t*

형태가 *be*-이므로 pp형은 -ge- 없음!

► bringen [타동사] 무엇을 가져오다 (영. bring)

* 3 기본형 : bringen - brachte - gebracht

Deshalb	dürfen	Streiks	nicht	nur	*weh*tun	, ...
	화법조동사 (현재 시제)	주어 (복수 1격)			동사 원형	

1. ... dürfen Streiks ... *weh*tun , ... :

화법조동사 dürfen의 *현재* 시제 「dürfen ... 동사 원형」 임 :

- 주어 "Streik*s*"는 복수의 sie('그것들')에 해당하므로 dürfen의 형태는 dürf*en*임.
- 화법조동사 dürfen과 결합하는 *동사 원형* *weh*tun이 맨 뒤에 옴.

... ,	sie	müssen	es	sogar , ...
	주어	동사 (현재 시제)	4격 목적어	

2\. ... , sie müssen es ... :

(1) 타동사 müssen의 *현재* 시제임 :

주어 "sie"는 앞에 나온 복수명사 "Streiks"를 받는 복수의 sie이므로 müssen의 형태는 müss*en*임.

(2) es는 동사 müssen의 4격 목적어로서, 앞 문장 "Deshalb dürfen ... wehtun"의 일부 내용을 가리킴. 즉 '아픔을 주는 것'을 뜻함.

※중성 인칭대명사 es는 앞에 나온 *문장 내용 전체* 혹은 *일부*를 가리킬 수 있음.

... , sonst	würden	sie	nichts	bewirken	und	wären	mithin
	접속법 II (조동사)	주어	동사 bewirken의 4격 목적어	동사 원형		접속법 II	

überflüssig.
동사 wären의 형용사 보어

3\. ... würden sie ... bewirken und wären ... :
①: würden sie ... bewirken
②: wären ...

여기서도 주어 "sie"는 앞에 나온 복수명사 "Streiks"를 가리키는 복수의 sie('그것들')임. 이 공동의 주어와 함께 동사 bewirken의 *접속법 II 미래 시제* 및 동사 sein의 *접속법 II* 형식이 이루어짐.

① *접속법 II 미래 시제* 형식은「würde ... 동사 원형」임.

- 주어가 복수의 sie이므로 조동사 würde는 접속법 II 어미변화 방식에 따라 어미 *-n*이 붙어 würde*n*임.
- 조동사 würden과 함께 오는 *동사 원형*은 bewirken임.

② 동사 sein의 *접속법 II* 형태는 wär-임.

주어가 복수의 sie이므로 wär-는 접속법 II 어미변화 방식에 따라 어미 *-en*이 붙어 wär*en*임.

► deshalb [부사] 그러므로 (영. therefore) ≈ daher

► 「dürfen ... 동사 원형」 [화법조동사] ...해도 된다 (영. may)

* 3 기본형 : dürfen - durfte - gedurft (dürfen)

※동사 원형 *있을* 경우 완료형 : 「haben ... *동사 원형* dürfen」

동사 원형 *없을* 경우 완료형 : 「haben ... gedurft」

* 현재 시제 *불규칙* 변화 :

ich darf ; du darf*st* ; er (sie, es) darf

wir dürf*en* ; ihr dürf*t* ; sie, Sie dürf*en*

► *weh*tun (tun ... *weh*) [분리/자동사] (영. hurt)

「etw. tut j-m *weh*」 *무엇*이 *누구*에게 아픔을 주다

* 3 기본형 : *weh*tun - *weh*tat (tat ... *weh*) - *weh*getan

→ tun [타동사] ...을 행하다 (영. do)

* 3 기본형 : tun - tat - getan

→ *weh-* [분리전철] 아픈 (영. painful)

► müssen [타동사] ...을 해야만 하다, ...을 하는 것이 필수적이다 (영. be forced)

* 3 기본형 : müssen - musste - gemusst

* 현재 시제 *불규칙* 변화 :

ich muss ; du muss*t* ; er (sie, es) muss

wir müss*en* ; ihr müss*t* ; sie, Sie müss*en*

► sogar [부사] 심지어, ...하기조차 (영. even)

► sonst [부사] 그렇지 않으면, 그 밖에 (영. otherwise)

► würde ⇒ *미래* 시제 조동사 werden의 *접속법 II* (주어가 ich 혹은 er, sie, es일 때)

「würde ... 동사 원형」 ...일지 모른다

* *접속법 II* 어미변화 :

ich würde ; du würde*st* ; er (sie, es) würde

wir würde*n* ; ihr würde*t* ; sie (Sie) würde*n*

► nichts [부정대명사] 아무 것도 ... 않다 (영. nothing)

► bewirken [타동사] ...을 이루어지게 하다, 발생시키다 (영. bring about ; cause)

* 3 기본형 : *bewirken* - *bewirkte* - *bewirkt*
형태가 *be*-이므로 pp형은 -ge- 없음!

↳ wirken [자동사] 작용하다 (영. have an effect)

「etw. wirkt auf etw.[4]」 *무엇*이 *무엇*에 작용하다

* 3 기본형 : wirk*en* - wirk*te* - *ge*wirk*t*

► wäre ⇒ 동사 sein의 *접속법 II* (주어가 ich 혹은 er, sie, es일 때)

sein [자동사] (완료형 「sein ... gewesen」) (명사 혹은 형용사 보어와 함께) ...이다 (영. be)

* *접속법 II* 어미변화 :

ich wäre ; du wär*st* 혹은 wär*est* ; er (sie, es) wäre

wir wär*en* ; ihr wär*et* ; sie, Sie wär*en*

* 3 기본형 : sein - war - gewesen

► mithin [부사] 따라서, 그러므로 ≈ folglich (영. consequently, therefore, thus)

► überflüssig [형용사] 과잉의, 불필요한 (영. superfluous) ↔ notwendig 필수적인

Auch für Streiks gilt aber das Gebot der Verhältnismäßigkeit.

Auch	für Streiks	gilt	aber	das Gebot	der Verhältnismäßigkeit
	복수 4격	동사 (현재 시제)		주어 (중성 1격)	여성 2격

1. ... gilt ... das Gebot ... :

동사 gelten의 *현재* 시제임 :

주어인 “das Gebot”는 중성의 es에 해당하므로 동사 gelten의 형태는 불규칙 변화 하여 gil*t*임.

2. ... Gebot d*er* Verhältnismäßigkeit :

*여성*명사 Verhältnismäßigkeit가 바로 앞 명사 Gebot를 수식하는 *2격*이므로 *여성 2격*임. 따라서 :

- *여성 2격* 정관사 d*er*가 앞에 옴.
- 명사 Verhältnismäßigkeit는 *여성*이므로 2격 어미 -s, -es 없음.

※ *남성*, *중성*명사는 2격 어미 *-s*, *-es*가 붙음. (*여성*, *복수*명사는 2격 어미 없음!)

► gilt ⇒ gelten의 *현재* 시제 (주어가 er, sie, es일 때)

gelten [자동사] 작용하다, 효력을 갖다 (영. be worth)

「etw. gilt für etw.[4]」 *무엇은 무엇*에 대해 적용되다, 해당되다 (영. apply to ...)

* 현재 시제 *불규칙* 변화 : du gilt*st* ; er (sie, es) gil*t*

* 3 기본형 : gelten - galt - gegolten

► aber [어조사] (예상하지 못한 의외의 내용을 표현하여) 그런데, 하지만

► das Gebot (die Gebot*e*) (도덕적, 종교적) 규범, 규율 (영. command, order)

→ gebieten [타/자동사] (문어체) (...을) 명령하다 (영. require, command)

* 3 기본형 : *gebieten* - *gebot* - *geboten*

형태가 *ge*-이므로 pp형은 -ge- 없음!

↳ bieten [타동사] ...을 제공하다 (영. offer)

* 3 기본형 : bieten - bot - geboten

► die Verhältnismäßigkeit (항상 *단수*!) (문어체) 적합성 (영. adequacy)

≈ die Angemessenheit

→ verhältnismäßig [부사] 상대적으로 (영. relatively) ≈ relativ

※형용사 어미 -mäßig :

[1] ...에 상응하는 : plan*mäßig* '계획적인' ; [2] ...과 관련된 : bedeutungs*mäßig* '의미와 관련된'

↳ das Verhältnis (die Verhältnis*se*) 관계 (영. relationship)

6

Dabei geht es nicht um die Frage , ob ... überzogen ist ,
앞 문장 5의 내용을 받음 / 동사 (현재 시제) / 주어 / 여성 4격 / 종속접속사 *ob*-부문장 (앞의 "Frage"를 구체적으로 기술함.)

sondern allein darum , ob ... verantwortbar sind .
뒤의 *ob*-부문장을 가리킴. / 종속접속사 *ob*-부문장

1. ... geht es ... um die Frage , ... :

「Es geht um etw.[4]」 '*무엇*이 핵심 사항이다, 중요하다'

동사 gehen의 *현재* 시제임 : 주어가 비인칭 주어 es이므로 동사 형태는 geh*t*임.

2. ... nicht um die Frage , ob ... , sondern ... darum , ob ... :

「nicht A , sondern B」 'A가 아니라 B이다'

... , ob die Forderung (, für die ... wird ,) berechtigt oder überzogen
종속접속사 / 주어 (여성 1격) / 관계대명사 *die*-부문장 (앞의 die Forderung을 수식·설명.) / 동사 ist의 형용사 보어

ist , ...
동사 (현재) 후치됨!

3. ... , ob die Forderung ... berechtigt oder überzogen ist , ... :

(1) 동사 sein('...이다')의 *현재* 시제임 :

주어 "die Forderung"은 여성의 sie에 해당하므로 동사 sein의 형태는 ist임.

(2) 형용사(= 과거분사) berechtigt 및 überzogen은 동사 ist의 *형용사 보어*임.

〈참고〉

타동사의 과거분사(= pp형)는 수동 의미의 *형용사*임!

타동사 berechtigen '...을 정당화 하다' → 과거분사 berechtigt '정당화 된'

타동사 überziehen '...을 과장하다' → 과거분사 überzogen '과장 된'

... die *Forderung*	, für die	gestreikt wird	, ...
선행사 (여성 1격)	관계대명사 (여성 4격)	수동태 (현재) 후치됨!	

4\. ... die Forderung , für die gestreikt wird , ... :

(1) die는 *관계대명사 여성 4격*임 :

앞에 나온 *여성*명사 Forderung을 선행사로 받으며, *4격* 전치사 für의 목적어이므로 *여성 4격* die임.

(2) 관계대명사 부문장은 *자동사* streiken의 *수동태 현재* 시제「werden ... pp」임.

- 자동사의 수동태이므로 '실질적' 의미 없는 비인칭 주어 es가 주어임.
  (여기서는 어순이 후치되므로 생략됨.)
  따라서 수동 조동사 werden의 형태는 wird임.
- pp형은 *ge*streik*t*임.

따라서 원래는「Es wird ... gestreikt」이지만, 부문장 안이므로 *후치*됨.

즉 : ... gestreikt wird (도치 혹은 후치될 경우, 형식적 주어 es는 생략됨.)

〈참고〉

자동사의 수동태 : '행위자'가 아닌 '행위' 자체에 초점을 둔 표현 방식.

능동문 : Man streikt dafür. '사람들이 그것을 위해 파업한다.'

수동문 : Es wird gestreikt. '그것을 위해 파업이 이루어진다'

... , sondern allein darum ,	ob	die Folgen	eines Streiks	angemessen und
	종속접속사	주어 (복수 1격)	남성 2격	동사 sind의 형용사 보어

verantwortbar	sind .
	동사 (현재) 후치됨!

5\. ... , sondern allein darum , ob ... :

앞에 나온 문장 "Dabei geht es ..."와 구조적으로 동일하므로 *축약*된 문장 형태임.

본래의 형태는 : ... , sondern (es geht) allein darum , ob ...

6. ... , ob die Folgen ... sind :

ob-부문장으로서 동사 sein('...이다')의 *현재* 시제임 :
주어 "die Folge*n*"은 복수의 sie에 해당하므로 동사 sein의 형태는 sind임.
(부문장 안이므로 동사 sind는 *후치*되어 맨 뒤에 옴.)

7. ... Folgen ein*es* Streik*s* ... :

*남성*명사 Streik가 바로 앞 명사 Folgen을 수식하는 2격이므로 *남성 2격* 부정관사 ein*es*가 앞에 옴.
명사 Streik는 *남성*이므로 2격 어미 *-s*가 붙어 Streik*s*임.
※ *남성*, *중성*명사 2격은 어미 *-s*, *-es*가 붙음. (*여성*, *복수*명사는 2격 어미 없음!)

► dabei [부사] (앞에서 언급된 것을 가리키며) 그것과 관련하여 (영. on the occasion)

► gehen [자동사] (완료형 「sein ... pp」) 가다 (영. go)
「Es geht um etw.[4]」 *무엇*이 주제이다, 핵심 사항이다 ≈ 「Es handelt sich um etw.[4]」
* 3 기본형 : gehen - ging - gegangen
〈참고〉「Es kommt j-m auf etw.[4] *an*」 *누구*에게는 *무엇*이 중요하다, 핵심 사항이다

► um [*4격* 전치사] ~주위에, ~주위를 빙 둘러 (영. around)

► die Frage (die Frage*n*) 질문 (영. question)
→ fragen [타동사] : 「j-n fragen」 *누구*에게 질문하다 (영. ask)
* 3 기본형 : frag*en* - frag*te* - *ge*frag*t*

► ob [종속접속사] ...인지 여부 (영. if, whether)

► die Forderung (die Forderung*en*) 요구 (영. demand)
→ fordern [타동사] ...을 요구하다 (영. demand) ≈ verlangen
* 3 기본형 : forder*n* - forder*te* - *ge*forder*t*

► wird ⇒ *수동태* 조동사 werden의 *현재* 시제 (주어가 er, sie, es일 때)

「werden ... pp」 (수동태) ...되다 (영. 「be pp ...」)

* 현재 시제 *불규칙* 변화 : du wirst ; er (sie, es) wird

* 3 기본형 : werden - wurde - worden

〈주의〉 일반 동사 werden('...되다')의 pp형은 geworden임.

► berechtigt [과거분사/형용사] 정당한, 합법적인 (영. entitled, allowed) ≈ legitim

→ berechtigen [타/자동사] 권리를 부여하다, 정당화 하다 (영. entitle, authorize)

「j-n zu etw.[3] berechtigen」 *누구*에게 *무엇*에 대한 권리를 부여하다, 정당화 하다

* 3 기본형 : *berechtigen* - *berechtigte* - *berechtigt*

형태가 *be*-이므로 pp형은 -ge- 없음!

► überzogen [과거분사/형용사] 과도한, 과장된 (영. exaggerated) ※타동사 überziehen의 과거분사!

≈ übertrieben

→ überziehen [타동사] ...을 지나치게 하다 (영. overdo, exaggerate) ≈ übertreiben

* 3 기본형 : *überziehen* - *überzog* - *überzogen*

형태가 *über*-이므로 pp형은 -ge- 없음!

↳ ziehen [타동사] ...을 끌다, 당기다 (영. pull, drag)

* 3 기본형 : ziehen - zog - gezogen

〈참고〉 übertreiben [타동사] ...을 지나치게 하다

* 3 기본형 : *übertreiben* - *übertrieb* - *übertrieben*

형태가 *über*-이므로 pp형은 -ge- 없음!

↳ treiben [타동사] ...을 몰고가다 (영. drive)

* 3 기본형 : treiben - trieb - getrieben

► allein [형용사] 혼자인, (부사적) 홀로 (영. alone)

► die Folge (die Folgen) 결과 (영. consequence, result)

→ folgen [자동사] (완료형 「sein ... pp」) (영. follow)

1 「j-m (혹은 etw.[3]) folgen」 *누구*를(*무엇*을) 따르다

2 「etw. folgt aus etw.[3]」 *무엇*은 *무엇*으로부터 나오다 (결과이다)

* 3 기본형 : folgen - folgte - gefolgt

► angemessen [형용사] 알맞은, 적절한 (영. appropriate) ≈ adäquat

► verantwortbar [형용사] 정당화 될 수 있는 (영. defensible, justifiable) ≈ vertretbar

Bei den Warnstreiks	im öffentlichen Dienst	ist	dies	nicht	der Fall .
복수 3격	남성 3격	동사 (현재 시제)	주어		동사 ist의 주격 보어

1. Bei d*en* Warnstreik*s* ① im öffentlich*en* Dienst ② ... :

① *복수*명사 Warnstreik*s*가 *3격* 전치사 bei와 결합하므로 *복수 3격* 정관사 d*en*이 앞에 옴.

② 3·4격 전치사 in은 여기서 바로 앞 명사 Warnstreiks를 수식·설명하여 '... (안)에서의 경고파업'으로 해석되어 '위치'를 뜻하므로 *3격* 지배임. 따라서 :

- *남성*명사 Dienst가 전치사 in의 *3격* 목적어이므로 *남성 3격* 정관사 d*em*이 와야 하지만, 전치사 in과 함께 im으로 축약됨. (im = in dem)
- 형용사 öffentlich는 앞에 3격 축약형 im이 오므로 어미 *-en*이 붙어 öffentlich*en*임.

※*3격*의 관사, 소유대명사, 지시대명사 ... + 형용사 *-en*

따라서 *3격*의 축소형 zum , zur , am , im , beim , vom + 형용사 *-en*

2. ... ist dies ... :

(1) 주어인 중성 지시대명사 "dies"는 앞 문장 5와 6에서 언급된 내용 전체를 가리킴.

※지시대명사 dies 및 dieses는 *앞 문장* 혹은 *앞의 여러 문장들*의 내용을 가리킬 수 있음.

(2) 동사 sein('...이다')의 *현재* 시제임 :

주어인 지시대명사 dies는 3인칭 단수로서 중성의 es에 해당하므로 동사 sein의 형태는 ist임.

► dies, dieses [지시대명사] (앞 문장 혹은 문장들의 내용을 가리킴) 그것 (영. it)

► der Warnstreik (die Warnstreiks) 경고 파업 (영. warning strike)

→ warnen [타동사] : 「j-n vor etw.[3] warnen」 *누구*에게 *무엇*을 경고하다 (영. warn)

* 3 기본형 : warn*en* - warn*te* - *ge*warn*t*

↳ die Warnung (die Warnungen) 경고 (영. warning)

► öffentlicher Dienst 공공 분야 (영. public sector)

→ öffentlich [형용사] 공공의 (영. public)

→ der Dienst (die Dienste) (관료, 군인, 의사 등의) 공무, 공공 업무 (영. service)

► der Fall (die Fälle) 경우 (영. case)

「etw. ist nicht der Fall」 *무엇*은 그렇지 않다 (해당하지 않다)

Wer	den gesamten öffentlichen Nahverkehr	einer Großstadt
주어 (관계대명사)	동사 lahm legt의 4격 목적어 (남성 4격)	여성 2격

lahm legt , ...
동사 (현재)
후치됨!

1. Wer ... lahm legt , ... :

(1) '사람'을 뜻하는 관계대명사 wer에 의한 *부문장*임 ('...인 사람, ...하는 자') :
내용상 관계대명사 Wer가 주어임. 따라서 1격 형 Wer가 옴.
※의문사/관계대명사인 wer의 형태 : 1격 wer ; 2격 wessen ; 3격 wem ; 4격 wen

(2) 동사 lahm legen의 *현재* 시제임 :
주어인 관계대명사 "Wer"는 er에 해당하므로 동사 lahm legen의 형태는 lahm leg*t*임.
(관계대명사 부문장 안이므로 동사 lahm legt는 *후치*되어 문장 맨 뒤에 옴.)

2. ... den gesamten öffentlichen Nahverkehr ① einer Großstadt ② lahm legt , ... :

① *남성*명사 Nahverkehr가 동사 lahm legt의 *4격* 목적어이므로 *남성 4격* 정관사 d*en*이 앞에 옴.
형용사 gesamt- 및 öffentlich는 앞에 *남성 4격* d*en*이 오므로 어미 *-en*이 붙음.
즉 : d*en* gesamt*en* öffentlich*en* ...
※(성, 수에 상관없이) 어미 *-en*이 붙는 경우:
d*en* , ein*en* , mein*en* , kein*en* , dies*en* ... + 형용사 *-en*

② *여성*명사 Großstadt가 바로 앞 명사 Naverkehr를 수식하는 *2격*이므로 *여성 2격*임.
따라서 :
- *여성 2격* 부정관사 ein*er*가 앞에 옴.
- 명사 Großstadt는 *여성*이므로 2격 명사 어미 -s, -es *없음*. (즉, Großstadt*s* 아님!)
※*남성*, *중성*명사 2격은 어미 *-s*, *-es*가 붙음. (*여성*, *복수*명사는 2격 어미 없음!)

Wer ... lahm legt ,	handelt	egoistisch und verantwortungslos.
주어 (= 관계대명사 *wer*-부문장)	동사 (현재 시제)	

3. Wer ... legt , handelt ... :

동사 handeln의 *현재* 시제임 :
wer-부문장 전체가 주어임. 다시 말해 주어가 “Wer ... lahm legt”로서 이는 er에 해당함.
따라서 동사 handeln의 형태는 handel*t*임.

► gesamt- (명사 앞 수식어로서) 전체의 (영. whole, entire)
→「die Gesamtheit + 2격」... 전체 (영. totality)

► der Nahverkehr 근거리 교통
→ nah(e) [형용사] 가까운 (영. near) ↔ fern 먼
→ der Verkehr (항상 *단수*!) 교통 (영. traffic)

► die Großstadt (die Großstädte) 대도시 (영. big town) ↔ die Kleinstadt 소도시
→ die Stadt (die Städte) 도시 (영. city)

► lahm legen [타동사]

「etw. legt etw.[4] lahm」 *무엇은 무엇을* 작동불능 상태로 만들다 (영. bring to a standstill)

→ lahm [형용사] (신체 부분) 마비된 (영. lame, paralyzed)

↳ lähmen [타동사] ...을 마비시키다 (영. paralyze)

→ legen [타동사] ...을 놓다, 눕혀 놓다 (영. lay)

* 3 기본형 : leg*en* - leg*te* - *ge*leg*t*

► handeln [자동사] 행동하다 (영. act, behave)

* 3 기본형 : handel*n* - handel*te* - *ge*handel*t*

→ die Handlung (die Handlung*en*) 행동 (영. action)

► egoistisch [형용사] 이기적인 (영. selfish)

→ der Egoist (die Egoist*en*) 이기주의자 (영. egoist)

※단수의 경우, 주어를 제외한 2,3,4격이 복수형과 동일하게 Egoist*en*인 *약변화* 명사!

► verantwortungslos [형용사] 무책임한 (영. irresponsible)

→ die Verantwortung (항상 *단수*!) 책임 (영. responsibility)

「die Verantwortung für etw.[4]」 *무엇*에 대한 책임

Denn	er	trifft	nicht	etwa	die Bosse .
	주어	동사 (현재 시제)			동사 trifft의 4격 목적어 (복수 4격)

Denn er trifft ... :

'이유·근거'를 뜻하는 등위접속사 denn('왜냐하면 ... 때문에')과 결합한 문장으로서, 동사 treffen의 *현재* 시제임 : 주어가 "er"이므로 동사 treffen은 불규칙 변화하여 trif*ft*임.

〈주의〉 denn은 종속접속사가 아니라 *등위*접속사이므로 뒤에 오는 어순은 *정치법*임. (즉, 후치법 아님!)

► denn [등위접속사] 왜냐하면 ...이기 때문에 (영. for, because)

► trifft ⇒ 동사 treffen의 *현재* 시제 (주어가 er, sie, es일 때)
treffen [타동사] ...을 다치게 하다, 피해 주다 (영. affect, hurt)
* 현재 시제 *불규칙* 변화 : du triffst ; er (sie, es) trifft
* 3 기본형 : treffen - traf - getroffen

► etwa [부사] (부정문에서 '부정하는' 내용을 강조하여) 틀림없이 (... 아니다) (영. surely not ...)

► der Boss (die Bosse) (구어체) 우두머리, 장 (영. boss) ≈ der Chef

Die	fahren	entweder	mit dem Dienstwagen oder dem eigenen Pkw
주어	동사1 (현재 시제)		남성 3격

in die Arbeit	und	stehen	halt ein wenig länger	im Stau .
여성 4격		동사2 (현재 시제)		남성 3격

1. Die fahren ... und stehen ... :

(1) 주어인 "Die"는 지시대명사 *복수 1격*임 :
앞 문장 9의 *복수*명사 "die Bosse"를 가리키며, 문장의 *주어*이므로 지시대명사 *복수 1격* die가 옴.

(2) 동사 fahren 및 stehen의 *현재* 시제임 :
주어가 지시대명사 복수 1격 "Die"이므로 fahren의 형태는 fahr*en*이며, stehen의 형태는 steh*en*임.

2. ... entweder mit d*em* Dienstwagen ① oder d*em* eigen*en* Wagen ② ... :

「entweder A oder B」 'A 혹은 B 둘 중의 하나'

① *남성*명사 Dienstwagen이 *3격* 전치사 mit와 결합하므로 *남성 3격* 정관사 d*em*이 앞에 옴.

② 반복을 피해 전치사 mit가 생략됨. 즉 : (mit) dem eigenen Wagen
*남성*명사 Wagen이 (생략된) *3격* 전치사 mit와 결합하므로 *남성 3격* 정관사 d*em*이 앞에 옴.
형용사 eigen-은 *남성 3격*의 d*em*이 앞에 오므로 어미 *-en*이 붙어 eigen*en*임.
※(성, 수에 상관없이) *3격*의 관사, 소유대명사, 지시대명사 ... + 형용사 *-en*

3. ... fahren ... in di*e* Arbeit und ... :

「in die Arbeit fahren」 '(차량 등을 이용해서) 출근하다'
3·4격 전치사 in은 동사 fahren과 함께 '... (안)으로 가다'로 해석되어 '방향'을 뜻하므로 *4격* 지배임.
따라서 *여성*명사 Arbeit가 전치사 in의 *4격* 목적어이므로 *여성 4격* 정관사 di*e*가 앞에 옴.

〈참고〉

3·4격 전치사가 '장소 이동'의 자동사와 함께 올 경우 '방향'을 뜻하여 *4격* 지배임.
'장소 이동' 자동사: gehen('가다'), fahren('가다'), kommen('가다'), steigen('가다'), fallen('가다'), fliegen('가다'), laufen('가다')

4. ... und stehen ... im Stau :

3·4격 전치사 in은 동사 stehen과 함께 '... (안)에 서 있다'로 해석되어 '위치'를 뜻하므로 *3격* 지배임.
따라서 *남성*명사 Stau가 전치사 in의 *3격* 목적어이므로 *남성 3격* 정관사 d*em*이 와야 하지만, 전치사 in과 함께 im으로 축약됨. (im = in dem)

► fahren [자동사] (완료형 「sein ... pp」) (차량을 타고) 가다 (영. go, drive)
* 3 기본형 : fahren - fuhr - gefahren

► 「entweder ... oder ...」 ... 혹은 ... 둘 중의 하나 (영. 「either ... or ...」)

► der Dienstwagen (die -) 공무용 차량 (영. official car)

→ der Wagen (die -) 차량 (영. car)

► eigen [형용사] ... 자신 소유의, ... 고유의 (영. own)

► der Pkw, PKW (die Pkws) 승용차 (= "Personenkraftwagen")

↳ die Person (die Person*en*) 사람, 개별 인간 (영. person)

der Lkw, LKW (die Lkws) 화물차 (= "Lastkraftwagen")

↳ die Last (die Last*en*) (운송해야 할) 화물, 짐 (영. load)

► die Arbeit (die Arbeit*en*) 일, 직업 (영. work, job)

「in die Arbeit (혹은 zur Arbeit) gehen」 출근하다

► stehen [자동사] 서 있다 (영. stand) ※함께 오는 3·4격 전치사는 *3격* 지배!

* 3 기본형 : stehen - stand - gestanden

〈참고〉 stellen [타동사] ...을 세워 놓다 (영. set, put) ※함께 오는 3·4격 전치사는 *4격* 지배!

* 3 기본형 : stell*en* - stell*te* - *ge*stell*t*

► halt [부사/어조사] (구어체) (해당 내용을 강조하여) 바로 ... , 다름 아닌 ... (영. just) ≈ eben

► 「ein wenig」 ≈ 「ein bisschen」 약간 (영. a little ; a few)

► länger ⇒ lange의 *비교급* 형태!

lange [부사] 오랫동안 (영. a long time)

* 3 비교형 : lange - läng*er* - läng*st*

► der Stau (die Stau*s*) (교통 체증으로 길게 늘어선) 차량 행렬

「im Stau stehen」 (교통 체증으로) 정차하고 있다 (영. be stuck in a jam)

→ stauen [타동사] (강물 등을) 댐을 세워 막다 (영. dam)

* 3 기본형 : stau*en* - stau*te* - *ge*stau*t*

11

Er	trifft	alle ,	die ... angewiesen sind ,
주어	동사 (현재 시제)	동사 trifft의 4격 목적어 (복수 4격)	관계대명사 *die*-부문장 (앞의 "alle"를 수식·설명)

weil ... überbrücken können.
종속접속사 *weil*-부문장
(앞의 관계대명사 부문장에 대한 이유·근거)

1. Er trifft alle , ... :

(1) 동사 treffen의 *현재* 시제임 : 주어가 "Er"이므로 동사 treffen은 불규칙 변화하여 trif*ft*임.

(2) alle('모든 사람들')는 동사 trifft의 4격 목적어임.

〈참고〉

all-이 뒤에 명사 없이 독립적으로 올 때 :

alle '모든 사람들' (*복수* 취급!) ↔ alles '모든 것' (*단수* 취급!)

... *alle* ,	die	auf den öffentlichen Verkehr	angewiesen
선행사 (복수 4격)	주어 (= 관계대명사 복수 1격)	남성 4격	동사 sind의 형용사 보어

sind , ...
동사 (현재)
후치됨!

2. ... alle , die ... sind , ... :

(1) die는 관계대명사 *복수 1격*임 :

앞에 나온 *복수*의 alle를 선행사로 받으며, 부문장 안의 *주어*이므로 *복수 1격*의 die가 옴.

(2) 관계대명사 부문장의 경우, 동사 sein의 *현재* 시제임 :

주어가 복수 관계대명사 die이므로 동사 sein의 형태는 sind임.

(부문장 안이므로 동사 sind는 *후치*되어 맨 뒤에 옴.)

3. ... auf d*en* öffentlich*en* Verkehr angewiesen sind , ... :

「auf etw.[4] angewiesen sein」 '*무엇*에 의존하다'

*남성*명사 Verkehr가 전치사 auf의 *4격* 목적어이므로 *남성 4격* 정관사 d*en*이 앞에 옴.

형용사 öffentlich는 앞에 *남성 4격* 정관사 d*en*이 오므로 어미 *-en*이 붙어 öffentlich*en*임.

※(성, 수에 상관없이) 어미 *-en*이 붙는 경우:

d*en* , ein*en* , mein*en* , kein*en* , dies*en* ... + 형용사 *-en*

... , weil	sie	anders	die großen Entfernungen	einer Großstadt	nicht
종속접속사	주어		동사 überbrücken의 4격 목적어 (복수 4격)	여성 2격	

überbrücken	können .
동사 원형	화법조동사 (현재) 후치됨!

4. ... , weil sie ... überbrücken können :

화법조동사 können의 *현재* 시제 「können ... 동사 원형」 임 :

- 주어 "sie"는 앞에 나온 "alle"를 받는 복수의 sie이므로 화법조동사 können의 형태는 könn*en*임.
- 화법조동사 können과 결합하는 *동사 원형* überbrücken이 문장 맨 뒤에 와야 함.

따라서 원래는 「können ... überbrücken」 이어야 하지만, 부문장 안이므로 화법조동사 können이 *후치*되어 맨 뒤에 옴. 즉 : ... überbrücken können

5. ... di*e* groß*en* Entfernung*en* ① ein*er* Großstadt ② überbrücken ... :

① *복수*명사 Entfernung*en*이 동사 überbrücken의 *4격* 목적어이므로 *복수 4격* 정관사 di*e*가 앞에 옴.

형용사 groß는 앞에 *복수 4격* 정관사 di*e*가 오므로 어미 *-en*이 붙어 groß*en*임.

※(격에 상관없이) *복수*의 관사, 소유대명사, 지시대명사 ... + 형용사 *-en*

② *여성*명사 Großstadt가 바로 앞 명사 Entfernungen을 수식하는 *2격*이므로 *여성 2격*임.

따라서 :

- *여성 2격* 부정관사 ein*er*가 앞에 옴.
- 명사 Großstadt는 *여성*이므로 2격 명사 어미 -s, -es *없음*. (즉, Großstadt*s* 아님!)

※ *남성, 중성*명사 2격은 어미 *-s*, *-es*가 붙음. (*여성, 복수*명사는 2격 어미 없음!)

► trifft ⇒ 동사 treffen의 *현재* 시제 (주어가 er, sie, es일 때)
treffen [타동사] ...을 다치게 하다, 피해 주다 (영. affect, hurt)
* 현재 시제 *불규칙* 변화 : du triff*st* ; er (sie, es) triff*t*
* 3 기본형 : treffen - traf - getroffen

► der öffentliche Verkehr 대중 교통

► angewiesen [형용사/과거분사] ※동사 anweisen의 과거분사(= pp형)
「auf etw.[4] angewiesen sein」 *무엇*에 달려 있다 (의존하다) ≈ 「von etw. abhängig sein」
→ *an*weisen (weisen ... *an*) [분리/타동사] (영. instruct, direct)
「j-n *an*weisen , ... zu 동사 원형」 *누구*에게 ...하도록 지시하다
* 3 기본형 : *an*weisen - *an*wies (wies ... *an*) - *an*gewiesen

► anders [형용사] (sein, werden 등의 *형용사 보어*, 혹은 *부사어*로서) 다른, (부사적) 달리 (영. different)
〈주의〉 ander- [형용사] (명사 앞 수식어로서) 다른 (영. other)

► die Entfernung (die Entfernung*en*) 거리, 간격 (영. distance) ≈ die Distanz
→ entfernt [형용사] 멀리 떨어진 (영. remote)
「etw. ist ... von etw.[3] entfernt」 *무엇*은 *무엇*으로부터 ...만큼 떨어져 있다

► überbrücken [타동사] (차이점, 장애물 등을) 극복하다 (영. reconcile) ≈ *aus*gleichen 균형 잡다
* 3 기본형 : *über*brück*en* - *über*brück*te* - *über*brück*t*
형태가 *über*-이므로 pp형은 -ge- 없음!
→ die Brücke (die Brücke*n*) 다리, 교량 (영. bridge)
〈참고〉 *aus*gleichen (gleichen ... *aus*) [분리/타동사] (차이점 등을) 균형 잡다 (영. even out)
* 3 기본형 : *aus*gleichen - *aus*glich (glich ... *aus*) - *aus*geglichen
↳ gleichen [자동사] : 「j-m gleichen」 *누구*를 닮았다 (영. resemble)
* 3 기본형 : gleichen - glich - geglichen

► 「können ... 동사 원형」 [화법조동사] ...해야 한다 (영. can)

* 현재 시제 *불규칙* 변화 :

ich kann ; du kann*st* ; er (sie, es) kann

wir könn*en* ; ihr könn*t* ; sie (Sie) könn*en*

* können - konnte - gekonnt (können)

※동사 원형 *있을* 경우 완료형 : 「haben ... *동사 원형* können」

동사 원형 *없을* 경우 완료형 : 「haben ... gekonnt」

Er	trifft	Leute ,	deren Chef ... darauf reagiert ,
주어	동사 (현재 시제)	4격 목적어 (복수 4격)	관계대명사 *deren*-부문장 (앞의 "Leute"를 수식·설명)

dass ... kommen kann.
종속접속사 *dass*-부문장

1. Er trifft ... :

동사 treffen의 *현재* 시제임 :

주어가 "Er"이므로 동사 treffen은 불규칙 변화하여 tri*fft*임.

...	Leute ,	deren	Chef	nicht verständnisvoll	darauf	reagiert ,
	선행사 (복수 4격)	관계대명사 (복수 2격)	주어 (남성 1격)		뒤의 *dass*-부문장을 가리킴	동사 (현재) 후치됨!

dass	man	zu spät oder gar nicht	zur Arbeit	kommen	kann .
종속접속사	주어		여성 3격	동사 원형	화법조동사 (현재) 후치됨!

2. ... Leute , deren Chef ... reagiert , ... :

(1) deren은 관계대명사 *복수 2격*임 :

앞에 나온 *복수*명사 Leute를 선행사로 받으며, 바로 뒤의 명사 Chef를 수식하는 *2격*이므로 *복수 2격*임.

(2) 관계대명사 부문장의 경우, 동사 reagieren의 *현재* 시제임 :

주어인 Chef는 남성의 er에 해당하므로 동사 reagieren의 형태는 reagier*t*임.

(부문장 안이므로 동사 reagiert는 *후치*되어 문장 맨 뒤에 옴.)

3. ... darauf reagiert , dass ... :

「auf etw.[4] reagieren」 '*무엇*에 반응하다'

darauf = auf + das '그것'

여기서 darauf는 뒤에 오는 *dass*-부문장을 가리킴

4. ... , dass man ... kommen kann :

dass-부문장으로서, 화법조동사 können의 *현재* 시제 「können ... 동사 원형」 임 :

- 주어인 man은 3인칭 단수 er 취급하므로 화법조동사 können의 형태는 kann임.
- 화법조동사 kann과 결합하는 *동사 원형*은 kommen임.

따라서 원래는 「kann ... kommen」 이어야 하지만, 부문장 안이므로 *후치*됨 :

... kommen kann

► die Leute (항상 *복수*!) 사람들 (영. people)

► der Chef (die Chefs) 우두머리, 장 (영. chief, head)

► verständnisvoll [형용사] 이해심 많은, 사려 깊은 (영. understanding)

→ das Verständnis (die Verständnisse) 이해, 이해심 (영. understanding, appreciation)

↳ verstehen [타동사] ...을 이해하다 (영. understand)

* 3 기본형 : *verstehen* - *verstand* - *verstanden*

형태가 *ver*-이므로 pp형은 -ge- 없음!

↳ stehen [자동사] 서 있다 (영. stand)

* 3 기본형 : stehen - stand - gestanden

► reagieren [자동사] 반응하다 (영. react)

「auf etw.[4] reagieren」 *무엇*에 반응하다

* 3 기본형 : reagier*en* - reagier*te* - reagier*t*

형태가 *-ieren*이므로 pp형은 -ge- 없음!

→ die Reaktion (die Reaktion*en*) 반응 (영. reaction)

► man [부정대명사] 사람들은 (영. people)

※항상 *주어*로서만 사용되며, *단수 3인칭* er 취급함!

► 「zu + 형용사」 너무 ... (영. 「too + 형용사」)

► spät [형용사] 늦은, (부사적) 늦게 (영. late) ↔ früh 이른, 일찍

► die Arbeit (die Arbeit*en*) 일, 직업 (영. work)

「zur Arbeit kommen」 출근하다, 근무하러 오다

► kommen [자동사] (완료형 「sein ... pp」) 오다 (영. come)

* 3 기본형 : kommen - kam - gekommen

► kann ⇒ 화법조동사 können의 *현재* 시제 (주어가 ich 혹은 er, sie, es일 때)

「können ... 동사 원형」 [화법조동사] ...해야 한다 (영. can)

* 현재 시제 *불규칙* 변화 :

ich kann ; du kann*st* ; er (sie, es) kann

wir könn*en* ; ihr könn*t* ; sie (Sie) könn*en*

* 3 기본형 : können - konnte - gekonnt (können)

※동사 원형 *있을* 경우 완료형 : 「haben ... *동사 원형* können 」

동사 원형 *없을* 경우 완료형 : 「haben ... gekonnt 」

13

Leute	,	die mehr Angst ... haben	,	als ... haben werden	.
선행사 (복수 4격)		관계대명사 *die*-부문장 (앞의 선행사 "Leute"를 수식·설명)		'비교' 접속사 *als*-부문장 (앞의 비교급 형용사 "mehr"와 연계되어 비교대상을 기술함.)	

Leute	,	die	mehr Angst	um ihren Arbeitsplatz	haben	, ...
선행사 (복수 4격)		주어 ↓ (관계대명사 복수 1격)	동사 haben의 4격 목적어 (여성 4격)	남성 4격	동사 (현재) 후치됨!	

1. Leute , die ... haben , ... :

   (1) die는 관계대명사 *복수 1격*임 :

   앞에 나온 *복수*명사 Leute를 선행사로 받으며, 부문장 안의 *주어*이므로 *복수 1격* die임.

   (2) 관계대명사 부문장의 경우, 동사 haben의 *현재* 시제임 :

   주어인 관계대명사 die는 복수 3인칭이므로 동사 haben의 형태는 hab*en*임.

2. ... mehr Angst um ihr*en* Arbeitsplatz haben , ... :

   「Angst um etw.[4]」 '*무엇*을 잃게 되는 것에 대한 걱정'

   *남성*명사 Platz가 *4격* 전치사 um과 결합하므로 *남성 4격*임.

   따라서 소유대명사 ihr-('그들의')는 *남성 4격* 부정관사 ein*en*처럼 어미변화 하여 ihr*en*임.

〈참고〉

소유대명사 : 원칙적으로 *부정관사 ein-* 어미변화 하지만, *복수*일 경우는 *정관사 d-* 어미변화 함.

ich ⇒ mein- '나의 ...' / du ⇒ dein- '너의 ...' / er, es ⇒ sein- '그의, 그것의 ...'

sie '그녀' ⇒ ihr- '그녀의 ...' / wir ⇒ unser- '우리의 ...' / ihr ⇒ eur- '너희의 ...'

sie '그들' ⇒ ihr- '그들의 ...' / Sie '당신, 당신들' ⇒ Ihr- '당신의, 당신들의 ...'

... mehr Angst ... ,	als	die Beschäftigten	im sicheren Hafen
	종속접속사	주어 (복수 1격)	남성 3격
des öffentlichen Dienstes	jemals	haben werden .	
남성 2격		미래 시제 후치됨!	

3. ... mehr Angst ... , als ... :

「비교급 als ...」 '...보다 더 ...'

4. di*e* Beschäftigt*en* :

형용사의 명사화 형태 Beschäftigt-임 :

- '피고용인들'을 뜻하여 *복수*이며, *주어*이므로 *복수 1격* 정관사 di*e*가 앞에 옴.
- 명사화 되었을 뿐, 근본적으로 형용사이므로 *형용사 어미변화* 함.
  따라서 앞에 *복수 1격* 정관사 di*e*가 오므로 어미 *-en*이 붙어 Beschäftigt*en*임.
  ※(격에 상관없이) *복수*의 관사, 소유대명사, 지시대명사 ... + 형용사 *-en*

5. ... , als die Beschäftigten ... haben werden :

als-부문장으로서 동사 haben의 *미래* 시제 「werden ... 동사 원형」 임 :

- 주어 "die Beschäftigten"은 복수의 sie에 해당하므로 조동사 werden의 형태는 werd*en*임.
- 동사 haben이 *원형*으로서 문장 뒤에 옴.

따라서 원래는 「werden ... haben」 이어야 하지만, 부문장 안이므로 조동사 werden이 *후치*되어 문장 맨 뒤에 옴. 즉 : ... haben werden

6. ... im sicher*en* Hafen ① d*es* öffentlich*en* Dienst*es* ② ... haben ... :

① 3·4격 전치사 in은 동사 haben과 함께 '... (안)에서 가지고 있다'로 해석되어 '위치'를 뜻하므로 *3격* 지배임.
  *남성*명사 Hafen이 전치사 in의 *3격* 목적어이므로 *남성 3격* 정관사 d*em*이 와야 하지만, 전치사 in과 함께 im으로 축약됨. (im = in dem)
  형용사 sicher는 앞에 3격의 축약형 im이 오므로 어미 *-en*이 붙어 sicher*en*임.
  ※(성, 수에 상관없이) *3격*의 관사, 소유대명사, 지시대명사 ... + 형용사 *-en*
  따라서 *3격*의 축소형 am , im , beim , vom , zum , zur + 형용사 *-en*

② *남성*명사 Dienst가 바로 앞 명사 Hafen을 수식하는 *2격*이므로 *남성 2격*임. 따라서 :
- *남성 2격* 정관사 d*es*가 앞에 옴.
- 형용사 öffentlich는 앞에 *남성 2격* 정관사 des가 오므로 어미 *-en*이 붙어 öffentlich*en*임.
  ※(성, 수에 상관없이) *2격*의 관사, 소유대명사, 지시대명사 ... + 형용사 *-en*
- 명사 Dienst는 *남성*이므로 2격 명사 어미 *-es*가 붙어 Dienst*es*임.
  ※ *남성*, *중성*명사 2격은 어미 *-s*, *-es*가 붙음. (*여성*, *복수*명사는 2격 어미 없음!)

► die Angst (die Ängste) 두려움, 걱정 (영. fear, anxiety)
「Angst um etw.[4]」 *무엇*을 잃게 되는 것에 대한 걱정 (이 경우 항상 단수!)
「Angst vor etw.[3]」 *무엇*에 대한 두려움

► der Arbeitsplatz 일자리, 직업 (영. workplace)
→ die Arbeit (die Arbeit*en*) 일, 작업 (영. work)
→ der Platz (die Pl*ä*tz*e*) 자리, 장소 (영. place)

► haben [타동사] ...을 가지고 있다 (영. have)
* 3 기본형 : haben - hatte - gehabt
* 현재 시제 *불규칙* 변화 : du hast ; er (sie, es) hat

► Beschäftigt- (*형용사* 어미변화) 근로자, 피고용인 (영. employee)
※타동사 beschäftigen의 과거분사(= 형용사) beschäftig*t*가 *명사화* 된 형태임!
→ beschäftigen
  [1] [타동사] 「j-n beschäftigen」 *누구*를 고용하다 (영. employ)
  [2] [4격 재귀동사] 「sich[4] mit etw.[3] beschäftigen」 *무엇*에 몰두하다 (영. occupy oneself with)
  〈참고〉 beschäftigt [형용사/과거분사] 바쁜, 할 일이 많은 (영. busy)
  「j-d ist beschäftigt」 *누구*는 바쁘다

► sicher [형용사] 안전한 (영. safe)

► der Hafen (die Häfen) 항구 (영. harbour, port)
→ der Flughafen (die Flughäfen) 공항 (영. airport)

► öffentlicher Dienst 공공 분야, 공공 업무

► jemals ≈ je [부사] (과거 혹은 미래의 한 시점) 언젠가 (영. ever)

Ein Streik	aber (, der ... trifft ,)	ist	zynisch .
주어 (남성 1격)	관계대명사 *der*-부문장 (앞의 "Ein Streik"를 수식·설명)	동사 (현재 시제)	동사 ist의 형용사 보어

1. Ein Streik ... ist ... :

동사 sein('...이다')의 *현재* 시제임 :
주어 "Ein Streik"는 남성의 er에 해당하므로 동사 sein의 형태는 ist임.

Ein Streik	... , der	nur	die Schwächsten	trifft , ...
선행사 (남성 1격)	주어 (관계대명사 남성 1격)		동사 trifft의 4격 목적어 (복수 4격)	동사 (현재) 후치됨!

2. ... Ein Streik ... , der ... trifft , ... :

(1) der는 관계대명사 *남성 1격*임 :
앞에 나온 *남성*명사 "Streik"를 선행사로 받으며, 관계대명사 부문장 안의 *주어*이므로 *남성 1격* der임.

(2) 동사 treffen의 *현재* 시제임 :
주어인 관계대명사 der는 단수 3인칭 남성이므로 동사 treffen의 형태는 불규칙 변화하여 trif*f*t임.

3. ... di*e* Schwächst*en* trifft , ... :

형용사 schwach의 최상급 형태인 schwäch*st*가 명사화 됨 :

- '가장 약한 자들'을 뜻하여 *복수*이며, 동사 trifft의 *4격* 목적어이므로 *복수 4격* 정관사 di*e*가 앞에 옴.
- 명사화 된 형용사이므로 *형용사 어미변화* 함.
  따라서 앞에 *복수 4격* 정관사 di*e*가 오므로 어미 *-en*이 붙어 Schwächst*en*임.
  ※(격에 상관없이) *복수*의 관사, 소유대명사, 지시대명사 ... + 형용사 *-en*
- 형용사의 명사화 형태이므로 맨 앞 철자는 *대문자* 표기함 : Schwächsten

► schwächst ⇒ 형용사 schwach의 *최상급*

schwach [형용사] 약한 (영. weak) ↔ stark 강한

* 3 비교형 : schwach - schwäch*er* - schwäch*st*

► trifft ⇒ 동사 treffen의 *현재* 시제 (주어가 er, sie, es일 때)

treffen [타동사] ...을 다치게 하다, 피해 주다 (영. affect, hurt)

* 현재 시제 *불규칙* 변화 : du triff*st* ; er (sie, es) triff*t*

* 3 기본형 : treffen - traf - getroffen

► zynisch [형용사] 냉소적인, 빈정대는 (영. cynical)

20

독일어: 문법과 텍스트 이해

[...] [1]Eine eindeutige Definition für den Kapitalismus gibt es nicht, zumal der Begriff seinerzeit ausgerechnet von Kritikern des Systems, Karl Marx und Friedrich Engels, in die deutsche Sprache eingeführt worden ist.

[2]Der Kapitalismus als Marktwirtschaft basiert darauf, dass die Lenkung der wirtschaftlichen Prozesse über den Preis koordiniert wird: [3]Es regieren Angebot und Nachfrage. [4]Das weiß man seit den ökonomischen Klassikern, deren Erkenntnisse sich zu Zeiten der Industrialisierung und des aufstrebenden Bürgertums in Europa ebenso verbreiteten wie in den Gründerstaaten in Amerika.

[5]Wenn dieser Markt funktionieren soll, muss Wettbewerb gewährleistet sein - [6]auch dies ist diesseits des Atlantiks nicht anders als jenseits. [7]Das amerikanische Kartellrecht ist mindestens so scharf wie das deutsche. [8]Die beispielgebende Zerschlagung großer Monopolisten (Öl, Telefon) fand Anfang des 20. Jahrhunderts nicht in Deutschland, sondern in den USA statt, während Deutschland die regelgeleitete Marktwirtschaft erst nach 1945 mühsam lernte.

[9]Dass die USA die lange Zeit beherrschende Weltwirtschaftsmacht waren und in vielen Bereichen immer noch sind, hat vor allem mit der schieren Größe des Landes zu tun, den Chancen des einheitlichen Wirtschaftsraums mit einheitlicher, gar weltweit beachteter Währung und Sprache - und weniger mit den jeweiligen Wirtschaftssystemen. [...]

Süddeutsche.de

[...] [1]자본주의에 대한 명확한 정의는 존재하지 않는데, 그 이유는 무엇보다 이 개념이 당시에 공교롭게도 이 시스템에 대한 비판자들, 즉 칼 마르크스와 프리드리히 엥겔스에 의해서 독일어에 도입되었기 때문이다.

[2]시장경제로서의 자본주의가 기초하고 있는 점은, 경제적 과정들의 조정은 가격을 매개로 하여 이루어진다는 사실이다. [3]이를테면 공급과 수요가 절대적이라는 것이다. [4]이러한 점을 우리는 이들 경제학의 고전적 이론가들이 나타난 이후부터 알고 있는데, 이들이 인식한 내용은 산업화와 시민계급 성장의 시대에 유럽 내에서도 아메리카 대륙 안의 창립 국가들에서와 똑같이 널리 퍼져나갔다.

[5]이러한 시장이 기능을 발휘하도록 하려면, 경쟁이 보장되어야 한다. [6]이 점 역시 대서양 이쪽 편에서도 저쪽 편과 다르지 않다. [7]미국의 독점 금지법은 적어도 독일의 그것만큼 날카롭다. [8]대규모 독점기업들(석유, 전화 통신)의 모범적인 타파는 20세기 초 독일에서가 아니라 미국에서 이루어졌고, 반면에 독일은 체계를 갖춘 시장경제를 1945년 이후에야 비로소 어렵게 배웠다.

[9]미국이 오랫동안 지배적인 세계 경제 세력이었고, 많은 분야들에서 지금도 여전히 그 지위를 유지하고 있는 것은 순전히 국가의 크기와 관련이 있는데, 이를테면 통일적이며, 사실상 전 세계적으로 중요시되는 화폐 및 언어를 가진 통일적 경제블록이 지니는 기회들과 관련이 있는 것이지 그때그때의 개별 경제 시스템들과는 관련이 덜하다. [...]

1

Eine eindeutige Definition (동사 gibt의 4격 목적어 (여성 4격)) für den Kapitalismus (남성 4격) gibt (동사 (현재 시제)) es (주어) nicht ,
zumal ... eingeführt worden ist . (종속접속사 *zumal*-부문장)

1. ... gibt es ... :

「Es gibt + 4격」 '...이 있다'
동사 geben의 *현재* 시제임 : 주어가 비인칭 주어 es이므로 동사 형태는 gib*t*임.
(동사 geben은 어간 모음 e → i 인 불규칙 변화 동사임!)

2. Ein*e* eindeutig*e* Definition ... gibt ... :

*여성*명사 Definition이 동사 gibt의 *4격* 목적어이므로 *여성 4격* 부정관사 ein*e*가 앞에 옴.
형용사 eindeutig는 앞에 *여성 4격* 부정관사 ein*e*가 있으므로 어미 *-e*가 붙어 eindeutig*e*임.
※(격에 상관없이) *여성*의 ein*e* , di*e* , mein*e* , kein*e* , dies*e* ... + 형용사 *-e*

..., zumal (종속접속사) der Begriff (주어 (남성 1격)) seinerzeit ausgerechnet von Kritikern (복수 3격 (수동태의 '행위자'))
des Systems (중성 2격) (, Karl Marx und Friedrich Engels ,) (앞에 나온 "Kritikern"과 동격) in die deutsche Sprache (여성 4격)
*ein*geführt worden ist . (수동태 현재완료 후치됨!)

3. ... , zumal der Begriff ... *ein*geführt worden ist :

분리/타동사 *ein*führen의 *수동태 현재완료* 시제「sein ... *ein*geführt worden」임 :
주어 “der Begriff”는 남성의 er에 해당하므로 조동사 sein의 형태는 ist임.
따라서 원래는「ist ... *ein*geführt worden」이지만, 부문장 안이므로 *후치*됨 :
... *ein*geführt worden ist

4. von Kritiker*n* d*es* System*s* ‘그 체계의 비판자들에 의해’ :
①   ②

① *복수*명사 Kritiker가 *3격* 전치사 von과 결합하므로 *복수 3격*임.
복수 3격 명사의 형태는 항상 -*n*이어야 함. 따라서 *복수 3격*인 Kritiker는 추가로 어미 -*n*이 붙어 Kritiker*n*임.

② *중성*명사 System이 바로 앞 명사 “Kritiker”를 수식하는 *2격* 형이므로 *중성 2격* 정관사 d*es*가 앞에 옴.
명사 System은 *중성*이므로 2격 명사 어미 -*s*가 붙어 System*s*임.
※ *남성*, *중성*명사는 *2격* 명사 어미 -*s* 혹은 -*es*가 붙음.
(*여성*, *복수*명사는 2격 어미 없음!)

5. ... in di*e* deutsch*e* Sprache eingeführt ... :

3·4격 전치사 in은 동사 *ein*geführt와 함께 ‘... 안으로 도입되다’로 해석되어 ‘방향’을 뜻하므로 *4격* 지배임.
*여성*명사 Sprache가 전치사 in의 *4격* 목적어이므로 *여성 4격* 정관사 di*e*가 앞에 옴.
형용사 deutsch는 앞에 *여성 4격* 정관사 di*e*가 오므로 어미 -*e*가 붙어 deutsch*e*임.
※(격에 상관없이) *여성*의 di*e* , ein*e* , mein*e* , kein*e* , dies*e* ... + 형용사 -*e*

► eindeutig [형용사] 명확한 (영. clear, obvious)
↔ mehrdeutig [형용사] 모호한, 명확하지 않은 (영. ambiguous)

► die Definition (die Definition*en*) 정의 (영. definition)
→ definieren [타동사] ...을 정의하다 (영. define)

► der Kapitalismus (die Kapitalism*en* ; 보통 *단수*) 자본주의 (영. capitalism)
※형태가 -*ismus*(‘...주의’, ‘...론’)인 명사는 항상 *남성*이며, 복수형은 -*ismen*임 :
der Sozialismus 사회주의, der Buddhismus 불교, der Optimismus 낙관론

► gibt ⇒ geben의 *현재* 시제 (주어가 er, sie, es일 때)

geben [타동사] ...을 주다 (영. give) ; 「Es gibt etw.[4]」 *무엇*이 있다 (영. There is/are ...)

* 현재 시제 *불규칙* 변화 : du gib*st* ; er (sie, es) gib*t*

* 3 기본형 : geben - gab - gegeben

► zumal [종속접속사] 무엇보다 ...이기 때문에 ≈ vor allem weil ... (영. particulary since ...)

► der Begriff (die Begriffe) 개념 (영. concept, notion)

→ begreifen [타/자동사] (...을) 이해하다, 파악하다 (영. understand)

* 3 기본형 : *be*greifen - *be*griff - *be*griffen

형태가 *be*-이므로 pp형은 -ge- 없음!

↳ greifen [타동사] ...을 잡다, 붙잡다 (영. grasp, grab)

* 3 기본형 : greifen - griff - gegriffen

► seinerzeit [부사] (언급되고 있는 사건의 시점) 그 당시, 그 때 ≈ damals (영. then, at that time)

► ausgerechnet [부사/어조사] (예상치 못한 결과에 놀라움, 불만을 표현하며) 하필이면 (다름 아닌) ...

► der Kritiker (die -) 비판자 (영. critic)

→ die Kritik (die Kritik*en*) 비판, 비평 (영. criticism, criticizing)

↳ kritisieren [타동사] ...을 비판하다 (영. criticize)

► das System (die Systeme) 체계 (영. system)

► die Sprache (die Sprache*n*) 언어 (영. language)

► *ein*führen (führen ... *ein*) [분리/타동사] ...을 도입하다, 안으로 이끌다 (영. introduce)

* 3 기본형 : *ein*führ*en* - *ein*führ*te* (führ*te* ... *ein*) - *einge*führ*t*

↳ führen [타동사] ...을 이끌다 (영. lead)

* 3 기본형 : führ*en* - führ*te* - *ge*führ*t*

→ ein, *ein*- [부사/분리전철] 안으로, 안에 (영. in)

► worden ⇒ *수동태* 조동사 werden의 *과거분사* (= pp형)

「werden ... pp」 (수동태) ... 되다 (영. 「be + pp ...」)

* 3 기본형 : werden - wurde - worden

〈주의〉 일반 동사 werden('...되다')의 pp형은 geworden임.

► ist ⇒ *완료형* 조동사 sein의 *현재* 시제 (주어가 er, sie, es일 때)

「sein ... pp」 (완료형) ...하였다

* 현재 시제 *불규칙* 변화 :

ich bin ; du bist ; er (sie, es) ist

wir sind ; ihr seid ; sie (Sie) sind

2

Der Kapitalismus	als	Marktwirtschaft	basiert	darauf	,
주어 (남성 1격)			동사 (현재 시제)	뒤에 오는 *dass*-부문장을 가리킴.	

dass ... wird : ...
종속접속사 *dass*-부문장

1. Der Kapitalismus ... basiert darauf , dass ... :

「auf etw.[3] basieren」 '*무엇*에 기초하다, 근거하다'

- 동사 basieren의 *현재* 시제임 :

주어 "Der Kapitalismus"가 남성 er에 해당하므로 동사 형태는 basier*t*임.

- darauf = auf + das('그것')

여기서 darauf는 뒤에 오는 *dass*-부문장 내용을 가리킴.

2. Der Kapitalismus als Marktwirtschaft ... '시장경제로서 자본주의는 ...' :

'신분, 자격'의 접속사 als '...로서' : A als B 'B로서 A' (대비되는 두 요소 A, B는 격이 동일함!)

밑줄 친 "Marktwirtschaft"는 앞의 "Kapitalismus"와 동일한 *1격*임.

... darauf ,	dass	die Lenkung	der wirtschaftlichen Prozesse
	종속접속사	주어 (여성 1격)	복수 2격
über den Preis	koordiniert wird	: ...	
남성 4격	수동태 (현재 시제) 후치됨!		

3. ... , dass die Lenkung ... koordiniert wird :

타동사 koordinieren의 *수동태 현재* 시제 「werden ... kordiniert」 임 :

주어 "die Lenkung"은 여성의 sie에 해당하므로 조동사 werden의 형태는 wird임.

따라서 원래는 「wird ... koordiniert」 이지만, 부문장 안이므로 *후치*됨 :

... koordiniert wird

4. ... Lenkung d*er* wirtschaftlich*en* Prozess*e* :

*복수*명사 Prozesse가 바로 앞 명사 Lenkung을 수식하는 *2격* 형이므로 *복수 2격* 정관사 d*er*가 앞에 옴.

형용사 wirtschaftlich는 앞에 *복수 2격* 정관사 d*er*가 오므로 어미 *-en*이 붙어 wirtschaftlich*en*임.

※(성, 수에 상관없이) *2격*의 관사, 소유대명사, 지시대명사 ... + 형용사 *-en*

5. ... über d*en* Preis koordiniert ... :

3·4격 전치사 über는 여기서 '수단, 근거'의 의미로서 *4격* 지배임 : '...을 수단으로, ...을 매개로 하여'

따라서 *남성*명사 Preis가 전치사 über의 *4격* 목적어이므로 *남성 4격* 정관사 d*en*이 앞에 옴.

▸ die Marktwirtschaft 시장 경제 (영. market economy)

→ der Markt (die Märkte) 시장 (영. market)

→ die Wirtschaft (die Wirtschaft*en* ; 주로 *단수*!) 경제 (영. economy)

▸ basieren [자동사]

「auf etw.[3] basieren」 *무엇*에 기초하다, 근거하다 (영. be based on ...)

≈「auf etw.[3] beruhen」

* 3 기본형 : basier*en* - basier*te* - basier*t*

형태가 *-ieren*이므로 pp형은 -ge- 없음!

▸ die Lenkung (die Lenkung*en* ; 주로 *단수*!) 통솔, 관리 (영. control)

→ lenken [타동사] [1] (차량을) 운전하다 (영. steer) ; [2] 통솔하다, 이끌다 (영. control)

▸ wirtschaftlich [형용사] 경제의, 경제적 (영. economic)

▸ der Prozess (die Prozess*e*) 과정, 절차 (영. process)

▸ über [3·4격 전치사] (*4격* 지배) ...을 수단으로, ...을 매개로 하여

▸ der Preis (die Preis*e*) 가격 (영. price)

▸ koordinieren [타동사] (문어체) ...을 대등하게 정렬하다, 조화롭게 만들다 (영. coordinate)

* 3 기본형 : koordinier*en* - koordinier*te* - koordinier*t*

형태가 *-ieren*이므로 pp형에서 -ge- 없음!

▸ wird ⇒ *수동태* 조동사 werden의 *현재* 시제 (주어가 er, sie, es일 때)

「werden ... pp」 (수동태) ... 되다 (영. 「be + pp ...」)

* 현재 시제 *불규칙* 변화 : du wirst ; er (sie, es) wird

3

... :	Es	regieren	Angebot und Nachfrage.
	비인칭 주어 (= 형식적 주어)	동사 (현재 시제)	주어 (= 실질적 주어)

동사 regieren의 *현재* 시제임 :
주어 "Angebot und Nachfrage"는 복수의 sie에 해당하므로 동사 형태는 regier*en*임.
(문장 맨 앞의 주어 위치에 있는 "Es"는 실질적 의미 없이 "자리 공백"을 채우는 비인칭 주어임.)

〈참고〉

Angebot und Nachfrage regieren. ⇒ Es regieren Angebot und Nachfrage.

※후자처럼 "실질적" 주어 "Angebot und Nachfrage"가 동사 뒤로 올 경우 상대적으로 그 의미가 강조됨!

다른 예를 들면 : Ein Unfall ist passiert. ⇒ Es ist ein Unfall passiert.

► regieren [타동사] ...을 다스리다 (영. rule, govern)

* 3 기본형 : regier*en* - regier*te* - regier*t*
형태가 *-ieren*이므로 pp형에서 -ge- 없음!

→ die Regierung (die Regierung*en*) 정부 (영. government)

► Angebot und Nachfrage (경제학) 공급과 수요 (영. supply and demand)

→ das Angebot (die Angebot*e*) : 「das Angebot an etw.[3]」 *무엇*의 공급

↳ *an*bieten (bieten ... *an*) [분리/타동사] (영. offer)

「j-m etw.[4] *an*bieten」 *누구*에게 *무엇*을 제공하다

* 3 기본형 : *an*bieten - *an*bot (bot ... *an*) - *an*geboten

↳ bieten [타동사] ...을 제공하다 (영. offer)

* 3 기본형 : bieten - bot - geboten

→ die Nachfrage (die Nachfrage*n*) 수요 (영. demand)

「die Nachfrage nach etw.[3]」 *무엇*의 수요

↳ *nach*fragen (fragen ... *nach*) [분리/타동사] (영. ask, inquire)

「bei j-m *nach*fragen」 *누구*에게 문의하다 ≈ 「sich[4] nach etw.[3] erkundigen」

* 3 기본형 : *nach*frag*en* - *nach*frag*te* (frag*te* ... *nach*) - *nachge*frag*t*

↳ fragen [타동사] : 「j-n fragen」 *누구*에게 질문하다 (영. ask)

* 3 기본형 : frag*en* - frag*te* - *ge*frag*t*

Das	weiß	man	seit den ökonomischen Klassikern ,
동사 weiß의 4격 목적어	동사 (현재 시제)	주어	복수 3격

deren Erkenntnisse ... ebenso verbreiteten wie ...

관계대명사 *deren*-부문장
(앞의 선행사 "Klassikern"을 수식·설명함.)

1. Das weiß man ... :

(1) 동사 wissen의 *현재* 시제임 :

주어 man은 3인칭 단수 er 취급하므로 동사 wissen의 형태는 불규칙 변화 하여 weiß임.

(2) 지시대명사 "Das"는 동사 weiß의 4격 목적어임.

(여기서 Das는 앞 문장 3의 내용 전체를 가리킴.)

※지시대명사 das는 앞에 나온 중성명사 이외에도 *앞 문장 일부* 혹은 *전체* 등을 받을 수 있음.

2. seit d*en* ökonomisch*en* Klassiker*n* :

- *복수*명사 Klassiker가 *3격* 전치사 seit와 결합하므로 *복수 3격* 정관사 d*en*이 앞에 옴.
- 형용사 ökonomisch는 앞에 *복수 3격* 정관사 d*en*이 오므로 어미 *-en*이 붙어 ökonomisch*en*임.

※(격에 상관없이) *복수*의 관사, 소유대명사, 지시대명사 ... + 형용사 *-en*

- *복수 3격* 명사의 형태는 항상 *-n*이어야 함.
  따라서 *복수 3격*인 Klassiker는 추가로 어미 *-n*이 붙어 Klassiker*n*임.

... Klassikern ,	deren	Erkenntnisse	sich zu Zeiten	der Industrialisierung
선행사 (복수 3격)	관계대명사 (복수 2격)	주어		여성 2격

und	des aufstrebenden Bürgertums	in Europa ebenso	verbreiteten
	중성 2격		동사 (과거) 후치됨!

wie	in den Gründerstaaten	in Amerika.
	복수 3격	

3. ... Klassikern , deren Erkenntnisse sich ... verbreiteten .... :

(1) 관계대명사 deren은 *복수 2격*임 :
앞에 나온 *복수*명사 "Klassikern"을 선행사로 받으며,
바로 뒤의 명사 Erkenntnisse를 수식하여 *2격*이므로 *복수 2격* 관계대명사 deren이 옴.

〈참고〉

관계대명사의 형태는 기본적으로 *정관사 d-* 형태를 지님. 다만 예외적으로 :

*남성, 중성 2격*은 dessen (des 아님!) / *여성, 복수 2격*은 deren (der 아님!)

*복수 3격*은 denen (den 아님!)

(2) 관계대명사 부문장은 4격 재귀동사「sich[4] verbreiten」의 *과거* 시제임 :
주어인 *복수*명사 Erkenntnis*se*는 복수의 sie에 해당하므로 동사 과거형 verbreit*e*t*e*는 어미 *-n*이 붙어 verbreit*eten*임. (동사 verbrei*t*en은 어간 끝이 *-t*이므로 발음상 **-e-** 첨가!)

(3) 주어가 복수의 sie에 해당하므로 4격 재귀대명사는 sich임.

4. zu Zeiten d*er* Industrialisierung ① und d*es* aufstrebend*en* Bürgertum*s* ② :

① *여성*명사 Industrialisierung이 바로 앞 명사 Zeiten을 수식하는 *2격* 형이므로 *여성 2격*임. 따라서 *여성 2격* 정관사 d*er*가 앞에 옴.

② *중성*명사 Bürgertum이 바로 앞 명사 Zeiten을 수식하는 *2격* 형이므로 *중성 2격*임.

- 따라서 *중성 2격* 정관사 d*es*가 앞에 옴.
- 형용사(= 현재분사) aufstrebend-는 앞에 *중성 2격* 정관사 d*es*가 있으므로 aufstrebend*en*임.

  ※(성, 수에 상관없이) *2격*의 관사, 소유대명사, 지시대명사 ... + 형용사 *-en*
- 명사 Bürgertum은 *중성*이므로 2격 어미 *-s*가 붙어 Bürgertum*s*임.

5. ... ebenso verbreiteten wie in d*en* Gründerstaat*en* in Amerika :

동등비교「ebenso ... wie ...」'...와 똑같이 ...이다'
3·4격 전치사 in은 여기서 동사「sich[4] verbreiten」과 함께 '...(안)에서 퍼지다'로 해석되어 '위치'를 뜻하므로 *3격* 지배임.
*복수*명사 Gründerstaat*en*이 전치사 in의 *3격* 목적어이므로 *복수 3격* 정관사 d*en*이 앞에 옴.
(*복수 3격* 명사의 형태는 항상 *-n*이어야 함. *복수 3격*인 Gründerstaat*en*은 복수형 자체의 형태가 *-n*임.)

► weiß ⇒ 동사 wissen의 *현재* 시제 (주어가 ich 혹은 er, sie, es일 때)

wissen [타동사] ...을 알다 (영. know)

* 현재 시제 *불규칙* 변화 :

ich weiß ; du weiß*t* ; er (sie, es) weiß

wir wiss*en* ; ihr wiss*t* ; sie, Sie wiss*en*

* 3 기본형 : wissen - wusste - gewusst

► man [부정대명사] 사람들은 (영. people)

※항상 *주어*로서만 사용되며, *단수 3인칭* er 취급함!

► ökonomisch [형용사] 경제적인 (영. economic) ≈ wirtschaftlich

→ die Ökonomie (die Ökonomie*n*) 경제, 경제학 (영. economy, economics)

≈ die Wirtschaft 경제, die Wirtschaftswissenschaft 경제학

► der Klassiker (die -) [1] 고전주의자 ; [2] 대표적 인물 (영. classic)

► die Erkenntnis (die Erkenntnis*se*) 이해, 인식 (영. cognition)

→ erkennen [타동사] ...을 인식하다 (영. recognize)

* 3 기본형 : *er*kennen - *er*kannte - *er*kannt

형태가 *er*-이므로 pp형은 -ge- 없음.

↳ kennen [타동사] ...을 알다 (영. know, be aquainted with ...)

* 3 기본형 : kennen - kannte - gekannt

► 「zu Zeit + 2격」 ... 의 시대에

► die Industrialisierung (die Industrialisierung*en*) 산업화, 공업화 (영. industrialization)

→ industrialisieren [타동사] 산업화 하다, 공업화 하다 (영. industrialize)

* 3 기본형 : industrialisier*en* - industrialisier*te* - industrialisier*t*

형태가 *-ieren*이므로 pp형에서 -ge- 없음!

→ die Industrie (die Industrie*n*) 산업, 공업 (영. industry)

► aufstrebend [현재분사/형용사] 성장하려고 노력하는 ※분리동사 *auf*streben의 현재분사!

→ *auf*streben (streben ... *auf*) [분리/자동사] 성장하려고 노력하다

* 3 기본형 : *auf*streb*en* - *auf*streb*te* (streb*te* ... *auf*) - *aufge*streb*t*

↳ streben [자동사] : 「nach etw.[3] streben」 *무엇*을 성취하려고 노력하다 (영. strive)

* 3 기본형 : streb*en* - streb*te* - *ge*streb*t*

↳ *auf*- [분리전철] 위로 (영. up)

► das Bürgertum (항상 *단수*!) 시민 사회, 시민 계급 (영. middle class, bourgeoisie)

→ der Bürger (die -) 시민, 주민 (영. citizen)

► das Land (die Länd*er*) 국가, 주 (영. country)

► ebenso [부사] 역시, 마찬가지로 (영. just as ...) ≈ auch, ebenfalls

「ebenso ... wie ...」 ...처럼 바로 그렇게 ...이다 (※'동등 비교' 「so ... wie ...」 의 의미가 강화됨!)

► verbreiten [타동사] ...을 퍼뜨리다 (영. spread)

「sich[4] verbreiten」 널리 퍼지다

* 3 기본형 : verbreiten - verbreitete - verbreitet ※어간 끝이 -t이므로 발음상 -e- 첨가!
형태가 ver-이므로 pp형은 -ge- 없음!

→ breit [형용사] 폭이 넓은 (영. wide, broad)

► der Gründerstaat 창시자들의 국가

→ der Gründer (die -) 설립자, 창시자 (영. founder)

↳ gründen [타동사] 설립하다, 창업하다 (영. found, set up)

* 3 기본형 : gründen - gründete - gegründet ※어간 끝이 -d이므로 발음상 -e- 첨가!

→ der Staat (die Staaten) 국가, 주 (영. state)

Wenn	dieser Markt	funktionieren	soll	, ...
종속접속사	주어 (남성 1격)	동사 원형	화법조동사 (현재) 후치됨!	

1. dieser Markt :

*남성*명사 Markt가 *주어*이므로 *남성 1격*임.
따라서 지시대명사 dies-는 *남성 1격* 정관사 der처럼 어미변화 하여 dieser임.

2. Wenn dieser Markt funktionieren soll , ... :

종속접속사 *wenn*-부문장으로서, 화법조동사 sollen의 *현재* 시제 「sollen ... 동사 원형」 임 :
- 주어인 "dieser Markt"는 남성의 er에 해당하므로 화법조동사 sollen의 형태는 soll임.
- 화법조동사 soll과 결합하는 *동사 원형*은 funktionieren임.

따라서 원래는 「soll ... funktionieren」 이어야 하지만, 부문장 안이므로 후치됨 :
... funktionieren soll

Wenn ... soll	,	muss	Wettbewerb	gewährleistet	sein	- ...
종속접속사 *wenn*-부문장		화법조동사 (현재 시제)	주어 (남성 1격)	동사 sein의 형용사 보어	동사 원형	

3. ... , muss Wettbewerb ... sein , ... :

화법조동사 müssen의 *현재* 시제「müssen ... 동사 원형」임 :
- 주어인 Wettbewerb는 남성의 er에 해당하므로 화법조동사 müssen의 형태는 muss임.
- 화법조동사 muss와 결합하는 *동사 원형*은 sein임.

► der Markt (die Märkte) 시장 (영. market)

► funktionieren [자동사] 작동하다, 기능을 수행하다 (영. work, function)

* 3 기본형 : funktionier*en* - funktionier*te* - funktionier*t*
형태가 *-ieren*이므로 pp형은 -ge- 없음.

→ die Funktion (die Funktion*en*) 기능 (영. function)

► soll ⇒ 화법조동사 sollen의 *현재* 시제 (주어가 ich 혹은 er, sie, es일 때)

「sollen ... 동사 원형」[화법조동사] ...해야 한다 (영. should)

* 현재 시제 *불규칙* 변화 :

ich soll ; du soll*st* ; er (sie, es) soll

wir soll*en* ; ihr soll*t* ; sie (Sie) soll*en*

* sollen - sollte - gesollt (sollen)

※동사 원형 *있을* 경우 완료형 : 「haben ... *동사 원형* sollen」

동사 원형 *없을* 경우 완료형 : 「haben ... gesollt」

► muss ⇒ 화법조동사 müssen의 *현재* 시제 (주어가 ich 혹은 er, sie, es일 때)

「müssen ... 동사 원형」[화법조동사] ...해야 한다 (영. must)

* 현재 시제 *불규칙* 변화 :

ich muss ; du muss*t* ; er (sie, es) muss

wir müss*en* ; ihr müss*t* ; sie (Sie) müss*en*

* 3 기본형 : müssen - musste - gemusst (müssen)

※동사 원형 *있을* 경우 완료형 : 「haben ... *동사 원형* müssen」

동사 원형 *없을* 경우 완료형 : 「haben ... gemusst」

► der Wettbewerb (die Wettbewerb*e*) 경쟁, 경시대회 (영. competition)

► gewährleistet [형용사/과거분사] 보증된, 보장된 (영. guaranteed)

→ gewährleisten [타동사] ...을 보증하다, 보장하다 (영. guarantee)

「j-m etw.[4] gewährleisten」 *누구*에게 *무엇*을 보증하다

* 3 기본형 :

gewährleist*en* - gewährleist*ete* - gewährleiste*t* ※어간 끝이 -*t*이므로 -e- 첨가!

형태가 *ge*-이므로 pp형은 추가의 ge- 없음!

... - auch dies ist diesseits des Atlantiks nicht anders als jenseits.

(dies: 주어 / ist: 동사 (현재 시제) / diesseits des Atlantiks: 남성 2격 / anders: 동사 ist의 형용사 보어)

1. ... - ... dies ist ... nicht anders als ... :

(1) 주어인 중성 지시대명사 "dies"는 앞 문장 5의 내용을 가리킴.

※지시대명사 dies 및 dieses는 *앞 문장* 혹은 *앞의 여러 문장들*의 내용을 가리킬 수 있음.

(2) 동사 sein('...이다')의 *현재* 시제임 :

주어가 중성 지시대명사 dies이므로 동사 sein의 형태는 ist임.

(3) 「A ist anders als B」 'A는 B와 다르다'

⇒ 「A ist nicht anders als B」 'A는 B와 다르지 않다', 즉 'A는 B와 비슷하다'

2. diesseits d*es* Atlantik*s* :

*남성*명사 Atlantik이 *2격* 전치사 diesseits와 결합하므로 *남성 2격* 정관사 des가 앞에 옴.

명사 Atlantik은 *남성*이므로 2격 어미 -*s*가 붙어 Atlantik*s*임.

※ *남성*, *중성*명사 2격은 어미 -*s*, -*es*가 붙음. (*여성*, *복수*명사는 2격 어미 없음!)

3. ... diesseits des Atlantiks anders als jenseits :

「etw. ist anders als etw.」 '*무엇은 무엇과* 다르다'
반복을 피해 축약된 형태임. 즉 :
... diesseits des Atlantiks anders als jenseits (des Atlantiks)

► dies ≈ dieses [지시대명사] (앞에서 언급된 *문장* 혹은 *문장들의 내용*을 받음) 그것 (영. this)

► diesseits [*2격* 전치사] ~의 이쪽 편에 (영. on this side of...)

► der Atlantik (항상 *단수*!) 대서양 (영. Atlantic)
〈참고〉 der Pazifik (항상 *단수*!) 태평양 (영. Pacific)

► anders [형용사] (동사 sein, werden 등의 *형용사 보어* 혹은 *부사어*로서) 다른 (영. different)
「etw. ist anders als etw.」 *무엇은 무엇과* 다르다
〈주의〉 ander- (명사 앞 *수식어*로서) 다른 ... (영. other)

► jenseits [*2격* 전치사] ~의 저쪽 편에 (영. on the other side of ...)

Das amerikanische Kartellrecht	ist	mindestens so	scharf	wie	das deutsche.
주어 (중성 1격)	동사 (현재 시제)		동사 ist의 형용사 보어		중성 1격

1. Das amerikanisch*e* Kartelrecht :

*중성*명사 Kartelrecht가 *주어*이므로 *중성 1격* 정관사 d*as*가 앞에 옴.
형용사 amerikanisch는 앞에 *중성 1격* 정관사 d*as*가 오므로 어미 *-e*가 붙어 amerikanisch*e*임.
※(1, 4격에 상관없이) *중성*의 d*as* , dies*es* , jen*es* , all*es* ... + 형용사 *-e*

2. Das amerikanische Kartelrecht ist ... so scharf wie ... :

(1) 동사 sein('...이다')의 *현재* 시제임 :
주어 "Das amerikanische Kartelrecht"는 중성의 es에 해당하므로 동사 sein의 형태는 ist임.

(2) 동등비교 「A ist so 형용사(부사) wie B」 'A는 B처럼 똑같이 ...이다'
〈참고〉
「A ist nicht so 형용사(부사) wie B」 'A는 B처럼 ...이지 않다', 즉 'A는 B보다 덜 ...이다'

3. Das amerikanische Kartelrecht ... wie das deutsch*e* :

반복을 피해 축약된 형태임. 즉 : ... wie das deutsche (Kartelrecht)
생략된 Kartelrecht는 *중성*명사이며, 비교 대상인 "Das amerikanische Kartelrecht"와 동일한 *1격*이므로 *중성 1격* 정관사 d*as*가 앞에 옴.
형용사 deutsch는 앞에 *중성 1격* 정관사 d*as*가 오므로 어미 *-e*가 붙어 deutsch*e*임.
※(1, 4격에 상관없이) *중성*의 d*as* , dies*es* , jen*es* , all*es* ... + 형용사 *-e*

► amerikanisch [형용사] 아메리카의 (영. American)

► das Kartellrecht 기업 연합 관련 법
→ das Kartell (die Kartelle) 카르텔, 기업 연합 (영. cartel)
→ das Recht (die Rechte)
1 (항상 *단수*) (집합적) 법, 법률 (영. law) ; das Arbeitsrecht 노동법
2 권리 (영. right) ; 「das Recht auf etw.[4]」 *무엇*에 대한 권리

► mindestens [부사] 적어도 ≈ zumindest, wenigstens (영. at least)
→ mindest, wenigst [형용사] 가장 적은 (영. least) ※wenig의 최상급 형태!
* 3 비교형 : wenig - minder (wenig*er*) - mindest (wenig*st*)

► scharf [형용사] 날카로운 (영. sharp) ↔ stumpf 무딘 (영. blunt)
* 3 비교형 : scharf - schärf*er* - schärf*st*

8

Die beispielgebende Zerschlagung großer Monopolisten (Öl, Telefon) fand
주어 (여성 1격) / 복수 2격 / 동사 (과거 시제)

Anfang des 20. Jahrhunderts nicht in Deutschland , sondern in den USA
중성 2격 / 중성 3격 / 복수 3격

statt , während ... mühsam lernte.
분리전철 / 종속접속사 *während*-부문장

1. Di*e* beispielgebend*e* Zerschlagung ① groß*er* Monopolist*en* ② ... :

① *여성*명사 Zerschlagung이 *주어*이므로 *여성 1격* 정관사 di*e*가 앞에 옴.
형용사 beispielgebend는 앞에 *여성 1격* 정관사 di*e*가 오므로 어미 *-e*가 붙어 beispielgebend*e*임.

② *복수*명사 Monopolist*en*이 바로 앞 명사 Zerschlagung을 수식하는 *2격* 형이므로 *복수 2격*임.
따라서 형용사 groß는 *복수 2격* 정관사 d*er*가처럼 어미변화 하여 groß*er*임.
※형용사 앞에 관사, 소유대명사, 지시대명사 등이 없을 경우, *형용사 자체가 정관사 d-* 어미변화 함.

2. Die beispielgebende Zerschlagung ... fand ... *statt* , ... :

분리동사 *statt*finden의 *과거* 시제임 :
- 주어 "Die beispielgebende Zerschlagung"은 여성의 sie에 해당하므로 기본동사 finden의 과거형 fand는 어미 없이 그대로 fand_임.
- 분리전철 *statt*-는 *분리*되어 문장 맨 뒤에 옴.

3. Anfang d*es* 20. Jahrhundert*s* :

*중성*명사 Jahrhundert가 바로 앞 명사 Anfang을 수식하는 *2격*이므로 *중성 2격*임. 따라서 :
- *중성 2격* 정관사 d*es*가 앞에 옴.

- 서수 "20."은 zwanzig*st*-로서 *형용사 어미변화* 함.
  앞에 *중성 2격 정관사* des가 오므로 어미 *-en*이 붙어 zwanzig*sten*임.
  ※(성, 수에 상관없이) *2격*의 관사, 소유대명사, 지시대명사 ... + 형용사 *-en*
- 명사 Jahrhundert는 *중성*이므로 2격 어미 *-s*가 붙어 Jahrhundert*s*임.
  ※ *남성*, *중성*명사 2격은 어미 *-s*, *-es*가 붙음. (*여성*, *복수*명사는 2격 어미 없음!)

〈참고〉

서수는 보통 *정관사 d-*가 앞에 오며, *형용사 어미변화* 함.

1. erst- 2. zweit- 3. dritt-

19 이하 「기수 + *-t*」: 10. zehn*t*- 11. elf*t*- ... 18. achtzehn*t*- 19. neunzehn*t*-

20 이상 「기수 + *-st*」: 20. zwanzig*st*- 21. einundzwanzig*st*- ... 100. hundert*st*- ...

4\. ... nicht in Deutschland , sondern in den USA ... :

「nicht A , sondern B」 'A가 아니라 B이다'

... , während	Deutschland	die regelgeleitete Marktwirtschaft	erst nach
종속접속사	주어	동사 lernte의 4격 목적어 (여성 4격)	

1945	mühsam	lernte .
		동사 (과거) 후치됨!

5\. ... , während Deutschland ... lernte :

종속접속사 *während*-부문장으로서, 동사 lernen의 *과거* 시제임 :

주어 "Deutschland"는 중성의 es에 해당하므로 과거형 lern*te*는 어미 없이 그대로 lern*te*_임.

6\. di*e* regelgeleitet*e* Marktwirtschaft :

*여성*명사 Marktwirtschaft가 동사 lernte의 *4격* 목적어이므로 *여성 4격* 정관사 di*e*가 앞에 옴. 형용사(= 과거분사) regelgeleitet는 *여성 4격* 정관사 di*e*가 앞에 오므로 어미 *-e*가 붙어 regelgeleitet*e*임.

※(격에 상관없이) *여성*의 di*e* , ein*e* , mein*e* , kein*e* , dies*e* ... + 형용사 *-e*

► beispielgebend [형용사] 표본이 되는, 모범적인 ≈ beispielhaft, vorbildlich (영. exemplary)

→ das Beispiel (die Beispiele) 예, 표본 (영. example)

「j-m ein Beispiel geben」 ≈ 「j-m ein Beispiel sein」 누구에게 모범이 되다

► die Zerschlagung (die Zerschlagungen ; 주로 *단수*!) (제도, 조직 등의) 강제 철폐, 제거

→ zerschlagen [타동사]

1 (산산조각 내어) ...을 부수다 (영. smash)

2 (제도, 조직 등) ...을 강제 철폐하다, 제거하다 (영. break up)

* 3 기본형 : *zer*schlagen - *zer*schlug - *zer*schlagen
형태가 *zer*-이므로 pp형은 -ge- 없음!

* 현재 시제 *불규칙* 변화 : du zerschlägs*t* ; er (sie, es) zerschläg*t*

↳ schlagen [타동사] ...을 치다, 때리다 (영. hit, strike)

* 3 기본형 : schlagen - schlug - geschlagen

* 현재 시제 *불규칙* 변화 : du schlägs*t* ; er (sie, es) schläg*t*

→ zer- (복합동사 구성요소로서) 산산조각 내어 : *zer*beißen ...을 깨물어 산산조각 내다

► der Monopolist (die Monopolisten) (경제학) 독점 기업, 독점 기업의 사장 (영. monopolist)

※단수에서, 주어를 제외한 단수 2, 3, 4격 모두 복수형과 동일하게 Monopolisten인 *약변화* 명사!

→ das Monopol (die Monopole) 독점, 독과점 (영. monopoly)

↳ monopolisieren [타동사] ...을 독점하다 (영. monopolize)

► das Öl (die Öle) 기름, 오일 (영. oil)

► das Telefon (die Telefone) 전화, 전화기 (영. telephone)

→ telefonieren [자동사] 전화통화하다

* 3 기본형 : telefonier*en* - telefonier*te* - telefonier*t*
형태가 *-ieren*이므로 pp형은 ge- 없음!

► fand ... *statt* ⇒ 분리동사 *statt*finden의 *과거* 시제 (주어가 ich 혹은 er, sie, es일 때)

*statt*finden (finden ... *statt*) [자동사] (행사 등이) 개최되다 (영. take place)

* 3 기본형 : *statt*finden - *statt*fand (fand ... *statt*) - *statt*gefunden

↳ finden [타동사] ...을 발견하다 (영. find)

* 3 기본형 : finden - fand - gefunden

► der Anfang (die Anfänge ; 주로 단수!) 시작 (영. beginning, start)

→ *an*fangen (fangen ... *an*) [분리/자동사] 시작하다 (영. begin)

* 3 기본형 : *an*fangen - *an*fing (fing ... *an*) - *ange*fangen

* 현재 시제 불규칙 변화 : du fängs*t* ... *an* ; er (sie, es) fäng*t* ... *an*

► das Jahrhundert (die Jahrhunderte) 세기, 100년 (영. century)

→ das Jahr (die Jahre) 해, 년 (영. year)

→ hundert [수사] 100 (영. hundred)

► sondern [등위접속사]

「nicht ... , sondern ...」 ...이 아니라 ...이다 (영. 「not ... , but ...」)

► während [종속접속사] ...하는 동안, ...하는 반면에 (영. while)

〈참고〉 während [2격 전치사] ~동안 (영. during)

► regelgeleitet 규칙에 따라 이끌어진

→ die Regel (die Regel*n*) 규칙, 법칙 (영. rule)

→ leiten [타동사] ...을 이끌다 (영. lead)

* 3 기본형 : leit*en* - leit*ete* - *ge*leit*et* ※어간 끝이 -*t*이므로 발음상 -e- 첨가!

► die Marktwirtschaft 시장 경제 (영. market economy)

→ der Markt (die Märkte) 시장 (영. market)

→ die Wirtschaft (die Wirtschaft*en* ; 주로 단수!) 경제 (영. economy)

↳ wirtschaftlich [형용사] 경제의, 경제적 (영. economic)

► mühsam [형용사] 힘든, (부사적) 힘들게 (영. laborious) ≈ mühevoll, mühselig ↔ mühelos

→ die Mühe (die Mühe*n* ; 주로 단수!) 수고, 고생 (영. trouble)

► lernen [타동사] ...을 배우다 (영. learn)

* 3 기본형 : lern*en* - lern*te* - *ge*lern*t*

9

Dass (종속접속사) die USA (주어, 여성 4격) die lange Zeit beherrschende Weltwirtschaftsmacht (동사 waren 및 sind의 주격 보어, 여성 1격) waren (동사₁, 과거 시제)

und in vielen Bereichen (복수 3격) immer noch sind (동사₂, 현재 시제), ...

1. Dass die USA ... waren ① und ... sind ② :

종속접속사 *dass*-부문장임. 주어가 "die USA"이며, 동사 sein('...이다')의 *과거* 및 *현재* 시제가 이루어짐.

① 동사 sein('...이다')의 *과거* 시제임 :

주어인 "die USA"는 복수의 sie에 해당하므로 동사 sein의 과거형 war는 어미 *-en*이 붙어 war*en*임.

(부문장 안이므로 동사 waren은 *후치*되어 맨 뒤에 옴.)

② 동사 sein('...이다')의 *현재* 시제임 :

주어가 동일한 "die USA"로서 복수의 sie에 해당하므로 동사 sein의 형태는 sind임.

(부문장 안이므로 동사 sind는 *후치*되어 맨 뒤에 옴.)

2. ... di*e* (lange Zeit) beherrschend*e* Weltwirtschaftsmacht waren und ... sind :

*여성*명사 Weltwirtschaftsmacht가 동사 waren 및 sind의 *주격* 보어이므로 *여성 1격*임.

따라서 :

- 여성 1격 정관사 di*e*가 앞에 옴.
- "lange Zeit"는 부사어로서 뒤에 오는 형용사 beherrschend를 수식함.
- 형용사(= 현재분사) beherrschend는 앞에 *여성 1격*의 di*e*가 오므로 어미 *-e*가 붙어 beherrschend*e*임.

  ※(격에 상관없이) *여성*의 di*e* , ein*e* , mein*e* , kein*e* , dies*e* ... + 형용사 *-e*

3. ... immer noch sind :

동사 sind의 주격 보어는 앞에 나온 waren의 주격 보어 "die ... beherrschende Weltwirtschaftsmacht"와 동일하므로 반복을 피해 *생략*됨. 따라서 이 문장은 축약된 형태로서 원래의 형태는 :

... immer noch (die beherrschende Weltwirtschaftsmacht) sind

4. ... in viel*en* Bereich*en* ... sind :

3·4격 전치사 in은 내용상 '...(안)에서'로 해석되어 '위치'를 뜻하므로 *3격* 지배임.
따라서 *복수*명사 Bereiche는 전치사 in의 *3격* 목적어이므로 *복수 3격*임 :

- 부정수사 viel-은 *복수 3격* 정관사 d*en*처럼 어미변화 하여 viel*en*임.
  ※viel-은 *정관사 d- 어미변화* 함!
- *복수 3격* 명사의 형태는 항상 *-n*이어야 함.
  따라서 *복수 3격*인 Bereiche는 추가로 어미 *-n*이 붙어 Bereich*en*임.

Dass ... waren und ... sind	,	hat	vor allem	mit der schieren Größe
종속접속사 *dass*-부문장 (동사 hat의 주어)		동사 (현재 시제)		여성 3격

des Landes	zu *tun*	,	den Chancen ... Währung und Sprache
중성 2격	*zu*-부정사		앞의 "mit der schieren Größe"와 동격으로서 이를 다시 한번 *상세히 설명*함.

- und	weniger	mit den ... Wirtschaftssystemen.
		앞의 "mit der schieren Größe"와 *비교*됨.

5. Dass ... waren und ... sind , hat ... :

동사 haben의 *현재* 시제임 :
주어가 *dass*-부문장 전체로서, 이는 중성의 es에 해당하므로 동사 haben의 형태는 hat임.

6. ... hat ... mit d*er* schier*en* Größe ... zu tun :

「etw. hat mit etw.³ zu tun」 '*무엇은 무엇*과 관련 있다'
*여성*명사 Größe가 *3격* 전치사 mit와 결합하므로 *여성 3격* 정관사 d*er*가 앞에 옴.
형용사 schier는 앞에 *여성 3격 정관사* d*er*가 있으므로 어미 *-en*이 붙어 schier*en*임.
※(성, 수에 상관없이) *3격*의 관사, 소유대명사, 지시대명사 ... + 형용사 *-en*

7. ... Größe des Landes :

*중성*명사 Land가 바로 앞 명사 Größe를 수식하는 *2격*이므로 *중성 2격* 정관사 d*es*가 앞에 옴.

명사 Land는 *중성*이므로 2격 어미 *-es*가 붙어 Land*es*임.

※*남성*, *중성*명사는 *2격* 명사 어미 *-s* 혹은 *-es*가 붙음. (*여성*, *복수*명사는 2격 어미 없음!)

... mit der schieren Größe ... , den Chancen des einheitlichen Wirtschaftsraums

복수 3격 (앞의 "mit *der schieren Größe*"와 동격으로서 이를 반복해서 상세히 설명함.) / 남성 2격

mit einheitlicher, gar weltweit beachteter Währung und Sprache - und

여성 3격 (바로 앞의 명사 "Wirtschaftsraum"을 수식·설명함.)

weniger mit den jeweiligen Wirtschaftssystemen.

복수 3격 (앞의 "mit der schieren Größe"와 *비교*됨.)

8. ... , d*en* Chance*n* d*es* einheitlich*en* Wirtschaftsraum*s* :

① ②

① *복수*명사 Chance*n*이 앞에 나온 "mit *der schieren Größe*"와 동격으로서 *3격*이므로 *복수 3격* 정관사 d*en*이 앞에 옴.
(*복수 3격* 명사의 형태는 항상 *-n*이어야 함. 여기서 *복수 3격*인 Chance*n*은 복수형 자체가 *-n*임.)

② *남성*명사 Wirtschaftsraum이 바로 앞 명사 Chancen을 수식하는 *2격*이므로 *남성 2격*임. 따라서 :

- 남성 2격 정관사 d*es*가 앞에 옴.
- 형용사 einheitlich는 앞에 *남성 2격* 정관사 d*es*가 오므로 어미 *-en*이 붙어 einheitlich*en*임.
  ※(성, 수에 상관없이) *2격*의 관사, 소유대명사, 지시대명사 ... + 형용사 *-en*
- 명사 Wirtschaftsraum은 *남성*이므로 2격 어미 *-s*가 붙어 Wirtschaftsraum*s*임.
  ※*남성*, *중성*명사는 *2격* 명사 어미 *-s* 혹은 *-es*가 붙음. (*여성*, *복수*명사는 2격 어미 없음!)

9. ... Wirtschaftsraums mit einheitlich*er* , gar weltweit beachtet*er* Währung und Sprache :

*여성*명사 Währung 및 Sprache가 *3격* 전치사 mit와 결합하므로 *여성 3격*임.
(여기서 전치사 mit는 바로 앞 명사를 수식함 : ... Wirtschaftsraums mit ... '...을 *지닌* 경제권')
따라서 형용사 einheitlich 및 beachtet는 *여성 3격 정관사* d*er*처럼 어미변화 함.
즉 : mit einheitlich*er* , ... beachtet*er* ... ("gar weltweit"는 부사어로서 뒤에 오는 beachtet-를 수식함.)
※형용사 앞에 관사, 소유대명사, 지시대명사 등이 없을 경우, *형용사 자체가 정관사 d-* 어미변화 함.

10. ... - und weniger mit d*en* jeweilig*en* Wirtschaftssystem*en* :

*복수*명사 Wirtschaftssystem*e*가 *3격* 전치사 mit와 결합하므로 *복수 3격*임. 따라서 :
- *복수 3격* 정관사 d*en*이 앞에 옴.
- 형용사 jeweilig-는 앞에 *복수 3격* 정관사 d*en*이 오므로 어미 *-en*이 붙어 jeweilig*en*임.
  ※(격에 상관없이) *복수*의 관사, 소유대명사, 지시대명사 ... + 형용사 *-en*
- *복수 3격* 명사의 형태는 항상 *-n*이어야 함.
  따라서 *복수 3격*인 Wirtschaftssystem*e*는 추가로 어미 *-n*이 붙어 Wirtschaftssystem*en*임.

► die USA (항상 *복수*!) = die Vereinigten Staaten Amerika 미합중국 (영. the USA)

► beherrschend [현재분사/형용사] 지배하는, 지배적인 (영. dominating)
※동사 beherrschen의 *현재분사*!
※현재분사 : 「동사 원형 + *-d*」 (능동 의미의 형용사!)
→ beherrschen [타동사] ...을 지배하다 (영. rule, govern, dominate)
* 3 기본형 : *be*herrsch*en* - *be*herrsch*te* - *be*herrsch*t*
형태가 *be*-이므로 pp형은 -ge- 없음!

► die Weltwirtschaftsmacht 세계적 경제 세력 (영. world economic power)
→ die Welt (die Welt*en*) 세계 (영. world)
→ die Wirtschaft (die Wirtschaft*en* ; 주로 *단수*!) 경제 (영. economy)
→ die Macht (die Mächt*e*) 힘, 권력, 세력 (power, force, authority)

► waren ⇒ 동사 sein의 *과거* 시제 (주어가 wir, sie('그들, 그것들'), Sie('당신, 당신들')일 때)

sein [자동사] (완료형 「sein ... gewesen」) (명사 혹은 형용사 보어와 함께) ...이다 (영. be)

* *과거* 시제 :

ich war ; du war*st* ; er (sie, es) war

wir war*en* ; ihr war*t* ; sie (Sie) war*en*

* 3 기본형 : sein - war - gewesen

► der Bereich (die Bereich*e*) 영역, 분야 (영. sphere, area, field)

► sind ⇒ 동사 sein의 *현재* 시제 (주어가 wir, sie('그들, 그것들'), Sie('당신, 당신들)일 때)

sein [자동사] (완료형 「sein ... gewesen」) (형용사 혹은 명사 보어와 함께) ...이다 (영. be)

* 현재 시제 *불규칙* 변화 :

ich bin ; du bist ; er (sie, es) ist

wir sind ; ihr seid ; sie (Sie) sind

* 3 기본형 : sein - war - gewesen

► schier [형용사] 순수한 ≈ rein (영. pure)

► die Größe (die Größe*n*) 크기, 사이즈 (영. size)

► das Land (die Länd*er*) 국가, 주 (영. country)

► tun [타동사] ...을 행하다 (영. do)

「etw. hat mit etw.[3] zu tun」 *무엇은* 무엇과 관계있다

* 3 기본형 : tun - tat - getan

► die Chance (die Chance*n*) 기회 ≈ die Gelegenheit (영. chance)

► einheitlich [형용사] 통일적인, 단일의 (영. uniform, homogeneous)

► der Wirtschaftsraum (경제학 용어) 경제 협력 지역, 경제블록

→ der Raum (die Räume) 공간 (영. space, room)

► gar [부사/어조사] (언급되는 내용을 강조하여) 사실상 ≈ tatsächlich, wirklich

► weltweit [형용사] 전 세계적인, (부사적) 전 세계적으로 (영. world wide)
〈참고〉 bundesweit (독일)연방 전체에 걸친 / europaweit 전 유럽에 걸친

► beachtet [형용사/과거분사] 주목되는, 인정되는 ※타동사 beachten의 과거분사!
→ beachten [타동사] ...을 주목하다, 주의하다 ≈ 「auf etw.[4] achten」 (영. pay attention to)
* 3 기본형 : *beachten* - *beachtete* - *beachtet* ※어간 끝이 -*t*이므로 발음상 -e- 첨가!
형태가 *be*-이므로 pp형은 -ge- 없음!
↳ achten
[1] [타동사] ...을 존경하다 ≈ respektieren (영. respect)
[2] [자동사] : 「auf etw.[4] achten」 *무엇*에 주목하다
* 3 기본형 : acht*en* - acht*ete* - *ge*acht*et*

► die Währung (die Währung*en*) 통화, 화폐 단위 (영. currency)

► die Sprache (die Sprache*n*) 언어 (영. language)

► jeweilig- [형용사] (명사 앞 *수식어*로서) 그때그때의, 개개의 (영. respective, particular)

► das Wirtschaftssystem 경제 체계
→ das System (die System*e*) 시스템, 체계 (영. system)

독일어 문법과 텍스트 이해

초판 1쇄 발행 2013년 2월 28일
초판 2쇄 발행 2016년 8월 24일
초판 3쇄 발행 2023년 2월 28일

지은이 김백기
발행인 고윤성
기획 신선호 · 박경민
편집장 장혜정
도서편집 노재은 · 변다은
디자인 정정은 · 최선아 · 김대욱
인사행정 이근영
재무관리 김문규 · 정예찬
전자책 · 사전 변다은
발행처 한국외국어대학교 지식출판콘텐츠원
02450 서울특별시 동대문구 이문로 107
전화 02)2173-2493~7
FAX 02)2173-3363
홈페이지 http://press.hufs.ac.kr
전자우편 press@hufs.ac.kr
출판등록 제6-6호(1969. 4. 30)
디자인 · 편집 ㈜이환디앤비 02)2254-4301
인쇄 · 제본 ㈜케이랩 053)583-6885

ISBN 978-89-7464-817-6 13750 정가 25,000원

* 잘못된 책은 교환하여 드립니다.

HU:NE 은 한국외국어대학교 지식출판콘텐츠원의 어학도서, 사회과학도서, 지역학 도서 Sub Brand이다. 한국외대의 영문명인 HUFS, 현명한 국제전문가 양성(International+Intelligent)의 의미를 담고 있으며, 휴인(携引)의 뜻인 '이끌다, 끌고 나가다'라는 의미처럼 출판계를 이끄는 리더로서, 혁신의 이미지를 담고 있다.